KB192885

불교사
다이제스트100

20 불교사 다이제스트100

초판 1쇄 펴낸 날 | 2024년 7월 19일

지은이 | 임혜봉
펴낸이 | 홍정우
펴낸곳 | 도서출판 가람기획

책임편집 | 김다니엘
편집진행 | 홍주미, 이은수, 박혜림
디자인 | 이예슬
마케팅 | 방경희

주소 | (04035) 서울시 마포구 양화로7안길 31(서교동, 1층)
전화 | (02)3275-2915~7
팩스 | (02)3275-2918
이메일 | garam815@chol.com

등록 | 2007년 3월 17일(제17-241호)

ISBN 978-89-8435-606-1 (03220)

20
불교사 다이제스트100

BUDDHISM

임혜봉 지음

가람기획

머리말

수정 증보판을 내면서

본서의 초판을 출간한 것이 1994년 9월이었다. 출판사 측에서 필자에게 초판을 간행한 지 30년이나 지났으니 수정 증보하여 다시 출간하자고 제안하였다. 제안에 동의하고 내용을 검토한 결과 1번에서 91번 항의 내용은 그대로 두어도 무방할 것으로 보였고, 92번에서 100번 항은 일제 말과 현대 한국불교 부분인데 대폭 수정 보완해야 할 것으로 판단되었다.

이에 북한 불교계에 대하여 수정 증보하고, 지난번에 전혀 언급하지 않은 비구니 교단에 관해 두 항목(96. 비구니 교단의 형성과 전개: 인도 · 중국, 97. 한국 비구니 교단)을 새로이 설정하여 서술하였다. 근래 들어 불교계에 여승(비구니)들의 숫자도 많아졌고 비구니 교육기관(비구니 강원 · 승가대학)도 적지 않으며 비구니들이 사찰 창건과 유지 · 보수 · 중창에도 크게 기여하고 있기 때문에 관련 논문과 저술들을 각별한 관심을 가지고 열람하였다.

그렇긴 하나 본서는 한국불교사를 중점적으로 다루는 만큼 인도 · 중국 외의 내용은 제외하고 한국 비구니 교단 중심으로 서술하였다.

본서의 초판본 원고를 집필할 때는 일제 강점기와 현대 한국불교에 관한 연구가 매우 미흡하여 원고 작성에 상당한 어려움을 겪었다. 그러나 30년 세월이 경과하면서 한국 근현대불교에 관한 연구자와 연구논문이 상당히 많이 축적되어 이번에 본서의 수정 증보판 원고를 집필하는 데 많은 도움을 받았다.

이에 이 자리를 빌려 그분들과 그들이 저술한 연구 논문을 참고할 수 있었던 일에 대하여 깊이 감사를 드린다.

현재 한국불교 종단은 100여 개가 넘고 많은 스님과 불자들이 수행에 정진하고 불교발전에 기여하고 있다. 이제 수정 증보판의 원고를 마감하면서 제불보살께 불교 발전을 진심으로 기원한다.

2024년 6월 경기도 이천에서

임혜봉 합장

차례

DIGEST 1 BUDDHISM

모든 중생에게 자유와 평화를
: 석가 탄생 (기원전 563~483년)

서력 기원전 500년경, 불교의 개조인 붓다가 인도에서 탄생했다. 붓다(Buddha)는 불교의 전용어가 되었지만 본래는 보통명사로서, 자이나교에서도 사용하고 또한 한자 불교권에서는 불타佛陀라고 한다. 붓다란 '깨달은 사람(覺者)'이라는 뜻이다. 이 말이 불교의 전용어가 된 것은 불교가 '지혜의 종교'임을 암시한다.

불타가 탄생할 무렵인 약 2500년 전, 세계 각지에서는 위대한 사상가와 종교의 창시자들이 출현했다. 인도에서는 불타와 마하비라 바르다마나가, 중국에서는 공자와 노자 및 흔히 제자백가라 불리는 묵가 · 한비자 · 손빈 등의 여러 사상가들이, 페르시아에선 차라투스트라가, 그리스에선 소크라테스가 각각 출생하여 사람들에게 삶의 길과 지혜를 가르쳤다. 이들은 당시의 혼란과 부조리를 통감하고 동시대인들을 각성시켜 그들의 고통과 어리석음을 덜어주고자 노력했다. 그들은 현실에 안주하지 않은 아웃사이더(국외자)이자 개혁주의자들이었다.

불타는 이러한 시대에 활동한 가장 탁월한 정신적 지도자요 종교적 실천가였다. 불타는 석존이라고도 호칭하는데, 이 말은 '석가족 출신의 성자(석가

모니: Śākyamuni)'라는 의미이다.

석존은 본명이 고타마 싯다르타(Gotama Siddhārtha)이며 지금의 네팔과 인도의 국경 부근의 히말라야 산기슭에서 탄생했다. 석존의 아버지는 정반왕淨飯王(Śuddhodana)이며 어머니는 마야부인이었다. 마야부인은 출산이 임박해오자 고향인 데바다하로 향하던 중, 룸비니(Lumbini) 동산에 이르렀을 때 석존을 낳았다. 후에 아소카왕이 석존의 성지를 순례하면서 이곳에 탑과 석주를 세웠다. 중국의 현장玄奘도 그것을 견문하였다. 1896년에 그 석주가 발견되고 비문이 해독되어 이곳이 불타의 탄생지였음이 확인되었다.

전설에 의하면, 석존이 태어났을 때 히말라야 산으로부터 아시타라는 선인仙人이 내려와 왕자의 얼굴을 보고, "이 어린애의 앞날에는 두 가지 길밖에 없다. 아버지로부터 왕위를 계승한다면 전세계를 통일하는 전륜성왕轉輪聖王이 될 것이고, 만일 출가한다면 반드시 붓다가 될 것이다"라고 예언했다고 한다.

석존의 생존연대에 대해서는 예부터 이설異說이 많다. 유력한 학설의 하나로서 실론의 〈도사島史(Dipavamsa)〉에 의거하면 서력 기원전 563~483년이 된다. 그리고 중국의 〈중성점기衆聖點記〉의 설이나 〈역대삼보기歷代三寶記〉에 의하면 석존의 입멸은 기원전 484년과 485년으로 산정된다. 이렇듯 약간의 차이는 있지만 석존은 80세로 기원전 480년경에 입멸한 것이 확실하고 이 학설에 찬성하는 학자가 많다.

어쨌든 석존은 기원전 6세기에 탄생한 역사적 실존인물인 것만은 확실하다. 그는 작은 왕국의 왕자로서 풍족한 생활을 했으며 성장하여 야쇼다라(Yaśodharā)와 결혼해서 외아들 라훌라(Râhula)를 얻었지만, 인생의 문제를 놓고 깊이 고민한 나머지 29세가 되었을 때 가족을 떠나 출가하여 수행자의 길을 걸었다.

석존은 남쪽의 신흥국가인 마가다 국에서 당시 유명한 종교가였던 알라라 칼라마(Alārā-Kālāma)와 웃다카 라마풋타(Uddaka Rāmaputta)를 차례로 찾아가 수행했다. 두 사람은 선정禪定을 닦는 수행자였다. 석존은 처음에 찾아간 고행주의나 선정만으로는 진리를 체득할 수 없다고 생각하고 숲으로 들어가

작은 왕국의 왕자로서 풍족한 생활을 하다가 인간의 생로병사에 대해 깊이 고민하던 싯다르타는 29세 때 출가하여 수행자의 길을 걷는다. 부조는 카필라 성을 빠져나오는 장면. 나가르주나콘다 출토.

홀로 수행했다.

석존은 마가다 국 우루벨라(Uruvelā)의 세나 마을을 흐르는 네란자라(Nerañjarā) 강 부근에서 정진을 실천했다. 그는 호흡을 멈추고 정신을 집중하는 선禪을 행했고, 또 서서히 음식을 끊는 절식과 단식을 행하여 뼈마디가 가늘어지고 피부가 탄력을 잃으며, 머리카락이 빠지는 등 격심한 고통을 겪는다.

석존은 그 누구도 하기 힘든 격심한 고행을 실천하며 정념 속에서 지냈지만, 보통사람을 초월한 성스러운 지견智見은 얻을 수 없었다. 고행을 포기한 석존은 극도로 쇠약해진 몸을 수자타(Sujātā)가 바친 우유죽을 먹고 체력을 보강하고서 근처의 숲으로 가 아슈밧타(aśvattha) 나무 아래에 자리를 잡고 선정에 들었다.

그는 마침내 이 나무 아래서 깨달음을 얻고 '불타'가 되었다. 석존은 '고타마 싯다르타'라는 보통사람에서 마침내 '깨달은 자 고타마 붓다'가 된 것이다. 아슈밧타 나무는 무화과나무의 일종이며, 나중에는 '보리수菩提樹(Bodhi-tree)'라고 불리게 되었다.

석존의 깨달음은 마음이 번뇌의 속박에서 해방된 상태이므로 '해탈(moksa)'이라고 불리며, 이 해탈한 마음에 의해 터득된 진리를 '열반涅槃'이라고 한다. 해탈은 마음의 '자유'이며, 열반은 '평화'라고 해석하는 학자도 있다.

고타마 붓다는 해탈과 열반을 성취함으로써 인간이 번뇌의 속박에서 벗어날 수 있게 한 위대한 '해방자'이며, 인도 전래의 힌두교와 카스트 제도가 가진 병폐를 거부하고 사람들을 본연의 궁극적인 삶으로 이끌었다는 점에서 그는 위대한 '반항자'이기도 했다.

깨달음을 얻은 고타마 붓다는 사람들에게 속박에서 벗어나 해탈과 열반의 정신적 빛 속으로 들어올 것을 권하고 가르쳤다. 그때까지 인도의 재래종교에서는 신神만이 그 정신적 빛을 간직할 수 있다고 하거나, 어떤 하늘의 계단을 올라간 사람들에게만 그 빛이 허락되었다. 그러나 붓다의 해탈과 열반은 신들까지도 초월하는 것이었다. 인간이 해탈과 열반에 도달할 수 있음을 보여줌으로써 붓다는 그의 조국 인도의 신들에게 부여되어 있는 모든 특성들을 인간에게 부여했다. 이런 점에서 붓다는 인간에게 사상 유례없는 최고의 명예를 주었다.

이러한 붓다의 가르침은 인도는 물론 세계 각국으로 전파되어 오늘에 이르기까지 수많은 사람들에게 자유와 평화를 심어주고 있다.

DIGEST

2

BUDDHISM

불교 경전의 성립
: 제1결집과 경전의 집대성 (BC 480년경)

불타가 입멸했을 때, 석존의 10대 제자 중 첫번째로 손꼽히는 대가섭은 이대로 방치한다면 불타의 가르침은 머지않아 흩어져 사라져버릴 것이라고 우려한 나머지 교법의 결집(Saṅgīti)을 서둘러야겠다고 생각했다. 모여든 불제자들에게 이것을 제안하여 찬성을 얻은 다음, 왕사성王舍城에 500명의 제자가 모여 불타의 일대설법을 결집했다. 이것을 '제1결집'이라고 한다.

이때, 교법(다르마: dharma)은 불타를 항상 가까이 모시던 제자인 아난다(ānanda)가 송출誦出하고, 율律(Vinays)은 계율에 대한 이해가 깊었던 우팔리(Upāli)가 송출했다고 한다. 이때 나중에 경장 율장의 원형이 되는 것이 송출된 것이다. 이들 교법과 율은 기억하기에 편리하도록 중요한 불타의 가르침이 간단한 단문인 수트라(Sūtra)로 완성되거나 혹은 시구(gāthā)로 만들어져 전승되었다. 후에는 장문의 '경經(Sutta)'이 편집되었다. 이 장문의 경전은 불타가 입멸하고부터 100년경까지의 사이에 만들어졌다.

제1결집의 법과 율은 정리되어 원시불교 말기에는 교법은 '경장經藏(Sutta-Piataka)'이 되고, 율은 '율장律藏(Vinaya-Pitaka)'이 되었다. 그런데 불멸 후 100년경에 원시교단이 혁신적인 대중부와 보수적인 상좌부로 분열했기 때문에, 교법의 전승도 부파교단으로 이행되었다. 그 후 상좌부와 대중부는 각각 내부분열을 일으켜 최후에는 18부로 갈라졌다. 그리하여 경장과 율장은 각각의 부파部派에서 전해지는 동안에 부파적 증광增廣이나 변용을 겪었다.

기원보시의 장면을 나타내는 부조로 우측의 반은 아난다빈다다 장자가 금화를 땅에 깔아 제자 태자 소유의 땅을 사는 장면이고, 좌측의 반은 완성된 정사이다. 바르흐토 출토.

각 부파는 옛 전승을 내세워 자파 특유의 삼장三藏을 갖게 된다. 삼장이란 경經 · 율律 · 논論의 셋을 잘 간직하여 담고 있는 광주리라는 의미이다. 삼장 중의 경장은 붓다나 그의 제자들의 언행록을 집성한 것이며, 율장은 교단의 계율 규정에 대한 설명집이다. 논장(Abhidhamma-Pitaka)은 경전의 정신을 설명하고 철리哲理를 기술한 부분인데, 교단이 부파로 나누어지면서부터 성립한 것이므로 경 · 율장보다 그 시기가 늦다.

이러한 불교 성전들은 사용된 언어도 일치하지 않아 팔리어, 인도 각종 속어, 산스크리트어 등 여러 언어로 전해 내려오면서 크게 세 가지 종류로 집대성된다. 즉, 〈팔리(pāli)어 삼장〉과 〈티벳대장경〉 및 〈한역漢譯 대장경〉이 그것이다.

〈팔리어 삼장〉은 팔리어로 씌어진 불교 성전의 총칭이다. 팔리어는 원래 서인도의 언어였던 것이, 붓다의 입멸 후 초기교단이 서인도로 확대됨에 따라 불전의 용어가 되었다. 기원전 3세기경 아소카왕 시대에 마힌다(Mahinda)에 의해 불교가 현재의 스리랑카로 전해졌다. 이때 스리랑카는 팔리어를 불교용어로 사용했는데, 이후 이 전통은 버마 · 타이 · 캄보디아 등의 동남아시아에 확산되어 소위 '남방불교'가 형성되었다. 이 계통을 분별상좌부分別上座部라 하는데, 여기서 받드는 삼장은 역시 팔리어로 되어 있다.

19세기 말까지 한문 불교문화권에서는 팔리어 삼장에 대해서 그 존재조차 모르고 있었다. 근대에 이르러 이에 대한 연구는 아시아 여러 지역에 식민지를 구하러 진출했던 유럽인에 의하여 시작되었다. 팔리어는 고유의 문자를 갖고 있지 않다. 그래서 유럽에서는 로마자를 이용하여 출판되었다. 타이 · 바마 · 스리랑카에서는 각기 자기 나라의 문자를 이용하여 출판하였고 인도에서도 데바나가리 문자로써 출판하고 있다.

〈티벳대장경〉은 티벳어로 번역된 불전의 집성이다. 내용은 불설부佛說部(칸규르: Kanjur)와 논소부論疏部(텐규르: Tanjur)의 두 부분으로 나뉜다. 이를 삼장과 비교하면 경장은 앞의 것에, 논장은 뒤의 것에 포함되어 있다. 한편 율장의 기본적인 전적은 불설佛說로서 칸규르에 들어가 있으나, 그의 주석은 텐규르에 소속되어 있어, 율장 자체가 분리되어 있다.

티벳대장경의 수량은 델게 판版을 기준으로 하면 칸규르는 100함 1,108부, 텐규르는 213함 3,416부로 이루어져 있다. 티벳의 경전은 대부분 산스크리트어로부터 번역된 것이지만, 소수의 팔리어 성전을 번역한 것 외에 한역 · 우진어 · 몽골어 등으로부터 중역한 것도 포함되어 있다.

불전이 티벳어로 번역되기 시작한 것은 손챈 감포(Srong-btsan-sgam-po: 재위 581~649)왕 시대에 톤미 삼보타에 의해 불교가 전해지기 시작하면서부터였다. 이후 17세기까지 번역이 계속되었다.

〈한역대장경〉은 한문으로 번역된 불교경전의 총칭으로서 넓은 뜻으로는 중국 · 한국 · 일본의 불교인들이 저술한 것도 포함된다.

본래 불전은 경 · 율 · 논의 삼장으로 분류되었으나, 경전들이 중국에서 번역되고, 중국인의 저서를 경전 속에 포함시키게 되면서 중국에서는 '대장경'이라는 새로운 말이 조성되었다. 즉, 후대에 경전이 증대하여 대승경전과 기도 등에 관한 경전이 출현함으로써 주로 이것들이 삼장의 범주에 들어가지 않게 되었다. 중국에서는 이러한 경전들이 무질서하게 번역되었기 때문에 중국불교 특유의 분류가 필요하게 되었다. 즉, 삼장의 분류를 알고 있었지만 일부러 달리 분류하여 전체의 불경을 '대장경' 혹은 '일체경一切經'이란 총칭으로 부르게 되었던 것이다.

처음에 대장경은 대개가 필사에 의해 전해졌으나 송나라 시대 이후 목판

인쇄에 의해 간행되었다. 송판宋版의 제1회(971) 간행본인 촉판蜀版 대장경은 5천여 권을 담았는데, 그 후 수차 송宋 · 원元 · 명대明代에도 간행되었다. 아울러 거란판 · 고려대장경 같은 대장경이 중국 밖에서도 간행되었다. 그런데 이러한 여러 판본 중에서도 목판본으로는 〈고려대장경〉을 가장 우수한 것으로 세계 불교학계가 인정하고 있다.

DIGEST
3
BUDDHISM

'다르마… 사람이 지켜야 할 불변의 진리' : 아소카왕의 불교진흥 (기원전 270년경)

석가가 입멸한 후 인도불교에서 아소카왕을 거론하지 않으면 안된다. 아소카왕은 인도 전역과 외국에 불교를 전하는 데 결정적인 역할을 했을 뿐 아니라, 역사 기록이 없는 고대인도에 아소카왕의 재위연대는 고대사와 불교사를 기록하는 연대산정의 기준이 되기 때문이다.

아소카왕(Ashoka)의 즉위연대는 기원전 270년경(BC 268~232년경)이다. 이것은 왕이 암벽에 법칙을 새긴 〈14장 법칙〉의 제13장에 기록되어 있는 아소카왕 시대 서방 5왕의 재위 연대에서 산출해낸 것이다. 왕은 국내뿐만이 아니라 이웃나라에까지도 정법을 선포할 사신을 파견했다. 그 사신이 파견된 이웃나라인 시리아 · 이집트 · 마케도니아 등의 5왕의 이름이 열거되고 있다. 5왕의 연대를 어떻게 보느냐에 따라 약간의 차이는 있지만(그 차이는 2~10년 정도), 이것을 근거로 아소카왕의 재위연대를 산정하면 기원전 268년에서 232년 사이로서 재위연수는 36년(혹은 37년)이다.

기록에 의하면 아소카왕은 젊었을 때에는 매우 난폭하여 많은 사람을 죽였다고 한다. 그러나 그 후 불교에 귀의하여 선정을 베풀어 법아육法阿育으로 불렸다고 한다. 비문으로부터 추정하면 아소카 왕은 즉위 7년경에 불교에 귀

바이샬리의 아소카왕 석주와 사리대탑. 아소카왕은 자신이 깨달은 법을 선포하고 후세에 남기기 위해 암벽과 바위기둥을 깎아 법칙을 새겼다. © Rohit Sharma

의하여 신자가 된 듯하다. 그러나 처음 2년 반 정도는 열성적이지 않았다. 그래서 즉위 8년이 지났을 때 칼링가 국을 정벌했다. 그때 수많은 죄없는 사람들이 죽거나 포로로 이송되어 부모를 잃거나 자식과 헤어지고 부부가 이별하는 등의 비참한 상태를 보고 전쟁의 죄악성을 통감했다. 그리하여 폭력에 의한 승리는 진정한 승리가 아니며 '법(진리)에 의한 승리'야말로 진정한 승리임을 깨달았다. 그래서 그로부터는 1년 여는 승가를 가까이해 열심히 수행해서 즉위 10년 후에 '삼보리三菩提'를 얻었다. '삼보리'란 '깨달음'이란 뜻인데, 이것은 아소카왕이 깨달음을 얻었다는 의미라고 해석되거나 혹은 불타가 깨달음을 이룬 부다가야에 갔다는 의미로도 해석된다.

왕은 그로부터 '진리(法)의 순행'을 시작하여 수많은 불적佛蹟을 순배했다. 즉위 20년 후에는 룸비니 동산을 방문했다는 것이 비문에 기록되어 있다. 왕이 열심히 수행을 하고 법의 수립과 증장을 위해 노력하고 백성들에게도 불교를 보급하는 데 정성을 기울였다.

왕은 즉위한 지 12년이 지나서부터 자신이 깨달은 법을 선포하고 후세에 남기기 위해 돌비석에 새기도록 했다. 이것을 즉위 27년까지 계속했다. 이것에는 암벽을 깎아 법칙을 새긴 '마애磨崖법칙'과 거대한 바위기둥을 깎아 거기에 법칙을 새긴 '석주石柱법칙'이 있다.

이 비문들은 19세기 초부터 계속해서 발견되었으며 최근 1966년에는 델리 시내에서 마애법칙이 발견되었음이 보고되어 있다. 현재까지 30개 이상의 돌비석 법칙이 존재하고 있음이 확인됐다. 1837년 J. 프린세프에 의해 처음으로 비문이 해독된 이래 아소카왕 비문의 연구는 장족의 진전을 이루었다.

아소카왕의 불교를 이해하기 위해서는 그가 세운 돌비석을 알아볼 필요가 있다. 암벽을 깎아 새긴 마애법칙에는 대 · 소 2종이 있으며, 대마애법칙은 주로 당시의 국경지방에 있는데, 기르나르 등 7개소가 현재까지 발견되어 있다. 이것은 14장의 법칙을 새기고 있다. 내용이 가장 장문이며, 대표적인 법칙이다. 소마애법칙은 중인도나 남인도 등의 7개소에서 발견되는데, 아소카왕이 어떻게 불교를 수행했는가 하는 것 등이 밝혀져 있다.

석주법칙에도 대 · 소 2종이 있는데, 대석주법칙은 6장 혹은 7장의 법칙이 새겨져 있으며, 주로 중인도의 6개소에서 발견되고 있다. 마애법칙과 마찬가지로 법의 내용에 대한 설명이 주이다. 소석주법칙은 사르나트 · 산치 등의 불교유적지에서 발견되는데, 상가(승단)의 분열을 훈계하는 등, 불교교단과 관계가 있는 법칙이다.

석주법칙에는 석주의 주두柱頭에 동물의 조각이 얹혀 있는데, 특히 사르나트의 석주에는 기둥머리에 거대한 4마리의 사자상이 조각되어 있으며, 그 바로 밑에 법륜法輪이 새겨져 있다. 매우 훌륭한 조각이며 현재 인도의 문장紋章이 되고 있다.

아소카왕이 자기를 포함한 모든 인간이 지켜야 할 다르마, 즉 '법'으로 생각한 것은 인간의 본질은 평등하다는 불타의 가르침에 입각하여 생물을 사랑하고 진실을 말하며 관용과 인내를 발휘하고 가난한 사람을 돕는 등의 윤리적인 성실성과 자비의 이념이었다. 아소카왕은 이것이 단순하긴 하지만 모든 사람이 지켜야 할 불변의 진리라고 굳게 믿고, 이를 자손만대에까지 전하고자 하여 돌에 새긴 것이다.

DIGEST 4 BUDDHISM

불교전파의 경로와 전설
: 불교의 중국전파 (194~?)

인도에서 시작된 불교가 중국으로 전파된 것을 알기 위해서는 당시의 교통로를 먼저 살펴보아야 한다. 인도와 중국을 연결시키는 교통로는 크게 나누어 해로와 육로의 두 가지가 있다.

해로는 실론, 자바, 말레이반도, 베트남을 경유하여 중국남부의 교지交趾나 광주廣州 등에 도달하는 경로로서, 구나발타라求那跋陀羅(Gunabhadra) · 진제眞諦(Paramartha) · 불타발타라佛馱跋陀羅(Buddhabhadra) 등의 번역승려들은 이 남쪽 해로를 거쳐 중국에 도착했다.

육로는 신강新疆과 중앙아시아를 경유하여 중국에 도달하는 길로서, 한漢의 무제武帝가 서역을 경략한 이래 동서교통의 요로가 되어 무역이나 여행 등이 무척 빈번하게 행해져 왔다.

구법승려들이 중국과 인도 사이를 왕복하는 데도 이 육로가 해로보다도 많이 이용되어, 인도에서 많은 번역승이 이 길을 통해 중국으로 왔고, 중국인 구법승도 현장玄奘처럼 이 육로를 왕복하여 경전을 중국에 가져왔던 것이다.

이 육로가 지나는 위구르(新疆)에 타림분지가 있는데, 이곳은 사막으로 여름에는 심한 더위가 계속되고 겨울에는 혹한이며 서남쪽은 빙하나 빙설로 덮어져 있는 산악지대로서, 교통로로서는 최악의 조건을 갖추고 있다. 이 육로는 북도北道와 남도로 나뉘어진다. 북도는 돈황敦煌에서부터 북상하여 이오伊吾에 이르고 다시 토로번吐魯蕃을 거쳐 구자龜玆에 이어지며, 다시 소륵疏勒에 이어지는 길이다. 타클라마칸 사막의 북쪽에 있는 천산산맥天山山脈의 남쪽 기슭을 통하는 것이 북도(천산남로)다.

남도는 돈황에서부터 사막을 넘어서 선선을 거쳐 타클라마칸 사막의 남쪽 곤륜산맥의 북쪽 기슭을 돌아 우진에 이르고, 다시 서북으로 나아가 사차莎車에 도착하는 길을 말한다. 이 남북 두 길을 주로 하여 후한의 안세고安世高나 지루가참支婁迦讖을 비롯하여, 삼국시대의 담가가라曇柯迦羅 · 강승개康僧鎧 · 담제曇諦 등이 뒤이어서 낙양에 왔던 것이다.

우리는 불교전파의 경로를 염두에 두면서 불교의 중국 초전初傳에 관한 전설 몇 가지를 검토해보자.

① 〈열자列子〉 권4 「중니편仲尼篇」에 공자의 말로서 '서방에 성자가 있다'고 하는 말에 의거하여, 이 서방의 성자는 불타를 가리키며 공자가 이미 불타를 알고 있는 이상 불교는 일찍이 선진先秦시대에 전래했다는 것이다.

② 수나라 비장방費長房의 〈역대삼보기歷代三寶記〉 권1에 보면 진시황제 4년(BC 243)에 사문 석리방釋利方 등 18현자가 불경을 가져왔으나 시황제는 이것을 금지시켰다고 한다.

③ 〈위서魏書〉 「석노지釋老志」에 의하면 곽거병霍去病이 흉노를 토벌했을 때(BC 121), 휴도왕休屠王이 모셨던 금인金人(불상)을 얻어 이를 감천궁甘泉宮에 안치했다고 한다.

④ 진晉의 종병宗炳이 지은 「명불론明佛論」에 동방삭東方朔이 한무제에게 대답했던 겁소설劫燒說 중에서 불교의 전래를 예상할 수 있다고 한다. 그러나 위의 4가지 불교 전래 이야기는 대개 후대에 위작된 것이거나 아니면 불교도의 헛말에 지나지 않으므로 믿을 수 없다.

그 외 후한 명제의 감몽구법설感蒙求法說과 백마사白馬寺 전설이 있다.

낙양성 성문 밖에 자리하고 있는 백마사는 후한의 명제가 인도에서 온 승려들을 위해 창건했다고 한다.

감몽구법설은 후한의 명제가 영평永平 13년(70)에 금인(부처)을 꿈에 보고 구법의 사절을 보냈다는 이야기인데, 이에 대해서는 진의 원굉袁宏(328~379)의 〈후한기後漢記〉 권10과 〈모자이혹론牟子理惑論〉 〈42장경서四十二章經〉 등에 기록되어 있다.

그러나 명제의 감몽구법설을 쓴 문헌은 후한시대의 저작이 아니며 대부분은 육조六朝 중기 이후의 찬자撰者에 의해 이루어졌던가 또는 대개가 위서僞書이기 때문에 명제구법의 전설은 진대 이후의 전승이고 또한 그 내용상 역사적 사실이 아님은 확실하다.

그렇지만 명제시대로부터 약 2백년 후인 진대에 처음으로 이 같은 설화가 나타난 것은 불교가 그 세력을 증대하며 중국 고유의 도교 등과 대항하는 과정에서 불교의 전파를 고대로 거슬러올라가 설정함과 동시에 권위를 부여하기 위한 것이라고 생각된다.

백마사 전설은 후한 명제의 영평永平(58~75) 연간에 섭마등攝摩騰이 〈42장경〉과 화상畵像을 백마에 싣고 낙양에 돌아왔기 때문에 가람을 세워 백마사라고 이름을 지었다고 하는 것이 〈역대삼보기〉 등에 나오는 백마사 전설이다.

북위北魏의 양현지楊衒之가 쓴 〈낙양가람기〉(권4)에서는, 백마사는 후한 명제가 세운 것으로서 중국에서 최초로 세워진 절이라 하고, 구법의 사자가 얻은 불경과 불상을 백마가 짊어지고 왔기 때문에 백마사라고 이름 지어져 그

경함經函이 지금도 역시 있다고 전하고 있다.

그러나 후한 명제구법의 전설은 예부터 전하는 〈모자이혹론〉 〈42장경서〉 등이나 정사正史의 자료에는 백마사라는 명칭이 보이지 않기 때문에 후한 명제구법의 백마사 전설은 후대 불교도의 창작임이 분명하다.

중국불교 초전의 역사적 사실
: 후한의 불교 (기원전 2년)

현존하는 중국불교 전래에 관한 최초의 기록은 〈삼국지〉이다. 이 책의 「위지魏志」 권30인 배송지裵松之(372~451) 주注에 인용된 위의 어환魚豢이 지은 〈위략魏略〉「서융전西戎傳」에는 다음과 같이 기록되어 있다.

> 옛날 한의 애제哀帝 원수元壽 원년(BC 2)에 박사제자博士弟子경로景盧는 대월지왕의 사자인 이존伊存에게서 부도경浮屠經을 구수口授받았다. 복립復立이란 그 사람을 말한다.

이 기록에 따르면 대월지국의 사자인 이존이 박사제자 경로에게 불경을 입으로 전수했음을 전하고 있다. '복립復立이란 그 사람을 말한다'고 한 '복립'은 〈세설신어世說新語〉의 주注에 따르면 '복두復頭'의 오기이며, 복두란 붓다의 음을 나타낸 것이다. 이 기록을 통해서 대월지국에서 전한前漢 애제(BC 6~1)시대에 이미 불교가 전파되었던 것과, 중국에 전래했던 최초의 불교에서, 역경은 구수口授에 의해서 이루어졌음을 알 수 있다.

이렇게 중국에 불교가 전래되어 최초로 확실하게 불교를 신앙했던 사람

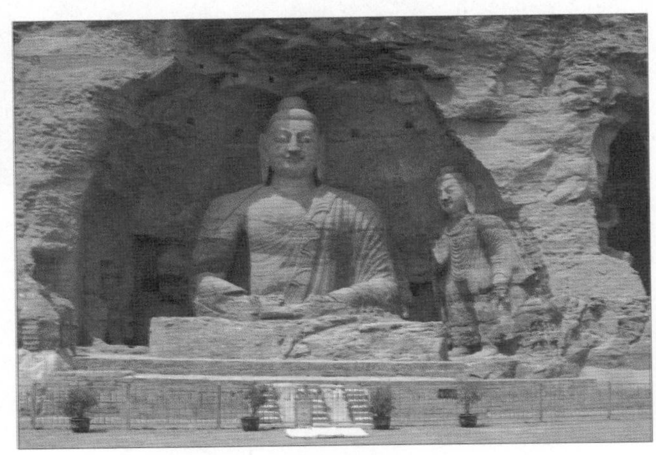

현세이익과 불로장생을 주된 내용으로 하는 종교로 중국에서 불교가 숭상받기 시작하고 제왕의 이상형을 불상에 표현했다. 윈강 석굴의 대불. © Marcin Białek

은 한漢 명제明帝(AD 58~75)의 이종동생인 초왕楚王 영英이다. 그는 건무建武 17년(AD 41)에 초왕이 되어 28년에 초국에 부임했다.

빈객과 교류를 즐기던 초왕 영이 모반했다고 무고당하자(AD 65) 명제는 천하에 칙령을 내려, 사형을 당할 죄인도 비단을 바치면 속죄할 수 있다고 했다. 속죄의 값으로 비단 30필을 바친 초왕 영에 대해서 명제는 조칙을 내려 황로黃老(황제와 노자)·부도浮屠(부처)를 숭상하고 있는 초왕 영에게 혐의를 씌울 필요가 없다고 인정했다. 그리고 바친 비단을 돌려주고, 이것을 사문(스님)을 공양하는 비용으로 하라고 했다.

이에 의하면 초왕 영이 황제黃帝·노자老子와 부도를 함께 숭상했던 것과 초왕 영의 왕가에서 특수한 불교의식이 행해졌던 것을 알 수 있다.

이를 보면 후한의 조정이 국가의 상층 지배계급에게 유교나 황로의 가르침과 함께 외래불교를 신앙하는 것을 공인했던 증거가 되는 것이다. 또 초왕 영이 우바새(남자신도)나 사문(승려)에게 공양했던 것은 서역의 외국승이 이미 장안과 낙양뿐만 아니라 그의 임지인 팽성彭城까지 와서 불교의 선교활동을 했음을 나타내는 것이다. 후에 초왕 영은 실각하여 강남의 단양경현丹陽經縣에 좌천되었지만, 초국의 불교는 이것에 의해서 팽성에서 강남으로 널리 옮겨 퍼지는 기회를 얻었다.

초왕 영이 신봉했던 불교는 어떤 불교였는가?

석달간 결재潔齋하여 신과 맹세를 했던 초왕 영은 불타를 신으로 모시고 복을 바라는 현세이익과 불로장수를 주된 내용으로 하는 종교로서 불교를 신봉했다. 중국에 불교가 수용되었던 최초의 신앙내용이 복을 바라는 현세이익이었던 것은, 후의 중국불교사를 일관하는 태도가 되었고 중국불교의 가장 기본적인 성격을 나타낸 것이다.

기록상으로 후한의 황제로서 처음으로 불교를 신봉했던 것은 환제桓帝다. 환제는 음악을 좋아하고 탁용궁濯龍宮을 만들며, 부도와 노자를 모셨다. 그는 불교를 불로장생을 기원하는 황로의 신앙과 같은 유로 보아 그 열렬한 신선 욕망에 사로잡혀 있었기 때문에 황로를 제사함과 아울러 부도에게도 역시 기원했다. 불타는 양재초복攘災招福과 불로장수의 영험력을 가진 신으로서 신앙의 대상이 되었던 것이다. 불교를 전파하기 위하여 왔던 서역 승려들은 주술의 역할을 지닌 신선적 수행자로서 존경받았고, 불교는 어디까지나 현세적이며 공리적인 도교적 신앙의 형태로 후한의 사회에 수용되었다.

후한 말이 되어서 황실의 힘이 쇠퇴하고 인심이 불안 동요하자 사회도 혼란해졌다. 사람들은 염세관에 빠져 노장의 허무사상이 크게 일어났다. 이리하여 불교도 여러 경전의 번역과 더불어 노장사상과 유사한 교의가 주목되기에 이르렀다.

이 후한의 과도기에 불교사에 이름을 남겼던 사람이 책융笮融이었다. 그는 사찰을 건립하고 불상을 만들고 욕불회浴佛會를 행하며, 사회사업으로서 민중들에게 음식을 공급했다.

책융이 세웠던 부도사浮屠寺는 3천여 명을 수용할 수 있었으며, 황금을 칠한 동불상銅佛像을 조성했다. 책융은 불경을 독송하고 있었던 것도 확실하여, 당시에 한역된 불교경전이 유포됐던 것을 알 수 있다.

특히 책융이 세운 절은 중국불교 최고의 사찰이라고 말할 수 있다. 이는 초왕 영이나 환제시대보다도 불교의 의례면에서 큰 발전을 이룩했던 것이다. 이것은 후한의 영제靈帝 말년에서 헌제獻帝시대, 즉 190년 전후의 서주徐州 불교의 상태를 보여주고 있다.

DIGEST 6 BUDDHISM

한역 불경의 성립
: 한대의 역경사업 (148~179년경)

황로신앙이나 불로장생술의 하나로서 수입되어진 중국불교는 후한의 환제桓帝(147~167) 시대가 되자 그 세력을 점점 확대했다. 이 환제와 영제靈帝(168~189) 시대에 처음으로 경전을 번역하여 최초의 한역 불경을 제공했던 사람이 안식국安息國의 안세고安世高와 대월지국大月氏國의 지루가참支婁迦讖이었다. 중국인이 자기네 언어로 옮긴 불교경전을 처음 보았던 것은 안세고와 지루가참 때부터인 것이다. 환제 · 영제 · 헌제 시대에 앞서 말한 두 사람을 비롯하여, 축불삭竺佛朔 · 지요支曜 · 안현安玄 · 엄불조嚴佛調 · 강맹상康孟詳 등의 번역승이 활약했다.

안세고의 자는 세고世高이며, 안식국의 태자로 태어났지만 왕위를 숙부에게 양보하고, 불교공부에 뜻을 두어 본국을 떠나 여러 나라를 두루 돌아다니다가 후한 환제의 건화建和 2년(148)경에 낙양으로 왔다.

안세고는 20여년 간에 걸쳐서 30여 부의 경전을 번역했다. 그는 선禪에 조예가 깊을 뿐만 아니라, 붓다의 언행과 설법을 모은 〈아함경阿含經〉과 교법을 연구한 논장論藏에 해당하는 아비담학阿毘曇學에 정통했다. 안세고가 번역한 경전 중 선에 관한 것으로는 〈안반수의경安般守意經〉 〈음지입경陰持入經〉 〈선행법상경禪行法想經〉〈대도지경大道持經〉 등이 있으며, 아함에 관해서는 〈인본욕생경人本欲生經〉〈십보경十報經〉〈보법의경普法義經〉〈사체경四諦經〉〈칠처삼관경七處三觀經〉〈팔정도경八正道經〉〈전법륜경轉法輪經〉 등을 번역했고, 또한 아비담학에 관해서는 〈아비담오법경阿毘曇五法經〉〈아비담구십팔결경阿毘曇九十八結經〉 등을 번역했다.

안세고의 교학에 대해서 승우僧祐는 "널리 경장을 섭렵하고, 아비담학에 매우 정통하여 선경禪經을 더듬어 그 묘妙를 터득했다"(〈출장삼기집出三藏記集〉 권13, 안세고전)라고 쓰고 있다.

안세고가 포교하던 시대는 환제가 궁정에서 노자와 부처를 함께 모시기도 하고, 양개襄楷가 낙양에서 상소하여 노자와 부처의 가르침을 같이 설명하기도 했던 때였다. 또한 노자가 서방으로 가서 부처가 되었다는 '노자화호설老子化胡說'이 주창되었던 시기였다. 선에 관한 경전을 번역하기도 하고 그 실천자이기도 했던 안세고는 도교의 불로장생술이나 태식법胎息法의 수행자처럼 보였던 것 같다.

영제(재위 168~189) 말에 안식의 상인인 안현安玄은 낙양에 와서 엄불조와 함께 〈법경경法鏡經〉을 번역했다. 이 〈법경경〉을 번역할 때 안현은 범문梵文을 번역했고 엄불조는 받아 적었다. 안현과 한인승漢人僧의 협력으로 번역된 〈법경경〉은 강남지방으로 전해져서 삼국시대 강승회康僧會(?~280)가 주석하여 경서經序를 지었다. 엄불조는 중국인 출가자 중에서 최초의 사람이며, 또한 중국인 불교도가 찬술한 최초의 책인 〈십혜장구十慧章句〉를 저술한 사람이다.

안현과 엄불조가 번역한 〈법경경〉은 위魏의 강승회가 252년에 번역한 〈욱가장자소문경郁伽長者所問經〉이나 서진의 축법호竺法護가 번역한 〈욱가라월문보살행경郁伽羅越問菩薩行經〉과 동본이역으로, 재가보살의 수도를 밝혔던 대승경전이다. 소승국이라고 전해지는 안식국에서 왔던 안현이 대승불교의 경전을 번역했다는 것은 대승불교를 주로 하는 지루가참의 불경번역과 아울러 중요한 것이다.

안세고와 같은 시기에 낙양에 왔던 역경자 중에서 가장 유명했던 사람이 지루가참(Lokaksema)이다. 그는 대월지국 출신이며 한의 환제 말에 낙양에 와서 영제의 광화光和(178~183) · 중평中平(184~189) 연간에 〈도행반야경道行般若經〉 〈수능엄경首楞嚴經〉 〈반주삼매경般舟三昧經〉 〈아촉불국경〉 등을 번역했다. 그가 번역한 경전 중에는 소승불교의 경전은 하나도 없고 모두 대승경전이다.

지루가참이 번역해낸 경전 중에서 가장 중요한 것은 〈도행반야경〉으로, 〈소품반야경小品般若經〉의 이역異譯이다. 그가 번역한 〈도행반야경〉이야말로 〈반야경〉의 최초의 번역이다. 또 〈반주삼매경〉의 역출에 의해서 아미타불이 소개된 것도 중국불교에 큰 영향을 주었던 것이다. 또한 지루가참역으로 되어 있는 〈무량청정평등각경無量淸淨平等覺經〉이 있다.

또 당시에 천축(인도) 승려 축불삭은 영제시대에 낙양에 〈도행반야경〉을 가져왔으며 광화 2년(179)에 〈반주삼매경〉을 번역했다. 그때 축불삭이 범본梵本을 가져와서 지루가참이 한어로 번역했다고 한다. 또 당시에 지요는 〈성구광명경成具光明經〉을 번역했고, 강맹상은 담과曇果와 함께 〈중본기경中本起經〉을 번역했던 사실이 전해지고 있다.

DIGEST

7

BUDDHISM

5호16국 시대의 중국불교

: 불도징·도안·부견 (317~418년)

중국 강남지방을 지배했던 동진東晉(317~418) 1백여 년간에 강북 중원지방은 호족胡族이 유린하는 곳이 되어 전조前趙 이후에 주로 5호(五胡: 흉노 · 선비 · 갈 · 저 · 강)의 여러 민족이 성쇠를 거듭하여 16개 나라의 흥망이 있었기 때문에 이때를 5호 16국 시대라고 한다.

북방 호족국가는 북위北魏(439)로 통일되기까지 남방 동진은 유유劉裕(420)의 혁명이 있기까지의 백여 년간을 동진시대 또는 5호 16국 시대라고 부른다. 서진이 멸망하고 동진이 흥하자 중원지방의 귀족도 제실帝室과 함께 강남으로 이주했기 때문에 종래 중국문명의 중심이었던 황하유역은 갑자기 쇠퇴하게 되었다.

그리하여 그 후로는 장강長江(양자강) 유역이 중국문화의 중심이 되어 화북 중심의 문명이 전 중국에 확대되었다. 이것은 동양사에서 일대 사건일 뿐만 아니라 중국불교의 전개와 확대에 큰 영향을 주었던 것이다. 또한 이 시대에 전진前秦의 왕 부견符堅이 사신과 승려를 고구려에 보내 불교를 전했으므로 우리나라 불교전래와도 깊은 관계가 있었다.

불교사는 초기 중국불교계의 위인으로서 불도징佛圖澄과 도안道安, 그리고

5호16국 시대의 금동불좌상. 일반적으로 간다라식 불상으로 불린다.

혜원慧遠 세 사람을 열거한다.

불도징(232~348)은 서역사람으로, 본성은 백씨帛氏이기 때문에 구자국龜玆國 사람임을 알 수 있으나, 일찍이 계빈국에 가서 설일체유부계說一切有部系의 소승불교를 배웠다. 서진西晉 영가 4년(310)에 돈황을 거쳐 낙양에 와서 동진의 영화 4년(348) 12월 8일에 업도鄴都에서 107세로 죽었다. 낙양에 왔을 때 그는 이미 79세의 고령이었다. 영적 능력의 소유자로서 신통력이나 주술 또는 예언에 뛰어난 불도징은 후조왕後趙王 석륵石勒과 석호石虎의 존경과 신뢰를 받았다.

석호 치하에서 불도징의 교화력은 대단히 커서 불조佛調 · 수보리須菩提 등의 외국 승려 수십 명이 아득히 먼 천축과 강거康居에서부터 수만리를 멀다 하지 않고 사막을 건너 불도징에게 와서 사사했다. 또한 한인인 도안과 중산中山의 축법아竺法雅 등도 불도징에게 사사했다.

이리하여 문도가 1만 명에 가까웠고 사찰도 893개소나 되어 화북불교는 불도징에 의하여 가장 왕성해졌다. 그의 제자로는 5호16국 시대 후반에 활약했던 도안 · 축법아 · 승랑僧朗을 비롯하여, 법수法首 · 법조法祚 · 법상法常 · 승혜僧慧 · 도진道進 · 법태法汰 · 법화法和 · 안영수安令首 비구니 등이 있다.

그의 제자인 안영수 비구니는 서진 말 건흥建興(313~316) 중에, 낙양의 서문에 죽림사竹林寺를 세우고 처음으로 비구니계를 받았던 죽림사 정검淨檢에게서 계를 받고 건현사建賢寺를 세웠다. 출가자 2백여 명이 정사精舍를 짓고 수행에 힘써, 석호는 이들을 공경했다.

불도징의 제자 승랑은 태산太山에 정사를 세우고 백여 명의 제자를 가르쳤다. 그는 영험과 신이의 능력에 뛰어나서 전진왕 부견, 후진 요흥姚興, 남연

南燕 모용덕慕容德, 동진 효무제孝武帝, 북위 척발규拓跋珪 등의 존숭을 받았다. 승랑이 남연의 모용덕에게서 동제왕東齊王의 호를 받고, 또한 2현의 봉급을 하사받았던 사실은 중국 불교사상 특필해야 할 것이다.

5호16국 시대에 중국불교의 지반을 구축하는 데에 가장 공적이 컸던 사람은 도안(312~385)이다. 도안은 본성이 위씨衛氏이고 상산常山의 부류扶柳에서 태어났다. 12세 때 출가하여 구족계를 받은 후 유학하여 불도징의 제자가 되어 면학에 힘썼고, 불도징이 죽은 후에는 축법제竺法齊 · 담강曇講 · 축승보竺僧輔에게서 경전을 공부하였으며, 축법태竺法汰 · 승선僧先 · 도호道護와 함께 경전을 깊이 연구했다.

도안은 일세의 사표로서 알려진 인물로 난세 중에도 수천 명의 제자를 지도하여 전진왕 부견의 신임을 얻었으며, 불전의 교정 및 주석과 경록經錄의 편찬, 그리고 의궤儀軌의 제정 등 중국불교의 기초를 다지는 데 큰 공적을 남겼다.

전진 건원 15년(379)에 부견은 양양을 공략했다. 그 이유는 부견이 도안의 명성을 듣고 그를 얻어서 자기를 보필하게 하기 위함이었다. 그는 그 목적을 달성했을 때 복사僕射 권익權翼에게 "짐은 10만 군사로써 양양을 취하여, 오직 한 사람 반을 얻었다… 안공安公(도안)은 한 사람이며, 습착치習鑿齒는 반 사람이다"라고 했다고 한다.

도안은 부견의 요청에 따라 양양을 떠나 장안에 이르러 수천 명의 승도를 교화하고 지도했다. 도안은 장안에 머무는 동안 풍족한 환경 속에서 경전의 서문을 쓰기도 하고 경전연구에 집중할 수도 있었는데, 부견이 비수전쟁에서 패하고 또한 요장에게 죽음을 당하기 3개월 전인 동진 태원 10년(385) 2월 8일에 74세로 입적했다.

도안은 처음으로 석성釋姓을 주창한 것으로 유명하다. 도안 이전의 승려들은 모두 성이 같지 않았는데 "승려의 본本은 석가보다 존귀하지는 않다"고 주장하여 불제자가 된 자는 모두 '석'으로 성을 삼게 하였다. 한국 승려들이 성을 '석'으로 쓴 것도 도안의 주장에 따른 것이며, 1945년 해방 후에는 각자의 성을 승명 앞에 쓰는 것이 보편화되어가고 있다.

DIGEST

8

BUDDHISM

요진과 동진시대의 중국불교

: 구마라습과 혜원 (334~416년)

도안을 숭배하고 고구려에 사신과 승려 순도로 하여금 불상과 경문을 고구려에 보낸 전진왕 부견의 뒤를 이어받아서 화북에서 일대의 불교 융성기를 현출시켰던 것은 요진姚秦시대이다. 요진시대에는 많은 서역승이 계속 건너와서 역경사업에 종사했다. 그중에서도 중국 역경사상에 하나의 새로운 시대를 장식했을 뿐 아니라, 중국불교를 이식시대로부터 성장발전의 시대로 전환케 한 원동력이 되었던 것은 구마라습鳩摩羅什(Kumārajīva, 344~413 또는 350~409)의 활약 때문이다.

구마라습은 천축(인도) 사람인 구마라담鳩摩羅炎을 아버지로 구자국왕의 누이동생을 어머니로 하여 구자국에서 태어났다. 일곱 살에 출가하여 경을 배워 날마다 게偈 1천씩을 읽었다고 한다. 아홉 살 때는 역시 출가했던 어머니와 함께 계빈으로 옮겨 반두달다槃頭達多에게 사사하고 〈중아함경〉과 〈장아함경〉을 배웠다. 열두 살 때 어머니와 함께 계빈국을 떠나 구자국으로 돌아오는 도중 소륵疏勒에 1년 동안 머물면서 〈아비담阿毘曇〉과 〈육족六足〉 등의 논서들과 〈증일아함경〉을 읽었다. 그 후 구자로 돌아와서 4베다 · 5명五明 · 음양성산陰陽星算의 여러 학문을 널리 연구하였다. 나습의 초기학습은 소승

불교를 주로 하고 있었지만 수리야소마須梨耶蘇摩에게 사사하여 대승교를 배워 〈중론中論〉 〈백론百論〉을 읽었고, 불타야사佛陀耶舍에게는 〈십송률十誦律〉을 배웠으며, 또 〈방광반야경〉을 배워 여러 대승경론에 정통했다.

나습이 예전에 소승교를 배웠던 옛스승인 반두달다는 계빈에서 구자로 와서 나습으로부터 대승의 깊은 뜻을 배웠다. 그로 인하여 대승학자로서의 나습의 명성은 서역제국에 널리 퍼졌다.

전진왕 부견은 건원 18년(382)에 장군 여광呂光에게 구자와 언기焉耆를 토벌하여 구자국의 왕실을 멸하고 나습을 사로잡아오라고 했다. 나습을 동반한 여광은, 부견이 요장에게 살해되어 전진이 멸망했다는 소식을 듣고 양주凉州를 평정하여 후량국後凉國을 세웠기 때문에 나습도 16,7년간 양주에 체재했다.

후진의 요흥姚興은 홍시弘始 3년(401)에 후량을 토벌하여 나습을 장안으로 모셔왔다. 삼보를 존중하고 숭배했던 요흥은 국사의 예를 다해 나습을 맞이하여 서명각西明閣과 소요원逍遙園에서 경론을 번역케 했다. 그 후 10여년 간 구마라습은 오로지 경론의 번역과 강의에 종사했으며 문하에 수천 명의 영재를 교화했다.

나습이 홍시 4년부터 12년 동안에 번역했던 경전은 〈출삼장기집出三藏記集〉에서는 35부 294권이라 하고 〈개원석교록開元釋敎錄〉에서는 74부 384권이라고 하고 있는데 어쨌든 300권 이상 대번역 사업을 완수했던 것이다.

나습이야말로 인도 중관불교나 주요한 대승경전을 중국에 이식시켰던 최대의 공헌자였다.

고장姑藏에서 여광은 나습에게 강제로 구자국의 왕녀를 처로 삼게 하였고, 장안에서는 요흥이 그에게 기녀妓女 10인을 제공했다. 어쨌든 나습은 자의는 아니지만 계율을 철저히 지킨 도안이나 혜원 등과는 다른 특이한 불교도였다.

317년, 동진東晋의 원제元帝가 즉위해서부터 420년까지 11제帝 104년 동안 계속되어진 동진시대에는 외래의 불교가 노장이나 청담에 대하여 우위를 점하게 되면서 중국사상사 가운데 특이한 시대를 출현시켰다. 특히 동진시대 중기에 양양襄陽을 중심으로 활약한 도안道安의 교단과, 동진 후기에 여산廬山을 중심으로 활약한 혜원慧遠의 교단은 그 후의 중국불교사에 커다란 영향을 주었다.

또한 이 동진시대인 384년에 호승胡僧 마라난타摩羅難陀가 동진으로부터 백제에 옴으로써 백제불교가 시작되었다. 그리고 이미 앞항(5호16국시대의 중국불교)에서 도안을 다루었으므로 여기서는 혜원에 대해서 중점적으로 살펴보고자 한다.

화북에서 활약했던 도안의 문하에서 배출된 혜원은 여산에 머물면서 동진 불교계의 지도자가 되었다. 그는 한인 승려로서 화북에서 온 승가제파僧伽提婆 · 구마라습 · 불타발타라佛馱跋陀羅 등의 교학적 흐름을 이으면서 다시 중국의 전통과 새로운 정치나 윤리에서 던져진 문제들과도 대결하여 새로운 전개를 해야 하는, 중국 불교사상의 대전환기에 활약했던 인물이었다.

혜원(334~416)의 본성은 가씨賈氏이며 오대산 기슭에 있는 안문루번현雁門樓煩縣에서 태어났다. 13세 때에 중원의 허창許昌과 낙양에 유학하여 6경六經과 노장을 배웠다.

21세 되던 해 태행항산太行恒山에서 동생 혜지慧持와 함께 도안에게 사사하고 '진실로 나의 스승이로다'하고 감격했으며, 도안은 〈반야경〉강의를 듣고 유교와 도교를 버리고 출가했다. 도안은 365년에 혜원 등 4백여 명과 전란을 피하여 양양에 왔다. 그러나 전진왕 부견이 양양을 공략하고 도안을 데리고 가버렸기 때문에 혜원은 따로 동생 혜지와 제자 수십 인과 더불어 남하하여 형주荊州 상명사上明寺에 들어갔다.

그 후 남방의 나부산羅浮山으로 갈 것을 뜻하고 강을 내려와 심양에 이르러 용천사龍泉寺에 와서 여산의 빼어난 봉우리를 보고 이 산에 머무를 생각이었으나, 동학同學 혜영慧永의 인도로 여산 서림사西林寺에 들어갔다가 다시 동림사東林寺에 머물렀다. 혜원은 여산에 있기를 30여 년이나 했는데 그 사이에 산을 나오지 않고 동진 의희義熙 12년(416), 83세를 일기로 입적했다.

저서에 〈법성론法性論〉 〈사문불경왕자론沙門不敬王者論〉 등 10권이 있으며 또한 〈혜원문집〉이 있다. 혜원은 중국고전은 말할 것도 없고 불경을 두루 배웠으며, 게다가 격의불교의 영향도 남아 있었기 때문에 그의 사상은 과도적 성격을 지닌 것이라고 해야할 것이다. 그러나 그는 중국 불교사상의 대전환기에 많은 영향을 끼친 동진시대의 탁월한 중국 승려였음은 분명하다.

DIGEST

9

BUDDHISM

한반도에 최초로 불교전래
: 고구려의 불교수용 (372년)

우리나라 불교는 중국불교의 전래에서 시작되었다는 북방전래설이 정설로 되어 있다. 기원 전후에 중국대륙에 도입된 불교가 4세기 후반에 고구려에 들어온 것이다.

〈삼국사기〉와 〈삼국유사〉에 의하면, 고구려의 불교는 제17대 소수림왕 2년(372), 전진왕 부견符堅이 사신과 승려 순도順道를 통해 불상과 불경을 보냄으로써 시작되었다고 한다. 그리고 그 2년 뒤 (374), 아도阿道 스님이 왔으며, 그 다음해(375) 2월에는 성문사省門寺를 세워 순도를 머물게 하고, 이불란사伊不蘭寺를 지어서는 아도를 머물게 했다.

지금까지 한국불교사에서는 이렇듯 372년 고구려에 불교가 전래된 것을 한국불교의 시작으로 보는 것이 통설로 되어 있다. 그러나 〈양고승전梁高僧傳〉과 〈해동고승전海東高僧傳〉에, 동진東晉의 고승 도림道林이 고구려 승려에게 당시 중국을 휩쓸고 있던 청담격의淸談格義 불교의 대표자인 법심法深을 소개하는 서신을 보냈다는 기록이 남아 있는 것으로 보아(〈양고승전〉 권4, 법심전: 〈해동고승전〉 권1, 석망명전), 372년 이전에 이미 민간 경로를 통해 고구려에 불교가 들어와 있었음을 알 수 있다.

따라서 372년에 고구려에 불교를 받아들인 사실은, 이미 중국 남북조와 고구려 사이의 민간 문화교류를 통해 들어와 상당한 기반을 이루고 있었던 불교를 소수림왕이 공인한 것에 지나지 않는다. 그러나 372년의 불교전래를 왕이 공인하고 수용한 것은 역사적으로 중요한 의미를 갖는다. 당시 소수림왕은 태학太學을 설립하고(372) 율령을 반포하는(373) 등 중앙집권적 지배체제를 정비하는 데 노력을 기울이고 있었다. 여기서 왕권은 그동안 민중에 대한 지배와 자기네 지위를 신성화해온 사상적 도구로서의 기능이 약화되어버린 재래신앙을 대신하는 새로운 지배이념으로 불교를 수용했던 것이다.

한편 전진왕 부견이 불교를 전한 것은 중국의 북방을 정복하고 이제 남방의 동진과 대치한 상태에서 통일 대업을 꿈꾸는 가운데 후방인 동북방 견제의 필요에서 공식적 문화교류를 통해 고구려와의 관계를 개선하고자 한 것으로 볼 수 있다. 이와 같이 고구려 왕권과 기존 민간 불교세력, 그리고 전진왕 부견 등 셋의 이해관계가 일치되었을 때 비로소 불교의 공식수용이 가능했다.

그런데 이 무렵 고구려에 전래된 불교는 어떤 내용이었을까? 먼저 민간 경로로 들어온 불교는 〈양고승전〉의 기록으로 미루어볼 때, 동진의 도림으로 대표되는 청담격의 불교와 같은 경향의 불교라 할 수 있다. '격의불교'는 중국 남북조 여러 나라들 사이의 분쟁으로 인해 지식인들이 도교적 청담의 기풍에 쏠려 있던 당시 중국사회의 반영으로서, 중국 고유의 노장老莊사상을 매개로 하여 불교의 반야般若사상을 설명하고 비교 · 해석하는 연구방법론이다.

그런데 격의불교의 대표자로 일컬어지는 도림이 고구려 승려에게 보낸 서신의 내용은, 고구려 불교계가 이미 중국 불교계의 그러한 경향을 이해하고 있음을 전제로 하고 있다. 따라서 민간경로로 고구려에 들어온 불교는 중국식 격의불교였으며, 또한 고구려에는 뿌리 깊은 신선신앙이 있었으므로 도가적 기풍을 가진 격의불교를 받아들이기가 용이했을 것이다.

그런데 공식 경로를 통해 왕실로 들어온 고구려 불교는 격의불교라기보다는 오히려 축법호나 불도징의 불교였을 것이다.

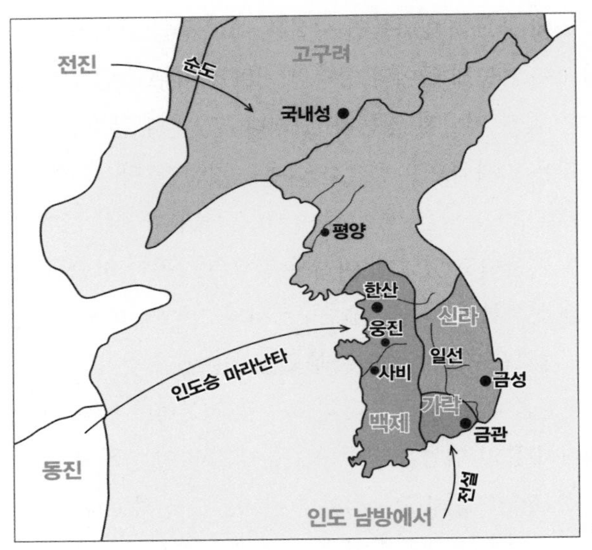

불교전래도

어떤 불교학자는 도안의 새로운 경향의 불교가 고구려에 수용되었을 것이라고 추론하지만, 고구려에 불교가 들어온 372년의 시점에서는 도안은 아직 전진왕 부견이 있는 장안에 오지 않았다. 도안이 장안에 온 것은 부견이 양양을 공략한 379년이었다. 즉 도안은 고구려에 불교가 전해진 지 7년 후에 부견이 있는 장안으로 오기 때문에 도안의 불교사상이 고구려에 유입되었다는 것은 타당하지 않다.

또한 구마라습이 장안에 온 것은 401년이므로 물론 그가 번역한 대승불교의 경전도 존재하지 않았다. 따라서 그 이전 축법호에 의해 번역된 대승경전이나, 불도징이 가져온 주술불교 · 계율 · 선관禪觀 등이 순도와 함께 고구려에 수용되었을 가능성이 높다.

고구려에 처음 세웠던 성문사는 성문省門을 절로 만들었다고 하여 훗날 '흥국사興國寺'라 했으며, 이불란사는 훗날 '흥복사興福寺'라고 했다.

고구려는 391년(고국양왕 말년)에 이르면, 왕이 온 백성에게 "부처님을 받들어 복을 구하라"고 하교하고, 이듬해 392년에는 평양에 절을 아홉 군데나 짓는다.

이 무렵(396년, 고구려 광개토왕 6년, 동진 효무제 태원 21년) 고구려 땅인 요동지방에 동진 승려 백족화상白足和尙 담시曇始가 경 · 율 수십 부를 가지고 들어와 3승(대 · 소승 일체)의 가르침을 베풀고 삼귀계三歸戒를 주는 등 10년간 민중을 교화하고 의희義熙 원년(405)에 다시 장안으로 돌아갔다.

이상과 같은 왕실의 불교 장려와 승려들의 포교 노력에 힘입어 고구려불교는 삼국 중에서도 상대적으로 앞서 발전해 나갔다.

DIGEST

10

BUDDHISM

인도승 마라난타 백제에 오다
: 백제불교의 시작 (384년)

고구려에 불교가 전래된 12년 후인 384년에 중국 동진東晉의 강남불교가 백제에 전래되었다. 〈삼국사기〉와 〈삼국유사〉에 의하면, 백제에서는 침류왕 원년(384) 9월에 호승胡僧 마라난타摩羅難陀가 동진에서 왔다. '호승'이라는 호칭으로 보아 인도의 승려이거나 중앙아시아 출신이라고 생각되는 마라난타를 백제왕은 궁중으로 맞아들여 예경함으로써 백제불교가 시작되었다. 다음해 봄 2월, 백제는 한산漢山(지금의 경기도 광주)에 절을 짓고 열 사람을 출가시켜 승려가 되게 하였다.

〈해동고승전〉 권1에 마라난타는 천축(인도)에서 중국으로 들어와 다시 백제에 왔다고 한다. 아마도 남해 경유로 건강에 왔을 것으로 추정된다. 당시 동진은 효무제(373~396 재위)의 시대로서 동진의 모든 제왕 중 가장 불교를 신봉한 제왕으로서 유명하다. 〈진서晉書〉에는 "태원太元 6년(381) 정월, 제왕은 불법을 처음으로 신봉하고, 정사精舍(절)를 전내殿內에 세워 모든 사문을 인도하여 이들로 하여금 살게 했다"라고 쓰고 있다. 효무제는 또 대월지국 출신으로 오吳의 호구산虎丘山에 있던 지담약을 칙명으로 도읍에 초빙하고 건초사建初寺에 머물게 했다.

당의 법림法琳이 지은 〈변정론辯正論〉 권3 「10대봉불十代奉佛」편篇에서는 효무제의 숭불 행위를 "마음으로 법을 받드는 데 정성을 다하고 생각은 명부冥符에 두도다. 사자국師子國(스리랑카)의 왕, 그 도를 마음에 간직함을 기뻐하였다. 그러므로 사문 담마촬曇摩撮을 보내어 멀리 옥상玉像(불상)을 봉송하여 이로써 단정丹情을 표했다. 의해義解의 승려를 불러 황태사皇泰寺를 짓고 이에 옛집을 희사하여 본기사本起寺라 하였다"라고 기록하고 있다. 사자국의 왕이 담마촬을 파견하고 옥상을 증정했다면 마라난타도 또한 무역선을 타고 동진의 도움으로 왔을 가능성이 높다.

〈부여 군수리 석조여래좌상〉, © 국립중앙박물관. 부여 군수리 절터 출토. 6세기 중엽에 제작된 것으로 완숙한 백제 불교문화를 잘 반영하는 작품이다 높이 13.5cm, 보물 제329호.

백제는 침류왕 원년(384) 7월 진에 조공했다고 하니 아마도 귀국길에 마라난타도 조공사절단과 함께 백제에 온 것이라 생각된다.

마라난타가 동진으로부터 오자 백제왕이 교외에까지 나가 맞아들였다는 〈해동고승전〉의 기사가 그러한 추정을 가능케 해주고 있다. 또한 백제에서는 그를 궁중에 모시고 받들어 공양하면서 그의 설법을 들었는데, 위에서 임금이 좋아하고 아래서 신하들이 깨우쳐 불사佛事를 크게 일으키고 다 같이 받들어 행하였다. 그리고 이듬해 봄에는 한산에 절을 짓고 열 사람을 출가시켜 마라난타를 받들게 했다.

이와 같은 왕실의 적극적인 예우로 미루어볼 때, 왕실의 입장에서는 마라난타의 신통력과 주술에 의지하여 왕실의 안녕을 빌고자 했을 것이다. 아울러 재래신앙을 대신하여 전란기의 동요하는 민중을 통제할 새로운 지배이념으로서 불교를 채택한 것으로 보인다. 이 시기에 백제는 고구려와 끊임없는 전쟁을 벌이고 있었다.

한편 마라난타가 떠나왔던 중국의 동진 역시 북쪽의 전진前秦과 대립을 계속하고 있었으므로, 이러한 상황에서 동진으로부터 건너와 불교를 전한 마라난타의 행위는 결코 개인적인 전교행위로 생각되지 않는다. 비록 고구려에 불교를 전한 순도처럼 왕사로 명시된 기록이 보이지 않는다 할지라도, 〈해동고승전〉에 씌어진 대로 백제왕이 교외에까지 나가 맞아들일 정도라면 동진왕으로부터의 공식적인 문화교류 사절과 같은 지위라고 보아도 무리는 아닐 것 같다.

그럼 이 무렵 백제에 들어온 불교의 성격은 어떤 내용이었을까? 당시 동진의 불교는 왕실과 귀족의 적극적인 지지 아래 수많은 불경이 인도 및 서역으로부터 들어와 번역되고 그것을 바탕으로 이론적 체계를 세우고 있었다. 동진불교의 지배적 경향은 도안의 제자인 혜원慧遠(334~416)에 의해 주도되고 있었다.

혜원은 종래의 청담공론을 극복하고, 도안을 계승한 반야사상을 이념적 기반으로 극락 정토신앙을 선양했다. 그는 전진의 침공 이후 남쪽으로 피난하여 여산에 은거하면서 그를 추종하는 123명의 승려 및 지식인들과 더불어 백련사白蓮社라는 정토신앙 결사를 만들었다. 그리고 죽을 때까지 세상에 나오지 않고 염불을 수행하며 극락왕생을 추구했다.

이러한 반야사상과 정토신앙은 봉건지배층에 의해 이용되었다. 현실의 물질세계는 모두 허망한 것이므로 현실의 고통에 집착하지 말고 열심히 염불하여 사후의 내세에 극락정토에 태어나기를 기원하라는 식으로, 지배층은 자기들의 억압과 착취를 은폐하고 민중의 저항의식을 마비시키기 위하여 불교신앙을 왜곡하여 적극 보급했다.

동진으로부터 온 마라난타가 전한 불교 또한 이와 같은 동진불교의 지배적 경향에서 크게 벗어나지 않았을 것이다. 바로 그러한 요소 때문에, 전란기에 민중에 대한 새로운 사상적 지배수단을 필요로 하고 있던 백제왕권에 의해 마라난타는 대대적인 환영과 적극적인 지지를 받았을 것이다.

그리하여 마침내 392년(아신왕 원년)에는 왕이 온 백성에게 "불법을 믿고 받들어 복을 구하라"는 하교를 하여 불교신앙을 대대적으로 권장 · 보급하게 되었다. 그러나 그 후 170여 년간 자료상 아무런 불교 기사도 나타나지 않는다. 이는 전란기 백제의 대외적 약세화(예컨대 개로왕 · 문주왕 때의 약화)를 반영하는 것이겠지만, 왕실의 불교 지원이 없다고 하여 불교의 발전이 전무했으리라고 생각되지는 않는다. 왜냐하면 566년(성왕 4년), 겸익謙益이 인도에 가서 5분율 등 율장을 직접 가져와 당시의 명승 28인과 더불어 번역하고 다시 담욱曇旭 · 혜인惠仁 등이 그 주석을 한 사실(〈미륵불광사 사적〉)로 미루어볼 때, 그렇듯 엄청난 불사와 연구를 진행할 만한 역량이 갑자기 나올 수 없기 때문이다. 그러한 역량은 불교수용 이후 꾸준히 발전해온 백제불교의 힘이 축적된 것이기 때문일 것이다.

DIGEST

11

BUDDHISM

신라의 불교전래와 공인
: 이차돈의 순교 (527년)

신라의 불교공인은 고구려나 백제에 비해 150년 가량이나 늦다. 〈삼국유사〉에 의하면 신라에서는 제23대 법흥왕 때인 527년(일설에는 528년)에 이르러서야 불교가 공인된다. 그러나 그 이전에 이미 불교가 들어와 있었음을 여러 가지 자료를 통해 알 수 있다.

보통 최초의 전교자로 묵호자墨胡子를 드는 설은, 김대문의 〈계림잡전鷄林雜傳〉을 인용한 〈삼국사기〉의 기사와 그것을 재인용한 〈삼국유사〉의 기사로 인해서이다.

> 눌지마립간訥祇麻立干 때(417~458) 묵호자라는 승려가 고구려에서 일선군一善郡으로 들어왔다. 그 고을 사람 모례毛禮가 집안에 굴을 파서 방을 만들고 모셨다
>
> 〈삼국사기〉 권4, 신라본기

〈삼국유사〉에 의하면 마침 그때 양梁나라에서 사신이 향을 가지고 왔는데 아무도 그것이 무엇이며 어디에 쓰는 건지 몰랐다. 모례 집에 살던 묵호자만이 그것을 알아보고 "이것은 향이라는 것이오. 태우면 향기가 풍겨 신성神聖

에게 이른다오. 그런데 삼보三寶(불 · 법 · 승)보다 더 신성한 것은 없소. 만일 이것을 태우며 발원(기도)하면 반드시 영험이 있을 것이오"라고 말했다. 때마침 고우가 중병에 걸렸는데 묵호자를 불러다 향을 사르며 발원하니 곧 나았다. 왕이 기뻐하며 예물을 후하게 주었는데 갑자기 간 곳을 알 수 없게 되었다(〈삼국유사〉 권3, 홍법).

여기서 우리는 고구려에 불교가 들어온 지 40~80년 후에 고구려에서 신라로 불교가 들어왔음을 알 수 있다.

얼마 후 비처왕(毗處王: 479~499) 때 아도라는 스님이 일행 셋을 동반하고 역시 일선군에 와서 모례의 집에 머물렀는데, 그 겉모습이 묵호자와 비슷했다. 그는 수년 동안 머물다가 병 없이 죽었다. 일행 세 명은 그곳에 머물면서 경전과 율을 강독하니 이따금 신봉하는 사람이 생겼다.

그런데 이 아도에 대해서는 〈삼국사기〉 〈삼국유사〉 〈해동고승전〉 등의 기록도 일치하지 않고 있어 이론이 분분하다.

〈삼국사기〉에는 아도가 소수림왕 4년(374)에 처음으로 고구려에 와서 성문사를 창건했다고 기록했다. 그리고 〈삼국유사〉에는 위에서 보았듯이 신라 비처왕 때(479~499) 일선군 모례의 집에 왔다고 기록했다.

또 같은 책인 〈삼국유사〉의 아도본비阿道本碑에는 미추왕 즉위 2년(263)에 신라에 왔다고 기록하고 있다. 이 세 가지 기록에 등장하는 아도는 일찍이 〈삼국유사〉의 저자 일연一然 스님이 이미 시론試論하였듯이 도저히 한 사람이라고 보기는 어렵다.

그러나 확실한 것은 아도라는 이름의 승려가 신라에 와서 불교를 포교했고 사람들에게 '경전과 불교계율'을 가르친 것은 분명한 사실이다. 아도는 불교를 포교하는 과정에서 불법의 힘으로 공주의 병을 치료하고 왕에게 포교의 자유를 청하기도 하였으나 당시 신라인들로부터 박해를 받기도 했음을 알 수 있다(지금도 선산에는 아도를 위해 모례가 지어 바쳤다는 도리사桃李寺가 있다. 1976년 아도의 석상이 발견되어 큰 화제가 되기도 했는데, 창건 연대는 정확하지 않지만 도리사는 해동(신라) 최초의 사찰이라는 현판을 걸고 여태도 굳건하게 서 있다).

〈이차돈 순교비〉, © 국립경주박물관, 높이 1.04m. 이차돈이 순교당할 때 목에서 솟아오른 흰 피를 표현하고 있다.

그런데 〈해동고승전〉에 인용된 고기古記에 따르면, 아도 이전에도 이미 고구려로부터 정방正方이나 멸구자滅垢疵 같은 승려가 와서 불법을 전하다가 박해를 받아 죽은 사실을 기록하고 있다.

이것은 매우 일찍부터 신라에 불교가 들어왔다는 것을 말해주며, 한편으로는 정방과 멸구자가 불교를 전하다가 죽었다는 것은 불교가 신라에 들어오는 데 얼마나 많은 장애에 부딪혔는지 알 수 있다. 이 점은 불교가 신라에서 공인되는 과정을 보더라도 분명하게 목격할 수 있다.

법흥왕 때(527)에 이르러 군신들이 봉불을 반대하는 가운데 근신 이차돈異次頓은 자신의 목을 베어 분분한 의논을 결정토록 자칭했다. 왕은 "나는 불교를 일으키고자 하는데 아무런 잘못이 없는 자를 죽일 수는 없다"라고 말한즉, 이차돈은 "불교가 일어난다면, 신은 죽어도 애석함이 없습니다"라고 대답했다.

왕은 귀족대신들을 모아 불교공인의 가부를 묻자, 신하들은 "오늘날의 승려들은 머리를 깎고 이상한 모양의 의복을 입고 있으며 그들의 말은 괴상하여 정상적인 길이 아닙니다. 만일 그것을 따르면 후회하게 될 것이므로 신들은 죽어도 왕명을 받들지 못하겠습니다"라고 아뢰었다.

그러나 열렬한 신앙에 불타는 22세의 이차돈은 끝내 순교를 통한 요구를 관철하고자 하여 마침내 사형에 처해지게 되었다. 이차돈은 죽음에 임하여 "나는 불법을 위해 형을 받는 것이다. 부처님께서 영험이 있다면 내가 죽은 뒤에는 반드시 이변이 일어날 것이다"라고 말했다.

마침내 그의 목을 베자, 잘린 목에서 하얀 피가 솟구치며 사방이 캄캄해지고 땅이 진동하며 비가 부슬부슬 내리는 등 이적이 나타나 중신 귀족들이 더 이상 불사佛事를 반대하는 자가 없었다고 한다. 이런 참담한 과정을 거쳐 이차돈이 의연하게 죽음으로써 법흥왕은 불교수용정책을 관철시켰다. 그리하여 이제까지 귀족합의제를 지향해온 귀족층의 반대를 누르고 불교를 공인함과 동시에 법흥왕은 중앙집권적 왕권통치를 강화해갔다.

결국 신라에서는 왕권신장을 위한 새로운 이념적 기둥을 필요로 하는 왕권의 이해관계와, 신앙의 자유 및 불교공인을 요구하는 불교도의 이해관계가 합치하여 마침내 527년에야 귀족세력들의 완강한 반대를 물리치고 공식적으로 불교가 받아들여진 것이다.

불교를 위해 순교한 이차돈의 성은 박朴씨이고 이름은 염촉厭髑이며, 할아버지는 아진阿珍 벼슬에 있었던 종宗이란 이로 바로 습보 갈문왕習寶 葛文王의 아들이다. 이차돈은 순교당시 사인舍人의 직책에 있던 22세의 청년이었다.

DIGEST 12 BUDDHISM

가야의 질지왕, 절을 짓다

: 가야의 불교수용 (452년)

불교가 공인된 햇수로 본다면 가야 왕실은 신라보다 먼저 불교를 받아들였다. 〈삼국유사〉에 실려 있는 「가락국기駕洛國記」에 따르면, 가야의 8대 질지왕(桎知王: 451~492)은 즉위 이듬해인 452년, 시조 수로왕首露王의 허황후許黃玉를 위해 명복을 빌고자 수로왕과 황후가 결혼했던 곳에 왕후사王后寺라는 절을 지었다. 그리고 사자를 보내 절 근처의 평평한 밭 10결을 내주어 삼보를 공양하는 비용으로 쓰게 했다.

이 사실을 불교의 공인 연대로 비교하면 가야는 신라보다 75년 앞서 불교가 공식적으로 수용·공인되었다고 볼 수 있다.

가야에서는 시조 수로왕 때인 48년에 인도 아유타국에서 바닷길로 가야에 들어와 황후가 된 허황옥許黃玉에 의해 배편으로 석탑이 들어오긴 했지만, 질지왕 이전에는 절을 세우거나 불교를 신봉하는 일이 없었다고 일연은 〈삼국유사〉에 기록하고 있다.

그러나 일부 향토사가들은 지금도 앙상하게 남아 있는 바사석탑婆娑石塔과 수로왕릉 중수기념비 머리 및 사당의 인도식 문장紋章(마주보는 물고기, 활, 남방식 불탑, 태양무늬) 등을 근거로 들면서 가야의 불교는 48년에 인도에서 뱃길로 직접 들어왔다고 주장하며 그 역사성을 의심치 않는다.

그런가 하면 대부분의 역사책에서는, 인도에서 석탑이 실려온 것은 물론 허황후가 온 사실 자체도 모두 설화에 지나지 않는 것으로 취급해버리고 있다.

그러나 인도 아유타국으로부터 허황후가 왔다든가 석탑이 들어온 사실과 〈삼국유사〉에 인용된 '고기古記'에 기록된 만어산萬魚山(옛 가야땅인 밀양에 있는 산)의 나찰녀와 독룡을 항복시키는 불교의 신통력을 수로왕과 연관시켜 수로왕 때 불교가 가야에 전래되었다고 확언할 수는 없다. 만어산에 얽힌 이야기는 가야에서 불교를 받아들이는 과정에서 재래신앙과 마찰이 있었으리라는 사실이 반영되어 있는 것이다. 산신이나 용에 대한 재래신앙을 결국 불교가 흡수했다는 이야기다. 더욱이 거기에는 왕권의 요구가 개입되어 있다. 가야왕은 삼국의 왕권과 마찬가지로 불교를 받아들여 마침내 재래신앙을 대신하는 지배이념으로 삼은 것이다.

〈바사(파사)석탑〉, © 한국민족문화대백과사전. 〈삼국유사〉에 따르면 조각이 매우 기이하고 석질이 한반도에 없는 것이었다고 하는데, 실물이 크게 파손되어 그 흔적만이 남아있다.

그러나 「가락국기」에는 왕권의 그러한 불교 수용 과정이 전혀 그려져 있지 않다. 틀림없이 있었을 재래신앙과의 마찰과 갈등, 그리고 융합과정이 완전히 생략되어 버린 채 갑자기 452년에 수로왕후의 명복을 빌기 위해 절을 지었다는 기록이 튀어나온다. 이때는 수로왕 때로부터 무려 400여 년 뒤다. 더욱이 「가락국기」에는 452년 이전에는 불교 관계 기록이 전혀 나오지 않는다. 그래서 〈삼국유사〉의 저자는 "그때까지는 불상이나 불교가 아직 전래되지 않았기 때문에 그 나라 사람들이 불교를 믿지 않았다"고 단언한 것이다. 하지만 앞에서 지적했듯이 수용과정에서 있었을 갈등 따위를 고려하면, 452년에 비로소 공인되는 것일 뿐, 불교가 가야에 들어온 것은 더 이전이라고 생각된다. 구태여 바닷길을 통해 들어오지 않더라도 이웃 우방인 백제에서 이미 뿌리내리고 있던 불교가 들어왔을 것은 당연하다.

어쨌든 결론적으로 말하면, 가야불교는 삼국과 마찬가지로 수용과정에서 재래신앙과의 갈등과 융합을 거쳐, 왕실의 권위와 중앙집권적 질서를 확립하고자 하는 왕실의 요구에 부응하는 지배이념으로 받아들여졌다.

질지왕은 즉위하자마자 왕실의 권위를 신성화하기 위해 시조왕의 왕후를 기리고 명복을 비는 '왕후사'를 세우고, 또 허황후의 동생 보옥선인寶玉仙人을 기리는 '장유사長遊寺'를 세웠던 것이다. 이 절들은 왕실의 복을 비는 곳일 뿐만 아니라 '왜'를 진압하는 호국불교적 성격도 띠었다. 그런 점에서 가야불교의 성격은 이웃나라들의 불교와 크게 다르지 않았을 것으로 여겨진다.

아쉬운 것은 패망한 나라로서 가야는 고구려 · 백제와 마찬가지로 역사자료가 거의 인멸되어버렸다는 점이다. 그러나 최근 들어 향토사가들의 열정적인 연구와 지방 고고학자들의 발굴로, 그동안 식민사관의 장막에 가려져 있던 가야의 빛나는 선진문화와 역사가 우리 눈앞에 드러나고 있는 것은 주목할 만한 일이다.

예를 들면, 「가락국기」에는 전혀 기록되지 않은 사실이지만 후세의 수로왕릉 역사인 〈숭선전지崇善殿志〉에, 허황후가 폐백드린 곳에 수로왕이 세웠다고 전해지는 명월사明月寺의 수로왕 창건사실이 명월사 중수비重修碑의 발견에 의해 뒷받침되었다. 이 비문에 따르면 명월사는 144년 수로왕 때 창건되었는데 장유長遊 화상이 서역에서 불법을 받들고 오니 왕이 이 도를 중시하여 부처를 받들었다는 것이다. 이것이 사실이라면 우리나라에서 최초로 불교를 받아들인 것은 바로 가야가 된다.

그러나 앞에서 이미 밝혔듯이 〈삼국유사〉의 지은이 일연은 452년 이전까지 가야에서 절을 짓거나 불법을 받든 일이 없다고 논평한 데다가, 유물 · 유적에 대한 고증의 소홀로 이 비문의 기사는 다른 숱한 사찰 창건 내력과 더불어 전설의 장막에 가려져 있다.

DIGEST

13

BUDDHISM

광개토대왕, 평양에 아홉 절을 세우다

: 고구려 호국불교의 전개 (392~612년)

한국 역사상 가장 넓은 국토를 차지한 고구려의 광개토대왕은 영토확장에만 능한 것이 아니라 고구려의 불교발전을 위해서도 커다란 공헌을 했다. 제19대 왕으로 즉위한 그는 즉위 2년(392)에 평양에 아홉 개의 절을 세웠다.

광개토대왕은 그 이름을 '국토를 크게 개척하고 국경을 편안하게 하기를 즐겨한 위대한 왕'이라고 하였듯이, 크게 국토를 확장한 우리 역사상 위대한 왕으로 한국인 모두에게 기억되고 있으며 국사에도 자세히 밝혀져 있기에 여기서는 그 치적이나 생애에 관해서는 언급하지 않고 불교에 관련된 부분만 검토해보기로 한다.

왕이 아홉 사찰을 세운 것은 그의 부왕 고국양왕故國壤王 '불교를 받들어 복을 구하라'고 영을 내렸던 바로 그 이듬해였다.

그리고 아홉 절을 세웠다는 당시 평양은 비록 수도는 아니었으나 고구려로서는 남진정책에서 중요한 전략적 요충이었고, 이미 고국원왕과 소수림왕 이래 백제로부터 끊임없는 위협과 침공을 받던 곳이었다. 바로 이 지역에 광개토왕이 아홉 개의 절을 지은 것은, 불교의 힘을 빌어 백제의 위협으로부터 나라를 지키고 무운을 기원하고자 한 것임에 틀림없다. 또 한편으로는 동요

〈광개토왕릉비 동면〉, © 국립중앙박물관. 한국 역사상 가장 넓은 국토를 개척한 고구려 광개토 대왕은 나라의 무운을 빌기 위해 고구려 불교발전에 노력했다.

하는 민심을 기복신앙으로 잡아두기 위한 것이었다.

그리고 당시인들은 절이란 복을 닦고 죄업을 소멸시키는 도량이라고 보았던 것이다. 실은 불법을 숭신하여 복을 구한다는 것이 바로 복을 닦고 죄업을 소멸시키는 것이므로, 불법을 존숭하여 복을 구하는 도량이 절이기도 한 것이다. 그러한 절을 광개토왕이 많이 세웠다는 것은 부왕의 '불교를 받들어 복을 구하라'는 하교의 후속 조치로 볼 수가 있다.

광개토왕이 수도도 아닌 평양에 아홉 개의 절을 한 해에 동일 지역에 세웠다면, 당시의 도성(환도 또는 국내성)과 그 밖의 중요한 지방에도 많은 절들이 세워졌을 것으로 추정된다. 이처럼 한 해에 광개토왕이 많은 절을 세웠고 또한 그의 당대에 고구려를 강대국으로 이룩하였다는 것은 왕이 불교의 전륜성왕轉輪聖王 사상에 관심이 닿았던 것이 아닌가 여겨진다.

고구려의 사찰 건립으로는 광개토왕 이외에 제21대 문자왕文咨王 시대에도 있었다. 문자왕 7년(498) 7월에는 금강사金剛寺를 세웠다. 이 금강사에 관해서는 자세한 것을 알 수 없긴 하나, 1938년 평양 대동강 가의 청암리淸岩里에서 발굴된 옛 절터가 바로 이 절일 것이라고 학계에서는 보고 있다.

고구려는 427년(장수왕 15년)에 수도를 평양으로 옮기고 본격적인 남진정책을 실천한다. 장수왕은 백제에 대한 대대적인 공격을 감행하기 앞서 승려 도림道琳을 간첩으로 보내 내정을 염탐하고 교란했다.

〈삼국사기〉에 의하면, 장수왕이 백제에 보낼 간첩을 구하는데 승려 도림이 자발적으로 응모했다고 한다. 도림은 고구려에 죄를 짓고 망명한 것처럼 꾸미고 백제로 넘어가 백제 왕(개로왕)에게 접근했다. 마침 왕이 바둑을 좋아하는 것을 알고 바둑으로 접근하여 극진한 '손님' 대접을 받았다.

왕의 존경과 신임을 받게 된 후, 도림은 왕에게 은혜를 갚는 뜻에서 진언을 올린다면서 왕실의 권위를 궁궐 보수 및 성곽 · 왕릉 개축을 권한다. 이에 개로왕은 온 백성들을 징발하여 흙을 구워 성을 쌓고 궁실 · 누각 · 왕릉 따위를 화려하게 지었다. 이 때문에 국고가 고갈되고 백성이 곤궁에 빠져 백제의 국력이 기울게 되자 도림은 고구려로 돌아가 장수왕에게 이를 보고하였다. 장수왕은 이 틈을 타 475년, 총공세를 감행하여 백제 서울 한성을 함락하고 개로왕을 죽이는 등 백제에 대한 결정적인 승리를 거두었다.

여기서 도림의 행위를 계기로 한 고구려의 호국불교는 비판을 받을 여지가 많다. 즉 고구려의 호국불교는 "중생의 이익과 안락을 위하여 진리를 말하라"는 석가모니불의 본뜻과는 달리, 거짓말과 사기와 간첩질을 하면서까지 철저히 지배권력의 이익을 위해 일한 것이다. 고구려 지배권력의 이해관계가 걸려 있기 때문이기도 하지만, 승려가 동족국가인 백제에 들어가서 왕을 부추겨 한 일이라는 것이, 왕실의 권위를 과시하기 위한 궁궐 · 왕릉 축조에 백성을 내몰아 '백성의 곤궁함'을 초래하는 일이었다. 이런 점에서 권력의 이익을 위해 민중을 배신하고 수탈에 일조하는 이른바 '호국'불교의 허구성과 모순점이 드러나고 있다.

그러나 우리의 민중불교사를 복원한 정의행이 지적했듯이 호국불교의 공적과 과오를 혼동해서는 안된다. 그 실례로 수나라가 고구려를 침략했을 때 안주安住 칠불사七佛寺의 일곱 승려가 나서서 침략군을 살수로 유인하여 무찌른 것은, 그들이 비록 이름없는 승려들이었지만 진정한 승리의 호국승들이었던 것이다(〈동국여지승람〉 안주조).

고구려 승려들의 반외세 투쟁은 당태종의 침략 때에 더욱 조직적으로 전개되었다. 〈고려사〉 열전列傳에 따르면, 고려의 명장 최영은 "당나라 태종이 고구려를 침략했을 때 3만 승군이 당나라 군대를 격파했다"고 말했다.

이것이 사실이라면 우리 역사에서 최초의 승군은 이때의 고구려 승군이 될 것이다.

우리나라 승군의 역사는 이와 같이 그 전통이 오래지만 고구려의 역사가 사대주의와 유교주의 사관에 왜곡 · 은폐되고 그 사료조차 온전히 남아 있지 않아 그 자세한 사실을 밝힐 수 없는 점이 아쉽다.

DIGEST
14
BUDDHISM

일본 불교문화를 꽃피운 한국인
: 백제, 일본에 불교전파 (538년 또는 552년)

백제 제 26대 성왕聖이 552년(성왕 30년)에 불교를 일본에 전했다. 이것이 일본에 불교가 전해진 처음이 된다. 〈일본서기日本書紀〉(권19)에 따르면 흠명천왕 13년 백제 성왕이 사자를 보내어 금강석가상 · 번개 · 경론 등을 일본에 보냄으로써 최초로 불교가 일본에 전파되었던 것이다. 〈상궁성덕법왕제설上宮聖德法王帝說〉에 의하면 일본의 불교 초전은 538년이라고도 기록되어 있다.

그러나 성왕이 불교를 처음 일본에 전했을 때는 신하들이 불교를 믿지 않았고, 오직 소아마자蘇我馬子만이 받들었다. 그는 불전을 만들어 불상을 모시고, 전에 일본에 들어와 환속해 있던 고구려 승려 혜편惠便을 스승으로 모셨다.

이 사실로 보아 백제불교가 일본에 전해지기 전에 이미 고구려 불교가 민간에 들어오긴 했으나 여의치 못해 숨어 있었음을 알 수 있다. 어쨌든 일본불교의 본격적인 시작은 백제불교의 공식 전래를 계기로 고구려 출신 승려 혜편이 당시 대신 사마달司馬達등의 딸 선신善信 · 선장禪藏 · 혜선慧善을 출가시킴으로써 시작되었다.

그 뒤 554년, 백제는 담혜曇慧와 도심道深 등 아홉 명의 승려를 보내 일본에 대한 포교를 본격화했다. 담혜 등은 새로 세운 정사에 머물게 되어 승려로서는 일본의 시초라고 기록되어 있다. 담혜와 도심은 일본 여승 선신 등보다 승려로서는 먼저 일본에 불교를 보급했던 것으로 보인다. 성왕의 2차에 걸친 대일 문화외교는, 그 뒤를 이은 백제 제27대 위덕왕威德王에 의해 그대로 계승되었다. 위덕왕 24년인 577년, 백제는 불교 경론과 율사, 선사, 비구니, 주술사, 불교공예가, 사찰 건축기술사 등을 일본에 보내 일본불교 건설에 대대적인 지원을 했다.

583년(위덕왕 30년)에는 사문 일라日羅가 일본 왕실의 요청에 따라 일본으로 건너갔다. 쇼토쿠 태자聖德太子는 일라를 가리켜 '신인神人'이라 하여 경례하고, 무릎을 굽혀 재배하여 구세관세음이 다시 왔다면서 존경했다. 일라는 뒤에 섭주 검미산攝州劍尾山을 개산하지만, 신라 사람들에게 암살되었다고 한다.

587년(위덕왕 34)에는 사찰 건축기술자 태량말太良末 · 태문太文 · 가고자賈古子 등 3인과 화가 백가白加 등을 보냈고, 같은 해 일본 대신 소아마자의 초청에 의해 승려들을 일본에 보내 수계법을 가르쳤다. 한편 일본 최초의 비구니 선신善信 등도 이 해에 백제에 유학하여 계육법戒六法과 구계삼중具戒三重 등의 계율을 3년간 공부하고 돌아갔다. 이것이 일본계율의 초전이다. 이들은 훗날 누정사樓井寺에 머물렀으며, 이로부터 출가할 때 계를 받는 자가 나타났다.

역시 587년, 백제 사문 풍국豊國은 천황의 동생 혈수부황자穴穗部皇子의 초청으로 설법했다. 안부다수나安部多須那는 황제를 위해 시주를 받아 판전사坂田寺를 건립하고 백제의 불사佛師(불교조각가)를 시켜 장육 불상을 만들어 병환의 쾌차를 빌었지만 4월 9일 결국 죽었다. 그 뒤에는 쇼토쿠 태자 등과 같은 봉불파는 배불파를 멸망시키고 시텐노사四天王寺를 세워 풍국을 청해서 낙경회落慶會의 공양도사供養導師로 모시고 뒤에 주지로 삼았다.

590년, 백제는 율학에 정통한 혜총慧聰을 보내 소아마자에게 계율을 주었다. 혜총이 일본으로 갈 때 영조聆照 · 영위令威 · 혜중惠衆 · 혜숙惠宿 · 도엄道嚴 · 영개令開 등 사문과 함께 사찰 건축기술자와 기와공 · 화가 등도 함께 갔다.

602년(무왕 3년)에는 백제 삼론학자 관륵觀勒이 일본에 건너가 불교뿐만 아니라 역사 · 천문 · 지리 · 둔갑방술遁甲方術 등의 서적을 가져가 일본인들을 가르쳤다. 관륵은 일본 왕의 칙허에 따라 원흥사에 머물면서 선발된 일본 서생書生들 3, 4인을 가르쳤다. 관륵은 623년 승정으로 임명되었고 고구려의 덕적德積도 승도僧都에 임명되었다. 이것이 일본 승강僧綱의 시작이었다.

일본의 국보급 불교문화재는 백제의 조각가들에 의해 많이 많들어졌다. 우리나라 삼국시대 불상과 아주 닮은 아스카 시대의 광룡사 미륵반가사유상. 높이 84.2cm.

688년 7월, 천하에 대가뭄이 있어 황제가 백봉白鳳연간에 일본에 와 있던 도장道藏으로 하여금 기우제를 지내게 하였던바 큰비가 내렸다. 도장은 성실종의 학자로서 〈성실론소成實論疏〉 16권을 지어 일본의 학승들에게 지대한 영향을 끼쳤는데, 일본왕으로부터도 "법문法門의 영수요 석가釋家의 동량"으로 존경받았다. 훗날 동대사의 학자들은 〈성실론〉을 연구할 때 반드시 도장의 이 〈소疏〉를 참고로 했다고 한다.

또한 유마경을 독송하여 대신의 병을 고친 여승 법명法明, 반야심경을 지송한 의각義覺, 기우제를 지낸 도령道寧, 신주神呪를 외어 병자를 치료한 다상多常, 계율을 지키지 않으면서도 이적을 행한 원각願覺, 바닷가에 살면서 오가는 민중들을 교화한 방제放濟 등도 백제 말 또는 멸망 후 일본에서 활동한 백제 승려들이다.

백제불교가 처음 일본에 전래되어 아스카 문화를 낳을 당시 일본은 소가씨蘇我氏와 모노노베씨物部氏 양대 세력이 다툼 끝에 소가씨가 정권을 잡고 스이코推古 천황을 옹립, 쇼토쿠 태자가 섭정을 맡고 있었다. 이때를 야마토大和 정권 시대라 한다. 일본이라 부를 수 있는 통일정권이 성립된 것은 이때부터이고, 그전까지는 일본이라 부를 실체가 아직 없었다. 이미 밝혀졌듯, 일본의 역사책 〈고사기古事記〉 〈일본서기〉에 나오는 천황계보 중 실재인물은 스이코 천황부터이며, 그 이전은 나중에 천황지배를 절대화하기 위해 꾸민 허구다.

쇼토쿠 태자가 집권한 시기의 문화를 당시의 수도 아스카의 이름을 따서 아스카 문화라고 하는데, 아스카는 오늘날의 나라 현 다카이치 군 아스카 촌 일대를 말한다.

아스카 문화의 핵심은 불교다. 쇼토쿠 태자는 위에서 보았듯이 백제불교와 사원건축 기술자, 불교공예가 등을 백제로부터 전수받아 호류 사法隆寺·시텐노 사 등을 짓게 하였으며, 그 자신 불교를 깊이 연구, 〈삼경의소三經義疏〉라는 불경주석서를 쓰기도 했다. 그런데 일본 아스카 문화의 핵심을 이룬 불교는 바로 백제에서 건너간 것이었다. 백제는 불교전파와 사원건축뿐만 아니라 백제의 조각가들에 의해 뛰어난 일본의 국보급 문화재인 호류 사 목조관음상, 고류 사 목조 미륵반가사유상 등 수많은 불상조각이 만들어짐으로써 백제는 일본의 조각예술에도 엄청난 영향을 끼쳤다.

DIGEST

15

BUDDHISM

중국·일본 불교계의 고구려 승려들
: 승랑·혜편·혜자·담징 (6세기 말에서 7세기 초)

고구려불교는 들어온 지 불과 120여년 만에 오히려 중국불교계에 진출하여 사상적 지도를 담당할 만큼 학문적으로 발전했다.

장수왕대 후기인 5세기 말, 고구려 요동 출신 승려 승랑僧朗(?~556)은 중국에 건너가 대승불교 반야사상을 비롯한 여러 경전에 통달한 후 마침내 당시 유행하던 성실론成實論(소승 경량부의 기본 경전)파를 논파하고 삼론학三論學(대승불교의 선구자인 용수와 데바의 반야공사상)을 창도했다.

그는 일찍이 고구려에 있을 때부터 쿠마라지마(구마라습)의 대승 반야사상을 공부하였는데 더욱 깊이 있는 학문을 하기 위해 중국 북위北魏로 건너갔다. 그는 쿠마라지바가 중국에 도입한 용수(나가르주나: 기원전 2~3세기 인도의 대승불교학자)의 교학에 대한 본격적인 연구에 착수하여, 돈황에까지 가서 담경曇慶에게 배웠다. 그는 강남으로 내려와 당시의 저명한 현학자玄學者(노자사상가) 주옹을 가르친 데 이어, 섭산攝山 서하사棲霞寺의 주지로 있으면서 512년 양무제梁武帝가 선발하여 보낸 승정지숙僧正智菽 등 10인에게 삼론을 가르쳤다.

그의 학문은 그가 지도한 10명의 중국 고승 가운데 한 사람인 승전僧詮에 의해 계승되었고, 다시 법랑法朗(507~581)에게 이어졌으며, 마침내 길장吉藏(549~623)에 의해 계승되어 꽃을 피웠다.

수나라 때 삼론종의 대표자로서 천태종의 지의智顗와 쌍벽을 이루면서 삼론학을 대성한 길장은 승랑의 학설에 절대적으로 의지했다. 그는 항상 드러내놓고 '섭산의 고구려 승랑대사'의 직계 제자임을 자처하며 수많은 자기 저서에서 승랑의 학설을 인용하며 그에게 크게 의존했다. 그리고 길장의 문도인 고구려 승려 혜관慧灌은 일본에 삼론학을 전파하여 삼론종을 최초로 열었다.

승랑의 생애와 활동은 비록 우리나라의 고승전과 역사책에 전해지지 않고 단지 중국의 〈양고승전梁高僧傳〉과 섭산 서하사 비명, 그리고 길장의 글을 통해 전해질 정도로 우리 역사에 알려지지 않았지만, 그 자신 "섭산의 고구려 승랑대사"라는 길장의 표현대로 항상 고구려인으로서의 긍지를 잃지 않았던 것이다.

승랑은 당시로서는 삼론학이란 진보적인 인식론을 체계화함으로써 중국불교철학의 획기적인 발전에 기여했고, 중국사상계를 지도함으로써 고구려불교의 선진성과 민족적 긍지를 떨쳤다.

이 밖에도 수나라 때 중국의 고승들을 지도한 인印 법사와 실實 법사가 있었는데 이들도 삼론학의 대가였다. 법민法敏은 23세에 고구려 실공實公(實법사)으로부터 대승경론을 청강했다. 실공이 죽은 뒤에 인법사는 촉蜀으로 가서 강론했다. 또한 수나라에서 구사론에 정통한 학자로서 활약한 지황智晃도 고구려 승려였으며, 같은 시기에 천태天台 지의의 제자로서 천재종을 선양했던 파약波若도 고구려 승려였다.

북제北齊의 불교와 고구려불교와의 교류에 관한 것은 〈속고승전〉 권8. 법상전法上傳과 〈해동고승전〉 의연전義淵傳에 다음과 같은 기사가 있다. "고구려의 대승상 왕고덕王高德이 불교를 존숭하여 해동의 나라에 불교를 좀더 유포하기 위해 의연義淵을 업鄴으로 파견했다. 그가 법상을 만나 중국에 불교가 들어온 연대와 황제의 이름, 북제와 진陳에 전한 사람, 〈십지경十地經〉〈대지도론〉을 전한 사람 등에 관한 질문을 하였던바, 법상은 석존의 입멸에서 북제 무평武平 7년(574)까지는 이미 1465년이 지났고, 또한 후한의 명제明帝 영평永平 10년(67)에 불교가 중국에 전래되었던 사실들을 대답했다"고 한다.

고구려의 승려 담징이 그렸다고 전해지는 일본 나라현 호류 사 금당벽화. 1949년 화재로 타버리고, 지금 것은 재현한 모사품이다.

이 질문을 살펴보면 고구려에서 〈대지도론大智度論〉 등 대승불교의 핵심적인 논서들을 이미 연구하고 있었음을 알 수 있다.

고구려 승려들은 중국에서뿐 아니라 일본 불교계에서도 선구적이고 지도적인 역할을 했다.

584년, 일본의 대신 소아마자蘇我馬子는 백제에 주문해 들여온 미륵석상을 절을 지어 안치했지만 부처님을 모실 사람이 없었다. 그래서 고구려 승려로서 최초에 일본으로 온 혜편이 환속해 사는 것을 알고 그를 모셔다가 스승으로 삼았다. 사마달의 딸 셋은 혜편에게 계를 받고 비구니가 되었다.

또한 595년, 일본에 간 고구려 승려 혜자惠慈는 백제의 혜총惠聰과 더불어 당시의 섭정 쇼토쿠 태자의 스승이 되었고, 602년에도 고구려 승려 승륭僧隆과 운총雲聰이 일본에 함께 들어갔다. 그런데 혜편과는 달리, 혜자는 고구려의 공식사절로서 갔다가 20년 쇼토쿠 태자와 일본 불교계를 지도하다가 귀국했다. 일본인들은 예부터 지금까지 호류 사法隆寺 성령전에 쇼토쿠 태자상과 더불어 혜자법사를 모시고 예경해왔다.

610년에는 저 유명한 담징曇徵이 법정法定과 함께 고구려 왕의 사절로 일본에 건너가 일본에 불교뿐만 아니라 유학과 그림, 그리고 종이 · 먹 · 연자

매 만드는 기술을 가르쳤다. 그리하여 그는 일본이 아스카 문화를 건설하던 시기에 일본의 문화발전에 크게 기여했다.

담징이 그렸다는 호류 사 금당의 벽화는 세계적으로 유명한데, 1949년 화재로 타버렸다. 지금 있는 것은 14명의 화가들이 재현한 모사품이다. 그런데 무슨 까닭인지 벽화의 설명에 담징에 관한 언급은 아무 데도 없다.

이 밖에도 일본의 제2대 승정이 된 혜관慧灌, 일본에 삼론종을 편 도등道登, 일본인들에게 불법을 가르치고 〈일본세기一本世紀〉라는 역사책을 쓴 도현道顯 등도 고구려 승려였다. 이들 중국과 일본에서 지도적 활동을 편 고구려 승려들은 고구려불교의 선진성을 보여주는 사실이다.

DIGEST

16

BUDDHISM

검단이 꿈꾼 민중의 낙토
: 검단의 선운사 창건 (577년경)

백제에 미륵신앙이 성행했음은 〈삼국유사〉의 백제불교 관련 기사들과 최근 발굴을 통해 알려진 세계적 규모의 미륵사 터를 보더라도 짐작할 수 있다. 뿐만 아니라 백제의 미륵반가사유상과 서산 마애미륵삼존불, 태안 마애삼존불, 익산 연동리 석불좌상 등은 백제의 뛰어난 조각예술 수준을 보여줌과 아울러 백제 미륵신앙의 깊이를 보여준다.

그리고 백제의 미륵신앙은 고창 선운사 창건설화 및 유적을 보더라도 잘 알 수가 있다.

577년(백제 위덕왕 24년) 검단黔丹에 의해 창건됐다고 전해지는 선운사는 고창읍 서북쪽 해안 근처에 솟은 도솔산 동쪽 기슭에 자리잡고 있다(위치: 전북 고창군 아산면 삼인리).

선운사가 위치한 도솔산은 산 이름부터 미륵불이 하생하기 전에 머무른 곳이라는 도솔천에서 딴 것이다. 선운사 서남쪽 골짜기로 올라가 기암절벽 사이에 있는 도솔암 역시 선운사와 같은 시기에 세워졌다는 암자로 역시 도솔천에서 딴 이름이다. 이들 지명과 암자명은 모두가 선운사가 미륵신앙과 연관이 깊음을 보여주는 사실이라 할 수 있다.

〈선운사〉, © 한국불교문화사업단. 대웅전과 육층석탑이 보인다. 선운사의 창건 설화에는 미륵신앙이 깊이 얽혀 있다. 뒤에 보이는 산은 도솔산이다.

특히 도솔암은 본래 상·하·동·서·남·북 6암자가 있었고 현재도 상도솔·하도솔이 남아 있어 이곳에 얼마나 미륵신앙이 성했는지를 짐작케 한다. 상도솔은 일명 내원궁內院宮이라 불리는 곳으로 하도솔(도솔암)에서 365계단을 올라가는데, 미륵보살 거처를 뜻하는 내원궁이란 이름에도 불구하고 현재는 조선 초기에 만든 지장보살상이 안치되어 있다. 이것은 진표율사 이래 전통적으로 우리나라에서 지장보살이 미륵신앙과 밀접한 관계에 있어왔기 때문일 것이다.

이 근처 벼랑에 높이 25m, 폭 10m쯤의 거대한 마애불이 새겨져 있는데, 선운사를 창건한 검단이 만든 미륵불 또는 검단의 진상으로 전해지고 있다. 선운사 창건설화를 보면, 선운사가 자리잡기 전에 이 지역은 도적들의 소굴이었는데 검단이 들어와 그들을 구제했다고 한다. 그런데 검단은 그들에게 설법 이전에 소금과 종이 만드는 기술을 가르쳐 그들이 양민으로 살아갈 수 있게 하였다.

검단은 〈선운사지〉와 〈동국여지승람〉 그리고 〈지봉유설〉에 전하는 민간설화 외에는 그의 생애와 사상을 전하는 공식적인 고승전이 없다. 그러나 이 무명승려 검단은 봉건지배계급의 억압과 수탈로 토지를 잃고 어쩔 수 없이 도적이 된 민중들에게 설법 이전에 생계수단을 가르쳐주었다. 선운사 근방에는 얼마 전까지만 해도 한지 원료인 닥나무가 무성했다는 것으로 보아 그는 그 지역의 자연조건 '닥나무 자생지, 서해 바닷가'를 충분히 활용함으로써 민중의 자활을 꾀하는 진보적인 사고를 가진 승려였다. 그의 행적은 저 옛날 마가다국의 산적 소굴에 뛰어들어 그들을 교화하는 한편 지배자로 하여금 토지를 내놓게 하여 먹고 살게 한 석가모니불의 행적과 비슷하다. 더욱이 굶주린 민중에게 설법 이전에 먹고 사는 법을 가르친 그의 실천은 대승불교의 보살행과 합치하며 당시로서는 진보적인 실천이다.

그는 이렇듯 민중의 현실적인 삶을 보장하는 실천적 미륵신앙을 지향하면서 한편으로는 옛 사람들의 자연현상에 대한 두려움에서 나온 용신앙은 철저히 배척했다. 그는 엄격한 불교의 틀에서 벗어나되 민간신앙의 수용에는 선별적이었다.

그는 죽은 뒤 산신이 되어 이곳을 지키겠노라는 유언을 남겼는데, 이것은 이 지역 민중을 끝없이 옹호하고자 하는 자비 원력願力의 발로라 할 수 있을 것이다. 근래까지도 검당 사람들을 비롯한 이 지역 주민들은 제수를 마련하여 산신제를 지내왔고, 특히 염전을 하는 검당 사람들은 8 · 15 무렵까지도 해마다 선운사에 소금을 시주해왔다고 한다.

검단이 유언으로 산신이 되었다는 것은 미신의 대상으로 절대화된 것이라기보다는 검단 자신이 산신이 되어 죽지 않고 영원히 살면서 이 땅과 민중을 옹호하겠다는 서원의 표상으로서, 검단의 진상으로 전해지는 미륵불(마애불)의 의미와 다르지 않다.

그리고 선운사가 백제 미륵신앙의 본고장이었음을 증명하는 사건이 몇 가지 있다. 그 하나는 백제 회복과 미륵불 출현을 기치로 일어난 견훤이 922년 여름 미륵사 탑을 복구함과 아울러 선운사에서 선불장選佛場을 열어 불교지도자들을 선출했던 것이다. 또 선운사 아래 인천강 갯벌에서는 얼마 전까지도 향나무가 나와 선운사뿐만 아니라 다른 절에서도 얻어 썼다는데, 이것은 후손들이 불사에 쓰도록 하기 위해 검단이 묻어놓은 것이라고 전해진다. 그러나 향나무를 묻는 매향埋香 의식은 고려 말이나 조선 초에 성행했던 미륵신앙 의식으로서, 묻은 향나무가 미륵이 되어 나타나 왜구를 물리치고 민중을 고통으로부터 구원해주기를 기원한 집단적 신앙의식이었다.

그리고 <동학사>에 의하면 갑오농민전쟁이 일어나기 직전인 1892년 8월, 동학도들이 선운사 미륵불 배꼽에서 비결을 꺼냈다고 하는데, 지금도 남아 있는 마애불의 구조로 보아 실제 그 배꼽에서 무슨 비결 따위를 꺼냈을 가능성은 거의 없지만, 비결이 존재했든 안 했든 그것은 그 지방에서 전해 내려오던 민중설화와 관련하여 동학도와 민중들 사이에 신비화되어 당시의 혁명적 기세를 부채질했음에 틀림없다.

검단으로부터 시작된 선운사의 미륵신앙이 검단 당대의 민중은 물론 1300년의 세월을 격하여 한말의 동학도와 농민들에게까지 그 영향이 미쳤다는 것은 검단의 민중을 위한 자비원력이 시대를 관류하여 연면하게 흘러왔음을 우리는 실증적으로 목격할 수 있는 것이다.

DIGEST

17

BUDDHISM

도침의 백제 국권회복투쟁

: 백제의 멸망과 승장 도침 (660년)

660년 6월, 신라 무열왕은 5만 군사로, 당의 소정방은 10만 군사로 한 나당 연합군이 백제를 총공격했다. 김유신은 계백을 황산벌에서 격파하고 사비성을 함락시켰다. 백제가 멸망한 것이다.

나라가 망하자 백제민중들은 서북부 여러 성을 지키며 나당침략군에 맞서 싸웠다. 백제민중들의 국권회복투쟁에서 승려 도침道琛은 무왕의 조카 복신福信과 더불어 지도적 역할을 했다.

660년, 백제 멸망 직후 도침은 복신과 함께 지금의 전북 부안에 있는 주류성周留城에 웅거하여 봉기했다. 이 산성은 634년(무왕 35) 묘련妙蓮이 세웠다는 백제 옛절 개암사開巖寺가 있는 곳이기도 하다(도침은 바로 묘련의 수제자였다고 한다). 따라서 백제의 국권회복투쟁에 도침을 비롯한 불교세력이 적극 참가했을 것으로 짐작된다.

그들이 일본에 볼모로 가 있던 왕자 부여 풍을 맞아 왕으로 삼으니 서북부 여러 성이 모두 호응하여 일어났다. 도침은 영군장군領軍將軍, 복신은 상잠장군霜岑將軍이라고 일컫고 많은 무리를 모아 세력을 떨쳤다. 도침은 승려 신분임에도 불구하고 몸소 군대를 통솔했던 것이다. 그들이 강성할 때는 수도인

〈태안 동문리 마애삼존불입상〉, © 국가유산포털. 백제 미륵신앙의 깊이를 보여준다. 서산의 마애삼존불상과 함께 백제 조각예술의 높은 수준을 알게 해준다.

부여 사비성을 포위하기까지 했다. 오만방자하게도 "동이東夷를 평정하고 당나라의 연호를 해외에 펴려 하노라"고 기염을 토한 당나라 침략군 장수 유인궤에게 그들은 사자를 파견하여 국토사수의 입장을 당당히 밝히고 조금도 굽힘이 없이 용감히 싸웠다.

"듣건대 당나라는 신라와 서약하기를, 남녀노소를 가리지 않고 백제인을 모두 죽인 뒤 나라를 신라에 주겠다고 하였다니, 그렇게 죽음을 당하는 것이 어찌 싸우다 죽는 것만 하겠느냐? 따라서 우리는 더욱 단결하여 스스로 굳게 지킬 따름이다"

그러나 유인궤가 사자를 보내 설유하자 도침은 사자를 가두고 이렇게 회답했다.

"우리는 한 나라의 대장인데, 조무래기 관리를 사자로 보내는 것은 옳지 않다. 그대가 직접 오지 않으므로 답서하지 않겠다"

우리는 여기서 백제민중을 학살하는 외세 침략자에 대한 비타협적 투쟁을 견지한 도침의 자주적 입장을 분명히 보게 된다. 백제왕실의 투항에도 불구하고 백제의 국권을 굳게 지키며 당나라 침략군 대장에게 당당히 호령하는 그의 면모는 곧 백제불교의 최후의 긍지라 하겠다.

백제부흥군의 용감한 투쟁으로 말미암아 궁지에 몰린 유인궤는 유인원의 군대와 합세하여 공격했지만 도리어 큰 타격을 받고, 마침내 제 나라 황제에게 신라군 지원을 요청하도록 애걸하기에 이른다. 그러나 신라 지원군 역시 백제부흥군에게 패주하고 만다.

그러나 권력을 독차지하려는 야욕에 빠진 복신이 도침을 죽이고 군대를 지배하게 된 이후 지배계급 안에서 벌어진 권력다툼은 백제의 반침략 · 국권회복투쟁에 결정적인 난관을 조성했다. 복신이 도침을 죽이고 지배권을 장악할 때 부여 풍이 이를 제지하지 못하고 다만 제사만을 주관하는 허수아비 왕으로 전락했다는 사실은 복신이 일으킨 정변의 성격을 잘 나타낸다.

그 후(662) 당나라 침략군의 대대적인 공격으로 크게 패하고 당나라 증원군이 잇따라 밀려오는 어려운 정세에 직면한 가운데서도 복신은 부여 풍을 죽이고 대권을 쥐려 획책하다가 도리어 부여 풍에게 살해되고 만다. 부여 풍은 마지막 수단으로 고구려와 일본에 구원병을 요청하여 일본으로부터 지원을 얻지만 백강 어귀 싸움에서 일본군 전선 4백 척이 불타는 대패를 당함으로써 국권회복투쟁의 막을 내리게 된다.

비록 국권회복의 뜻을 이루지 못하고, 정권을 탐하는 동지의 손에 희생되었지만, 백제의 구국 승장 도침의 이름과 활동은 백제 불교사에서 결코 빠뜨릴 수 없다.

백제 옛땅 부여군 은산면에서는 민중들에 의해 백제의 구국 승장 도침과 복신을 추모하는 제사가 이어져오고 있다. '은산별신굿'이 바로 그것이다.

> 제사를 지낼 때는 대기, 영기, 사령기, 사방기, 음양기 등 깃발을 앞세우고 조랑말을 탄 대장, 중군, 비장, 통인에 이어 죽창을 든 군사들과 제관들이 뒤를 따라 행군한다. 이와 같이 군사 행렬을 벌이는 것은 백제의 부흥을 꾀하다 죽은 복신장군과 도침대사의 넋을 위로하기 위한 것이다.

충남 부여군 은산면 은산리, 유상열(67세), 1959. 8. 16. 구술.
한상수. 〈한국인의 신화〉, 문음사, 1980. 참고.

이 제사는 3년마다 한 번씩 지내는데, 사흘 동안 굿을 해야 한다는 것이다.

굿을 할 때는 모두들 옛날 군복을 차려입는데, 장수는 갑옷을 입고 백마를 타며 부장들은 붉은 말을 탄다. 그리고 은산별신당에는 중앙의 산신 좌우로 도침('토진'으로 전해지고 있다)과 복신의 화상이 신위로 모셔져 있다. 별신굿의 축문에는 3천 명의 결사대도 나온다.

백제 유민을 비롯한 옛 백제 땅 민중들의 가슴 속에는 그 옛날 외세 침략자에 맞서 싸우던 도침 등 백제 국권회복의 전사들이 '별신굿'이란 형태를 빌려 민중들의 마음속에 길이 추모되고 있음을 알 수 있다. 그들은 제사의 대상에서 나아가 민간신앙의 대상이 되어 백제민중의 뇌리와 생활 속에 자리잡고 있는 것이다.

DIGEST

18

BUDDHISM

진흥왕, 불교를 국교화하다
: 신라의 불교융성 (540~575년)

신라에서 법흥왕에 의한 불교공인은 우여곡절 속에 이루어졌지만, 실질적으로 신라불교가 융성한 것은 진흥왕眞興王(540~575) 시대이다. 진흥왕은 왕권의 신장과 국토의 확장에 힘쓰는 한편, 불교의 국교화를 통해 지배질서의 확립과 민심의 통합을 도모했다.

진흥왕은 어린 나이로 즉위하여 태후太后가 얼마 동안 섭정하였는데, 왕은 일생 동나 봉불奉佛했으며, 말년에는 흥륜사에 출가하여 법명을 '법운法雲'이라 했다. 그 왕비 역시 영흥사永興寺에서 비구니가 되었다.

먼저 진흥왕의 불교업적을 살펴보자.

진흥왕은 법흥왕이 착공했던 흥륜사를 544년(왕 5년)에 완성하고 이 절에 대왕흥륜사라는 이름을 내렸으며, 같은 해에 백성들에게 출가하여 비구나 비구니가 되어도 좋다고 공인했다. 따라서 실제적인 신라불교는 이 흥륜사가 완성되는 시기로 보아도 좋을 것이다.

549년 봄, 유학승 각덕覺德과 함께 양梁나라의 사신이 불사리를 가져옴에 왕은 백관을 보내어 흥륜사 앞길에서 이들을 영접하게 했다. 이어 양의 사신 심호沈湖도 사리를 가져왔다. 이를 보면 신라불교 초기에 양나라 불교의 영향을 받았음을 알 수 있다.

551년에는 고구려 침략 때 귀화해온 고구려 고승 혜량惠亮을 맞아들여 승(국)통을 삼아 불교의 제반사를 통괄하게 했고 또한 불교의 국교화에 착수했다. 혜량에 의하여 신라에서 처음으로 백고좌법회百高座法會와 팔관회八關會가 행해지게 되었다.

진흥왕은 또 승관제를 확립하여 불교의 국교화 및 제도화에 주력했다. 전국의 승려를 통제하는 최고 승관인 국통(즉 승통, 혜량이 최초) 아래 도유나랑(여승의 최고책임자) 1인과 대도유나(남승의 최고책임자) 1인(최초의 대도유나는 寶良), 대서성大書省(安藏이 최초) 1인을 두었다.

특히 여승의 최고책임자인 도유나랑은 중국이나 일본에서는 찾아볼 수 없는 승관으로서 더욱이 남승 책임자인 대도유나보다 윗자리를 차지하였음은 주목할 만한 사실이다. 본래 불교에서는 율법상 여승들이 남승의 지도를 받게 되어 있는데도, 신라에서 여승 지도자가 전국 여승들의 기강을 세우고 지도했다는 사실은 신라 풍월도의 지도자가 여성들이었다는 사실과도 연관이 있을 것이다.

553년, 신궁을 월성의 동쪽에 세우려 터를 닦았는데 거기서 황룡이 나타났다. 왕은 이상하게 여겨 신궁을 고쳐 절을 세우고 '황룡사皇龍寺'라는 절이름을 하사했다. 이러한 창건설화를 갖고 있는 황룡사는 용으로 상징되는 신라 왕권의 신장을 반영하는 대사찰이었다.

이곳은 아도의 어머니가 '전불前佛 때의 절터'라고 지적했다는 일곱 군데 중의 하나로, 과거불인 가섭불이 앉았다는 돌 좌대가 있다고 주장된 곳이다. 더욱이 이곳에 모신 불상은 수백 수천의 나라를 거쳐 '인연 있는 국토'인 신라에 도착한 '인도 아소카왕의 배에 실린 황금과 쇠'로 만들어졌다는 설화까지 덧붙여져, 황룡사는 더욱 신성시되었다. 이는 신라 불국토설로 나중의 황룡사 9층탑과 더불어 왕권 신성화의 도구 구실을 하기도 했다.

553년에 착공하여 17년 만에 완성한 황룡사의 엄청난 역사는 진흥왕의 불교 국교화정책의 절정이자, 백제, 가야, 고구려를 차례로 무력으로 제압하던 당시 신라 국력의 과시이기도 했다.

이 황룡사를 세우던 시기에 신라는 한강유역을 차지했고, 백제를 공격하여 성왕을 전사시켰으며, 뒤이어 가야를 완전히 정복하고, 고구려를 침략하여 함경도 지방까지 진출했다. 진흥왕의 순수비에 왕의 순행 때 동반한 법장法藏·혜인慧忍 등 승려의 이름이 여러 신하들의 맨 앞에 나타나는 것을 보면 이 시기 불교의 국교적·호국적 성격을 짐작할 수 있다.

565년에는 진에서 사신 유사劉思가 승려 명관明觀과 함께 경·론 1,700여 권을 가져왔다. 566년에는 착공했던 황룡사를 완성하고, 기원사祈園寺와 실제사實際寺도 건립되었다.

왕은 두 왕자를 금륜金輪·동륜銅輪이라고 불렀다. 이는 불교의 전륜왕 사상을 따른 것으로 동륜왕자를 태자로 삼았지만 아깝게도 572년에 요절했다.

572년 10월 20일, 전사한 장병을 위해 팔관회를 바깥 절(外寺)에 설치하고 7일 동안 법회가 열렸다. 그 2년 후 3월에는 황룡사의 장육불상이 조성되었는데 동銅의 중량이 3만 507근, 도금의 중량이 1만 198분(1분은 한 근의 1600분의 1)이 들었다.

576년, 안홍법사安弘法師가 진陳으로 구법유학하고 귀국할 때 고승 비마라(Vimala) 등 두 승려를 동반하여, 〈능가경〉 〈승만경〉 및 불사리를 진흥왕에게 헌상했다.

진흥왕은 무려 36년간에 걸친 통치기간 중 사찰의 창건, 출가의 공인, 법회(백고좌 등)의 개최, 불상의 주조, 승관제의 실시, 유학승의 파견, 양·진에서 불사리 및 불경을 받아들여 훌륭하게 불교를 발전시켰다.

DIGEST

19

BUDDHISM

화랑의 스승 원광
: 원광의 왕실 호국불교 (531~630년)

진흥왕 시대에 이르러 신라불교가 비약적인 발전을 하는 가운데 한국인들에게 세속오계로 널리 기억되고 있는 승려가 바로 원광圓光(531~630)이다. 그는 화랑의 스승으로 유명한 황룡사 승려였다.

원광은 다른 유학승들과 달리 출가 이전에 세속 학문을 연구하기 위해 25세 때(581년 혹은 589년) 중국(陳)으로 건너가 유학을 공부하다가, 금릉(南京)에서 불교를 접한 뒤 비로소 출가했다. 그는 한 종파에 얽매이지 않고 성실론 · 열반경 · 4아함경 · 반야경 · 섭대승론 등 각종 경론을 두루 섭렵했다.

589년 그는 장안에서 〈섭대승론〉을 강설하여 천하에 명성을 넓혔다. 신라 진평왕眞平王이 그의 명성을 듣고 귀국을 요청하자, 600년에 신라사신을 따라 돌아왔다.

그는 신라 왕실과 귀족의 극진한 공경을 받았다. 왕이 그를 성인처럼 받들며 옷과 약과 음식을 손수 마련하여 공양할 정도였다. 그리고 황룡사에서 거국적인 법회가 열릴 때면 언제나 원광은 상수上首로 추대되었다. 그의 인품 또한 남다른 바 있어서 〈삼국유사〉에서는 그를 가리켜 "한번도 노기 띄운 기색이 없었다"고 표현했다.

원광은 왕실의 극진한 대우에 걸맞게 신라 왕정에 철저히 봉사했다. "외교 국서國書가 모두 그의 머리 속에서 나왔고 온 나라가 그를 떠받들며 나라 다스리는 방도와 도로써 교화하는 일을 물었다"(〈속고승전〉 제13권)라고 기록된 바와 같이 신라 왕정은 그에게 국정을 자문했다. 그는 심지어 608년, 왕의 요청에 따라 수나라에 고구려를 쳐달라고 걸병표乞兵表를 써 보내기도 했다.

원광이 〈삼국유사〉나 〈고승전〉의 찬사대로 지혜롭고 인품이 뛰어나며 청빈한 고승이었을 뿐 아니라, 후세에서도 신라불교의 정착 이래 가장 돋보이는 위인으로 손꼽힌다고 할지라도, 외세를 끌어들여 동족국가의 민중을 죽음과 고통으로 몰아넣으려는 지배자의 의도대로 사대주의적 국서를 수나라에 바침으로써 참혹한 결과를 초래한 것은 비판받을 소지가 다분하다.

원광은 지배층이 스승으로 받들며 국정을 자문하는 위치에서 지배자의 잘못된 정책을 일깨우거나 적어도 거부해야 마땅함에도 불구하고 다음과 같은 궁색한 변명을 하면서 국서를 지어 올렸다.

> 나 살려고 남을 죽이는 짓은 사문이 할 일이 아니다. 그러나 빈도貧道(승려가 자기를 일컫는 말)가 대왕의 토지에서 대왕의 옷과 음식을 받고 있으니 감히 왕명을 어길 수 없어 국서를 쓴다.
>
> 〈해동고승전〉

그는 수나라에게 고구려 정벌을 요청하는 일이 '나 살려고 남을 죽이는 짓'임을 잘 알고 있었으면서도 왕실의 융숭한 공양을 받고 있는 승려귀족으로서의 계급적 한계를 벗어나지 못한 채 신라 지배권력의 이익을 위해 봉사한 것이다.

원광을 비롯한 중국 유학승들은 사대주의에 빠져 있는 경우가 많았는데, 이 점은 나중에 자장慈藏에게서도 똑같이 찾아볼 수 있는 경향이다.

또 원광이 귀산貴山, 추항箒項 두 청년에게 주었다는 이른바 '세속오계'에도 지배자 중심의 왕실호국불교 사상이 여실히 반영되어 있다.

세속오계는 "임금을 충성으로 섬겨라"는 계명이 첫째다. 이것은 본래 불교

雲門寺東九千步許有加西峴或云嘉瑟峴峴之北洞有寺基是也二人詣門進告曰俗
士顓蒙無所知識願賜一言以爲終身之誡光曰佛教
有菩薩戒其別有十若等爲人臣子恐不能堪今有世
俗五戒一曰事君以忠二曰事親以孝三曰交友有信
四曰臨戰無退五曰殺生有擇若行之無忽貴山等曰
他則旣受命矣所謂殺生有擇特未曉也光曰六齋日
春夏月不殺是擇時也不殺使畜謂馬牛雞犬不殺細
物謂肉不足一臠是擇物也此亦唯其所用不求多殺
此是世俗之善戒也貴山等曰自今以後奉以周旋不
敢失墜後二人從軍事皆有奇功於國家又建福三十

〈삼국유사, 원광서학조의 세속오계〉, © 한국민족문화대백과사전. 원광의 역사적 위치는 신라 승려로서 대승불교를 깊이 연구, 강의한 최초의 학승이었다는 점이 그 첫째이다.

의 계율과는 전혀 관련이 없는 왕실 옹호의 윤리다. 불교의 보살계는 오히려 권력자를 가까이하지 말라고 하는데, 원광은 청년들에게 "불교의 계율에 보살계로 10계가 있지만 그대들은 사람의 신하 및 자식으로서 그것을 감당하지 못할까 염려된다"면서 이러한 세속적 계율을 준 것이다.

세속오계의 둘째 · 셋째 번에 해당하는 효도와 우정에 관한 계명은 언뜻 보기엔 유교적인 것 같지만 사실은 〈육방례경六方禮經〉과 같은 초기 경전에도 나오는 세속인에 대한 불교의 핵심적인 교훈들이다.

그런데 넷째, "싸움에 임해서는 물러서지 마라"는 계명이야말로 불교적 윤리와 무관한, 원광 특유의 윤리관이 담긴 것이다. 이러한 감투정신 · 호국사상이야말로 삼국이 패권을 다투던 당시에 신라 지배층의 입장에서는 무엇보다도 요구되는 국가적 윤리였을 것이다. 실제로 원광의 가르침을 받은 귀산과 추항이 백제와의 싸움에서 궁지에 빠지자 필사적으로 싸워 결정적인 공을 세우고 전사한 것을 보면, 이 계명은 싸움터에 나서는 신라군과 화랑들의 의식에 지대한 영향을 미쳤음이 분명하다.

원광의 다섯번째 계명은 "살생을 할 때는 가리는 것이 있어야 한다"는 것이다. 이 계명은 불가의 이른바 6재일六齋日(매월 8, 14, 15, 23, 29, 30일)과 봄 · 여름철에 살생을 하지 마라는 내용으로 보아 불교의 재가 신자 계율인 8관재계八關齋戒와 흡사하다. 한 마디로 때와 대상을 가려서 살생하라는 것인데, "꼭 필요한 경우만 제외하고는 많이 죽이려 하지 마라"는 원광의 설명처럼 지나친 살상을 경계하는 계명이다. 아마도 이 계명은 전쟁에서도 지나친 살상을 하지 말라는 식으로 미루어 해석되었을 것이다.

그런데 이로써 불교의 자비를 현실적으로 실천하게 했다고 무조건 높이 평가하는 것은 피상적 견해다. 불교에서 진정한 자비는 두말할 나위도 없이 "서로 싸우는 자를 화합하게 하는 일"(〈미륵하생성불경〉)이다. 신라의 위기를 벗어나기 위하여 동족국가인 고구려 정벌을 수나라 침략자에게 요청한 그로서는 고구려 민중도 '가려서 하는' 살생의 대상이었을까? 어쨌든 모순이 아닐 수 없다.

원광은 생의 대부분을 신라 왕실불교의 대본산인 황룡사에서 머무르다 세상을 마쳤다. 그는 평생을 신라 왕실에 충성스럽게 봉사하였기에, 왕실은 그의 장례를 임금의 장례처럼 치렀다.

DIGEST

20

BUDDHISM

신라의 비원, 황룡사 9층탑
: 자장의 호국불교와 모화사상 (643년경)

자장慈藏은 7세기 초반의 신라사회와 불교계에서 가장 빛나는 별이었다. 생몰연대는 불분명하나 선덕여왕(632~646) 시대에 활약했으므로 그의 나이를 역산해볼 수 있다. 아마 5백 7, 80년경 태어났으리라 추측되며, 신라 삼국통일 직전(676)까지 활동했던 것으로 여겨진다.

〈삼국유사〉 권4에 의하면 그는 성이 김씨, 신라 진골인 소판蘇判(3급벼슬) 무림茂林의 아들이다. 그의 부모가 관음상에 나아가 축원하여 그를 낳았는데, 그는 부처님 오신 날인 4월 8일에 났으며 이름을 선종랑善宗郎이라 하였다.

일찍이 양친을 여의고는 세속의 번거로움이 싫어서 처자를 버리고 전원田園을 희사하여 원녕사元寧寺를 만들었다. 그리고 그는 홀로 깊은 산에 들어가 고골관枯骨觀(백골관)이라고도 하는 인생무상에 대한 명상 수행법을 닦았다. 그때 조정에서 대신 한 사람을 물색하였는데 자장이 적임자로 지목되었다. 왕은 그를 재상의 자리에 앉히려고 누차 불렀으나 끝내 응하지 않자, 칙령을 내려,

"취임하지 않으면 목을 베리라"

황룡사 9층목탑의 복원 모형. 신라 불교의 융성을 웅변하는 이 거대한 목탑은 높이가 무려 80m에 달했으나, 1238년 몽골군의 내침으로 불타버렸다.

하였다. 그때 칙사에서 준 자장의 답변은 단호했다.

"내 비록 단 하루를 살더라도 계를 지키다 죽을지언정, 파계를 하고 백 년 동안 살기를 원치 않는다"

목숨을 돌보지 않는 그의 꿋꿋한 수행에 왕도 감복하여 출가를 허락했다. 그 뒤 더욱 수행하여 꿈에 천인天人에게 계戒를 받고 산을 나와 많은 사람에게 계를 설하였다.

선덕여왕 5년(636)에 제자 실승實僧 등 10여 명과 함께 당나라로 갔다. 자장은 청량산에서 문수보살의 감응으로 범게梵偈와 가사 · 사리 등을 받았고, 태화지太和池의 용신에게서는 본국으로 돌아가면 황룡사에다 9층탑을 세우라는 말을 들었다. 그는 당나라에 머무는 동안 많은 사람들을 교화하고 당 태종의 후대와 많은 선물을 받았으며, 선덕여왕의 요청으로 643년(선왕왕 12년)에 대장경과 불상 · 번개幡蓋 등을 가지고 돌아왔다.

신라에서는 선덕여왕을 비롯해 많은 사람이 자장을 환영했다. 선덕여왕은 자장을 대국통에 임명하고 분황사에 머물게 했다. 그는 궁중에서 〈섭대승론〉을 강의하고 황룡사에서 7일간 밤낮으로 〈보살계본菩薩戒本〉을 강의했다. 강의가 끝나면 계를 받는 자가 구름같이 모여들었다.

그는 또한 대국통으로서 전국의 승려와 사찰을 통제하고 감찰했다. 그는 봄 · 가을 2회에 걸쳐 승려들에게 시험을 보게 하여 계율을 엄수케 하고, 순찰사의 제도를 설치하여 모든 사원을 순회하며 설법을 장려하고 불상을 만들었다. 자장은 절과 탑을 10여 개소에 세웠는데, 그중 통도사 같은 절은 온 신라 사람들에게 숭앙의 대상이었다. 또한 경과 계율에 주석을 했을 뿐만 아니라, 그중에서 특히 〈관행법觀行法〉이란 저서를 남겼다. 당의 도선道宣은 자장을 평하기를 "호법보살이란 바로 이 사람을 말함이다"라고 말한 바와 같이 신라불교는 자장의 노력으로 크게 발전되었다.

뿐만 아니라 그는 대외적으로 고구려 · 백제 · 일본 등 '이웃 오랑캐의 날뜀'과 대내적으로 '위엄이 없는 여왕의 집정'에 대한 위기의식에 사로잡혀(실제로 선덕여왕 때는 여왕이라는 이유로 쿠데타가 있었다. 이른바 비담의 난), 마침내 주변국을 복속하려는 목적으로 높이 약 80m나 되는 황룡사 9층탑 건립의 거대한 역사를 일으켰다. 백제에서 아비지阿非知라는 장인을 초청하여 2백 명의 기술자들을 거느리고 짓게 한 것이다.

근래에 발굴된 〈황룡사 9층탑지〉(872년 기록)에 의하면, 자장이 634년 귀국에 즈음하여 종남산 원향圓香선사에게 작별인사를 하자 원향이 말하기를, "내가 관심법으로 그대의 나라를 보니, 황룡사에 9층탑을 세우면 해동 여러 나라가 그대의 나라에 항복하게 되겠다"고 하였다.

그런데 〈삼국유사〉 권3에 의하면 이미 앞에서 말했듯이 태화지에서 신인에게 귀국 권고와 함께 황룡사 9층탑을 건립하면 이웃나라가 항복하고 9한九韓이 조공한다는 말을 들었다고 기록했다. 그런데 이런 주장은 이미 안함安含의 〈동도성립기東都成立記〉에도 나오므로, 누구의 설인지 알기가 힘들다. 아마도 자장이 자신의 주장을 신비화 · 절대화시키기 위해 신인神人의 말이라고 내세운 것이 아닌가 생각된다.

일연은 〈삼국유사〉 권3의 주에서 〈동도성립기〉를 인용하여, 황룡사 9층탑의 제1층은 일본, 제2층은 중화中華, 제3층은 오월吳越, 제4층은 탐라(제주도), 제5층은 응유鷹遊(앵유산: 강소성 동해현에 있다), 제6층은 말갈(중국 동북지방의 동남부에 살던 종족), 제7층은 단국丹國(거란), 제8층은 여적女狄(여진), 제9층은 예맥穢貊(동북에서 한반도에 걸쳐 살고 있던 민족)을 가리킨 것이라고 기록했다.

황룡사 9층탑 건립에 반영된 자장의 의식은, 동족국가들보다 오히려 외세인 중국에 대하여 문화적인 동질감을 느끼는 절름발이 민족의식이었다. 안함이 말한 아홉 개 진압 대상국에는 백제나 고구려가 없고 오히려 중국이 들어 있는 데 반하여, 자장이 말하는 아홉 나라는 바로 동족국가들을 가리키는 9한九韓, 즉 9이九夷다. 그는 동족국가들을 '동방 오랑캐'로 지칭하고 신라 왕족을 그런 동이족으로부터 구별했다.

자장은 애초부터 변방 국가에 태어난 것을 스스로 탄식하여 당나라에 유학하였고 동족국가를 오랑캐로 지칭하였으며, 신라의 복식을 중국식으로 바꾸는 등의 사대주의적 모화사상을 드러냄으로써 신랄한 비판을 받을 여지가 많긴 하나, 신라불교의 기반을 확고히 하고 불교발전에 지대한 공헌을 한 것도 사실이다.

DIGEST
21
BUDDHISM

신라 민중불교의 전개
: 혜숙·혜공·대안·사복·부설거사 (7세기경)

신라불교는 귀족불교로서 성격이 강했지만, 세속 민중과 더불어 살며 자기의 삶과 진리를 중생에게 회향回向하며 진정한 불교를 실천하는 일군의 승려들이 있었다.

신라불교 대중화의 선구자는 진평왕(579~632)에서 선덕여왕(632~647)대의 신승神僧 혜숙과 혜공이다.

혜숙惠宿은 600년(진평왕 22년)에 당나라 유학을 포기하고 적선촌赤善村에 20여 년을 은거했다. 그와 함께 당나라에 가려다가 이듬해 혼자서 건너가 20년간 유학하고 돌아온 승려 안함과는 본래 도반道伴이었다. 안함은 중국 유학을 하고 두 사람의 인도 승려와 함께 신라로 돌아와 〈승가경〉과 〈승만경〉 및 부처님 사리를 왕에게 바쳤다. 그러나 이런 안함과는 대조적으로 혜숙은 20년 동안 민중 속에 묻혀 살았다. 일찍이 화랑도로 활동하다가 물러난 적이 있는 그는 어느 날 사냥 나온 국선國仙(화랑의 지도자) 구참에게 자기 다리살을 베어서까지 구참의 잔인과 불인不仁의 마음을 깨우쳐주었다.

이 소문을 들은 진평왕은 그를 맞아오도록 사자를 보냈으나 그때 혜숙은 여자와 함께 자고 있었다. 그런데 그를 더럽게 여기고 돌아가던 길에, 사자는 성안의 신도 집에서 7일재를 마치고 온다는 혜숙을 만났다. 혜숙은 큰 사찰에도 있지 않았으며 혜숙사란 작은 초막에 살면서 민중을 교화했다.

혜공惠空은 노비의 아들로서 가끔 영험을 나타내는 일이 있어 주인 천진공天眞公의 존숭을 받고는 출가하여 승려가 되었다. 늘 조그만 절에 살면서 미친 척 크게 취한 채 삼태기를 지고서 노래하며 춤추며 거리를 돌아다녔다. 그때 원효는 경전의 주석서를 저술하고 있었는데 매양 그에게 찾아가 의심나는 것을 묻고 때로는 서로 익살과 장난을 주고받기도 했다.

명랑明朗이 금강사를 창건하고 낙성회를 열었을 때 고승들이 다 모였는데 오직 혜공만은 오지 않았다. 이것은 그가 귀족불교행사는 멀리하고 항상 세속의 거리에서 민중과 고락을 함께 했음을 의미한다. 그런데 이때 명랑이 향을 피우고 경건히 기도하자 "하도 간절히 부르기에 왔소"하며 나타났다.

혜공은 혜숙과 거의 같은 시대의 승려인 것 같다. 혜공의 행적 속에 혜숙이 나무랐던 국선 구참이 등장하기 때문이다. 어느 날 구참이 산에 놀러 갔다가 산길에서 썩어 문드러진 혜공의 주검을 발견하고 애통해하다가 성안으로 돌아오니, 혜공이 저자에서 취한 채 노래하며 춤추고 있더라는 얘기가 그것이다. 그런데 이처럼 생사에 거리낌 없이 자유자재한 모습은 혜숙에게서도 발견된다. 혜숙이 죽어 마을 사람들이 장사 지냈는데 그때 어떤 사람이 그쪽으로 오다가 혜숙을 만났다. 혜숙에게 어디 가느냐고 묻자, 그는 이렇게 대답했다. "이 지방에서 너무 오래 살았기에 이젠 다른 지방으로 놀러 가려고요"

한편 혜공은 우물에 들어가거나 비를 맞아도 옷이 젖지 않는 등의 신이를 나타내었으며, 동진東晋의 명승 승조僧肇가 지은 논論을 보고서는 "이것은 내가 옛적에 지은 것이다"라고 했다.

혜공과 혜숙은 위에서 보았듯이 생사에 자유자재한 공통점 외에도 조그만 절에 살며 민중들과 스스럼없이 어울린 공통점을 가지고 있다. 그래서 〈삼국유사〉의 저자 일연도 이 두 사람을 가리켜 "불 속에 핀 한 쌍의 연꽃"이라고 극찬했다.

원효와 동시대에 활약한 신이승神異僧으로 대안大安이 있다. 대안은 〈송고승전〉에 의하면 괴이한 옷차림을 하고서 항상 저잣거리에서 구리 밥그릇을 두드리며 "대안, 대안"하고 다녔다고 한다. 그래서 '대안'이라 불렸다. 아마도 그는 귀족 불교 승려들의 호사스러운 생활에 반대하여 거지 차림으로 걸식하는 두타행을 했던 것 같다. 밑바닥 민중과 함께 하는 삶에서 그는 크나큰 안락을 찾았을 것이다. 그의 이러한 행동은 원효에게도 큰 영향을 미쳤을 것이다.

대안과 비슷하게 민중 속에 산 사복蛇福이가 있었다. 그는 과부의 사생아로서 열두 살이 되도록 말도 하지 못하고 일어나지도 못하여 뱀동이 또는 뱀복이라고 불렸다. 아마 그는 뇌성마비를 앓고 있던 장애자였던 것으로 추정된다. 어쨌든 그도 또한 원효와 친했던지 어머니의 장례를 원효에게 부탁했다. 그는 원효의 짤막한 조사도 말이 많다며 "죽음도 태어남도 괴로워라"라는 한 마디로 압축하고는 어머니를 따라 불행하고 짧은 생애를 마쳤다. 사복이 풀 속의 환하고 깨끗한 세계로 사라졌다는 것은 그가 민중 속에서 맑은 일생을 살았던 그의 삶을 반영하고 있다.

가정에 살면서 도를 깨달은 자의 귀감으로서 선덕여왕 때의 부설浮雪거사가 있다. 그는 속명이 진광세陳光世이며 불국사 출신의 승려로서, 두 도반 영조靈照·영희靈熙와 함께 두륜산 등지에서 10년간 정진한 뒤 오대산 문수도량을 참배하러 가던 중 두릉杜陵(지금의 전북 만경 땅) 구무원仇無寃이라는 사람의 집에서 묵다가, 집주인의 딸 묘화妙花의 목숨을 건 사랑의 호소에 대해 "보살의 자비를 생각하며 받아들여" 마침내 결혼하여 눌러앉는다. 도반들은 그의 파계를 비난하며 떠나버렸지만, 그는 자식 낳고 사는 세속의 재가생활 속에서도 정진을 게을리하지 않아 마침내 두 출가 도반을 앞질러 성도하게 된다.

영희·영조가 오랜 수도 끝에 찾아오자, 물병 세 개를 대들보에 매달아놓고 그들과 함께 병을 쳐 깨뜨렸는데 부설이 친 것만 물이 쏟아지지 않았다는 설화는 바로 그의 진솔한 재가성도在家成道(가정에 살면서 도를 깨달음)에 대한 민중들의 찬미의식을 반영하고 있다.

‘대립을 초월하여 하나되는 우주로…’

: 의상, 한국 화엄종을 열다 (625~702년)

의상義相(625~702)은 한국화엄의 기초를 닦은 승려이며 한국불교사상 중요한 역할을 하였다. 그는 원효와 더불어 신라 불교학을 대표하는 승려로 국내외에 널리 알려진 인물이다. 그가 활동하던 시기는 신라가 백제와 고구려를 멸망시키고 삼국을 통일하던 때(668년 고구려 멸망)여다.

의상의 속성은 김씨, 한신韓信의 아들이다. 그는 20세에 출가했다. 650년 원효와 함께 당나라로 가려다 실패한 후 661년에야 당나라에 들어가 유학했다. 중국 화엄종 제2조 지엄智儼 문하에서 화엄학을 공부했는데, 〈삼국유사〉에 의하면 스승을 능가했다고 한다. 의상은 중국 화엄종을 대성한 법장과는 형제 제자의 관계이다.

의상이 670년 귀국하게 된 것은 당나라가 신라의 당군 축출투쟁에 분노하여 대군을 일으켜 조국을 침략하려 하매, 당시 당나리에 인질로 갇혀 있던 김흠순(김유신의 동생)의 요청에 따라 이 긴급한 정보를 알리기 위해서였다. 중국 쪽의 〈송고승전〉에 따르면 화엄종을 일으키기 위해서 귀국했다고 하지만, 그보다는 조국이 침략을 받게 된 긴급한 정세에서 귀국을 서두른 게 분명하다.

〈범어사 의상대사 영정〉, © 대한불교조계종범어사. 의상은 한국 화엄종 시조로서 학문 높은 고승일 뿐만 아니라 '신분의 평등과 올바른 정치'를 주장한 진보적 지식인이었다.

의상의 귀국과 그를 연모하던 처녀에 얽힌 애틋한 이야기가 중국 쪽 자료인 〈송고승전〉에 전해지는데, 이 이야기는 그의 뛰어난 감화력과 구도에의 굳센 의지를 보여준다. 당나라 산동반도 등주登州를 배경으로 하는 이 이야기를 이해하려면 그곳에 있었던 신라 사찰 법화원과 그곳의 풍속을 알아볼 필요가 있다.

무역항구로서 또는 해상교통의 요지로서 번영했던 등주의 문등현文登縣에는 적산 법화원赤山法華院이라는 신라 사찰이 있었는데, 그 절에서 했던 독경 · 예참은 신라 풍속을 따랐다. 이곳은 신라 거류민들이 많이 살았으므로 신라의 말과 음률에 따랐던 것이다.

또한 이 절의 법회에 오는 사람은 남녀노소와 귀천을 가리지 않고 모두 신라 사람들이었다. 따라서 등주 부근에는 당연히 신라의 처녀들이나 주막의 기녀들도 있었을 것이며, 이러한 무대를 배경으로 선묘의 전설이 탄생되었을 것이다. 그리고 '선묘善妙'라는 이름은, 〈일본서기〉 숭준천황崇峻天皇조에 백제의 귀녀 묘광妙光과 함께 신라의 귀녀 선묘란 이름이 보이므로, 선묘란 이름을 가진 비구니는 실재했던 것이 확실하다. 더욱 〈송고승전〉의 선묘의 전설은 일본 겸창鎌倉시대 명혜상인明惠上人, 고변高弁이 눈여겨보았다가 그의 뜻에 따라 '화엄연기회권華嚴緣起繪卷'이라고 하는 화려한 그림을 그리기에 이르렀다.

의상은 674년에 경주 황복사에서 '화엄일승법계도華嚴一乘法界圖'를 가르침으로써 화엄학을 본격적으로 펴기 시작하였다. 균여均如에 따르면 '화엄일승법계도'는 이미 의상이 중국에 있을 때 자신이 깨달은 것을 대승장大乘章 10권으로 엮어 갈고 닦다가 670년 귀국에 즈음하여 불전에서 불살라 남은 것으로, 의상의 화엄사상을 210자로 응축시켜 놓은 화엄학의 정수다. 이것을 '법성게法性偈(사물 또는 법의 본질을 밝혀 놓은 시)'라고도 일컫는데, 오늘날까지도 애송되는 시로서, 글을 거의 남기지 않았던 의상의 사상을 살펴보는 데 아주 중요한 글이다.

의상은 법성게에서 이 세상의 무엇 하나 홀로 존재할 수 없다는 점을 논파했고, 그리고 본질적으로 사물은 차별될 수 없다는 평등사상과 더불어 이것은 의상의 사상을 이루는 핵심이라 할 수 있다. 그러기에 그는 부석사를 지은 뒤 논밭 장원과 노비를 기증하려는 왕의 선심에 대하여 "평등법에 어긋나고" "무정하다"하여 단호하게 거절했다.

〈송고승전〉에는 그의 이러한 지행일치의 실천에 대하여 뚜렷이 언급하고 있다.

> "의상은 말과 같이 행하는 것을 귀하게 여겨, 강의 외에는 수련을 부지런히 했다. 세계와 국토를 장엄하게 하는 데 조금도 두려워하거나 꺼리는 일이 없었고 항상 온화하면서도 시원하였다. 또 세 벌 옷과 물병과 바리때 외에는 아무것도 갖지 않았다"

여기서 특히 주목되는 점은 '말한 대로 행하는 것'이나 '무소유의 실천'이 아니라 두려움 없이 세계와 국토를 장엄하게 했다는 사실이다. 이것은 곧 그의 적극적인 현실참여를 불교식 용어로 우회해서 표현한 것이다.

실제로 의상은 침략자의 마수로부터 조국을 구하기 위해 귀국을 했고, 또 문무왕이 부산성富山城 등의 축조에 이어 수도에 경성京城을 쌓으려 하자 그걸 말리는 간곡한 편지를 보내어 공사를 막기도 했다. 의상은 문무왕이 동족상잔의 전쟁에 백성을 몰아넣고도 모자라 다시 성 쌓는 노역에 백성을 동원하여 노동력을 착취하려는 지배자의 잘못된 정치를 적극적으로 비판 · 만류한 내용의 편지를 왕에게 썼던 것이다.

이런 점으로 미루어보거나 부석사를 비롯한 흔히 그가 창건 내지 관여했다는 화엄십찰華嚴十刹에 속하는 사찰들이 수도가 아닌 지방에 있었던 것을 보더라도 의상은 권력을 멀리하였으며 완고한 골품제 사회 속에서 신분의 평등을 주장한 승려였다. 그의 문하에는 3천 문도가 있었다고 하는데 지통智通과 같은 노비 출신, 진정眞定 같은 빈민 출신 제자가 배출되어 그의 법을 계승하기도 하였다.

지금까지는 의상을 화엄종의 학문 높은 고승으로만 평가해왔는데, 그보다는 '신분의 평등과 올바른 정치'를 주장하며 현실에 참여했고 또 몸소 실천한 진보적 지식인으로 평가하자는 재야 불교 사학자 정의행의 관점은 전적으로 타당하다고 생각된다.

DIGEST

23

BUDDHISM

'일체의 현상은 마음에서 일어난다' : 고통받는 민중 속에 뛰어든 성자 원효 (617~686년)

통일신라 초기에 불교계에서 화려한 활약을 한 사람은 원효와 의상이다. 그중에서도 특히 한국불교 최대의 고승 원효는 한국불교사에 있어서 가장 독창적인 사상가이자 실천자였다.

원효는 의상과 함께 당나라로 가는 유학길에 올랐지만 무덤에서 노숙하다 해골의 물을 마시고 '일체의 현상은 마음에서 일어나는 것'임을 깨닫고 유학을 포기한 이야기는 너무나 유명하다. '유심소조惟心所造'의 도리를 안 원효는 국내에서 모든 경론을 연구하여 드디어 중국 교학자에게도 뒤지지 않는 위대한 불교학자, 독창적인 사상가가 되었다. 중국유학을 포기한 것이 오히려 원효를 불후의 불교학자로 만든 계기가 된 것이다.

원효元曉(617~686)는 압량군押梁郡 불지촌佛地村에서 태어났다. 성은 설薛씨, 아버지는 담날내말談捺乃末, 내마奈麻이며, 어릴 때 이름은 서당誓幢이었다. 일찍이 출가하여 그의 집을 절로 삼아 초개사初開寺라 하였다. '원효'란 이름은 '처음으로 불일佛日이 빛나다'라고 하는 의미라 한다. 그런데 〈삼국유사〉에 의하면 그의 이름은 본래 우리말로 '새벽'이라 불리었는데, 그의 다양한 불교활동에 비추어보면 참으로 한국의 새로운 불교의 새벽을 연 사람으

〈경주 분황사 모전 석탑〉, © 한국민족문화대백과사전. 천애의 자유인이었던 원효는 귀족불교를 반대하고 민중 불교의 새벽을 연 위대한 사상가이자 실천자였다.

로서 그 생애에 걸맞은 이름이 아닐 수 없다.

원효는 특정 종파에 매이지 않고 모든 교학을 연구했다. 특정한 스승이 없이 배웠다는 사실도 그의 통불교적 지향을 보여준다. 고구려 출신 열반경 법사 보덕普德에게 열반경과 유마경을 배우기도 했고, 법화경 법사 낭지朗智의 지도를 받기도 했으며, 화엄경론에 대해 의상과 토론하기도 했고, 여러 경전의 주석서를 쓸 때에는 민중적인 승려 혜공惠空에게 문의하기도 했다. 그의 연구는 대 · 소승 경 · 율 · 논을 망라하여 100여 종 240여 권의 방대한 저서를 썼다. 그러나 현존하는 저술은 〈법화경종요法華經宗要〉를 비롯하여 22권만이 전하고 있다.

원효는 온갖 경론을 섭렵 · 통찰하고 주체적인 불교사상을 확립한 신라 최대의 학자로서 수많은 저술을 통해 중국 · 일본불교에까지 커다란 영향을 끼쳤다. 그러나 마침내 스스로 종교적 권위와 학문적 사변을 타파하기에 이르렀다. 요석궁 공주와의 인연을 계기로 승복을 벗어던지고 스스로 세속인이 되어 '소성거사小姓居士'라 자칭하며 민중 속으로 뛰어든 것이다.

그는 귀족 출신이면서 동시에 왕실불교의 본산인 황룡사 출신임에도 불구하고 과감하게 귀족불교에 대해 인연을 끊고 방방곡곡 세속사회를 돌아다니며 밑바닥 민중과 어울렸다. 그가 광대처럼 바가지를 두드리며 곧잘 불러제낀 〈무애가無㝵歌〉는 "거리낌없는 사람은 모두 한길로 생사에서 벗어난다"는 화엄경의 사상을 담은 해방과 자유의 노래였다. 그는 이 노래를 방방곡곡에 퍼뜨리며 춤추고 돌아다녔다. 그래서 가난하고 무지한 민중들이 부처의 이름을 알게 되고 모두들 "나무아미타불"을 외울 줄 알게 된 것은 그러한 교화에 크게 힘입었다고 〈삼국유사〉는 기록하고 있다.

역사상 수많은 개혁자들이 그렇듯이 그 또한 당시의 지배층과 귀족불교 승려들에게 미친 놈 취급을 받고 파계승으로 이단시되며 비난받았다. 따라서 그는 왕실에서 열리는 호국기도 법회인 백고좌대회에서 아예 낄 수도 없었다.

〈송고승전〉의 원효전에 의하면, 원효는 거사들과 함께 술집과 창녀집에 드나들었고, 광대들의 칼과 봉을 갖고 다니며 악기를 탔으며, 여염집에서 잠을 자고 산천에서 좌선을 하기도 하는가 하면, 때로는 경전 주석서를 쓰고 화엄경을 강의하기도 하는 등 그야말로 틀에 매이지 않고 거리낌없는 생활을 하였다. 그래서 귀족불교의 계율주의적 시각에서 보면 "미치광이 같은 말을 내뱉으며 해괴한 짓을 하고 다닌다"는 악평을 들을 지경이었다.

그러나 당시 아무도 해석하지 못한 〈금강삼매경〉의 해석을 왕실에서 어쩔 수 없이 그에게 맡기자, 원효는 소가 끄는 수레 위에서 주석서 다섯 권을 저술했다. 그러나 황룡사에서의 강의를 앞두고 '경박한 무리들'이 몰래 그것을 훔쳐 가버렸다. 다시 3일간 연장을 받고 〈약소略疏〉 3권을 저술했다. 이것이 현존하는 〈금강삼매경론〉 3권이다. 원효는 급작하게 다시 쓴 이 경론을 왕실 및 고승들 앞에서 당당하게 강론했다.

원효의 〈금강삼매경론〉이 중국에 전해지자 너무 훌륭한 저술이므로 이는 필경 보살이 쓴 것이라고 하여 〈금강삼매경론〉이라 하였다. 보통 사람이 쓴 것은 '소疏'라고 하지만, 보살이 쓴 것이기 때문에 '논論'이라 했다. 이것은 중국의 불교학자들도 어느 누구 하나 주석한 바가 없고 오직 원효의 주석만이 현존하는 유일의 것이다. 〈금강삼매경론〉은 중국뿐만 아니라 일본에서도 애독되었다.

원효는 분황사에 살 때 〈화엄경〉의 주석서를 편찬했는데 제40회향품에서 붓을 놓았다. 그리고 그는 그 후 사방으로 다니며 초인간적인 활동을 한 탓으로 사람들은 초지위初地位(불교수행의 한 단계)에 들어간 사람이라고 하였다. 이 같은 연유에서 본다면, 인도불교로서는 초지에 든 사람은 미륵(Maitreya)과 용수(Nāgārjuna) 두 사람뿐이며 우리나라에는 원효가 그러했던 것이다.

원효는 민중의 이익과 안락을 위해 민중과 함께 하는 삶에 충실하면서 관념적인 중국불교를 추종하는 케케묵은 이론가들을 가리켜, "멀리 근원만 바라보고 현실의 흐름에는 어두운 무리들"이라고 비판했다. 왕실과 귀족 및 유식한 승려 등 지배계급의 전유물이었던 신라불교는 원효에 의해 비로소 민중 속에 그 뿌리를 내린 것이다.

DIGEST

24

BUDDHISM

최초의 인도 구법여행기 <왕오천축국전>
: 혜초, 인도·서역 여행 (723~733년)

신라 통일 후의 성덕왕聖德王(702~732)때의 사람인 혜초慧超(704~?)는 723년 20살의 나이로 당나라 광주廣州에 건너가 인도 출신의 승려 금강지金剛智의 제자가 되어 인도로 가는 배를 탔다. 광주를 떠나 수마트라 섬 동남단에 기착, 거기서 니코바르 섬을 거쳐 동천축, 지금의 캘커타 지방에 상륙했다.

혜초의 인도 구법여행기 <왕오천축국전>은 첫 부분이 떨어져 나갔는데, 그의 이 기행문은 석가모니가 열반에 이른 구시나국拘尸那國(쿠시나가라: 지금의 카시아)에서부터 시작되고 있다. 이어 혜초는 석가모니가 최초로 설법한 곳인 피라니사국彼羅尼斯國(바라나시: 지금의 베나레스), 석가모니가 대각을 이룬 불타가야佛陀伽倻(부다가야) 등 갠지스 강 하류 동천축 지방의 불교 유적지를 두루 편력한 다음, 갠지스 강을 거슬러올라가 중천축의 갈나내자葛那乃自(카우나지) 일대를 순례했다.

그 후 3개월 만에 남천축에 이르렀는데, 남천축은 지금의 데칸고원 일대를 말한다. 다시 2개월 후 봄베이 일대인 서천축에 이르고 북행하기를 3개월, 북천축의 도란달라闍蘭達羅(잘란다라)에 도착, 2개월 동안 부근의 몇몇 소국을 섭렵했다. 다시 북으로 15일간 여행한 그는 파미르 고원의 남녘기슭인 가엽미라국迦葉彌羅國(카슈미르)에 도착, 네팔을 비롯한 주변의 소국들을 둘러보았다.

이렇게 동서남북 및 중부 천축의 5천축을 두루 돌아본 혜초는 이번엔 서부 투르키스탄으로 들어갔다. 서북행 1개월 만에 건태라국建馱羅國(간다라)에 도착하고, 다시 50일 후에 아프가니스탄 북부의 토화라국吐火羅國(토하리스탄)에 이르렀다. 여기서 혜초는 파사국波斯國(페르시아), 대식국大食國(아라비아), 불림국佛林國(동로마제국)에 대해 기록하고 있다.

그 후 안국安國(부하라), 사국史國(칼루시), 강국康國(사마르칸드), 석국石國(타슈겐트)를 거친 혜초는 이제 동으로 방향을 바꾸어 귀로에 올랐다. 파미르 고원을 넘어 당의 안서사진安西四鎭 가운데 하나인 소륵疏勒(카슈가르)을 지나 725년 구자龜玆(쿠차)에 이르렀다. 그런 다음 타클라마칸 사막을 횡단, 역시 안서사진의 하나인 우진(호탄)을 지나 언기焉耆(카라샤프)에 도착했다.

〈왕오천축국전〉은 마지막 부분도 누락되어 있기 때문에 그 뒤의 일은 알 수가 없다. 하지만 그의 당의 수도 장안長安에 무사히 돌아온 것은 확실하다.

혜초는 이 10년 동안의 여행을 기록하여 〈왕오천축국전〉 3권을 지었으나, 〈일체경음의〉의 제100권에 그 음의音義가 실려 있어 서명만 알려져 왔었다.

1908년 프랑스의 동양학자 펠리오(P.Pelliot)가 중국 감숙성甘肅省 지방을 탐사하다가 돈황의 석굴에서 앞뒤가 떨어져 나간 낡은 책 한 권을 찾아냈다. 한자로 필사된 이 책이 바로 727년 혜초가 쓴 인도와 서역여행기 〈왕오천축국전〉이다.

그 후 이에 대한 연구가 활발히 계속되어, 1915년 일본의 불교학자 다카쿠스 준지로高楠順次朗 는 이 여행기를 쓴 혜초가 신라 출신이며, 당에서 밀교密敎의 고승으로 활약했다는 것을 밝혀냈다. 그리고 돈황 석굴에서 발견된 〈왕오천축국전〉은 혜초의 친필이 아니며, 본래 3권이었던 것을 1권으로 축약해 놓은 축약본이라는 사실도 알게 되었다.

혜초의 이 여행기는 그 기행경로상 다른 인도여행기와 다른 특징을 갖고 있다. 법현法顯의 〈불국기〉는 육지로 갔다가 바다로 돌아온 것이며, 현장의

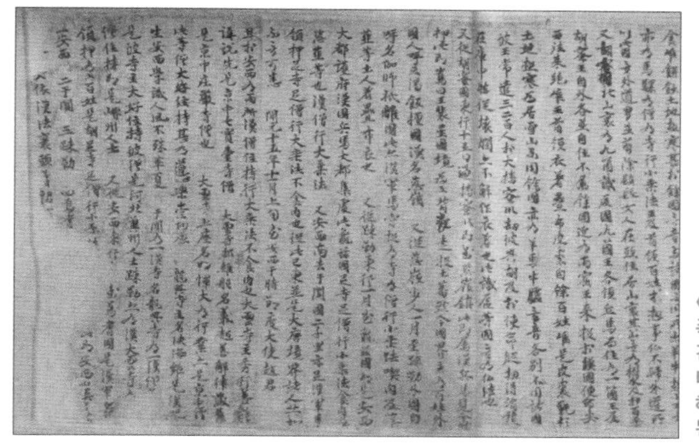

〈왕오천축국전〉, © 한국민족문화대백과사전. 10여 년간 사막과 고원, 열대지방을 떠돌며 구법의 고행을 했던 혜초는 세계에서 가장 오래된 여행기를 남겼다.

〈대당서역기〉는 육지로 갔다가 육지로 돌아온 것이고, 의정義淨의 〈남해기귀전〉은 바다로 갔다가 바다로 돌아온 것인 데 비해, 혜초의 〈왕오천축국전〉은 바다로 갔다가 육지로 돌아온 기행문이다.

장안으로 돌아온 혜초는 733년 1월 금강지 삼장으로부터 법을 받았으며, 740년 금강지가 장안 천복사薦福寺에서 〈대승유가천비천발만수실리경大乘瑜伽千臂千鉢曼殊室利經〉을 번역할 때 필수筆受가 되었다. 그 뒤 774년 불공不空 삼장에게서도 법을 받아 불공의 6대 제자의 한 사람으로 이름을 떨쳤으며, 780년 오대산 건원보리사乾元菩提寺에서 〈대승유가대교왕경大乘瑜伽大敎王經〉에 서문을 썼다.

그 밖의 행적은 알 수 없으나 혜초는 신라로 돌아오지 못하고 오대산 건원보리사에서 불경 번역에 전념하다가 그곳에서 입적했다고 한다. 〈대승유가대교왕경〉의 서문을 쓸 때 이미 혜초는 77세라는 고령이었으므로, 비록 그의 입적연대가 밝혀지진 않았으나 아마 오래지 않아 보리사에서 최후를 맞았음이 틀림없을 것이다.

혜초는 723년 중국에 갔다가 곧 인도로 떠나 캘커타 · 쿠시나가라 · 베나레스 등 중천축과 데칸 고원 · 봄베이 일대, 잘란다라 등의 남 · 서 · 북천축이며, 카슈미르 · 네팔 · 투르키스탄 · 간다라 · 토하리스탄 · 타슈겐트 · 파미르 고원 · 쿠차 · 타클라마칸 사막 · 호탄 등을 경유하여 카라샤르에 도착하는 10여 년간 황량한 사막과 열대의 더위와 고원의 추위, 풍토병 등의 온갖 악조건과 싸우며 10여 만리 길을 여행하면서 인도와 동남아시아, 중앙아시아 여러 나라의 정치 · 사회 · 자연환경 · 풍습 · 문화 · 역사 등을 자세히 살펴보고 기록했다.

그가 남긴 여행기 〈왕오천축국전〉은 8세기 초 인도 및 중앙아시아에 대한 사실적 르포 문학의 보고이며, 지금까지 지구에 남아있는 가장 오래된 지리와 여행기록으로서 그 가치는 매우 훌륭한 것이다.

혜초 외에도 인도로 구법여행을 떠난 승려가 적지 않았지만(〈혜동고승전〉에는 여행한 승려들 이야기가 다수 게재되어 있다), 혜초와 같은 값진 기행문을 남긴 승려는 없었다.

신라의 선 전래
: 도의, 신라 하대에 선 도입 (821년경)

신라는 삼국을 통일한 이후 제35대 경덕왕景德王(742~764)대에 이르기까지 극히 성세를 이루며 발전했으나 그 이후는 차츰 침체되어갔다.

신라불교가 봉건 지배계급에 밀착하여 사치와 타락의 길로 접어든 것과 때를 같이하여, 신라사회는 골품제의 모순이 한계에 이르러 귀족 내부의 권력다툼으로 왕권이 약화되고 진골 귀족세력이 몰락하는 한편 지방의 호족세력이 득세하게 된다.

중앙의 귀족세력은 혜공왕惠恭王(765~779) 이래 150여 년간 20여 명의 왕을 바꿀 정도로 권력다툼에 힘을 탕진한 나머지 지방 호족 세력을 통제할 수 없게 되었다. 지방 호족의 성장과 함께 그들의 지원 아래 새로운 불교 종파인 선종禪宗이 성장해갔다.

선종은 교리와 권위를 중시해온 귀족 불교에 반대하여, 문자에 의지하지 않고 각자가 스스로 깨달을 것을 주장하였다. 따라서 그것은 골품제의 해체와 지방세력의 정치 · 경제적 자립을 꾀하는 호족세력의 환영을 받았다. 그리하여 선종은 수도에서 멀리 떨어진 각 지방을 근거지로 호족세력의 후원을 받아 급속히 성장했다.

〈경주 삼릉계곡 마애석가여래좌상〉, © 한국민족문화대백과사전. 경주 남쪽에 있는 남산은 신라 때 신령스러운 산으로 존중되어 수많은 마애불 · 석불이 제작되었다.

선종도 중국으로부터 처음 들어왔을 때에는 많은 반발을 겪어 제대로 발전하지 못했다. 이미 7세기에 법랑法朗이 중국 선종 제4조 도신道信의 법을 전했으나 제대로 펴지 못하고 은둔했었다. 또 821년(헌덕왕 13년) 도의道義가 중국 마조 도일馬祖道一의 제자 서당지장西堂智藏으로부터 받은 법을 전하였으나 교종세력으로부터 '악마의 말'이니 '허황된 소리'니 하는 비난을 받고 설악산에 은둔했다.

그런데 법랑은 그 귀국연대가 미상이므로 법랑 다음으로 선禪을 도입한 도의선사로서 한국 선의 시작으로 삼으며, 선의 도입연대도 821년으로 보는 것이 학계의 통설이다. 도의와 동시대인으로 역시 서당지장의 법을 받은 이에 홍척洪陟선사가 있으나, 도의가 먼저 귀국했으므로 도의로써 한국 선의 비롯을 삼는 것이다.

교종 세력의 반발에 의한 일시적 장애에도 불구하고 선종은 지방 호족세력의 이해관계에 부합되어 그 후원을 받으며 발전해갔다.

한국 선종의 초기 성립사에서 빼놓을 수 없는 인물로 당시 당나라에서 한창 번성하던 북종선北宗禪을 신라에 처음 수입한 신행神行(704~779)이 있다. 신행은 국내에서 법랑에게 선禪을 배운 후 당으로 건너가 북종선을 편 신수神秀(?~706)의 수제자인 보적普寂의 문인 지공志空에게 가서 수행하고 법을 얻었다. 신행은 귀국하여 지리산에서 교화하다가 779년(혜공왕 15)에 76세로 단속사斷俗寺에서 입적했다.

이렇게 신행에 의해 전래된 북종선은 그 뒤 준범遵範 · 혜은惠隱을 거쳐 도헌道憲에 이르렀다. 그러나 새로이 들어오기 시작한 혜능慧能 계열의 남돈선南頓禪에 의하여 북종선은 이내 그 자취를 감추고 말았다. 오직 육조 혜능의 남돈선만이 크게 발전하여 신라의 선문을 형성하기에 이르렀다.

신라 하대에 중국으로부터 도입된 한국 선종 중 본격적인 남종선은 도의에서 시작되는데, 이미 앞에서 서술했듯이 당시의 불교계는 화엄 · 법상 등 교학불교가 주류를 이루고 있었기 때문에 그의 선은 받아들여지지 않았다. 그 때문에 도의는 설악산 진전사陳田寺에 은거하면서 법을 염거廉居에게 부촉했다. 염거는 체징體澄에게 법을 전했는데 도의-염거-체징의 일파를 가지산파迦智山派라 하고 고려시대에 이르러 선문구산禪門九山 중 하나가 되었다.

도의와 함께 서당 지장에게 사사한 선승으로서 홍척이 있다. 그는 귀국 후 흥덕왕과 선강태자에 선을 가르치며 지리산 실상사實相寺를 개창하여 실상산파를 형성했다. 입당구법은 도의보다 늦지만 귀국 후 가람을 창건하고 산문을 형성한 것은 실상산파가 최초였다.

실천을 중시하는 선종의 혁신적인 기운은 타락한 귀족불교와 관념화된 교종을 자극하여 많은 교종 계통의 승려가 선종으로 개종하거나 선종의 주장을 일부 받아들여 개혁을 꾀하였다. 그 일례로, 해인사를 창건한 순응順應은 화엄종의 신림神琳에게 배워 의상 계통의 화엄학을 계승했지만 중국유학 후 선을 일부 수용하여 교 · 선 일치적 입장에 섰다.

또한 당시 신흥 선문 가운데 가장 번성한 성주산파聖住山派를 개창한 무염無染(800~888)도 본래 화엄종 부석사 출신으로 당나라에 유학, 화엄학을 공부하다가 선종으로 개종하여 마조 문하 마곡보철麻谷寶徹의 법을 받아 귀국했다. 그는 교종은 근기에 따른 방편문이고 선은 '바로 전하는 문'으로 문무백관과 제왕의 관계로 비유하며 철저히 선종 우위론을 주장했다.

이러한 선종 우위론은 그에 앞선 도의 · 홍척은 물론이고, 동리산파의 혜철惠哲, 사굴산파의 범일梵日, 사자산파의 도윤道允, 봉림산파의 현욱玄昱 등 중국 남종선 마조 계통의 선을 받아들인 대다수 선문이 견지한 입장이었다.

신라말 고려초에 형성된 선문구산 중 주목할 만한 산문으로 문경지방의 희양산에 봉암사鳳巖寺를 연 지증 도헌智證道憲의 희양산파는 중국선을 도입하지 않은 토착화된 선법禪法을 자주적으로 발전시켰다. 이에 대해서는 장을 달리하여 살펴보겠지만, 그 외 구산선문에 속하지 않으면서 실천적 선사상으로 주목을 끄는 신흥 선종파로서 순지順之의 오관산파가 있다.

순지는 858년, 당나라에 유학하여 위앙종僞仰宗의 앙산에게 법을 받아 귀국한 후 개성 오관산 서운사瑞雲寺에 산문을 개창했다. 그는 깨달음만으로 성불成佛에 이르는 게 아니라, 깨달음과 실천과 교화 등 세 번의 성불을 통해 진정한 성불이 완성된다고 역설했다. 신라말의 선사상은 신라사회의 모순을 변혁하고자 하는 개혁세력을 사상적으로 뒷받침했다.

DIGEST
26
BUDDHISM

자주적으로 발전시킨 희양산문
: 토착화된 한국의 선문 지증대사 도헌 (824~882년)

9세기에 신라의 봉건 지배체제가 흔들리고 지방의 호족세력이 사회모순을 극복하는 주체로 떠오르는 데에 선종은 그 이념적 기반이 되었다. 그런데 도의의 가지산파, 홍척의 실상산파, 혜철의 동리산파 등 구산선문과 순지의 오관산파 등 주요 선종 산문들이 대개 중국선을 도입하여 개산開山한 것에 비하여 토착화된 선을 정착 · 발전시킨 선파禪派가 문경의 희양산파曦陽山派이다.

이 희양산문의 개산조사開山祖師인 지증대사智證大師 도헌道憲(824~882)의 사상적 계보와 생애는 최치원이 쓴 〈봉암사지증대사탑비명〉에 의해 알려져 있다.

도헌은 경주 사람으로 성은 김씨며 자字는 지선智詵이다. 선문구산의 개산조들이 대개 잉태와 탄생에 기이한 이적을 나타내고 있는데, 도헌 역시 어머니의 태몽에 의하면 과거칠불의 하나인 비바시불毘婆尸佛의 후신으로 임신 4백 일 만에 관불회灌佛會의 아침(석존의 탄신일)에 탄생했다고 한다. 도헌은 아홉 살에 아버지를 여의고 곧 출가하여 부석사에서 머리를 깎았다. 그리고 17살에 부석사 경의율사瓊儀律師로부터 비구계를 받고 삼장(경 · 율 · 논)을 통

〈문경 봉암사 금색전〉, © 한국민족문화대백과사전. 경북 문경의 봉암사는 희양산파의 본산이다. 희양산파는 선종산문들이 대개 중국선을 도입, 개산한 데 반해 토착화된 선을 정착·발전시킨 선파다.

달한 후 입당구법하지 않고 4조도신四祖道信으로부터 법을 받은 법랑法郞의 계열인 혜은慧隱선사에게서 현리玄理(선의 이치)를 깨달았다. 즉 그는 다른 선사들과는 달리 당나라 유학을 하지 않은 채, 도신-법랑-준범-혜은-도헌으로 이어진 토착화된 선법을 자주적으로 발전시켰다.

그는 젊어서 일찍이 명주옷이나 솜옷을 입지 않고 검소한 고행생활을 했으며, 후진들이 다투어 따르며 배움을 청하자 겸손하게 사양했다. 그러나 산길에서 만난 어떤 나무꾼이 "먼저 깨달은 사람이 뒤에 깨달은 사람을 깨우치는 데 어찌 허깨비 같은 몸뚱이를 아끼느냐?"고 힐문함을 계기로 반성하고, 배우려는 사람을 막지 않았다. 도헌은 경문왕(861~874)이 사신을 보내 청하였으나 정중하게 거절했다.

도헌이 41세 때(864) 신라 왕실의 단의장옹주端儀藏翁主가 귀의하여 현계산賢溪山 안락사安樂寺로 초빙함으로 그곳에 머물렀고, 옹주는 논밭과 노비를 기증하기도 하는 등 지극하게 공경했다.

879년(헌강왕 5년)에 지방 호족인 심충沈忠이 희양산의 봉암鳳岩·용곡龍谷을 회사받아 봉암사를 창건했다. 도헌은 그곳에서 도적이 된 산골 유망민들을 교화했다. 산에 살던 농민으로서 호족의 착취로 인해 먹고 살 길이 없어 도적이 된 사람들이 처음에는 그에게까지 항거했으나 마침내 감화되었다고 한다. 이 사실은 희양산파 선문이 유망민들을 포용하여 건립되었음을 보여주며, 어느 정도 민중적인 지향을 보였음을 반영한다.

도헌은 희양산에 '기와로 인 처마가 사방으로 이어지도록' 사찰을 지었고, 철불鐵佛 2구를 주조하여 절을 호위토록 하였다. 헌강왕은 사신을 보내 절의 경계를 정하게 하고 절 이름은 '봉암사鳳岩寺'라고 명명하였다. 그는 헌강왕의 간곡한 청으로 궁궐에 가서 '마음(心)'에 대한 대화를 나누고 왕이 흔연히 계합契合하여 도헌을 망언사忘言師로 삼았다. 망언사란 말(言)을 잊고 마음의 요체를 묵전默傳한 스승을 가리키는데, 도헌에 대한 헌강왕의 존경이 어떠하였는지 짐작할 수 있다.

헌강왕이 도헌을 초빙한 뒤 궁궐에 머무르기를 청하자, 도헌은 "새를 새의 본성에 따라 기르신다면 시혜施惠됨이 헤아릴 수 없을 것입니다"고 하면서 단호하게 사절했다.

도헌은 길이 멀거나 가깝거나 험하거나 평탄하거나 한번도 말이나 소를 괴롭히지 않았으며, 임금(헌강왕)이 하사한 종려나무로 만든 가마도 평소에 사용하지 않다가 병으로 안락사安樂寺에 옮긴 후 석장錫杖을 짚고도 일어날 수 없게 되었을 때 비로소 사용했다.

그의 이러한 양심적이고 진보적인 태도에 공명해서였던지 신라 말의 진보적 지식인 최치원은 그를 높이 평가했다. 또한 유달리 그의 탑비문에 삼국불교의 역사와 법랑 · 도의 · 홍척 등 유수한 선사들의 선종 수용사를 실음으로써 신라 불교사에서의 도헌의 중요한 위치를 강조했다. 최치원은 다른 선사의 예와 달리 도헌의 일생 발자취를 '여섯 가지 이적과 여섯 가지 옳은 일'로 구분하여 엮음으로써 그 모범적인 삶을 극찬했다.

DIGEST
27
BUDDHISM

'참회와 깨달음으로 여는 정토'
: 진표의 미륵신앙 부흥 (760년대)

〈미륵하생경〉에 근거한 미륵신앙은 본래 아미타불 정토신앙에 비해 타력신앙他力信仰이 지양되고 민중의 주체적 역할이 중시되는 신앙이다.

삼국시대의 미륵신앙은 왕실과 귀족층의 주도 아래 전개되었다. 그러나 신라 중대 전제왕권이 골품제의 계급적 모순으로 뒤흔들리고 역사적 변동기를 맞아 백제가 멸망한 지 100여 년이 지난 옛 백제 땅에 미륵신앙운동이 새롭게 일어났다.

옛날 백제의 땅이었던 완산주 벽골(김제 만경) 출신 승려 진표眞表가 바로 그 미륵신앙을 부흥시킨 주인공이다. 그의 성은 정井씨며 진내말眞乃末의 아들로 세속에 있을 때 활을 잘 쏘았다. 진표가 스님이 된 것에는 다음과 같은 일화가 있다. 11살이던 어느 날 사냥하던 길에 논뚝에 쉬면서 개구리를 잡아 버들가지에 꿰어 물에 담가두고 산에 가서 사냥을 하다가 다른 길로 집으로 돌아갔다. 이듬해 봄 또 사냥을 하다가 개구리 우는 소리를 듣고 문득 지난해의 일이 생각나서 가보니, 개구리들이 꿰미에 꿰인 채 울고 있었다. 그는 크게 놀라 뉘우치고는 바로 출가했다.

12세에 김제 금산사 순제順濟법사에게 가서 가르침을 청했는데, 순제법사는 진표에게 사미계법을 주고 또한 〈사미계법전교공양차제비법沙彌戒法傳敎供養次第秘法〉 1권과 〈점찰선악업보경占察善惡業報經〉 2권을 주면서 "이 계법을 가지고 미륵보살 · 지장보살 앞에서 참회하고 간절히 구하여 계를 받아서 세상에 유포하라"했다. 진표는 이를 받고 명산으로 다니다가 760년(27세)부터 762년까지 전북 부안 부사의암父思議庵에서 피나는 참회 고행 끝에 지장보살로부터 직접 계율을 받는 신앙적 체험을 한다.

그러나 〈삼국유사〉의 말대로 "그의 뜻은 본래 미륵에게 있었기에" 거기서 그치지 않고 더욱 용맹전진하여 마침내 미륵보살을 뵙고 〈점찰경〉 2권과 간자簡子(점찰경에 따라 수행하는 데 필요한 나뭇조각)를 받는 신앙체험을 한다.

금강산 발연사鉢淵寺의 비석에 새겨졌다는 글에 따르면, 이때 미륵은 진표에게, "너는 현세의 육신을 버리고 대국왕의 몸을 받게 될 것이며 그 뒤에는 도솔천에 태어나게 될 것이다"라는 예언을 해주었다고 한다.

이러한 전승은 청년 진표의 열렬한 미륵신앙을 보여줄 뿐 아니라, 모순된 신라사회에 대한 숨은 비판과 새 나라에 대한 꿈을 반영하고 있다.

이와 같은 진표의 미륵신앙과 염원은 옛 백제땅 민중들의 열렬한 지지를 받았다. 〈송고승전〉「진표전」에 의하면, "이때 남녀 인민들이 그가 지나는 길에 머리를 풀어 진창길을 덮고 옷을 벗어 길에 깔며 자리를 펴 밟고 지나가게 하니… 진표는 인민들의 뜻에 따라 하나하나 정성스레 밟고 갔다"고 한다. 미륵하생경에 묘사된 미륵불의 출현을 연상케 한다. 진표에 의한 미륵불교의 부흥을, 억압받던 옛 백제 땅 민중들은 진표의 출현을 '미륵불의 하생'으로 받아들인 것이 아닌가 여겨진다.

진표는 이러한 민중들의 지지와 지원에 힘입어 자기의 출신 사찰인 김제 금산사를 중창하고, 곧이어 764년에는 미륵불상을 조성했다. 그 후 금강산에 들어가 발연수鉢淵藪(발연사와 같음)를 창건하여 점찰법회를 열고, 7년 동안을 지냈다. 부사의암에 돌아가다가 고향의 아버지를 뵙고 진문대덕방眞門大德房에 있었다. 경덕왕(742~764)의 부름을 받아 궁중에서 보살계를 베풀고 조 7만 7천 석, 비단 5백 단, 황금 50냥을 시주받아 이것을 여러 사찰에 고루 나누어주어 불교를 융성하게 하였다.

통도사의 미륵탱화. 미륵은 석가모니의 제자중 한 사람으로, 석가 입멸 후 56억 7천만 년 후에 나타나 중생을 제도한다는 보살이다.

〈삼국유사〉에는 진표가 금산사에서 나와 속리산으로 가는 길에 소가 끄는 수레를 타고 가던 농민의 귀의를 받던 이야기며, 강원도 명주(강릉)지방에서 흉년으로 굶주림에 허덕이는 농어민들을 구제한 이야기들이 실려 있다. 동해변 농어민들을 위해 점찰법회를 열었는데, 그들이 계법을 받들어 생활을 새롭게 하자 문득 바닷가에 무수한 물고기들이 저절로 죽어 나와, 사람들이 굶어 죽는 것을 면하게 되었다는 이야기나, 만년에 늙으신 아버지를 극진히 모시고 함께 수도하며 살았다는 이야기는 진표의 민중적 성격을 웅변해 주는 감동적인 이야기다.

진표는 귀족불교가 도사리고 있던 신라의 중심지가 아니라 김제 · 변산을 비롯한 백제 옛땅과, 속리산 · 명주 동해변 · 금강산 등 고구려 옛땅 등 소외된 지방에서 실제로 '집단적인' 신앙운동을 일으켰다. 그것은 곧 새 세상 용화세계를 지향하는 미륵신앙운동이나 민중 스스로의 윤리적 결단과 실천을 요구하는 대중집회인 '점찰법회'였다.

점찰법회는 지장보살이 말세의 고통받는 중생을 위한 교화법으로 가르쳤다는 〈점찰경〉에 따라 각자가 윷놀이처럼 '목륜상木輪相'이라는 나무막대기를 던져 선악업을 점친 후 악업을 철저히 참회하여 없애고 선행을 '스스로' 실천하게 하는 법회다. 점찰법은 비록 '점'이라는 미신적인 방법을 빌기는 했으나, 대중이 즐기는 '놀이'와 '점'을 방편으로 이용하여 대중으로 하여금 10선의 주체적 실천을 통해 낡은 삶을 버리고 새로운 삶을 지향하게 하는 일정한 진보성을 가진 수행법이었다.

진표를 둘러싼 수많은 기적 이야기 전승은 예수 또는 석가모니불의 그것을 연상케 함과 아울러 진표불교의 민중성을 잘 말해주고 있다. 그의 가르침과 교화가 두루 미쳐, 동해변의 물고기와 자라들이 몸을 맞대어 다리를 놓고 맞아들임에 진표가 들어가 불법을 강의했다는 이적에는 그에 대한 민중들의 열렬한 지지가 반영되어 있다.

그의 제자로는 미륵의 간자를 물려받은 영심永深을 비롯하여, 보종寶宗·신방信芳·체진體珍·진해珍海·신선申善·석충釋忠 등이 모두 산문의 개조가 되었고, 그 계통은 고려 때에 이르러 법상종法相宗으로 추앙되고 포용되었다.

DIGEST

28

BUDDHISM

통일국가를 꿈꾼 미륵혁명가
: 궁예의 좌절된 미륵세상 건설 (901~918년)

신라의 정치가 부패 · 타락하면서 후백제(892~936)와 태봉泰封(901~918)의 두 나라가 새로이 일어났으므로 이때를 후삼국시대라 한다. 이때 승려 출신으로서 '미륵불왕'을 자처하며 일어난 태봉의 궁예는 억압받는 민중을 널리 규합하며 미륵불교로 그 이념적 기반을 삼았다.

궁예는 신라왕(헌안왕 또는 경문왕)의 버림받은 서자라는 설이 있지만, 사실 그는 혁명적인 미륵신앙을 가진 이름없는 일개 승려로 보인다. 신라 왕자 출신이라면 굳이 고구려의 회복을 내세우며 새 나라를 개국했을까 의심스럽기 때문이다. 더욱이 그는 신라의 낡은 제도를 모방하지 않고 전혀 독창적인 제도와 관직을 설치했다.

궁예弓裔(?~918)는 본래 세달사世達寺 승려 선종善宗이었다. 〈삼국사기〉의 「궁예전」에 의하면, 궁예는 "계율에 얽매이지 않았으며 당차고 대담했다'고 한다. 세달사는 8세기 중엽 의상 계통의 신림神琳이 머물렀던 화엄종 사찰로 영월에 있었다. 따라서 궁예도 의상 계통의 화엄학을 배웠겠지만, 마침내 왕실권력과 밀착하여 타락해버린 화엄종의 껍질을 깨고 새 세상을 꿈꾸는 미륵신앙으로 돌아섰을 것이다.

지배계급의 관점에선 〈삼국사기〉열전은 궁예가 자신을 버린 신라왕실에 대한 증오심으로 반란에 참가했고 나라를 세웠다고 시종일관 왜곡하고 있지만, 억압받는 민중의 구제사상인 미륵불교를 신봉한 그로서는 신라귀족들에게 억압받고 착취당하는 농민들의 891년, 죽주의 기훤箕萱이 이끄는 농민 봉기군에 참여했다. 그러나 기훤의 오만한 태도에 실망하고 이듬해에 북원北原(원주)의 양길梁吉에게로 옮겨갔다. 894년 명주溟州(강릉)를 함락한 후 독립하여 장군으로 추대되었다. 895년경 그는 마침내 새 나라를 세우고 내외 관직을 설치했다. 이 시기에 송악(개성)의 왕건도 그의 휘하에 들어와 철원 태수가 되었다.

궁예는 송악에 도읍을 정하고 경기도 일대에 진출했다. 898년에 그는 국가적인 불교행사인 팔관회를 열었다. 궁예는 충청도 일대를 쳐서 점령하고 901년에는 드디어 고구려의 회복을 기치로 내세우며 왕이 되었다. 그는 이렇게 말했다.

> "지난날 신라는 당나라에 군사를 청하여 고구려를 파멸시켰다. 그래서 옛 도읍지 평양은 온통 황폐해져 잡초만 우거져 있다. 나는 반드시 그 원수를 갚을 것이다"
>
> 〈삼국사기〉열전 궁예전

그의 이러한 주장을 〈삼국사기〉의 저자 김부식은 "태어날 적 신라왕실로부터 버림받은 원한에서 나온 소리"라고 왜곡시켰다. 그러나 그것은 신라 중심 사관과 사대주의 사관의 입장에서 김부식이 악의적으로 왜곡시킨 것으로 보인다. 외세의 힘을 빌어 동족 국가를 짓밟은 신라의 죄악을 비난하고, 자주성 높던 고구려를 되살려 일으키려는 궁예의 정당하고 포부 큰 명분은 그것대로 정당하게 평가받아야 마땅할 것이다. 더욱이 이러한 명분은 고구려 옛 땅을 아우른 그의 첫 투쟁과 일치된다.

904년, 그는 나라 이름은 '마진摩震'이라 하고 자주적이며 승무적인 연호 '무태武泰'를 썼다.

'마진'이란 '위대한 동국'이라는 뜻으로 그의 높은 자주성을 보여주는 국호

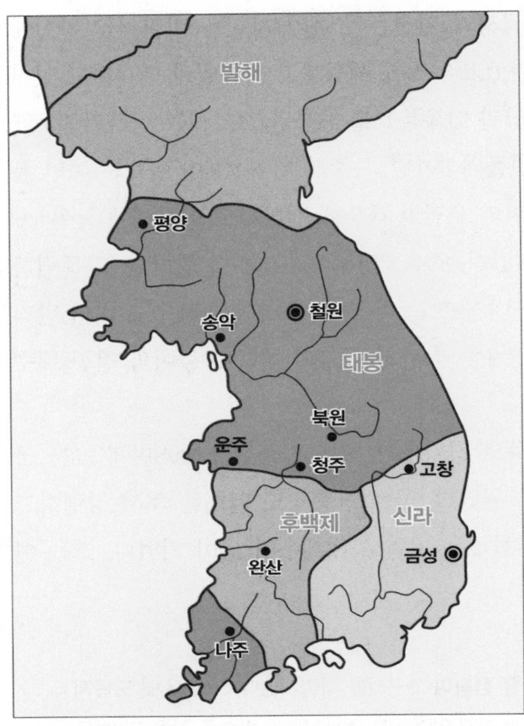

후삼국 시대 태봉의 영토. 고구려 옛땅을 아우르고 있다. 그러나 궁예는 혁명의 초심에서 벗어남으로써 그의 미륵세상도 좌절되고 말았다.

다. 이어 평양성주가 투항해왔고, 붉은 옷 누런 옷차림 농민군이 합세해왔다. 이는 궁예의 강성함과 그의 높은 자주성과 민중지향성이 고구려 옛 유민과 농민들의 지지를 받았음을 입증하고 있다.

911년, 그는 나라이름은 '큰나라'라는 뜻의 '태봉泰封'으로 고치고 전라도 금성(나주)을 침으로써 통일국가의 포부를 펼치기 시작했다. 이때 그는 미륵불을 자칭하며 미륵보살처럼 금관을 쓰고 가사를 입었다. 그리고 맏아들을 청광淸光 보살, 막내아들을 신광神光보살이라 하였으며, 밖에 나갈 때는 항상 백마를 타고서 소년소녀들을 앞장세우고 2백여 승려들이 범패梵唄를 부르고 염불하여 뒤따르게 했다. 또 스스로 불경 20여 권을 지어 때때로 강의했다.

드디어 본격적으로 '미륵하생'을 기치로 내걸고 스스로 미륵불을 자임하여 새 세상 용화세계의 건설에 나선 것이다. 그가 지어 퍼뜨린 불경은 아마도 혁명적인 미륵사상에 바탕을 두고 새 세상의 전망을 펼친 경전이었을 것이다. 그는 낡은 사회를 때려 엎는 혁명전쟁에 그치지 않고 혁명적인 사상을 민중에게 가르치려 한 듯하다.

그의 이러한 혁명적인 사상은 보수적인 승려들로부터 반발을 받았다. 그의 경전에 대하여 "모두 사악하고 괴이한 이야기이므로 가르칠 수 없다"고 거부한 석총이란 승려는 궁예의 노여움을 사 처형되기도 했다. 또 가지산파의 선사 형미逈微도 처형되었다.

처음에는 겸손함과 용감성, 그리고 공평무사함으로 인해 민중의 열렬한 지지와 신망을 받았던 그도 이윽고 교만과 탐욕과 의심에 빠지기 시작했다. 그는 미륵불교를 멋대로 날조하여 새로운 전제지배를 합리화함으로써 민중을 배신하기에 이르렀다. 의심이 많고 성을 잘 내어 왕비 · 관료 · 장군 · 승려로부터 평민에 이르기까지 조금이라도 비위에 거슬리면 마구 살해했다. 그는 더 이상 민중의 지도자도 새 세상의 미륵불도 될 수 없었다. 사치와 폭정을 일삼는 또 하나의 폭군으로 변질하고 만 것이다.

918년, 그는 자신의 수상 왕건 일파가 일으킨 정변으로 쫓겨나 도망치다가 강원도 평강 땅에서 백성들에게 붙잡혀 죽고 말았다.

DIGEST

29

BUDDHISM

민중을 배신한 지도자
: 견훤의 불교신앙과 후백제 건국 (892~935년경)

9세기 초, 신라가 어지럽고 각 지역에서 농민반란이 일어나 흔히 말하는 후삼국시대가 되었을 때 가장 먼저 후백제 왕을 자칭한 사람은 견훤甄萱(재위 892~935)이었다.

견훤은 농민 출신으로 신라 군대에 들어가 서남해를 지키는 비장裨將이 된 사람이었다. 부모가 농사짓는 사이 호랑이가 와서 젖을 먹인 아이라는 전설, 혹은 광주 또는 문경 가은의 처녀가 지렁이와 사통하여 낳은 사생아라는 전설을 가진 그는 우람한 몸집에 비범한 뜻과 용기를 지녀 병사들의 신망을 얻었다. 그는 신라 지배층의 썩은 정치에 반기를 들고 892년 봉기하였다. 그의 나이 25살 때였다. 불과 한달 만에 5천 명을 규합할 정도로 이 지방 민중의 열렬한 호응을 받은 그는 무진주(광주)를 근거지로 삼은 다음, 스스로 '신라 서면도통지휘 병마제치 지절도독 · 전무공등주 · 군사행전주자사 겸 어사중승상주국 한남군개국공'이라는 긴 이름의 직책을 자칭했다.

전무 · 무진주 · 공주 등 신라 서부지방의 군사권과 행정권을 장악하겠다는 의도를 표시한 것이다.

그로부터 8년 뒤인 900년, 견훤은 완산주를 점령하고, "서울을 완산(전주)

복원 수리 전 〈익산 미륵사지 석탑〉(위), © 한국민족문화대백과사전, 복원 수리 후 〈익산 미륵사지 석탑〉(아래), © 문화재청. 전북 익산국 금마면에 위치한 우리나라 최고, 최대의 석탑으로 견훤의 백제회복의 비원이 서려있다. 높이 14.24m, 국보 제 11호.

에 정하여 의자왕의 원수를 갚겠다"고 하면서 후백제왕을 자칭했다. 후백제의 세력권은 전라남북도와 충청남도에 이르렀다.

견훤은 본래 경상도 상주(문경) 출신이었지만 외가가 광주였고 서남해안 지방에서 줄곧 군복무를 하였기 대문에 백제땅과 그 역사에 대한 애착이 유달리 강했던 것 같다. 그는 옛날 백제 의자왕의 치욕을 씻겠다며 927년, 신라 서울로 쳐들어가 신라왕(경애왕)에게 자결을 강요했다. 그러나 견훤은 한풀이를 하는 데 그쳤을 뿐, 신라를 통합하는 데는 실패하였다. 이 때문에 고려의 왕건이 신라 왕실을 받드는 척하며, 신라를 대신해 '포악한 반란군' 견훤을 친다는 명분으로 민심을 얻고 기선을 잡게 된다.

이미 종이호랑이나 다름없이 되어버린 신라와는 달리, 후백제는 왕건의 유일한 강적으로 30여 년 동안이나 왕건의 군대를 괴롭혔기 때문에 고려 쪽의 정사인 〈삼국사기〉에는 견훤이 궁예와 마찬가지로 극악무도하고 포악한 인물로 그려져 있다. 무도하게 날뛰다가 나중에는 업보처럼 자기 아들에 왕위를 찬탈당하고 금산사에 갇히게 되자 도망쳐 왕건에게 몸을 맡기며 "엎드려 바라건대 대왕께서 신병神兵을 내어 저 난적(아들 신검)을 섬멸해주신다면 신은 죽어도 유감이 없겠나이다" 하고 간청하는 허약하고 비굴한 인간으로 묘사하고 있다.

그러나 문경 천마산天馬山에 얽힌 아기장수 이야기나, 궁기리宮基里의 용마 이야기 등의 민간설화에서는 견훤을 의로운 영웅으로 그렸다.

922년 여름, 견훤이 익산 미륵사의 탑을 복구하고 고창 선운사에서 승려 지도자들을 뽑는 선불장選佛場을 개설했을 때, 옛 백제땅 민중의 지지는 절정에 이르렀을 것이다. 미륵사와 선운사는 백제의 융성했던 미륵불교의 양대 상징으로서 그 당시에는 오래도록 황폐해져 있었을 터인데, 견훤은 바로 그것을 복구함으로써 '백제회복'의 의지를 보여주려 한 것이다.

견훤도 불교를 신앙했다고 학자들은 추정하는데 그 이유는 이러하다. 그는 아들인 왕자의 이름으로 수미강須彌康 · 금강金剛 등의 불교식 이름을 붙였고, 나중에 맏아들 신검의 정변 때, 그가 금산사에 유폐된 사실도 그의 불교신앙과 무관하지 않을 것이다. 견훤이 금산사를 자신의 원찰願刹로 삼고 그곳에 자주 왕래하는 틈을 타, 신검을 옹위하는 세력이 정변을 일으켰다고 보는 학자도 있는데, 미륵사탑을 복구한 사실 등으로 미루어보더라도 일리가 있는 설이다.

그리고 당시의 고승 관혜觀惠는 그가 존경하는 승려로서 '복전福田' 구실을 했던 것에서도 견훤이 불교를 신앙했음을 알 수 있다.

견훤은 미륵사탑의 복구 등의 미륵신앙으로 옛 백제땅의 민중들을 끌어모으는 한편, 역시 옛 백제땅인 곡성 동리산문의 경포慶浦선사를 국사로 받들어 선종 세력 및 그와 결탁한 지방 호족세력을 포섭하고자 했다. 그러나 경포에 대한 접근은 별로 성과를 거두지 못한 것 같다. 그보다는 당시 최대의 불교세력인 화엄종의 지도자 중 한 사람인 해인사 관혜觀惠의 지지를 얻는 데 성공했다. 관혜는 지리산 화엄사 연기緣起조사 계통인 남악南岳 화엄종의 지도자였다.

그는 부석사 의상義相조사 계통의 북악北岳 화엄종 지도자 희랑希朗과 대립했다.

희랑의 계승자인 균여均如에 따르면, 그들은 "원願이 달랐다"는 것이다. 원이 달랐기에 희랑은 왕건을 지지하고 관혜는 견훤을 지지했다.

어쨌든 견훤은 초기에 민중으로부터 이렇듯 열렬한 지지를 받아 가장 강성했음에도 불구하고, 무분별하고 경솔한 모험주의르 민중을 사지로 몰아넣고 마침내 왕건에게 투항함으로써 '백제회복'의 기치를 스스로 꺾어버리고 말았다.

그 후 그는 왕위를 찬탈한 신검에 대한 개인적인 증오심에 사로잡혀 왕건의 후백제 침략에 적극 협력함으로써 후백제 민중을 결정적으로 배신했다. 후백제 멸망 후 신검에 대한 왕건의 사면조치에 화병이 난 그는 며칠 만에 황산의 어떤 절에서 초라한 죽음을 맞이했다.

DIGEST

30

BUDDHISM

풍수지리설의 시조
: 변혁기의 도참사상과 도선 (827~898년)

신라말의 사회적 혼란과 변혁의 시기에 평화와 안정을 희구하는 민중들의 요구를 반영한 대표적인 사상이 미륵사상과 도참사상이다. 도참사상은 세상 운수와 인간사의 미래에 대한 예언사상으로서 음양오행설 및 풍수지리설, 천인天人 감응설 등이 혼합된 사상이다.

중국에서 일찍이 전국시대에 주周나라 태사 담儋이 진秦나라 헌공獻公에게 중국통일의 패업을 달성할 제왕의 출현을 예고한 것이 그 기원이라는 도참사상은 우리나라에선 9세기에 이르러 선종의 한 선구자 도선道詵에 의해 비로소 지리학적 지식과 결합하여 체계화된다. 도선은 비보사탑설裨補寺塔說을 주장했다. 사람이 병들었을 때 혈맥을 찾아 침 놓고 뜸을 떠서 고치는 것처럼 지리적 조건이 쇠약하고 불순한 곳에 절이나 탑을 세워 인위적으로 결함을 보충할 수 있다는 사상이었다. 이것은 나중에 왕건에 의해 국가정책으로 받아들여질 정도로 그 시대에 큰 영향을 끼쳤다.

우리나라 풍수지리설의 시조로 일컬어지는 도선의 호는 연기烟起, 자는 옥룡자玉龍子이며 성은 김씨로 전남 영암군 구림촌 사람이다. 841년(문성왕 3) 15세에 출가하여 월유산 화엄사에서 경을 공부하고, 동리산파의 곡성 태안사의 혜철慧徹 문하에 들어가 크게 깨닫고, 850년 천도사穿道寺에서 구족계를 받았다. 지리산에서 수도하던 30대에 그는 풍수지리학을 접하여 연구에 열중했다. 어떤 사람이 나타나 “이것 또한 대보살이 세상을 구제하고 인간을 제도하는 법”이라며 풍수지리설을 전수한 것이다. 남해변의 모래밭에서 모래로 산천의 순역順逆 형세를 공부한 뒤 생애의 후반 30여 년간을 주로 광양 옥룡사에서 지내면서 수백 명의 제자를 가르치고 풍수지리를 연구했던 것 같다.

〈영암 도갑사 도선국사 진영〉, © 한국민족문화대백과사전

875년경에는 송악에 ‘천명을 받을 사람’이 있을 줄 알고 왕래하여, 그 지방 호족 왕륭과 친교를 맺었다. 그는 왕륭에게 집을 고쳐 지으면 왕이 될 인재를 낳을 것이라 하여 집을 고쳐 짓게 했다. 곧이어 태어난 왕건을 위해 그는 한 권의 책을 지어 봉한 뒤, 왕건이 자라면 주라고 전했다. 그 책이 바로 문제의 〈도선비기〉일 것이다. 왕건이 자라서 그 책을 펼쳐 보고 천명이 자기에게 있음을 깨닫고 혁명을 일으켰다고 하니, 왕씨 집안과 왕건 혁명에 대한 도선의 영향력을 짐작할 만하다. 비문을 지은 최유청崔惟淸은 이에 대해 “태조께서 어찌 일찍이 천하를 얻겠다는 마음을 처음부터 두었겠는가?…성대를 창업하여 조용한 가운데 정해진 운수를 받은 것은 그 원인이 모두 우리 대사로부터 비롯된 것이다”라고 단언했을 정도이다.

“끝나기 전에 끝날 줄 알았고, 오기 전에 올 줄을 알았다”는 비문의 글처럼 도선은 신라말의 사회적 혼란기에 몰락해가는 낡은 체제의 운명과 새로운 사회의 도래, 그리고 후삼국의 통일을 예견한 예언자였다. 뿐만 아니라 그는 당시 민중의 혁명적 이해관계와 요구를 반영하여 풍수지리 도참사상을 발전시킨 변혁기의 사상가였다. 그가 체계화시켜 전한 음양술은 비문의 말대로 후세의 풍수지리학자들에 의해 계승되었을 뿐 아니라, 뒷날 '지기地氣쇠약'과 '천도'를 명분으로 내건 묘청이나 신돈의 혁명 · 개혁과 공민왕의 개혁에 얼마간 영향을 끼쳤으며, 심지어 고려 · 조선의 민중운동에 혁명의 비결로서 사상적 기반이 되었을 뿐만 아니라, 오늘날까지도 국민의 일상생활에 많은 영향력을 미치고 있다.

도선은 898년(효공왕 2) 3월 10일 나이 72세, 법랍 57년으로 옥룡사에서 입적했다. 왕이 요공국사了空國師라 시호하고 탑호를 징성혜등澄聖慧燈이라 했다. 그는 신라에서보다 오히려 고려시대에 들어와 더욱 추앙되어 고려 헌종은 대선사, 숙종은 왕사, 인종은 선각국사先覺國師를 각각 추증하고 의종은 비를 세웠다. 도갑사道岬寺에 있는 비는 조선초 문장가 이경석李景奭이 지은 것이고, 옥룡사에 있는 비는 고려 문신 최유청이 지은 것이다. 도선의 저술로 〈도선비기〉 등이 있다고 하나 대개는 후인들의 위작이라 한다.

도선의 풍수도참설을 이용한 것이 고려를 건국한 태조였다. 군사적 · 전략적인 군지를 확보하고 연락을 취하기 위해서도 지리설은 필요했던 것으로서 왕건은 이를 적극 이용했던 것이다.

DIGEST

31

BUDDHISM

남북국시대의 발해불교
: 발해불교와 그 성격 (699~926년)

발해사에 대한 역사적 자료도 그러하지만 발해불교에 대한 자료도 거의 인멸되어 찾아보기 힘들다. 발해사가 한국사의 일부라고 주장해왔음에도 불구하고 한국 불교사에서 발해불교를 거론한 것은 최근의 일이다.

고구려 유민들이 당나라 침략자들을 물리치고 699년에 세운 발해는 고구려의 문화와 불교를 계승하여 발전시켰다.

발해불교는 건국 초기부터 흥성했음을 알 수 있다. 이는 713년 12월에 발해 왕자가 당나라에 가서 절에서 예불하기를 청하였다는 기록과 발해 옛터의 절터 발굴에서 그러한 사정을 엿볼 수 있다. 713년은 당나라가 최흔崔忻을 사신으로 보내 대조영에게 벼슬을 줌으로써 발해와 당 사이에 공식적인 외교관계가 맺어진 해로서, 대조영은 그 보답으로 왕자를 당나라에 사신으로 보냈던 것이다. 따라서 이러한 사실은 건국 초기에 이미 발해왕실에 불교가 받아들여져 있었음을 반영한다.

지금까지의 발해유적 조사자료에 의하면 발해 서울이었던 상경上京(흑룡강성 영안현 동경성)과 그 외 동경東京(길림성 혼춘시 팔련성), 중경中京(길림성 화룡현 서고성), 남경南京(함경남도 북청군 청해토성) 부근에서 불교 유적이 다수 발견되

〈소조보살상〉(왼쪽), © 국립중앙박물관, 〈흙으로 구워 만든 발해불상〉(오른쪽), © 해외문화홍보원. 발해의 고승 무명이 중국 화엄종 제4조 징관을 가르쳤을 만큼 발해불교는 높은 사상적 수준에 이르렀다.

는 반면에, 첫 도읍지였던 돈화敦化 부근에서는 한 곳밖에 발견되지 않는 것으로 보아 건국 초기에는 지배층 안에서도 불교의 유포 범위가 좁았던 것으로 짐작된다.

발해불교가 발전기를 맞이하는 것은 3대 문왕文王에 이르러서다. 그것은 몇 가지 점에서 확인된다. 먼저 문왕대에 축조된 상경성 · 중경성 · 동경성 지역에 절터가 집중되어 있는 점을 들 수 있다. 그리고 더 중요한 것은 불교식으로 지은 그의 존호다. 생전에 사용하던 호칭이었던 존호는 '대흥보력효감금륜성법대왕大興寶曆孝感金輪聖法大王'으로서, 이것은 그의 딸들인 정혜貞惠공주와 정효貞孝공주 묘비를 통하여 확인되었다. 여기서 '대흥'과 '보력'은 모두 당시에 사용되던 연호이고, '효감'은 효행과 관련된 유교적인 용어이며, 금륜과 성법은 불교적인 용어이다. 특히 '금륜'과 '성법'은 당시 당나라 측천무후의 존호에 나타나는 '금륜' '성신聖神'에 비견되는 것으로 대흠무大欽茂가 측천무후를 본받아 불교를 진흥시켰다는 것을 짐작할 수 있다. 또 '금륜'은 금륜왕金輪王의 약어로서 불교의 전륜성왕轉輪聖王 설화에서 유래한 것이 분명하다. 이를 통하여 보건대 문왕은 그 자신이 무력이 아닌 불법佛法으로써 이 세상을 통치하는 이상적인 왕을 희구하였음을 확인할 수 있다.

발해의 승려로서는 석인정釋仁貞 · 석정소釋貞素 · 살다라薩多羅 · 재웅載雄이 있다. 이들은 모두 800년대 이후에 활동한 승려들이다. 그러나 이들에 대해서는 일부 행적이 알려져 있을 뿐이다. 석인정(?~815)과 석정소(774~828)는 일본과 관계가 깊은 인물들로서 당시 발해와 일본과의 교류에 커다란 역할을 했다. 특히 석정소는 당나라에서 일본 승려 영선靈仙과 교유하게 되었고, 영선은 그와 일본 왕과의 사이에 두 번이나 왕래하면서 심부름을 하다가 결국은 중국에서 귀국길에 풍랑을 만나 사망했다. 그가 영선을 애도하여 지은 시가 〈입당구법순례행기〉에 전해지고 있다. 살다라는 당나라 장안에 가서 머물렀는데, 새와 짐승의 말에 능통하였다고 한다. 재웅은 발해가 멸망한 뒤인 927년 3월 60여 명과 함께 고려로 망명한 인물이다.

그리고 〈송고승전〉에 의하면, 발해의 이름난 불교학자로서는 승원 · 지범 · 법정 · 도정 · 무명 · 도유 등이 있었고, 그들에 의해 불교의 수론數論사상, 성실론成實論사상, 율종律宗사상, 선종禪宗사상, 중관中觀사상 등이 주로 연구되었다. 그 가운데서도 특히 무명無名(722~793)은 율종사상에도 밝았지만, 중국 선종 6조의 제자 하택신회荷澤神會에게 입문하여 선에도 정통하게 되어 중국 선종의 발전에 중요한 역할을 하였다. 뿐만 아니라 그는 천태종에도 밝았으며 중국 화엄종 제4조 청량 징관淸凉澄觀을 가르친 스승이었고, 신라말의 진보적 지식인 최치원의 주목을 받기도 했다. 이것은 당시 발해불교가 높은 사상적 수준에 이르렀음을 보여준다.

발해 절터로서 현재까지 발견된 것은 모두 40개 가까이 된다. 돈화(구국) 지역에서 1개, 상경부근에서 10여 개, 중경 부근에서 13개, 동경 부근에서 9개가 확인되었고, 대성자大城子 성안에서도 불교유물들이 발견되어 절이 있었을 것으로 추정된다. 또 러시아 연해주에서 5개, 북한의 함경도 지역에서도 2개의 절터가 확인되었다. 건축양식은 대체로 8각형 정자식이거나 정사각형 또는 직사각형 무전식廡殿式이었다. 특히 최근 함경북도 명천군 개심사 절터에서 발견된 글쪽지를 통해, 이 절이 발해 선왕宣王 9년(826)에 세워진 것으로 확인되기도 했다.

탑으로는 정효공주 무덤탑 · 마적달탑馬適達塔 · 영광탑靈光塔 3개가 알려져 있다. 이들은 모두 벽돌탑으로 당나라 양식을 하고 있으며, 이중 영광탑만이 거의 그대로 남아 있다. 그런데 이들은 사리탑이 아니라 무덤탑의 성격을 띠고 있는 것이 특징이다. 유물로서 가장 대표적인 것이 불상이다. 현재까지 발견된 것은 모두 1천 개 가까이 된다고 한다.

발해가 멸망한 직후인 927년, 승려 재웅載雄 등 60명이 고려에 망명했다는 사실이나, "발해국이 망한 지 이미 200여 년이 지났는데도 유민 중에 승려가 되는 자가 많은즉, 불교를 숭상한 그 풍속을 알 만하다"고 한 〈고려사〉의 기록에서도 발해불교의 융성했던 자취를 엿볼 수 있다. 발해 멸망 후, 발해불교는 고려에 집단망명한 지배층과 더불어 고려로 넘어와 고려불교에 통합되었다.

DIGEST

32

BUDDHISM

'우리나라 대업은 부처님의 가호'
: 고려 태조 왕건의 숭불정책 (943년)

신라말의 어지러운 정치 속에 탄생한 후삼국을 통합한 것은 왕건이었다. 고려 태조 왕건王建(877~943)은 고려의 건국이 부처님 가호력으로 이루어진 것이라 하여 불교를 보호하고 많은 사탑을 건립했다. 그는 신라 및 태봉의 호국불교 행사인 팔관회 · 연등회를 답습하였고, 교종 · 선종을 막론하고 수많은 고승들을 극진하게 대접했다.

왕건은 즉위 원년(918) 겨울에 팔관회를 설치하여 연례행사로 삼았다. 태조 2년(919)에는 자기의 아버지와 교분이 두터웠던 도선道詵의 '송악 명당설'에 따라 자기 고향이기도 한 송악(개성)에 도읍을 정하고 궁궐과 함께 성내에 법왕사 · 자운사 · 왕륜사 · 내제석원 · 사나사舍那寺 · 천선원天禪院 · 신흥사 · 문수사 · 원통사 · 지장사 등의 10개 사찰을 세웠으며, 또 절과 탑상塔像의 낡고 헐어진 것을 고치게 했다.

아직 신라도 통합하지 못한 채 후백제와 팽팽히 겨루고 있던 921년(태조 4), 태조는 지방 선종의 지도자인 수미산파 이엄利嚴을 왕사로 모심으로써 그의 협력을 받아내는 데 성공한다. 뿐만 아니라 당시 화엄종의 양대 지도자 중 한 사람인 희랑希朗의 협력도 얻어냄으로써 지난날 신라 봉건지배체제의 이념적 지주였던 교종 세력까지도 포섭했다.

또한 위에서 말한 이엄(870~936, 수미산파)을 비롯하여, 경유慶猷(871~921), 형미逈微(864~917, 가지산파), 여엄麗嚴(862~930, 성주산파) 등 이른바 '사무외사四無畏士'는 왕건과 밀착된 선종의 지도자였다. 태조는 그 밖에도 경보慶甫(도선의 제자, 옥룡사 승려), 긍양兢讓(희양산파, 문경 봉암사 승려), 담제曇諦(유가종), 현휘玄暉(성주산파, 태조의 국사가 됨), 찬유璨幽(봉림산파, 태조의 자문역), 충담忠湛(율종 계통, 태조의 왕사) 등 선 · 교의 고승들과 광학廣學 · 대연大緣 등 신인종神印宗의 고승들까지 포섭하여 중용했다. 그리고 당나라 유학을 마치고 대장경을 가지고 돌아오는 신라 승려 홍경洪慶을 친히 맞이하여 자기 진영에 포섭하기도 했다.

또 후삼국 통합 직후(936)에는 전승지인 후백제 지역 논산 천호산에 개태사를 창건하고 손수 호국적인 발원문을 지어 화엄법회를 열었는데, 이곳에 미륵삼존 석불이 있는 것으로 보아 미륵신앙이 흥성하던 후백제 지역의 민심을 수습하고자 하는 의도도 엿보인다.

태조는 특히 선종의 일파인 동리산파 고승으로 풍수지리에 밝고 자신의 출생과 후삼국 통합을 예언했다는 도선을 추종하여, 〈훈요십조訓要十條〉에 그의 가르침을 명기했다.

943년, 태조가 세상을 떠나기 전에 친히 지어 후세의 왕들이 치국의 이상으로 삼을 만한 일종의 경세집經世集이 〈훈요십조〉이다. 여기에는 불교에 관해서 직접 언급하고 있는 항목은 다음의 세 가지다.

첫째, 〈훈요십조〉의 제1조에 "우리나라 대업은 반드시 부처님의 가호에 힘입은 것이므로, 선 · 교 사찰을 세우고 주지를 보내 분향 · 수도하게 할지어다"하며 불교숭봉을 표방하면서도 동시에 "후세에 간신이 정권을 잡아 승려의 청탁을 따르게 되면 각 종파가 서로 사찰을 뺏는 다툼을 벌일 것이니, 이를 엄금할지어다"라고 하여 불교에 대한 국가적 통제의 입장을 분명히 하였다.

아울러 제6조의 연등회 · 팔관회 시행에 관한 훈계에도 그러한 왕실 주최의 행사에 의해 불교를 왕권의 통제 아래 두고 제도화하려는 정책이 반영되어 있다. 연등회 · 팔관회는 지난 시기에도 왕실의 안녕과 전쟁의 승리를 기원하는 등 신라 봉건 지배계급의 이익을 위해 연례행사로 치러진 왕실 주최의 호국불교행사였는데, 고려왕조에 의해 고스란히 계승된 것이다.

태조의 불교 통제정책은 훈요 제2조에 더욱 노골적으로 드러난다. "내가 점쳐서 정한 외에 함부로 절을 더 지으면 지덕地德을 손상하여 왕업이 오래가지 못하리라"고 했다는 도선의 말을 내세우면서 태조는 "짐이 생각하기에 후세의 국왕 · 제후 · 왕비 · 신하들이 저마다 원당願堂(복비는 불당)이라는 명목으로 절을 지어 늘릴까 큰 걱정이다. 신라말에 사탑을 다투어 짓다가 지덕이 쇠하여 끝내 망하게 되었으니 어찌 경계하지 않겠는가"하고 강력하게 주의를 환기시켰다. 다시 말해, 왕조가 오래 가지 못하고 망하는 까닭으로서 '함부로 절을 지어 지덕을 손상하는 것'을 들면서 불교에 대한 왕권의 중앙통제 방침을 표방한 것이다.

고려 태조 왕건은 일개 지방 호족세력으로서 지방 불교세력에 크게 힘입어 패권을 잡았으면서도, 이제 후삼국 통합 후 고려왕조의 정치적 안정을 위한 중앙집권화의 일환으로 불교세력의 중앙통제 정책을 시행한 것이다.

왕건은 후세의 왕들을 경계하기 위해 불교통제 정책이 담긴 〈훈요십조〉를 남겼으나 그는 철저한 호불호법護佛護法의 군왕이었다. 앞에서 살펴보았듯이 왕건의 치세에서 그의 불교적 경향이 여실히 드러나고 태조의 이와 같은 신불호교信佛護教 정신은 그 뒤의 역대왕들에게도 이어졌다.

DIGEST

33

BUDDHISM

광종의 승과제도 실시
: 고려초의 왕권강화와 불교정책 (958년)

고려는 건국초 태조 왕건이 불교를 신봉하고 많은 절을 짓는 등 신불호교함으로써 이러한 경향은 고려 역대의 모든 왕들에게로 이어졌다. 그리하여 태조로부터 최후의 왕인 공양왕에 이르기까지 불교를 믿지 않은 왕이 없었고, 법회 · 설재設齋 · 반승飯僧(승려에게 공양하는 행사) 등 불사를 행하지 않은 왕은 하나도 없었다.

불교는 이처럼 왕권과 긴밀한 관계를 유지하면서 '국교'적 지위로 발전해 갔는데, 마침내 제4대 광종光宗(950~975) 때 승과제도를 시행하여 승려지도자를 국가에서 선발함으로써 국가제도로 정착되기에 이르렀다.

고려초의 불교정책을 살펴보기 위해서는 광종에 이르기까지 왕들의 봉불奉佛 행적을 추적해볼 필요가 있다. 태조 왕건은 앞에서 다루었으므로 여기서는 제2대 혜종부터 제4대 광종까지의 고려초 불교정책을 살펴보자.

제2대 혜종(944~945)은 재위 2년 만에 죽었으므로 별다른 행적을 남기지 않았다. 제3대 정종(946~949) 역시 재위는 4년에 지나지 않았지만, 성품이 불교를 좋아하여 즉위 원년에 불사리를 개국사開國寺에 안치하고 곡식 7만 석을 여러 큰 사찰에 헌납했다. 또한 불명경佛名經室과 광학당廣學堂을 두고 불

狀修送貢院雖限內姓名未錄許令赴試諸
業舉人亦依此例 獻宗定製述明經諸業
監試隔一年試選 肅宗七年閏六月式目
都監奏三禮三傳業出身者不別錄用漸致
衰微今後爲先量敍後生業此者國子監勸
勵 睿宗五年二月除論試以詩賦策 九
月判製述明經諸業新舉者屬國子監三年
仕滿三百日者各業監試許赴西京則留守
官選上鄉貢則東南京八牧三都護等界首
官依前式試選中省 十一年十一月判諸
業舉人十一月始明經爲先選取進士則明
年二月晝夜平均時選取諸生行卷家狀及
試官差定諸事都省及樞密院國子監敬稟
施行諸業初舉及一度停舉者依式問歇連
次赴舉者只考家狀痕瑕赴試遭父母喪者
屬部坊里典及本鄉其人事審官處問覈二
十七朔已滿則考其家狀痕瑕赴舉凡姓名
記錄進士則限十二月二十日家狀行卷終

〈고려사〉. © 서울대 규장각. 〈고려사〉 중 과거실시에 관한 부분이다. 고려는 958년 과거제도를 처음 실시하면서 승과도 함께 개설, 최초로 승과가 시행됐다.

법 배우기를 게을리하지 않았다.

광종은 즉위 첫해에 찬유璨幽를 국사로 삼았고, 그 이듬해에는 성남城南(서울 강남)에 대봉은사大奉恩寺를 창건하여 태조의 원당願堂으로 삼고, 동쪽 교외에 불일사佛日寺를 창건하여 선비先妃 유씨劉氏의 원당으로 삼았다. 또한 이해에 광종은 문경 봉암사의 중흥조重興祖 긍양兢讓을 왕사로 삼았다. 왕은 긍양을 개성 사나선원에 초빙하여 '증공대사證空大師'의 호를 하사했던 것이다.

954년(광종 5)에는 선비先妣의 명복을 빌기 위하여 숭선사崇善寺를 창건하였다. 왕이 이처럼 여러 사찰을 창건하는 한편에서는 서경의 중흥사重興寺 9층탑(광종 2)과 유명한 경주 황룡사 9층탑(광종 4)이 벼락으로 소각되기도 했다.

968년(광종 19)에는 홍화弘化 · 유암遊巖 · 삼귀三歸 등 많은 사찰을 건립했는데, 이는 참소만을 믿고 많은 사람들을 죽인 죄를 소멸하기 위해 재회齋會 등을 개최할 필요가 있었기 때문이라 한다. 사찰에서는 불경을 독송케 하고 도살을 금했다. 홍화사 등의 세 사찰을 건립하던 해에 혜거惠居를 국사로, 탄문坦文을 왕사에 임명했는데 974년에 혜거가 입적하자 탄문을 국사로 삼았다.

광종의 봉불행적 중 가장 획기적인 것은 과거제도의 시행과 동시에 승과를 개설한 것이다. 과거제도가 958년(광종 9), 한림학사 쌍기雙冀의 진언에 따라 처음 실시되었는데, 이때 승과도 함께 개설됨으로써 우리 역사상 최초의 승과가 시행된 것이다.

부석사의 원융圓融국사 결응決凝은 28세(성종 10년, 991)에 선불장選佛場으로 나아가 선경選經대덕이 된 점에서 이미 국가적인 제도로서 승과가 실시되고 있었음을 알 수 있다.

승과에는 '종선宗選'과 '대선大選'이 있다. 종선은 총림(각 종의 본사)에서 실시하는 선발이며, 대선은 국가에서 선발했다. 종선에서 선발된 자만이 대선을 응시할 수가 있었다. 대선은 선종대선禪宗大選과 교종대선으로 분류되어 전자는 주로 광명사에서, 후자는 왕륜사에서 실시했다. 선종대선은 〈경덕전등록景德傳燈錄〉과 〈선문염송〉이, 교종대선에서는 〈화엄경〉과 〈십지론十地論〉이 시험출제의 내용이었다. 승과는 3년에 한 번씩 시행되었다.

선종의 법계에는 대선大選 · 대덕大德 · 대사大師 · 중대사重大師 · 삼중대사三重大師 · 선사禪師 · 대선사大禪師가 있고, 교종의 법계는 대선 · 대덕 · 대사 · 중대사 · 삼중대사 · 수좌首座 · 승통僧統이 있었다. 또 선종에서의 선사 · 대선사, 교종에서의 수좌 · 승통 등의 최고법계에 오른 승려들 가운데서 왕사나 국사가 선발되었다.

왕사와 국사는 왕의 정치 · 학문 · 수양에 있어서 최고 고문의 지위였다. 고려시대에는 왕실이나 귀족의 자제들이 출가해서 왕사나 국사가 되는 예가 많았다. 문종(1047~1082)의 제4왕자인 대각국사 의천義天이 대표적이다. 고려의 승과제도는 그대로 조선으로 답습되었다.

'부처·중생이 모두 내 몸'
: 화엄교학의 고봉, 균여 (923~973년)

고려초 화엄학의 대맥을 이은 균여均如라는 스님이 있었다. 우리는 흔히 신라 향가 11수의 저자로 기억하고 있지만, 그는 한국 화엄학의 주요한 계승자였다.

화엄종은, 특히 한국의 화엄학은 자장으로부터 비롯되었다고 보지만, 그에게는 저술이 남아 있지 않아 본격적인 화엄종의 성립은 의상이 그 효시이다. 의상의 화엄학은 신라 말엽에 이르러 크게 둘로 나뉜다. 가야산 해인사를 중심으로 한 관혜觀惠는 후백제 견훤의 지지를 받았고, 고려 태조의 지지를 받았던 희랑希朗이 양대 산맥을 이루었다. 남악南岳 화엄사 관혜의 문하를 '남악파'라고 하고, 북악 부석사 희랑의 계통을 '북악파'라 한다.

이 양파의 학설은 서로 용납되지 않아 논쟁이 있었고, 그 대립은 날로 심각해져 그 당시 '물과 불'의 관계를 이룰 지경이었다.

균여는 출신별로 보면 북악계통이다. 그러나 균여는 몸소 각지의 사찰을 편력하면서 남 · 북악의 이론적 통합을 꾀하는 데 앞장섰고, 마침내 신라 화엄종을 크게 계승 · 발전시켜 고려 화엄종을 일구어냈다.

균여(923~973)는 고려 태조 2년(923) 황해도 황주에서 태어났다. 속성은 변씨邊氏, 이름이 균여이며 '원통수좌圓通首座'라 불렀다. 어머니가 60세 때 임신을 하여 얻은 아들이라고 한다. 그러나 기대가 컸던 만큼 실망도 컸다. 왜냐하면 용모가 하도 추악해서 도저히 키울 엄두가 나지 않았기 때문이다. 부모는 아이를 길바닥에다 내다버렸다. 그런데 어디서인지 큰 새가 날아들어 두 날개로 아이를 감쌌다고 한다. 이를 보고 놀란 부모가 다시 아이를 데려다 키웠다. 균여의 이 외모에 대한 열등의식은 일생을 관통한다. 언젠가 중국의 사신들이 균여의 인품을 흠모하여 꼭 한번 보고자 하였으나, 끝내 균여는 모습을 드러내지 않았다는 일화도 있다.

15세 때 부흥사復興寺의 식현識賢화상에게 출가하였고, 곧이어 영통사靈通寺 의순義順에게서 공부했다. 그의 화엄학 조예는 바로 이때 다듬어진 것이라고 볼 수 있다. 또 그는 큰 이적을 많이 일으킨 인물로 전해진다.

비를 그치게 한다든지, 병을 고치는 등의 숱한 영험담이 있다. 고려 광종은 특히 균여를 깊이 신뢰하여 늘 스님으로부터 법을 배웠다고 한다.

광종이 처음 실시한 승과에서도 균여의 불교해석 방식을 정통으로 삼아, 그러한 기준 아래 승려를 선발했다는 것을 보더라도 그가 당대 최고의 화엄종 지도자였음이 확실하다.

균여는 특히 의상의 유명한 저술 〈화엄일승법계도〉를 알기 쉽게 풀이하여, 모든 사물이 상호의존하며 상호연관되어 있다는 변증법적 화엄사상을 재천명했다. 의상의 법계도는 7언 30구 210자에 불과하지만, 그 담겨 있는 의미는 무궁무진하다. 흔히 법성게라고 불리며, 우리나라의 모든 승려들이 암송하고 있는 이 〈화엄일승법계도〉의 도인圖印은 해인삼매海印三昧의 표현이며, 우리들 심상心相의 구상화이기도 하다.

의상의 이 짤막한 30구의 게송은 60권 화엄경이 담고 있는 그 무한의 우주관과 법신진여法身眞如를 가장 간명하게 표출한 명저인데, 균여의 〈원통기圓通記〉는 이 의상의 법성게에 대한 해설서라고 볼 수 있다. 그는 이 30구를 일일이 주석하고 그 뜻을 널리 폈다. 따라서 법계도뿐 아니라 화엄학 연구에 있어서 필수불가결한 자료로 평가되고 있다. 균여는 10부 65권에 달하는 방대한 저술을 남겼지만 현존하는 것은 단 5부 18권뿐이다.

균여의 저술을 구체적으로 열거하면, 〈석화엄교분기원통초釋華嚴敎分記圓通鈔〉〈석화엄지귀장원통초釋華嚴旨歸章圓通抄〉〈화엄삼보장원통기華嚴三寶章圓通記〉〈십구장원통기十句章圓通記〉〈일승법계도원통기一乘法界圖圓通記〉 등이 있다. 앞의 두 저서는 당唐 법장의 찬술인 〈화엄오교장華嚴五敎章〉의 교재에 관한 전승이 서술되어 있다.

종래의 〈화엄오교장〉의 교재는 일본에 전래한 화본和本과 조송趙宋의 주석가들이 이용한 송본宋本의 두 종류가 있었는데, 신라 · 고려에 전승되었던 별본이 있었음이 알려져 이 교재 및 법장의 원본을 고찰 · 연구하는 데 넓은 시야가 확립되었다. 〈일승법계도원통기〉는 위에서 설명한 의상의 법성게를 해설한 것이다.

균여는 위와 같은 이론서만이 아니라 방대한 화엄사상의 핵심을 대중이 이해하기 쉽게 11수의 우리말 노래로 지었다. 이른바 〈보현십원가普賢十願歌〉라 불리는 유명한 향가가 바로 그것이다.

어리석음과 깨달음이 한몸이라는
연기緣起의 이치를 살펴보니
부처 중생 모든 것이
내 몸 아닌 사람 있으랴
[부처] 닦으시던 것 내 닦으리라
[공덕] 얻는 이는 남이 없거늘
어느 사람의 좋은 일인들
아니 기뻐하리까
아! 이렇게 하면
질투의 마음 일어날까
제5. 〈수희공덕가〉

당시 이 노래들은 일반민중들 사이에도 애송되었고, 방방곡곡 마을의 담장에까지 씌어질 정도로 널리 퍼졌다. 마치 신라 때 원효가 화엄사상을 노래

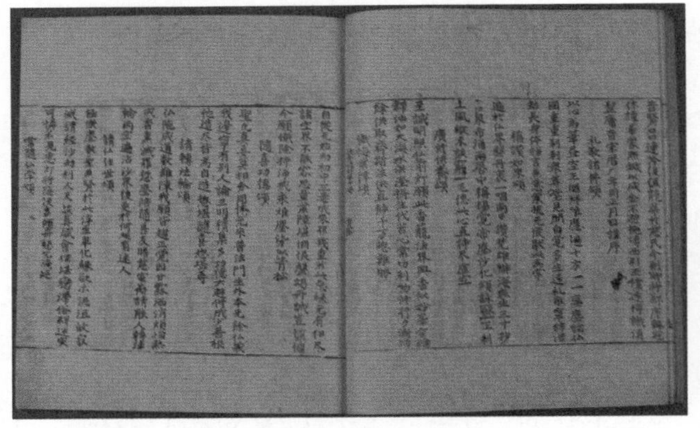

〈균여전〉, © 한국민족문화대백과사전. 고려 문종 29년에 혁련정이 지었다. 균여의 전기와 향가 11수가 실려 있다. 균여는 의상에 이어 고려 화엄학의 고봉이었다.

로 지어 민중 속에 퍼뜨렸듯이 균여의 향가에 의한 불교대중화 운동은 특기할 만한 사실이 아닐 수 없다. 더구나 한문을 숭상하던 문화사대주의가 위세를 떨치던 상황에서 아름답고도 간결한 우리말로 심오한 사상을 시적으로 표현한 데서도 그의 높은 자주의식과 진보성을 찾아볼 수 있다.

균여는 만년에 광종이 창건하여 머물게 한 개경 귀법사歸法寺에서 강론과 저술에 몰두하다가 세수 51세 법랍 36년으로 그 삶을 마감했다.

DIGEST

35

BUDDHISM

한국 천태종의 개조, 의천

: 의천, 고려 천태종 개창과 불교통합 노력 (1055~1101년)

11세기 고려불교는 여러 종파가 서로 대립하며 제각기 발전하고 있었다. 화엄종은 많은 왕사 · 국사를 배출했는데, 광종 때 왕사인 탄문坦文(900~975), 정종 때 왕사인 결응決凝(964~1053), 의천의 스승이며 문종 때 왕사인 난원爛圓(999~1066), 난원의 제자이며 예종 때 왕사인 낙진樂眞(1048~1116) 등이 있었다.

현종(1010~1031)이 세운 현화사는 법상종(일명 유가종)의 본산으로 이 종파 역시 많은 국사 · 왕사를 배출했는데, 현종 때 왕사 법경法鏡, 문종 때 왕사 정현晶賢(972~1054), 문종 때 왕사 해린海麟(984~1067), 숙종 때 왕사 소현韶顯(1038~1096, 해린의 제자) 등이 있다.

선종은 9산선문과 법안종이 왕권에 접근하여 서서히 발전하고 있었다. 이처럼 교종과 선종의 각 파가 대립하며 분열되어 있는 상황에서 왕권은 각 종파불교의 융화와 통일적 지배이념이 필요하게 되었는데, 왕권의 그러한 요구에 부응할 수 있는 최적격자가 문종의 넷째 왕자로서 승려가 된 의천義天이었다.

의천의 아버지인 고려 제11대 왕 문종(1047~1082)은 영민한 군주였을 뿐만

〈순천 선암사 대각국사 의천 진영〉, © 한국민족문화대백과사전. 천태종을 처음 연 의천은 〈속장경〉 주조와 천태종 개창이라는 위대한 업적을 남긴 고려 초기의 명승이다.

아니라, 흥왕사를 세우고 불교의 법회를 융성하게 일으킨 숭불의 군주였다. 그리고 문종만이 아니라 의천의 생모인 인예仁睿태후도 또한 국청사를 창건한 불교신자였다. 이와 같은 불교 분위기 속에서 11세 때 부왕이 "너희들 중에서 누가 승려가 되어 복리를 일으킬 것인가"라고 말한즉, 의천이 홀로 일어나 "신은 출세에 뜻이 있지만 다만 상감마마의 명에 따르겠습니다"라고 대답했다. 그리하여 의천은 영통사에서 난원爛圓을 스승으로 득도하여 영통사의 한 사미가 되었다.

의천은 불교뿐만 아니라 유교경전과 역사책 및 중국고전을 탐독하여 13세에는 '우세승통祐世僧統'의 호를 하사받았다. 소년시절에는 유학과 불교를 배웠지만, 16, 17세부터는 불교학에만 전력하여 19세에 이르러 불교논문의 수집을 발원했다.

의천은 스스로 화엄교학을 연구했지만 의문점을 해결하기 위하여 스승을 중국에서 얻을 결심을 하고 항주에 살고 있는 정원淨源(1011~1088)에게 종종 편지를 내어 의심을 질문했다. 정원은 그의 의문에 대하여 정중하게 답서를 우송함과 함께 의천에게 새로 나온 책들을 보냈다. 이때의 친서들은 〈대각국사문집〉에 수록되어 있다. 1085년 5월, 의천은 부왕의 만류로 실천할 수 없었던 중국 유학을 결행하고자 시자만을 대동하고 송나라로 잠행했다. 이때 그의 나이 31세였다.

송의 국도 변경汴京으로 간 의천은 송의 철종과 회견하고 융숭한 대접을 받았다. 그는 화엄의 유성有誠, 운문종雲門宗의 종본宗本, 항주의 정원淨源에게 사사했다. 특히 정원은 송나라 화엄의 중흥조로 칭송받는 석학이었다. 의천은 정원에게 화엄을 배우고, 또 고려에게 천태를, 원소元炤에게 율을 배웠다.

그는 천태산으로 가서 지자智者의 부도 앞에서 "귀국하면 목숨이 다하도록 천태종을 널리 펴겠다"는 발원문으로 뜻을 세우고 귀국했다.

고려 왕(선종)은 그를 성대하게 환영하여 왕실불교의 본산인 흥왕사의 주지로 임명했다. 의천은 이곳에 교장도감을 두고 송나라에서 가져온 경론을 비롯하여 요(거란)와 일본, 그리고 국내에서 고금의 각 종파 경론과 불교저술을 수집하여 최초의 불교도서목록인 〈신편제종교장총록新編諸宗教藏總錄〉을 만들었다. 불경목록집으로서는 가장 완벽하다는 평을 듣고 있는 이 책에는 없어진 불경목록까지가 망라되어 있는 희유의 자료집이다. 의천은 이렇게 엮은 1010부 4740권의 대장경을 목판에 새겼다. 이것이 유명한 〈속장경〉이다.

불교에 관한 의천의 공헌은 지대한 것이었지만 그의 업적으로서 특별한 것은 화폐의 제조였다. 숙종에게 화폐 사용에 대한 그 유리한 점을 진언해 드디어 해동통보를 발행했다.

1089년(선종 6) 국모 태후의 발원으로 개성 송산松山 서남 기슭에 천태종의 근본 도량으로서 국청사國清寺가 창건되었다. 이는 중국의 절강성浙江省 천태산 국청사를 원류로 한 창건이었다. 이로써 중국의 천태종이 고려에 이식되었다. 의천은 43세에 이르러 국청사에서 천태의 교관을 강의했다. 고려에서는 오직 체관諦觀이 〈천태사교의〉를 저술하는 등 천태학에 능통했을 뿐, 체관이 죽은 뒤에는 천태학이 어떤 것인지 아는 자가 없을 때 의천의 강의는 사람들의 마음을 크게 환기시켰다.

천태종이 우리나라에서 성립된 것은 이처럼 대각국사 의천이 1097년(숙종 2)에 국청사의 제1세 주지가 되어 천태교관을 개강한 뒤부터인 것이다. 의천의 친형인 숙종 4년(1099)에는 제1회 천태종의 승선僧選을 행하고 그 2년 뒤에는 국가에서 천태종 대선大選을 행했다. 이로써 천태종은 한국에서 공인된 종파가 된 것이다.

의천이 국청사에서 천태교학을 강설할 때 배우려고 몰려든 자가 1천여 명이나 되었는데, 9산선문의 선승들과 화엄종 승려들도 천태교관을 들으려고 많이 왔다. 이처럼 천태종은 갑자기 성하게 되어 국청사 외에도 전국에 6대 본산이 있어 종풍을 크게 떨쳤다. 비록 의천 이전에 천태교학이 이미 들어와 있긴 했으나, 한 종으로서 천태종이 성립된 것은 의천의 업적이 있은 다음에 비로소 가능했던 것이다. 그러므로 대각국사 의천을 '해동천태의 개조'라고 지칭하는 것이다.

의천은 고려 숙종 6년(1101) 10월 5일, 47세로 50도 안되는 짤막한 삶을 마감했다. 그러나 그는 〈속장경〉 주조와 천태종의 개창이라는 위대한 업적을 남긴 고려 초기의 명승이었다.

DIGEST

36

BUDDHISM

조선역사상 1천 년래 제1대사건 : 묘청의 서경천도 운동 (1135년)

우리나라에 있어서 사대주의가 본격적으로 대두한 것은 언제인가? 이 문제에 대해 단재丹齋 신채호申采浩는 묘청妙淸의 서경천도 운동이 김부식金富軾에 의해 실패한 것에서 그 해답을 구하고 있다. 단재 신채호는 일제시대 독립운동가이자 민족주의 사학의 선구자로 알려져 있는 분인데, 그는 묘청의 서경천도 운동을 '조선역사상 1천 년래 제1대사건'이라면서 그 자신의 저술 〈한국사연구초〉에서 특별히 강조해 서술하고 있다.

신채호는 "우리나라의 종교 · 학술 · 정치 · 풍속 등 각 방면에 사대주의의 노예가 된 원인이 바로 묘청의 서경천도 운동이 실패한 데 있다"고 하면서, 이 사건이 바로 고대 이래 전통적으로 내려오던 "진취적이고 독립적인 자주사상이 사대적 유교사상으로 바뀌는 전환점"이라고 했다.

그에 의하면, 이 사건은 "화랑과 불교 대 유가儒家, 국풍파國風派 대 한학파漢學派, 독립당 대 사대당, 진취사상 대 보수사상의 싸움"이며 전자의 대표는 묘청, 후자의 대표는 김부식이다.

묘청(?~1135)은 일명 정심淨心이라고도 하며 서경西京(지금의 평양) 출신의 승려로서 동향의 친구인 백수한白壽翰의 천거로 1127년(인종 5) 왕의 고문이 되었다. 묘청은 왕의 서경 행차를 주청하여 실현하고(1128년 8월), 서경 임원역林原驛에 대화세大花勢가 있다 하여 신궁 축조를 건의하여 1129년(인종 7) 낙성, 대화궁大花宮이라 했다.

그는 유교를 신봉하는 귀족관료들의 사대적이고 유약한 태도를 비판하면서 칭제건원稱帝建元, 즉 중국처럼 왕을 황제라 부르고 연호도 중국 것이 아니라 독자적인 연호를 사용해야 한다고 주장했다. 또한 그는 풍수지리사상에 입각하여 개경은 이미 지세가 다했으므로 서경의 임원역에 궁궐을 지으면 36방의 주변국들이 모두 머리를 조아릴 것이라며 왕을 설득하여 앞에서 보았듯이 대화궁을 건설하기에 이르렀다. 그는 이어 서경으로 도읍을 옮겨야 한다고 주장했다.

보수적 사대주의자의 대표인 김부식은 한국인이라면 누구나 알고 있듯이 〈삼국사기〉의 저자로서 경주 김씨였다. 그의 아버지와 형제들이 모두 높은 벼슬을 한 명문가 출신으로서, 그는 숙종 때 문과에 급제한 후 주요 벼슬을 두루 거친 유교적 사대주의자였다.

당시 북방에서는 여진족이 강성해져 국호를 금金이라 한 후(1115) 고려에 바치던 조공을 폐하고 고려를 압박하고 있었다. 여진은 삼한시대에는 예맥이요, 삼국시대에는 말갈이니, 고구려가 망했을 때는 발해에 속하고, 발해가 망한 후에는 고려에 복속하던 민족이었다. 그러나 고려 인종 때에는 중국 황제가 되어 지난날의 정복자였던 고려에게 도리어 압박을 가하고 있었으나, 유약한 고려의 유교적 사대주의자들은 다만 구차스러운 평화만을 주장하며 소극적으로 대처하고 있었다.

묘청은 서경 대화궁에 민족 재래의 산악신앙과 신선신앙, 불교신앙이 결합된 신앙의식의 하나로 '팔성당八聖堂'을 지었다(1131년). 그는 '호국 백두악 태백선인 실덕 문수보살護國白頭嶽太白仙人實德文殊菩薩'이라는 식으로 민족 고유의 산악 · 신선신앙과 불교를 결합했다. 이는 불교를 민족적으로 토착화시키려 한 것으로 생각된다.

묘청은 이렇게 평양에 새로이 궁궐을 짓고 고유사상과 불교를 결합하는 한편 서경천도 및 금을 정벌할 것을 주장했다. 묘청 외에도 윤언이尹彦頤 · 정지상鄭知常 · 백수한 등이 칭제건원과 북벌론에 적극 동조했다.

윤언이는 1107년 여진을 정벌하고 9성을 개척한 윤관尹瓘의 아들로서 칭제북벌론의 영수였다. 정지상은 일곱 살 때부터 시를 읊은 신동神童으로 유명한 시인이며 조선시대의 백호白湖 임제林悌에 비견되는 강토의 담대擔大를 꿈꾸던 인물이었다. 백수한은 묘청의 제자로 천문관天文官(일관) 직에 있었다. 묘청 · 정지상 · 백수한 세 사람은 모두 서경인이므로 당시 평양 사람인 김안金安 등은 이 셋을 존경하여 서경삼성西京三聖이라 칭했다.

고려 제17대 왕인 인종은 서경천도론자들의 주장에 귀를 기울이자 개경의 귀족관료들은 이에 맹렬히 반대하며 김부식파인 임완林完이 상소하여 묘청을 처형하기를 청하였다(1134년 5월).

귀족관료들이 완강하게 반대하자 인종도 마음을 바꾸었다. 서경천도가 좌절되자 1135년 정월, 묘청은 조광趙匡 · 유감柳旵과 함께 서경에서 반기를 들어 국호를 대위大爲, 연호를 천개天開라 하고 '하늘이 보낸 충성스럽고 의로운 군대'라는 거창한 명칭의 혁명군을 조직했다.

한편 개경에선 김부식이 진압군의 총사령관이 되어 개경에 남아있던 정지상과 백수한을 죽이고 토벌에 나섰다. 묘청의 조급한 봉기로 칭제북벌을 주장하던 윤언이는 부사령관이 되어 반군진압에 나섰다. 윤언이는 칭제북벌을 주장하긴 했으나 서경천도에는 동의하지 않았고 더욱이 반란은 생각도 하지 않았던 것이다.

진압군의 회유와 분열책동으로 조광은 묘청의 목을 베어 김부식에게 투항할 뜻을 비쳤으나, 김부식의 거부로 반군은 늙은이와 어린이 · 부녀자들까지 나서서 항전했으나 결국 1년만에 평양성은 무너지고 반란은 진압되었다. 김부식은 반란을 진압한 공으로 공신 칭호를 받고 최고의 관직과 명예를 얻었으며, 그로부터 10년 후인 1145년 유명한 〈삼국사기〉를 편찬했다.

〈삼국사기〉의 바탕에 흐르는 사상은 철저한 유교적 사대주의다. 신채호는 김부식이 〈삼국사기〉를 쓴 다음, 자신의 이념과 사관에 합치되지 않는 고래의 사서와 문헌들을 전부 궁궐 안 모처에 모아놓고 아무도 보지 못하게 했으며, 그것이 그대로 조선으로 넘겨졌다가 임진왜란 때 불타 없어졌다고 주장했다. 그 결과 〈삼국사기〉가 현재 남아 있는 가장 오래된 역사책이 되었다는 것이다.

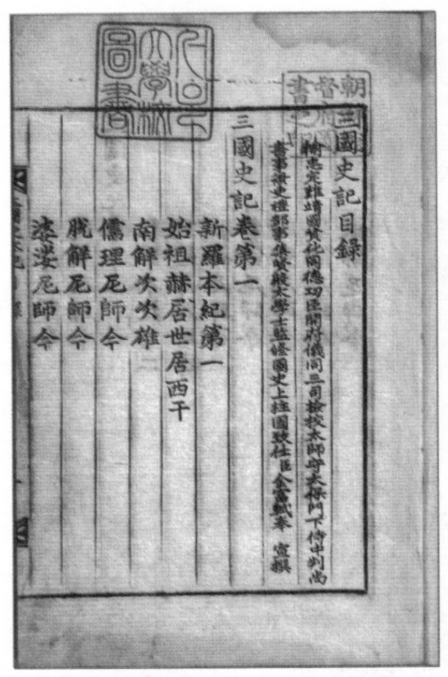
三國史記目錄
輸忠定難靖國贊化同德功臣開府儀同三司檢校太師守太保門下侍中判尚
書事兼吏禮部事集賢殿太學士監修國史上柱國致仕臣金富軾奉 宣撰
三國史記卷第一
新羅本紀第一
始祖赫居世居西干
南解次次雄
儒理尼師今
脫解尼師今
婆娑尼師今

〈삼국사기 관찬본〉, © 한국민족문화대백과사전. 김부식은 묘청의 난을 평정한 후 10년 뒤에 철저한 유교적 사대주의 시각에서 〈삼국사기〉를 썼다.

김부식의 이와 같은 행위는 그 어느 전란보다도 우리 역사를 단절, 왜곡시키는 데 커다란 악영향을 끼쳤다고 신채호는 보았다. 그에게 김부식의 승리는 곧 묘청으로 대표되는 민족 고유의 전통적인 '진취적 자주사상'에 대한 '사대적 보수적 속박사상인 유교사상'의 승리였다. 그래서 신채호는 묘청의 서경천도운동의 실패를 조선 역사상 1천 년래 제1대사건이라 부른 것이다.

이 사건은 불교적 관점에서 보자면, 고려왕조 중기에 전체 고려왕(전34왕) 가운데 꼭 반에 해당하는 고려 제17대 왕인 인종 때에 불교는 이념과 사상, 현실적 세력으로서 유교에 대해 근본적인 패배를 했다고 볼 수 있다. 고려의 전 기간을 통해 불교는 국교적 지위를 누리면서 수많은 왕사 · 국사를 배출하며 국가불교로서 흥왕했지만, 실제론 묘청의 서경천도와 그가 세운 '대위국'이 그 싹도 틔우지 못하고 시들어버려 우리 민족 본래의 진취적 자주사상과 위대한 불교국가가 건설될 역사적 호기를 상실하고 말았다.

DIGEST

37

BUDDHISM

무신정권기의 승려반란

: 불교와 무신정권의 관계 (1170~1217)

고려의 승려들이 무력을 행사하는 데 본격적으로 동원된 것은 1107년(예종 2), 윤관이 여진족을 정벌할 때였다. 이때 전국의 승려들이 선발되어 '항마군降魔軍'을 편성, 여진을 징벌하고 옛 땅을 회복하는 투쟁에 참가했던 것이다.

이렇게 승려들이 무력사용에 있어서도 힘을 발휘하자 그 다음에는 이자겸李資謙의 반란에도 승려세력이 이용되었다. 이자겸의 아들 의장義莊이 당시 현화사에 있었는데, 의장은 현화사 승려 3백여 명을 끌고 왕궁을 포위함으로써 인종의 친위세력을 봉쇄하고 이자겸의 반란에서 중요한 역할을 했다. 그러나 이자겸의 반란이 진압되고 1170년에는 정중부 · 이의방 일파에 의해 무신정권이 수립되었다. 정중부가 권력을 잡은 것도 사찰인 개경 근교의 보현원에서의 쿠데타에 성공했기 때문이었다.

혼란기의 이런 악연 때문이었는지 아니면 왕실과 귀족세력과 유착된 불교세력이 자기들의 기득권을 지키기 위해서였던지 많은 승려들이 무신정권에 항거하여 모두 참혹하게 살해당했다. 그 사건의 전말은 이러하다.

1174년, 왕실불교의 본산인 귀법사 승려 백여 명은 무신정권을 타도하기

〈보은 법주사 마애여래의좌상〉, © 한국민족문화대백과사전. 높이 5m, 보물 제216호. 고려 때 만들어졌으며, 얼굴의 미소와 가슴에 설법인을 짓는 두 손의 표현이 높은 조각 기량을 보여준다.

위해 성안으로 쳐들어갔다. 그러나 이의방李義方이 거느린 천여 명의 군사에 의해 수십 명이 목숨을 잃고 해산되었다. 이에 중광사 · 홍호사 · 귀법사 · 홍화사 등 여러 절의 승려 2천여 명이 왕정복고와 복수를 위해 일어섰으나 도리어 이의방이 거느린 군대에 의해 100여 명이 살해되고 절들이 불탔다.

그 뒤로도 문신들과 수혜修惠 · 현소玄素 등 일부 승려들이 정변을 꾀하다 발각되어 이의방에게 살해되기도 했다. 이의방은 지나친 보복정치와 독재로 행하다가 정중부의 아들 정균이 조종한 승려 종감에게 암살당하고 말았다. 서경(평양) 유수 조위총의 반란을 진압하기 위한 출정에 즈음하여 일어난 사건이었다. 이때 진압군에 징발된 승려들은 태자비로 있던 이의방의 딸을 쫓아낼 것을 요구하며 징집을 거부하기도 했다.

정중부 이후의 무신정권은 이의방의 예를 거울삼아 불교세력을 회유하여 정권의 안정을 꾀하는 한편 승군으로 징발하여 이용했다. 개경의 승려반란은 이의방의 무신독재에 반대한 투쟁이었지만 본질적으로는 지배계급 내부의 정권쟁탈전이었다.

1176년, 공주 명학소에서 일어나 공주를 함락시킨 망이 · 망소이가 이끄는 민중봉기군은 이듬해 2차 봉기 때에 덕산德山 가야사伽倻寺를 털고 직산稷山 홍경원弘慶院을 불사르며 승려들을 살해하기도 했다. 불교사찰들이 타도의 대상이 된 것은 이 시기에 그것이 봉건지주 또는 고리대금업자로서 고을원이나 자주계급 못지않게 농민을 착취해왔기 때문일 것이다. 뿐만 아니라 1176년 토벌대 사령관인 병마사의 주청에서도 볼 수 있듯이, 걸핏하면 승려들이 승군으로 징발되어 관군과 더불어 민중봉기를 탄압하는 데 이용된 것 또한 민중의 증오를 사기에 마땅했을 것이다.

1177년, 서북지방 민중들은 서경의 유수판관을 처단하는 봉기를 일으키고, 서경 안의 담화사曇和寺를 근거지로 9개월간이나 서경을 점령했다. 그들은 이의민이 이끄는 대규모 토벌대가 쳐들어오자, 묘향산으로 들어가 묘향산의 여러 절들을 습격했다. 뿐만 아니라 영주(오늘날의 안주) 영화사靈化寺를 공격하고 승려들을 봉기군으로 징발하기까지 했다.

이러한 과정에서 자의든 타의든 지방 승려들은 차차 민중봉기에 참가하게 되었다. 특히 사찰의 토지에 예속되어 항상 노역에 종사했던 하층 승려들은 농민봉기의 상황에서 농민과 이해관계를 같이 하여 투쟁에 적극 참여했을 것이다.

1181년에는 농민봉기군이 서울 근교의 봉은사를 습격, 북을 울리며 약탈을 하였고 태조의 초상화와 은병(고려시대 화폐) 30여 구를 빼앗아갔다. 봉은사는 고려 태조의 초상화를 모신 왕실의 원찰이었다. 더구나 농민봉기군의 습격이 있기 불과 석달 전에 명종이 친히 행차하여 중수 낙성식을 했던 절이다. 이런 절을 습격하고 태조의 초상화를 훔쳐간 것으로 보아, 지배계급과 그에 기생하는 귀족불교에 대한 당시 민중의 적개심이 얼마나 치열했던가를 알 수 있다.

이처럼 농민들은 굶주림에 지쳐 '도적떼'가 되어 봉기하는 판국에 왕의 서자들은 출가하여 '소군小君'이라 일컬으며 절과 대궐에서 권세를 부려 뇌물을 받는 등 갖가지 부작용을 일으켰다. 이들의 횡포가 어찌나 심했던지 최충헌 형제가 정권을 잡은 뒤 왕에게 주청한 10조 폐정개혁안에서 그들의 단속과 축출을 건의하고 있을 정도이다. 최충헌은 명종을 몰아낼 때 중신들과 아울러 연담淵湛 등 10여 명의 승려 지도자와 소군들을 귀양보냈는데, 그만큼 승려 지도자들이 왕권과 밀착하여 있었음을 보여준다.

그 후 최충헌의 군사독재와 권력남용에 항거하여 수차례 승려반란이 일어났다. 그 절정은 1217년에 있은 승군반란이었다. 거란군을 방비하도록 동원된 흥왕사 · 왕륜사 등의 승군들은 종군 도중 발길을 돌려 최충헌의 집으로 진격했다. 전통적으로 왕실과 가까운 사찰들에 속한 이들은, 왕을 제멋대로 갈아치우고 승려들을 징발하여 혹사시키는 최충헌 일당에 대하여 깊은 적개심을 품어왔던 것이다. 그러나 최충헌 군대의 반격으로 지도자를 잃고 뿔뿔이 흩어져 8백여 명이 학살당한 채 모처럼의 대규모 승군반란은 좌절하고 말았다.

최충헌, 최우, 최의崔誼로 이어진 무신정권이 1258년 김인준에 의해 막을 내렸다. 이로써 100년 동안 지속된 무신정권 시대는 막을 내렸다. 이 기간에 일어난 승려들의 반란은 왕실불교 사찰을 중심으로 전개되어 왕실의 이해관계를 반영했지만, 무신정권의 전횡과 수탈에 반대하는 민중의 의지도 어느 정도 반영되었다. 왜냐하면 승군으로 징발된 승려들은 주로 노역에 종사하는 하층 승려들인 '수원승도隨院僧徒'였기 때문이다.

DIGEST

38

BUDDHISM

보조국사 지눌의 정혜결사
: 고려불교의 자기비판 (1190년)

보조 지눌이 출가할 무렵 고려불교는 국교로서의 튼튼한 기반을 갖고 있었으나 동시에 타락의 양상이 노골화되던 시점이었다.

지눌이 활약하던 시대는 무신집권기였는데, 무신정권의 옹호를 받으며 부흥한 선종은 선 · 교의 대립을 지양하며 타락한 고려불교를 재정립하려고 노력했다. 이때 본격적인 신풍을 불러일으킨 스님이 지눌과 그의 계승자들이었다.

보조 지눌普照知訥(1158~1210)은 속성이 정鄭씨이며 어머니는 조씨이고, 황해도 서흥瑞興에서 태어났다. 목우자牧牛子는 그의 자호自號다. 그는 어렸을 때 병약했는데 그의 어머니는 부처님께 이 아이를 건강하게 키울 수만 있다면 당신께 바치겠다고 맹세했다. 다행히 지눌은 건강을 회복하고 약속대로 8살의 이른 나이에 선승 종휘宗暉에게 출가했다. 17세에는 경북 학록산鶴麓山 보문사에서 대장경을 탐독했으며, 특히 이통현李通玄의 〈화엄경론〉을 읽어 선禪의 종지와 화엄의 교지가 하나임을 깨달았다.

1182년(명종 12) 25세에 승과에 합격한 뒤 도반道伴들과 더불어 고려불교의 타락상을 바로잡기 위한 방편에 대하여 법담을 나누었다. 그는 곧 남유南

遊하여 창평 청원사淸原寺에서 머물렀다. 여기서 〈육조단경六祖壇經〉을 읽고 "진여자성眞如自性은 생각에서 일어나고 육근六根(눈 · 귀 · 코 · 입 · 몸 · 의식)의 견문각지見聞覺知가 있다하나 만경萬境에 물들지 않고 진성眞性은 자재하나니"라는 문장에 이르러서는 경탄과 환희 속에서 독송했다고 한다.

마침 옛 친구 득재得才가 팔공산 거조사居祖寺에서 초청하므로 지난날에 약속했던 정혜사定慧寺를 조직하고 정혜결사문을 발표했다. "명리를 버리고 산림에 은둔, 모임을 결성하여 항상 선정과 지혜를 고루 익히는 것을 일삼으며, 예불과 경전읽기로부터 노동에 이르기까지 각자 맡은 일을 잘 꾸리면서 마음을 수양하며 한 평생 자유롭고 호쾌하게 지낼 것"을 기약하는 것이었다.

지눌 등이 결성한 정혜사는 세속적 명리를 추구해온 불교의 자기비판으로부터 출발했다.

> 우리들이 날마다 하는 행적을 돌이켜보면 어떠한가? 불법을 핑계삼아 나와 남을 구별하고, 구구하게 이익을 꾀하며, 풍진세상의 일에 골몰하여 도를 닦지 않고 옷과 음식만 허비하니, 비록 출가하였다고 하나 무슨 덕이 있겠는가?
>
> 애닯다. 삼계三界를 벗어나고자 하면서도 세속을 뛰어넘는 수행이 없으니, 다만 사내의 몸을 받았을 뿐, 대장부의 뜻은 어디에 있겠는가. 위로 도를 넓히는 일에 어긋나고 아래로 중생을 이롭게 하지 못하며, 다른 한편 네 가지 은혜를 저버렸으니 실로 부끄러운 일이다. 나는 오래 전부터 이를 한심스럽게 여겨왔다.
>
> 지눌, 〈권수정혜결사문〉

정혜결사는 1190년 대구 팔공산 거조암에서 출범하였고, 1197년 거조사가 좁아 순천 송관산(지금의 조계산) 길상사吉祥紗로 정혜사를 옮기기로 하여 그곳으로 가는 도중 지리산 상무주암上無住庵에 들렀다. 여기서 3년 동안 참선하던 어느 날 〈대혜어록大慧語錄〉을 읽다가 "선禪은 고요한 곳에도, 시끄러운 곳에도, 일상생활의 객관과 상응하는 곳에도, 생각하고 분별하는 곳에도 있지 않다"라는 한 문장에 이르러 홀연히 크게 깨달았다. 이때 당 화엄학자 규봉 종밀圭峯宗密의 〈선원제전집도서禪源諸詮集都序〉를 읽었다.

1200년 42세 때 정혜사를 거조암에서 송광사로 옮기고, 송광산 정혜사를 1205년에는 왕명에 따라 조계사 수선사修禪寺로 고쳤다. 이 수선사가 현재 조계산 송광사다.

〈순천 송광사 십육조사 진영 제1세 보조국사〉, © 한국민족문화대백과사전

그는 '정혜사'라는 애초의 이름에서 알 수 있듯이, 종래의 선과 달리 문자를 배격하지 않고 정(선정)과 혜(지혜, 교)를 아울러 닦고 직관적인 깨달음과 점차적인 수행의 결합을 지향했다. 그는 또한 선과 교의 대립을 해소함으로써 당시 무신 집권층의 주목을 받게 되었다. 당시의 지배자는 절이름을 고치고 사액을 내렸다. 특히 최우는 임금의 만수무강과 반란진압 등을 기원하며 140결이나 되는 전답과 염전, 그리고 노비 따위를 지눌 당시의 수선사에 헌납했다.

1210년 3월 나이 53세, 법랍 45년으로 지눌이 입적하자 왕은 그에게 '불일보조국사佛日普照國師'라는 시호를 내려 국사로 추증하고 왕명으로 그의 비명을 짓게 했다.

비록 뜻대로 되지는 못했지만 지눌은 권력으로부터 해방되어 청정한 수행에 전념하는 것을 지향하였고, 또 무신정권에 이용되기는 했지만, 선교융합의 창조적 노선으로 선종과 교종간의 무익한 논쟁을 종식하고 실천수행을 지향함으로써 고려불교를 발전시키는 데 커다란 공헌을 했다.

지눌이 지은 〈계초심학인문誡初心學人文〉과 〈법집별행록절요병입사기法集別行錄節要並入私記〉 등은 고려말 이래 오늘날까지 한국 불교강원의 교과목으로서 우리 불교 전체에 심대한 영향을 끼치고 있다.

DIGEST

39

BUDDHISM

한국 선의 중심문헌 〈선문염송집〉
: 한국 최초의 방대한 선서 (1226년)

한국불교의 전통적 교육은 강원講院에서 이루어져왔다. 요사이는 흔히 '해인사 승가대학' 등이란 명칭으로 불리는데, 이 강원교육의 대교과大敎科에서는 화엄경과 더불어 〈선문염송집〉을 꼭 이수해야 한다.

한국의 승려들이 꼭 배우고 익혀야 하는 〈선문염송집〉이란 어떤 책인가?

보조국사 지눌의 뒤를 이어 정혜결사의 제2세가 된 진각眞覺국사 혜심慧諶(1178~1234)이 조계산 수선사에서 46세 때인 1226년에 제자인 진훈眞訓 등과 더불어 편찬한 책이다. 제가諸家의 어록과 전등傳燈을 연대별로 체계적으로 분류하여, 고려인의 입장에서 처음으로 정리한 방대한 선서禪書인 〈선문염송집〉은 중국의 경덕 원년景德源年(1004)에 도원道源이 완성한 〈경덕전등록〉과 쌍벽을 이루는 고려판 선의 사서史書라고 할 수 있다.

〈선문염송집〉은 선가禪家의 고화古話 1,125칙과 이에 관한 여러 선사들의 물음과 풀이 · 답변, 운문으로 하는 노래 · 평가 등을 모아서 편찬한 책이다. 이 책에는 부처님의 고화, 화엄 등의 경전, 인도의 28조, 중국의 6조 · 여러 선사 및 선지식의 고칙古則의 순서로 배열하여 불교의 근본인 불佛 · 법法 · 승僧의 위계를 지키면서 선맥의 유통을 살필 수 있도록 구성했다. 따라서 이

책은 한국 선의 중심문헌이 되어 선을 공부하는 분들의 필독서가 되어 오늘에 이르고 있다.

그런데 여기서 고칙의 주인공은 334인으로서 대부분은 고승 대덕이지만, 비구니 · 거사 · 노파 · 소녀 등도 있어 입도기연入道機緣의 다양함을 보이고 있다. 이 책의 초판본은 몽골족의 침입으로 불타버려, 그 뒤에 제자인 몽여夢如가 1,125칙에 347칙을 더하여 총 1,472칙을 수록하여 재각再刻했다.

그럼 이렇듯 중요한 〈선문염송집〉의 편찬자 혜심은 어떤 인물인가?

〈순천 송광사 십육조사 진영 제2세 진각국사〉, © 한국민족문화대백과사전. 진각국사 혜심은 수선사를 중심으로 지눌의 선사상을 크게 계승 · 발전시켰으며, 〈선문염송집〉을 편찬한 고승이다.

혜심의 속성은 최씨이며 아버지는 향리의 진사인 완琬이고, 어머니는 배裵씨로, 나주 화순에서 1178년에 태어났다. 혜심은 승명이고 어릴 때 이름은 식寔이며, 자는 영을永乙, 자호는 무의자無衣子이고 진각眞覺국사는 시호다.

혜심은 일찍이 아버지를 여의고 어머니의 강권에 의해 유학을 공부했으나 항상 불교에 관심을 두고 있었다. 그 후 2세 때인 1201년(신종 4) 사마시司馬試에 합격하고 이어서 대학에 입학했으나 어머니의 신병으로 인해 고향에 돌아왔다. 이듬해인 25세 때 어머니가 돌아가시자 조계산 길상사에서 어머니의 49재를 지내고 보조 지눌에게 출가하여 그 문하에서 공부했다.

지눌이 혜심의 출가를 승락한 데에는 기이한 사연이 있다. 혜심이 길상사에 오기 전날 지눌은 꿈에 〈벽암록〉의 저자로 유명한 중국의 설두 스님이 길상사에 오는 것을 보았다. 이런 꿈 탓인지는 몰라도 훗날 혜심은 〈벽암록〉

〈경덕전등록〉에 비견되는 〈선문염송집〉을 편찬했던 것이다.

1205년(희종 원년), 지눌이 억보산億寶山 백운암에 있을 때 혜심은 스승 지눌을 찾아가 뵈었다. 지눌은 다 해진 짚신을 가리키며 "신은 여기 있는데 사람은 어디에 있는가?"하고 물었다. 그러자 혜심은 "왜 그때 보시지 않았습니까?"라고 대답했다. 장차 법을 전할 인물을 찾고 있던 지눌은 혜심의 대답을 듣고 크게 기뻐했다.

또 어느 날 조주趙州 스님의 '개에게는 불성佛聖이 없다'는 화두와 대혜종고大慧宗杲의 십종병十種病을 들어 대중에게 물었을 때, 오직 혜심이 홀로 만족하게 대답했다. 이에 지눌은 방장실에 돌아와 그를 불러 말하였다.

"나는 그대를 얻었으니 죽어도 한이 없네. 그대는 불법을 임무로 삼아 본래의 서원을 바꾸지 말게"라고 하면서 심인心印을 전해주었다. 그리곤 수선사의 법석法席을 이어줄 것을 권하였으나, 혜심은 굳게 사양하고 지리산 단속사斷俗寺에 숨어 수년간 수선 정진에 힘썼다.

그러던 중 1210년(희종 6)지눌이 입적하자 문도들의 추천과 강종康宗의 칙명에 따라 수선사의 제2세 법주法主가 되었다. 이때 그의 나이는 33세였다.

이후 그는 조정의 지원을 받아 수선사를 확장하고 선풍을 더욱 크게 진작시켜나갔다. 혜심의 문하에는 뛰어난 선납禪衲들도 많았지만, 최우崔瑀를 비롯한 무신집권자와 문무관료 · 지방 수령 등도 있었다. 특히 최우는 혜심을 추앙하여 수차례에 걸쳐 그를 개경으로 맞이하려 했으나 혜심은 끝내 이에 응하지 않았다. 그러나 두 사람의 교분은 더욱 두터워져 최우는 혜심에게 일상생활에 필요한 차와 향 · 약 · 법복 등을 때맞추어 보냈다. 이런 친분 속에서 최우는 뒷날 그의 두 아들을 혜심에게 보내 머리를 깎게 하기도 했다.

혜심은 1213년에 선사禪師의 법계를 제수받고 다시 그 3년 뒤에 대선사로 가자加資되었다. 그의 비명에는 '승과를 거치지 않고 승직에 오른 것은 사師가 처음이었다'고 적혀 있다.

최씨정권과의 두터운 교분과 적극적인 지원 아래 수선사를 중심으로 지눌의 선사상을 크게 계승 · 발전시킨 혜심은 1234년(고종 21) 57세로 입적했다. 왕이 크게 슬퍼하여 진각국사라는 시호를 내리고, 이듬해 5월 수선사 북쪽

광언암에 부도를 세우고 탑액을 '원조지탑圓照之塔'이라고 내렸다. 그의 제자로는 청진 몽여淸眞夢如 · 진훈眞訓 · 각운覺雲 · 마곡麻谷 등이 뛰어나며, 그중 몽여는 수선사 제3세 법주가 되었다.

DIGEST

40

BUDDHISM

천태종의 혁신운동
: 요세의 백련사 결성 (1163~1245년)

보조국사 지눌의 정혜결사와 더불어 뛰어난 신행결사의 역사적 사실로 우리는 요세了世의 백련결사를 들 수 있다.

의천의 뒤를 이어 천태종을 넓히고 백련결사를 창설한 스님은 원묘圓妙국사 요세(1163~1245)이다. 그의 속성은 서徐씨이며 합천 사람이다. 자는 안빈安貧이며, 12세 때 향리의 천락사天樂寺에서 균정均定을 은사로 하여 출가했다.

균정이 천태종의 승려였으므로 그에게서 천태교학을 공부하고 23세에 승과에 합격했다. 요세는 지눌과 비슷한 시기에 승과에 합격했으며, 개경의 사찰에서 열린 법회에 참여했다가 부질없는 논쟁이나 일삼는 당시 불교계에 대한 문제의식을 갖게 된 것도 지눌과 비슷하다. 그는 지눌의 권고에 따라 직접 수선사에 참여하기도 했다. 그러나 그는 천태교학자답게 선교융합의 정혜결사에 대해서는 이론異論을 갖고 있었다. 따라서 이념적으로는 지관止觀의 터득, 실천적으로는 참회의식을 강조했다.

그의 참회행적은 매우 경건하고 극렬했던 것 같다. 한파와 폭염에도 굴하지 않고, 매일 적극적인 참회를 계속했다. 당시 수선사에 있던 이들이 요세를 가리켜 '서참회徐懺悔'라고 불렀다는 기록이 이를 뒷받침한다. 그는 53불佛에게 예배하는 수참법을 12회나 실천했던 것이다. 그는 수선사와 결별하고 천태종의 종지를 설법하다가 "이 마음이 부처를 만들고 이 마음이 부처다"라는 대목에서 시원하게 깨쳤다.

이러한 관점은 "이 마음 밖에서 부처를 찾지 말라"라고 했던 지눌의 관점과도 상통한다. 그러나 두 사람은 실천에서 커다란 차이가 있었다. 지눌이 지식층과 선승들을 중심으로 조사의 화두를 참구하는 간화선에 치중한 데 반하여, 요세는 대중을 포용하기 위해 지성스러운 예불과 염불 · 참회에 힘썼다. 이것은 천태사상의 근거가 되는 법화경의 참회수행과 정토신앙을 결합한 것이었다.

또 지눌의 계승자 혜심이 지배자로부터 차 · 향 · 약 · 가사(법복) 따위와 토지 · 노비를 기부받은 데 반하여, 요세는 신도가 보시한 물건을 모두 가난한 사람들에게 골고루 나눠주고 옷 세 벌에 밥그릇 하나만 지녔다. 지눌과 혜심이 무신정권과 결탁한 것과는 달리 요세는 "50년간 개경 땅을 밟지 않았다"고 할 정도로 중앙의 지배자들을 멀리했다.

1216년 요세는 만덕산으로 거처를 옮겨 만덕사萬德寺의 옛터에 가람을 창건, 낙성했다.

1221년에는 백련사를 설치하여 수행에 몰두했다. 수선사가 무신정권의 지원으로 중창된 데 반해, 백련사는 최표 등 강진지방 토호 및 농민들에 의해 중창되었다. 본격적인 백련결사인 '보현도량普賢道場'(1232)조차도 지방신도들의 요구에 따라 연 것이었다.

요세가 한때 남원 태수의 요청에 따라 백련산에 머무르자, 강진의 신도들이 "구름 사이에서 선정 삼매에나 들어 노시려느냐"며 결사의 재개를 강력하게 요구했던 것이다. 여기에는 몽골의 침략(1231)에 대한 지방민의 위기의식이 작용했던 것 같다. 그러나 위기에 대한 백련사의 대응방식은 당시 개경이나 일부 지방 승려들의 반침략항쟁 및 민중봉기 참여와는 달리, 법화경 독송과 삼매 · 예불 · 참회 · 염불 등을 통해 정통왕생을 추구하는 신앙적인 실천일 뿐이었다.

〈강진 백련사 대웅전 〉, © 한국민족문화대백과사전, 백련사 보현도량은 최씨의 무신정권의 보호를 받으며 성장했으나, 정작 요세는 50년 동안 서울땅을 밟지 않았다.

요세가 보현도량을 개설했을 때 제자가 38인, 보현도량에 입사한 자가 3백여 명에 이르렀고, 그 외에도 많은 사람들이 열광적인 신앙운동의 열기에 휩싸였다. 요세는 산림에 은거하면서 50년 동안 날이면 날마다 〈법화경〉 1부, 준제주准提呪 1천 편, 미타불호를 1만 번 염송했다고 한다.

그는 또 천태종의 교리가 너무 방대하여 대중이 접근하기 힘들다 하여 스스로 교리를 간추려 〈삼대부절요三大部節要〉를 간행했다고 하나 현존하지 않는다.

그의 제자 천의가 찬술한 〈백련결사문〉에는 백련결사의 의의가 상세히 천명되고 있다.

요세는 1245년 문도들에게 유훈을 설하였다.

"제법諸法의 실상은 청정한 것, 말한다 해도 이치를 잃고, 보여준다 해도 종지宗旨를 어긴다. 우리들 법화종도들은 수분묘해隨分妙解의 길 이외에는 없다."

이렇게 유훈을 말한 뒤 요세는 며칠 동안 원효의 '징성가澄性歌'를 외우다가 입적했다(1245년). 세수는 83세, 승랍은 70세였다. 고종은 그의 죽음을 애도하여 '원묘국사圓妙國師'라는 시호를 내리고, 탑명을 중진中眞이라고 했다.

신앙결사운동인 백련사는 초기에는 중앙의 지배권력과 결탁하지 않고 오로지 지방민중의 기반 위에서 성장하며 불교의 대중화에 힘썼다. 그러나 백련사의 성장은 이내 지배권력의 관심을 끌게 되어 요세의 말년에 왕은 요세에게 '선사'호칭을 내렸고 해마다 선물을 보냈다. 그리고 그의 사후에는 '국사'를 추증하였는데, 이는 백련사와 지방세력에 대한 회유책이었다.

지눌의 정혜결사와 쌍벽을 이루면서 이 백련결사는 고려불교의 중요한 신앙결사로서 불교발전에 크게 공헌했다.

DIGEST

41

BUDDHISM

최대의 문화사업, 고려대장경
: 3종의 대장경 간행 (1011~1251년)

고려불교의 최대의 문화사업으로는 대장경의 간행이 가장 유명했다고 말할 수 있다. 보통은 1, 2차 대장경의 조판만 언급하지만 실제로는 3종이 있다. 제1은 고려 현종(1010~1031) 때에 간행한 대장경, 제2는 대각국사 의천(1055~1101)이 간행한 속장경, 제3의 것은 고종(1214~1259) 때 간행한 것으로 현재 해인사에 있는 대장경이다.

1. 초조初彫 대장경

현종 원년(1010)에 거란군이 쳐들어와서 의주 · 선천을 뺏고 평양을 포위했다. 이때 법언法言 등 승려들도 적병을 물리치고자 싸웠으나 적군은 수도 개경까지 함락시켰다. 이에 왕은 나주로 피난하면서 국난을 극복하고 외적을 물리치기 위하여 대장경의 조판에 착수했다. 왕이 대장경의 판각을 시작케 한 것은 불법에 의지하여 국난을 극복하려는 것이었지만, 한편으로는 그 부모의 명복을 빌기 위함이었다고 한다.

그 뒤 적이 물러가고 이어서 덕종과 정종을 거쳐서 문종(1047~1082)에 이르기까지 약 40년에 걸쳐 대장경 조판을 완성했다. 모두 1,106부, 5,048권이

〈합천 해인사 대장경판 일체경음의〉, 해인사 소장, © 국가유산포털. 국보 제32호. 고려 고종 때 제작된 이 대장경 목판은 현재 8만 1,258매가 전하며, 세계에서 가장 완벽한 대장경판으로 꼽힌다.

었다. 이것을 고려 구장경高麗舊藏經 또는 초조初彫 대장경이라고 한다.

이 대장경은 영남 팔공산 부인사符仁寺에 봉안하여 국가를 진호鎭護하게 하며, 국민의 신앙심이 집중되게 하였다. 그러나 고종 19년(1232)에 몽골병이 쳐들어와서 부인사의 초조 대장경과 황룡사의 9층탑을 불태워버렸다. 이는 국민의 신앙의 대상이며 호국정신의 결정체인 9층탑과 대장경판을 불태움으로써 민심을 어지럽히고 이 땅을 짓밟으려 한 것이었다. 초조 대장경의 현존본으로는 국내에는 59종의 판목이 발견되었고, 일본 남선사南禪寺 정인암正因庵에 〈불설불명경佛說佛名經〉 등 7종이 있으며, 최근에 대마도와 일지도壹枝島에 초조본 520권이 있음을 새로이 발견했다.

2. 속장경

속장경의 간행은 문종의 넷째아들 대각국사 의천에 의해 이루어졌다. 그는 유년시절부터 대장경을 수집하여 판본으로 만들 뜻을 세워 1085년 송나라로 건너가 경전을 모아 다음해에 귀국했다. 그는 경전을 수집하기 20년, 1090년 8월 드디어 경전도서목록인 〈신편제종교장총록新編諸宗教藏總錄〉을 편찬하고는 흥왕사의 주지가 되어 그곳에 교장도감을 설치하여 속장경을 간행했다. 간행 시기는 명확하지 않으나 현존 간기刊記에서 추정한다면, 1090년경에서 그가 죽은 1101년까지의 사이에 간행된 것으로 생각되며 의천 만년의 일대 업적이었다.

의천의 속장경 영인본은 거의 없어졌지만, 고려대학교 도서관, 승주 송광사, 일본 동대사東大寺 도서관 등에 그 일부가 소장되어 있다. 〈신편제종교장총록〉에 수록되어 있는 5,048권의 전체가 판각된 것인지에 관해서는 확실하지 않다. 여기서 중요한 것은 의천이 속장경을 판각했다는 사실과, 그리고 그 업적은 한국불교사에서 불변의 가치를 지닌다는 점이다.

3. 재조再彫 고려대장경

초조 대장경도 그러하지만 재조再彫 대장경도 몽골군의 침입을 격퇴시키기 위한 민족적 비원으로 판각되기 시작했다. 고종 23년(1236)에 시작하여 16년에 걸쳐 완성되었다. 경판을 조각하는 기관으로서는 대장도감이 강화도에, 분사대장도감이 남해지역과 강화도에 설치되어 그 사업이 추진되었다.

이 재조 대장경은 고려시대에 판각되었으므로 '고려대장경'이라고 하며, 판각된 경판의 수가 8만 장에 달한다 하여 '팔만대장경'이라고도 한다. 또 경판이 현재 해인사 장경각에 보관되어 있는 탓으로 '해인사 대장경판'이라고도 하며, 또 대장도감이 판각 사업 전체를 관리했다는 이유에서 '해인사 고려대장도감판'이라고도 부른다.

고려대장경은 가장 완벽한 대장경으로서 높이 평가되고 있다. 이중에 해동사문 수기守其가 편찬한 〈고려국신조대장교정별록高麗國新彫大藏校正別錄〉 30권이 수록되어 있는데, 그것은 재조할 때 만들어진 교합록校合錄이다. 수기가 거란본 · 초조 대장경본 및 송본宋本 대장경 등을 비교하면서 교정하여 오자와 잘못된 곳을 정정하는 등 완전한 대장경을 판각하기 이해서 각별한 노력이 깃든 교정에 관한 문헌이다.

이 해인사 대장경판은 정장正藏과 부장副藏으로 분류되어 있다. 정장은 대장경 목록에 수록되어 있는 경을 말하고, 부장은 대장목록에 수록되어 있지 않은 〈종경록宗鏡錄〉 등 4종을 말한다. 정장은 대장도감과 분사대장도감이 판각한 1,497종, 6,558권의 경을 말하며, 부장은 분사대장도감이 판각한 4종, 150권을 말한다.

재조 대장경은 우리 한민족의 자부심에 의해 국가의 총력을 다하여 판각한 가장 완벽한 대장경판으로 현재 경남 합천 해인사에 보존되어 있다.

DIGEST

42

BUDDHISM

대몽항쟁과 민중불교의 항쟁
: 대몽항쟁에 참여한 승려들 (1231~1253년)

고려는 13세기 몽골의 대침략 앞에서 무방비 상태였다. 1231년, 몽골 침략군이 쳐들어오자 충주의 노비해방투쟁 지도자인 승려 우본牛本이 스스로 무신정권의 징병에 응하였다. 무능한 무신정권은 몽골군에게 이내 투항하여 황금 70근과 은 1,300근 등을 바치고 사실상 항복했다.

바로 이때 몽골의 또 다른 대부대의 침략을 맞은 충주에서는 양반과 관리·관군들이 다 도망가버린 가운데 우본의 지휘 아래 노비군만이 남아 끝까지 싸워 침략군을 물리쳤다. 그런데 몽골군이 물러가자 도망갔던 관리와 양반들이 돌아와 관가와 양반집의 은그릇이 없어졌다고 노비들을 문책했다. 노비군은 몽골군이 약탈해갔다고 사실대로 말했지만 양반들은 노비군의 지도자를 죽이려고 했으므로 이들은 1232년 정월에 다시 봉기했다.

이 제2차 노비해방투쟁의 봉기도 승려 우본이 지도했다. 그러나 이들은 대규모 토벌대에 의해 패했다. 우본은 관군이 아니라 같이 싸우던 봉기군 배신사의 손에 죽었다.

1232년 7월, 고려 정권이 개경의 방위를 포기하고 강화도로 수도를 옮기자 경기의 여러 고을 민중봉기군들과 성안의 노예 및 승려들은 어사대의 관노官奴 이통의 지휘 아래 민중봉기를 일으켰다. 개경 노비들은 주인을 따라 강화도로 가는 것을 거부하고, 그 대신 승려들과 더불어 관청과 양반집 창고를 접수했다. 그들은 〈고려사〉의 기록처럼 단순히 굶주림을 채우기 위한 '약탈자'나 '도적떼'가 아니라, 노예계급과 이 나라를 지배계급의 손아귀에서 완전히 해방시키고자 일어난 해방군이었다. 그러나 그들은 조정의 토벌군과의 싸움에 패하여 좌절하고 말았다.

개경 여러 사찰의 승려들로서는 처음으로 민중과 연대하여 진정한 민중운동에 나선 투쟁이었다. 그런 점에서 이 투쟁은 무신정권에 항거한 개경 승려들의 왕정옹호적인 투쟁과 성격을 달리한다.

이 무렵 지방의 민중봉기에도 지방 승려들이 참가했다. 그 실례로 1237년 전라도에서 일어난 이연년李延年의 봉기에 대한 〈고려사〉의 기록에 승려 선봉장이 등장한다. 이 이연년의 봉기군 진영에서 용맹을 떨친 승려가 있는 것으로 보아 산림의 승려들도 분명히 다수 참가했을 것이다. 그러나 이연년이나 승려 선봉장들이 무모하게 적진에 뛰어들다 죽음으로써 그들 역시 좌절되고 말았다.

고려정권이 민중의 반발을 무릅쓰고 강화 천도를 강행한 뒤 1232년 몽골은 재침략을 단행했다. 몽골군은 수원의 속읍인 처인부곡處仁部曲(용인군 남사면 아곡리)의 작은 처인성에서 고려군과 대치하게 되었다.

이때 승군으로 참가하고 있던 승려 김윤후金允侯가 몽골 침략군의 원수 살리타를 활로 쏘아 죽였다. 이로 인해 사기가 충천한 고려군은 몽골군을 궤멸시켰다.

김윤후는 그 뒤 1253년, 충주산성 수비대장(방호별감)으로서 충주성을 몽골군의 재침략으로부터 사수했다. 당시 고려조정은 비열하게도 다시 투항주의로 나오며 적장 야고와 배신자 홍복원 등에게 뇌물을 바치며 철군을 애걸하고 있었다.

고려조정의 이러한 투항주의 정책에도 불구하고 김윤후가 지휘하는 충주성의 군민들은 끝까지 성을 지키며 싸웠다. 몽골군이 충주성을 70여 일간이나 포위하자 식량이 다 떨어지고 아군의 사기도 땅에 떨어졌다. 그러자 김윤후는 군사들을 격려하기를, "만일에 힘을 다해 싸워 적을 물리치면 귀천이 없이 모두에게 벼슬을 내리도록 힘써주겠다. 너희들은 나만 믿으라"고 한 다음, 관의 노비문서를 불사르고 소와 말을 잡아 나눠 먹었다. 실로 혁명적인 조치였다. 지배계급의 입장에서 보면, 노비문서를 불사른 행위는 범죄행위나 다름없었다.

그러나 그 위급한 상황에서 김윤후는 노비들을 주력으로 하는 군대의 사기를 드높이기 위해 그런 혁명적인 조치를 서슴지 않았다. 아마 그는 20년 전 우본과 노비들의 투쟁사실을 알고 그러한 조치를 취했을 것이다.

어쨌든 노비문서를 불사르는 것을 목격한 군사들은 침략자와 싸워 끝내 물리쳤다. 이로 인해 몽골군의 남진은 좌절되었고, 김윤후는 약속을 지켰다.

그의 공이 워낙 커서 그랬던지 지배자들도 그의 노비문서건을 문책하지 않고 병사들을 관노나 백정에 이르기까지 모두 벼슬을 내릴 수밖에 없었다. 그리고 충주성은 국원경國原京으로 승격되었다. 승려 출신의 김윤후와 그를 믿고 따른 민중의 참다운 승리였다.

DIGEST 43 BUDDHISM

일연의 역사의식 <삼국유사>
: 민족과 불교사에 대한 성찰 (1206~1289년)

몽골족의 침입으로 우리 민족이 짓밟히고 있을 때, 그러한 가운데서도 면면한 민족사와 우리 불교사를 기록함으로써 민족적 자각을 불러일으키고자 힘쓴 승려가 바로 일연一然(1206~1289)이었다. 한국인이라면 모두 〈삼국유사〉의 저자로서 그의 이름을 기억하고 있다. 문화적 우수성을 강조함으로써 끈질긴 민족혼의 부활을 위하여 노력한 것이 곧 〈삼국유사〉라는 일연 스님의 역작으로 우리들에게 남겨진 것이다. 우선 그의 생에부터 더듬어보자.

일연의 성은 김씨이며 경산慶山에서 1206년에 태어났다. 처음 이름인 견명見明을 뒷날 일연으로 바꾸었고, 자는 회연晦然, 보각普覺국사는 시호다. 아버지 김언필金彦弼과 어머니 이씨 사이에서 해가 사흘 동안이나 집에 비추는 태몽을 꾸고 잉태했다 한다.

9세에 광주의 무량사로 가 공부를 시작했고, 14세에는 진전사陳田寺로 찾아가 대웅장로大雄長老로부터 구족계를 받았다. 설악산 대청봉이 바라보이는 이 절은 신라의 선승 도의道義가 은거하던 곳이고, 9산선문 중의 가지산문迦智山門이 연원한 곳이었다. 가지산문과 일연의 인연은 이로써 맺어진 것이다. 22세에는 선불장에서 상상과上上科에 오른 후 현풍의 비슬산에 있는 보당암,

묘문암, 무주암 등지에서 몽골의 난을 피하며 부지런히 선을 닦던 그는 무주암에서 "생계生界는 줄어들지 않고, 불계佛界는 증가함이 없다"는 귀절을 참구하여 크게 깨달았다.

일연이 비슬산에서 수행으로 몰두하던 20여 년의 젊은 시기를 두고 소극적으로 은둔했던 것으로 해석하는 경우도 있지만 이는 잘못이다. 이 시기는 일연의 나이 20~30대에 속하던 때이고, 철저히 자기 충실에 몰두하고 있던 때이기 때문이다.

이 무렵 그는 꿈속에서라도 세속에는 나가지 않겠다는 다짐으로 수행하고 있었다.

일연은 1249년부터 남해로 옮겨 10여 년을 살았다. 그의 나이 44세에서 56세에 이르는 시기이고, 아직 몽골병의 약탈이 계속되고 있던 때다. 정안鄭晏이 남해에서 정림사定林寺를 세우고 일연을 청했던 것이다. 정안은 다시 정권을 쥐고 있던 최우의 처남이었지만, 서로 사이가 벌어짐으로 인해 중앙정계에서 물러나 남해에 은거하며, 남해분사 대장도감南海分司大藏都監을 맡아 대장경을 간행하고 있었다. 따라서 일연이 대장경 간행사업에 참여했을 것임은 쉽게 짐작된다.

1256년 여름 일연은 남해에 있던 길상암으로 거처를 옮겼고, 한가한 틈을 얻어 〈중편조동오위重編曹洞五位〉 2권을 써서 몇 년 뒤에 간행했다. 현존하는 이 책은 일연의 선사상을 엿볼 수 있는 귀중한 문헌이 되고 있다.

1261년, 왕명으로 당시 서울이던 강화도 선월사禪月寺에 머물렀다. 그러나 권력 주변의 다른 승려들과 달리 남쪽으로 돌아가기를 임금께 청하기 여러 차례, 그는 4년 후 옛날 원효가 있던 포항 오어사五魚寺로 내려가버렸다. 그러나 곧 인홍사仁弘社로 거처를 옮긴 그는 11년 후에 이 절을 크게 중창, 원종의 사액賜額을 받아 인흥사仁興寺로 이름을 고쳤으며, 또 포산包山 용천사湧泉寺를 중수하여 불일사佛日社를 세웠다. 1277년 일연은 청도의 운문사로 옮겨 선풍을 크게 진작시켰다.

일연이 운문사에 있던 1281년, 경주에 행차한 충렬왕은 그를 불렀다. 행재소로 달려가 왕의 존경을 받기도 했지만, 몽골의 침략으로 불타버린 황룡사

〈삼국유사, 왕력 편〉, © 국사편찬위원회. 일연이 지었다.

의 참혹한 참상을 목격했고, 타락한 승려들의 군상도 보았다.

그 이듬해 가을 왕의 청으로 개경에 불려가 광명사에 머물다가 다음해 봄에는 국사로 봉해졌으나, 이를 사양하자 '국존國尊'으로 책봉되어 '원경충조圓徑沖照'의 호를 받았다. 그의 나이 78세 되던 1283년의 일이었다.

만년에는 아예 고향으로 돌아가 노모를 봉양했다. 1284년에 노모가 돌아가자, 조정에서는 경북 군위군의 인각사를 수리하고 토지 30만 평을 내리는 등 비호와 지원을 아끼지 않았다. 그러나 그가 왕실의 존경만 받은 것은 아니었다. 9산선문의 명실상부한 지도자로서 수백 수천 명의 승려들이 그에게 몰려들어 지도를 받았다. 대중을 가르침에 싫증을 내는 일이 없고, 대중과 더불어 있어도 홀로 있는 것같이 했으며, 높은 자리에 있어도 낮은 자리에 있을 때와 다름없이 했다. 일연이 1289년 7월에 입적하니 84세였다.

일연은 선종의 승려였지만 선에만 전념하지 않고 교에 대한 연구와 교화에도 노력했다. 만년에 완성한 유명한 그의 저서 〈삼국유사〉도 그러한 교화와 민족적 역사의식이 담겨 있는 책이다. 〈삼국유사〉에는 수많은 신앙설화와 불교교화의 발자취가 아로새겨져 있지만 불교사만이 아니라 민족사에 대한 깊은 연구와 체계화가 시도되어 있는 귀중한 문헌이다.

일연은 140년 전 사대주의적 역사가 김부식의 〈삼국사기〉가 거들떠보지도 않은 수많은 사료와 건국신화 · 민중설화 · 향가 등을 〈삼국유사〉에 실었으며 고조선과 가야의 옛기록도 빠뜨리지 않았다.

이 책은 저자가 80평생을 두고 정진을 거듭하여 이룩해놓은 노작으로서,

당시의 어지럽고 불우한 시대상황과 몽골병 침략이라는 민족의 수난 속에서 역사와 전통에 대한 민족적 의식을 표출했다는 점에서 사서史書로서의 귀중한 가치를 지니고 있다.

이 책의 서술이 비록 정사正史의 형식을 취하고 있지는 않지만 철저한 실증주의적 태도를 견지하였으며, 불교적 입장에서는 초인간적인 부처나 보살의 자비가 인간세계에 작용한 역사를 기록하였다고 평가된다.

한국 최초의 승전 〈해동고승전〉
: 가장 오래된 한국승전 (1215년)

〈해동고승전海東高僧傳〉은 고려의 각훈覺訓(?~1230)이 1215년(고종 2)에 찬술한 우리나라의 승려 전기로서 현존하는 한국 승전으로서는 가장 오래된 것이다. 그러나 아쉽게도 현재는 2권만 남아 있는데, 본래는 이보다 훨씬 방대하여 적어도 5권 이상으로 저술되었던 것이 틀림없다. 왜냐하면 1331년(충혜왕 1)에 왕사王師를 지낸 요원了圓이 지은 〈법화영험전法華靈驗傳〉 하권 〈현비구니신顯比丘尼身〉의 말미에 그 전거를 밝히는 데 '출해동고승전제5'라고 되어 있으므로 〈해동고승전〉은 적어도 5권 이상은 되었던 것을 알 수 있다.

현존하는 〈해동고승전〉에는 두 계통의 사본이 있다. 한 계통은 최남선본, 규장각본, 이능화본의 저본底本이 된 광문회본光文會本이고, 다른 한 계통은 신수장경본新修藏經本과 천견본淺見本의 저본이 된 것이 있다.

이 책의 사본들은 모두 일제시대에 발견되었는데, 광문회본이 세상에 알려지게 된 데에는 다음과 같은 이야기가 있다.

일제시대인 1927년 7월에 발행된 불교전문잡지인 〈불교〉 제37호는 창간 3주년 기념으로 각훈의 〈해동고승전〉과 초의艸衣선사의 〈대동선교고大東禪教考〉 두 가지만으로 제37호의 전 지면을 메웠다. 이러한 게재방식은 잡지편

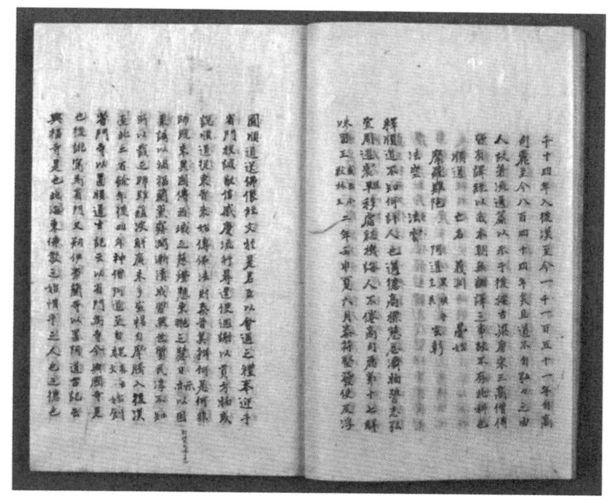

〈해동고승전〉. © 한국민족문화대백과사전. 고려 중기의 승려 각훈이 썼다. 각훈은 초기 우리나라 고승들의 전기를 기록함으로써 민족 자주성과 문화적 우월성을 크게 높여주었다.

집으로서는 파격적인 형태임은 자명한 사실인데, 그 대상의 첫번째가 〈해동고승전〉이었다는 것은 시대상황과 견주어보면 시사하는 바가 적지 않다. 편집 겸 발행인 권상로權相老는 각기의 서목書目이 우리나라를 지칭하는 '해동'과 '대동大東'으로 시작된다는 점에서 은연중에 민족과 국가의식을 드러내기 위한 의도도 있었을 것이다. 물론 사료로서의 높은 가치 때문에 미발표 사본 두 가지를 창간 3주년 기념호에 게재하는 파격적 편집을 단행했을 것이다.

〈불교〉 제37호에 게재한 최남선의 〈해동고승전〉 해제에 의하면, 〈해동고승전〉은 일제시대에 해인사의 주지이자 후일 매종역조賣宗易祖의 친일승려로 변신한 이회광李晦光에 의해 경상북도 성주 어느 사찰의 해묵은 종이뭉치 속에서 2권 1책으로 된 사본으로 발견되었다. 이 책은 당시 우리나라 고전을 수집하던 최남선이 1910년에 설립한 조선광문회에 기증되어 전사傳寫·유포되었다고 한다. 하지만 현재 광문회 소장본의 행방은 알 수가 없다.

그 다음 현재 사본으로서 연대가 가장 오래된 천견윤태랑본淺見倫太郎本(천견본으로 약칭됨)은 1914년 4월 25일에 도변창渡邊彰 소장의 고초본古鈔本을 빌려 대조교정했다. 현재 천견본의 대교용으로 사용되었다고 하는 도변창의 고초본은 행방을 알 수가 없고, 천견본은 현재 미국 캘리포니아 버클리 대학에 소장되어 있으며, 수년 전 동국대학교 김상현 교수가 천견본의 복사본을 입수하여 〈신라문화〉 제3·4합집(동국대학교, 신라문화연구소, 1987)에 그대로 실었다.

이 책의 내용을 살펴보면 현존하는 2권은 삼국시대 고승들의 불교유통에 관한 전기를 모은 책이다. 그리고 덧붙여 인도·서역·중국에서 도래한 외국승려의 전기도 수록되어 있다.

첫째권의 서두에는 '논왈論曰'로 시작되는 유통편流通篇의 머리말이 실려 있는데, 여기서는 불교발생의 유래와 불교가 동쪽으로 전래된 연원을 개설하고 있으며, 이어 각 개인의 전기로서 고구려 불교의 처음 전래자인 순도를 위시하여 고구려·백제·신라·외국의 전래승 등 도합 11명의 기사가 실려 있다.

제1권에 이들 전기가 실린 스님들은 순도와 이름이 알려지지 않은 자(7명), 의연義淵·담시曇始·마라난타·아도阿道·흑호자黑胡子·원표元表·현창玄彰·법공法空(이차돈)·법운法雲 등 11명이다.

제2권에는 구법을 목적으로 중국 및 인도에 유학한 22명의 승려들의 행적이 그려져 있으며, 그중에서도 특히 인도 구법승들의 전기에는 구도자들의 참된 모습이 여실히 부각되어 있다.

2권에 수록된 승려들은 중국에 처음 유학한 신라 승려 각덕覺德을 비롯하여 명관明觀·지명智明·담육曇育·원광圓光·원안圓安·안함安含·아리야발마·혜업慧業·현각玄恪·현조玄照 그리고 이름을 알 수 없는 신라 승려 두 명(인도유학중 현지에서 죽음), 현유玄遊·승철僧哲·현태玄太 등의 인도 구법승들이 기록되어 있다.

〈해동고승전〉의 저자 각훈은 12세기 후반에 출생하여 13세기 전반인 1230년에 입적한 고려중기의 스님이다. 그는 일명 각월覺月이라고도 했으며, 그의 자호自號는 고양취곤高陽醉髠으로서 술 마시는 승려라는 뜻으로 고사에서 취하여 사용했다고 한다. 그는 고종 때 화엄종 승려로서 이인로李仁老·이규보李奎報 등 당대 문인들과 교우가 두터웠으며, 그의 시집이 선비들 사이에 알려질 만큼 문명이 드높았다.

〈해동고승전〉의 권두에 실린 기록에 의하면 각훈은 이 책을 저술할 당시 개성 오관사 영통사五冠山靈通寺의 주지로 있었으며, 또한 교학사자사문敎學賜紫沙門이라고 한 것을 보면 법계가 높은 고승이었음을 알 수 있다. 영통사는 개성에서 서북쪽으로 30리쯤 떨어진 오관산 아래, 즉 지금의 경기도 개풍군 영남면 현화리에 그 절터가 있으며, 고려시대에는 삼림이 울창하고 경치가 아름다워 송도 제일의 거찰이었다고 한다.

각훈의 다른 저술은 전하지 않으나 〈해동고승전〉은 〈삼국유사〉보다 70여 년 전에 씌어져 초기 우리나라 고승들의 전기를 기록함으로써 민족의 자주성과 문화적 우월성을 드러내는 데 크게 공헌했다.

DIGEST
45
BUDDHISM

고려말의 마지막 고승들
: 태고·나옹·백운선사 (1298~1382년)

고려말기에 활약한 고승으로서는 태고 보우太古普愚와 나옹 혜근懶翁慧勤 및 백운 경한白雲景閑이 있다.

오늘날까지도 한국 선종의 종조로 추앙받고 있는 보우는 본래 가지산파(선문 9산의 하나)로 출가하여 조사의 화두話頭를 참구하는 참선수행에 전념했다. 보우(1301~1382)는 속성이 홍씨, 홍주(충남 홍성)사람으로서 13세에 출가하여 회암사檜岩寺의 광지廣智에게 득도했다. 그 뒤 여러 총림을 두루 방문하고 19세에 만법귀일萬法歸一의 화두를 참구했으며, 성서城西의 감로사甘露寺에 있으면서 의심의 응어리가 해결되어 37세에 개성 전단원栴檀園에 우거하면서 '무無자'를 참구하여 대오했다.

1341년, 삼각산 중흥사에 있을 때 많은 학자가 모여들었다. 보우는 중흥상 동쪽에 세운 태고암에 머물면서 노래 1편을 지었다. 1346년, 46세로 원元의 호주 하무산 천호암天湖庵으로 가서 석옥청공石屋清珙에게 인가를 얻었다.

원의 순종은 보우를 초빙하여 영녕사永寧(明)寺에서 개당, 설법케 하고 금란가사와 침향을 하사했다. 1348년에 귀국한 그는 곧 공민왕의 존중을 받게 되어 1356년에는 왕사가 되었다. 왕사가 된 직후 왕명으로 설치된 원융부圓

融府를 통해 그는 승직 임명을 관장하였다. 아울러 그는 당시까지 분열 · 대립하고 있던 선종 각파의 통합을 꾀하였다. 후일 희양산 봉암사, 가지산 보림사, 전주 보광사, 영원사 등지에 머물렀으며 1382년(우왕 8년)에 소설산小雪山으로 가서 82세로 입적했다. 시호를 원증圓證이라 하며 태고太古는 그의 호다.

〈상주 남장사 구장 나옹존자 진영〉, © 한국민족문화대백과사전. 임제의 선풍을 도입하여 침체된 불교계에 새로운 바람을 일으킨 혜근은 보우와 함께 조선시대 불교의 초석을 놓은 위대한 고승으로 평가된다.

그는 구산선九山禪을 통합하고 임제선臨齊禪을 계승했으며 많은 시와 노래를 저작했다. 그의 법어와 가송歌頌을 문인 雲栖 운서雲栖가 편찬한 〈태고화상어록〉이 현존하며, 〈태고유음太古遺音〉은 전하지 않고 있다. 그의 제자로는 혼수混修 · 찬영 粲英 등 천 수백 명이 있었다.

고려말의 혼란기에 활약한 또 한 분의 고승이 나옹 혜근이다.

혜근(1320~1376)은 속성이 아牙씨이며, 영해寧海 사람이다. 20세 때 이웃 친구의 죽음을 보고 그것이 동기가 되어 공덕산 묘적암功德山妙寂庵의 요연了然에게 출가했다.

그는 여러 산을 편력하다가 양주 회암사에서 4년 동안 머물면서 정진하여 개오開悟했다. 1348년 3월 원나라로 들어가 연경燕京의 법원사法源寺에서 지공指空을 만났다. 지공은 인도 마가다국의 왕자로서 출가하여 가섭으로부터 백 여덟 번째의 법을 이었으므로 인도 108대 조사祖師라 한다. 혜근은 지공에게서 법을 듣고 정자사淨慈寺로 가서 평산처림平山處林의 법을 얻었다. 처음 혜근이 처림을 찾아갔을 때 처림은 혜근에게 누구를 만나고 왔느냐고 물었다.

지공을 만났다고 하니, 그는 지공이 무엇을 하던가 하고 물었다. 그는 천검天劍을 쓰더라고 혜근이 답하니, 처림이 천검은 그만두고 그대의 일검을 가져오라고 했다. 이에 혜근이 좌구座具로 후려치니 처림은 쓰러지면서, "이 도둑이 날 죽인다"고 외쳤다. 혜근이 처림을 일으키면서, "나의 칼은 살활殺活을 능히 합니다"하니, 처림은 크게 웃었다.

후에 보타낙가산의 관음을 참배하고 순종의 부름을 받아 광제사廣濟寺에서 개당 · 설법하고, 법원사에 가서 지공의 부촉을 받은 뒤 1358년 귀국하였다. 공민왕의 초청으로 성중에서 법을 설하고 후일 금강산 정양암正陽庵, 청평사, 오대산 등지를 유력하였으며, 송광사 · 회암사에 있다가 밀양 영원사靈源寺로 가는 도중에 여주 선륵사에서 1376년 입적하였다. 시호를 선각禪覺이라 하였고, 문인 각련覺璉이 집록하고 환암 혼수幻庵混修가 교정한 〈나옹화상어록〉을 비롯하여 〈나옹화상가송〉 〈나옹화상백납가〉 등이 있다. 제자로는 혼수混修 · 자초自超 등 백여 명이 있었다.

보우와 함께 석옥 청공의 법을 받은 또 다른 스님으로서 경한景閑(1298~1374)이 있다. 경한의 호는 백운白雲이며 호남 고부 사람이다. 어려서 출가하여 보우와 마찬가지로 원나라 호주에 가서 석옥의 심법心法을 전해받고, 지공에게도 법을 물었다. 1353년(공민왕 2)크게 깨우친 바가 있었으며, 이듬해 석옥의 제자 법안法眼이 석옥의 사세게辭世偈를 갖고 와서 그에게 전했다. 나옹의 추천으로 1355년 해주 신광사神光寺의 주지가 되었고, 1370년 공부선功夫禪의 시관試官이 되었다.

그는 태고 보우와 마찬가지로 석옥의 법을 받았지만, 보우가 주로 간화선을 중시한 데 비해 그는 무심무념을 궁극으로 삼는 묵조선默照禪으로 선풍을 드날렸다.

만년에 여러 암자를 순방하면서 한가로이 머물다가 1374년(공민왕 23) 여주 취암사鷲岩寺에서 나이 76세로 입적했다. 저술로는 현존하는 〈불조직지심체절요佛祖直指心體節要〉 2권과 〈백운화상어록〉 2권이 있다. 이중 〈불조직지심체절요〉 권하卷下는 세계에서 가장 오래된 주자본鑄字本이라는 점에서도 그 가치가 인정되고 있다.

태고 · 나옹 · 백운 등은 희세의 거승이었으나, 국운은 이미 기울어지고 정치와 사회가 어지러워 그들의 법화法化로도 고려의 멸망을 어쩌지 못했다.

DIGEST

46

BUDDHISM

신돈, 요승인가 개혁승인가?
: 편조의 대개혁 (1365~1371년)

우리 불교사에는 해명되어야 할 문제들이 많이 있다. 〈고려사〉나 〈조선왕조실록〉 등 우리의 정사正史에 나타나는 불교관계 기사를 액면 그대로 믿기에는 곤란한 점이 많다. 왜냐하면 이들 역사기록이 씌어진 때는 이미 불교비판을 당연시하던 시대였기 때문이다. 따라서 다분히 고의적인 기사, 심지어 날조된 기사까지 있음을 염두에 두면서 어지러운 고려말 공민왕과 함께 대개혁을 단행한 편조遍照에 대해서 살펴보고자 한다.

배불적인 봉건사가들이 흔히 요승이라고 왜곡한 편조(?~1371)는 영상현(경남 창녕 근처) 옥천사 노비 출신의 승려였다. 편조는 법명이고 호는 청한거사淸閑居士이며, 자는 요공耀空이요 신돈辛旽은 환속 후의 이름이다.

편조의 어머니는 옥천사 종이었다. 그는 어려서 출가했으나, 어머니가 천하다 하여 승려들과 어울리지 못하고 늘 산방에 있거나 각지를 방랑했다. 그러다가 개경에 올라와 돌아다니다가 무인 김원명金元命의 추천으로 1365년 공민왕을 만났다. 편조를 만나기 전날, 공민왕은 '어떤 사람이 칼로 자신을 찌르려 할 때 한 스님이 나타나 구해주는 꿈'을 꾸었는데, 마침 김원명이 편조를 데리고 왔다.

편조는 꿈에서 공민왕을 구해준 스님과 똑같았다. 왕이 이상히 여기고 대화를 나눠보니 총명하고 지혜로우며 말을 잘하여 금세 왕의 마음에 들었다. 그는 야윈 모습에 여름이나 겨울이나 항상 다 떨어진 누비옷 한 벌만 걸쳤다. 봉건사가의 온갖 왜곡에도 불구하고, 편조의 검소한 면모와 개혁에 대한 포부가 공민왕과 의기투합했음을 알 수 있다. 기존의 부패하고 살찐 귀족출신 승려 지도자들과 너무나 대조적인 그의 면모에 공민왕은 매혹되었을 것이다.

편조는 처음에는 국정에 참여하라는 공민왕의 청을 사양하다가 권신들의 참소와 이간질에 현혹되지 않겠다는 왕의 맹세를 조건으로 국정에 참여했다. 낙산사洛山寺가 편조의 원찰이었는데, 당시의 사람들은 그를 '문수보살의 화신'이라 일컬었다. 그는 왕을 설득하여 수차례 문수회文殊會를 열었고, 현실정치에 적극 참여하면서 환속하여 이름을 신돈으로 바꾸었다.

1365년(공민왕 14), 진평후眞坪侯에 오르고, 이어서 '수정리순론 벽상삼한삼중대광 영도첨의사사 판감찰사사 취성부원군 제조승록사사 겸 판서운관사守正履順論道燮理保世功臣 壁上三韓三重大匡 領都僉議使司 判監察司事 鷲城府院君 提調僧錄司事兼判書雲觀事'라는 길다란 이름의 벼슬을 가졌는데, 그것은 수상과 같은 막강한 권력을 가진 직함이었다.

그는 최영 등 권문세가를 모조리 숙청하고, 전민변정도감田民辨正都監을 설치하여 호족들이 권력으로 강탈해 겸병한 토지를 환수하여 장원을 해체함과 아울러, 그들에게 예속되어 있던 노비로서 양민이 되고자 하는 자는 모두 해방시켰다. 신돈의 이러한 조치는 농민과 노비계급의 전폭적인 지지를 받았다. 지배계급이 그에게 원한을 품게 된 반면에 하층민들은 그를 '성인'으로 칭송하였다.

한편 기득권을 잃은 권문세족 잔당들은 신돈이 '교만방자'하고 '음란'하며 현량들을 '참소'하여 '정치를 문란하게 하고 나라를 망쳤다'고 끈질기게 중상하였다. 신돈이 왕에 대하여 '군신의 예의'가 없이 허물없이 대하였고 왕릉에도 절하지 않았으며, 왕과 나란히 앉아 국정을 논의한 것이 귀족지배계급의 눈에는 곧 '교만방자죄'였다. 그러나 신돈은 본래 봉건적인 예의에 구애되지 않던 승려 출신이었으므로 그러한 태도는 당연한 것이었다.

또 주색을 가까이하고 아들까지 보았으니 음란하다는 비난은 귀족지배계급의 빗나간 윤리기준이다. 양반들이 주색을 즐기는 것은 정당하고 신돈은 천민 출신이므로 부당하다고 말하며 환속한 사람이 아들을 낳은 것을 문제삼는 것은 그를 제거하기 위한 공연한 생트집에 지나지 않는다.

그리고 신돈이 현량들을 참소하여 정치를 문란하게 하고 나라를 망쳤다는 비난은 대토지소유자의 이익을 침해하고 기존 지배관료들의 지위를 위협했다는 말인 것이다.

그러나 억압받고 착취당하던 농민과 노비들의 '성인' 신돈은 1371년, 대개혁을 추진한 지 7년 만에 결국 대토지 소유자들과 봉건적 유생들의 총반격에 의해 '역모죄'로 몰려 처형되고 말았다. 공민왕은 결국 대토지 소유자들의 압력에 견디지 못하고 신돈과 약속한 처음의 맹세를 저버린 것이다. 그는 맹세문을 불살라버린 후 신돈의 측근들을 숙청하고, 심지어 신돈의 두 살 난 아이까지 죽였다.

스스로 노비 출신으로서 농지가 부와 권력의 원천이었던 대토지 소유자계급이 지배하는 봉건적 질서를 뒤집어엎고 억압받는 민중의 이익을 실현하려 했던 혁명가 신돈, 그는 후세의 배불적인 유교사가들에 의해 '요망한 중'으로 기록되었지만, 그가 사라짐과 더불어 사회 · 경제적 개혁의 좋은 기회도 사라지고 말았으며, 그를 처단한 친원세력의 득세에 따라 고려의 대외적 자주노선도 후퇴하고 말았다.

승려 편조의 대개혁 정치는 고려의 마지막 기사회생의 기회였지만 그는 결국 기득권 세력의 두터운 장벽을 뛰어넘지 못하고 역사의 희생자가 되고 말았던 것이다.

DIGEST

47

BUDDHISM

'5교양종이 모리배의 소굴이 되어…'
: 고려불교의 타락과 사대부의 비판 (1352~1390년경)

고려 후기의 불교는 왕실과 권력자들이 결탁하여 많은 토지와 노비를 차지하고, 소작 · 양조 · 축산 · 고리대 등을 통해 물질적 이익을 꾀하며 날로 부패 타락해감에 따라 불교는 성리학자와 신진사대부의 거센 비판을 받게 된다. 공민왕의 개혁정치를 계기로 급속히 성장한 신진사대부들은 토지와 노비를 겸병한 권문세족과 부패한 불교를 국가의 양대 모순으로 인식하여 날카롭게 비판했다.

1352년, 이색은 공민왕에게 올린 상소에서 불교의 타락을 다음과 같이 비판하였다.

> …5교양종이 모리배들의 소굴이 되어 승려들이 더러운 짓을 할 뿐만 아니라 백성들 가운데 놀고 먹는 자가 많아져서 양식 있는 사람이라면 누구나 개탄하게 되었습니다. 석가모니는 성인으로서 좋고 나쁜 것을 분간할 줄 알았을 터인즉, 이미 죽은 영혼이라 할지라도 승려들의 이러한 타락상을 본다면 어찌 부끄럽게 여기지 않겠습니까?

〈고려사〉 공민왕 원년조

이색 등은 불교 자체를 배격하기보다는 사찰의 폐해와 승려의 비리 따위를 공격했다. 또 1361년, 어사대에서 왕에게 올린 건의 역시 불교의 타락을 비판하고 있다. 그들의 비판을 직접 들어보자.

> 불교는 본래 청정함을 숭상하는데, 그 무리가 죄와 복의 설로 과부나 외로운 여인을 꾀어 머리를 깎아 여승이 되게 하여 동거하며 음욕을 채우고 있습니다. 심지어 사대부 집안이나 종실에 불사를 권하여 산중에 머무르게 하는데 가끔 추문이 들려 풍속을 더럽히고 있습니다. 이제부터는 이런 일을 일절 금지하고 어기는 자는 엄벌해야 할 것입니다.
>
> 〈고려사〉 공민왕 10년조

이러한 비판은 신진사대부 세력의 득세와 더불어 점점 더 활발해졌다. 이성계의 위화도 회군 후, 그의 심복 조인옥은 1388년 창왕에게 불교배척을 건의하는 상소를 하였다. 그는 국가 지배이념의 지위로부터 불교를 끌어내리고 승려들의 영리추구와 타락을 비판하였다.

급진적인 사대부세력은 불교배척론을 더욱 발전시켜 불교교리 자체를 이론적으로 공격하기 시작했다. 1390년, 정몽주는 음식이나 남녀관계 같은 평상적인 일에 지극한 도리가 있는 것이라며 "불교는 친지와 이별하고 남녀관계를 끊고 홀로 바위굴 속에 앉아 풀을 먹으며 공空을 관찰하여 적멸함을 근본으로 삼으니 이 어찌 평상한 도리이겠는가?"라고 정면으로 불교의 진리성을 부정했다.

가장 격렬한 불교배척론은 성균관 학생 박초朴礎, 성균관 박사 김초金貂와 정도전鄭道傳에 의해 펼쳐졌다.

박초는 불교가 부자 · 군신 · 남녀의 윤리를 부정하고 생산을 가로막으며 절을 지어 백성의 재물을 착취한다고 비난했다. 그는 일하지 않고 사는 승려들 때문에 백성들이 굶는다며 민중의 굶주림을 불교 탓으로 돌렸다. 그리고 결론적으로 "승려를 환속시켜 군사와 부역을 담당케 하고, 불경을 불사르며 사찰의 토지는 관아에서 관리하여 군량미로 충당하고, 사찰의 노비는 각 관아로 재배치하며, 불상과 종 등은 녹여 무기를 만들자"고 주장했다. 그의 주장은 북주北周의 불교폐지정책을 모범으로 삼은 것이었다.

성균관 박사 김초는 천재지변을 물리치고 수명을 연장하고 극락에 왕생하고자 기도하는 기복불교의 허구성을 폭로하고 "승려들은 백성들에게 기생하는 무리들"이라고 비난했다. 그 역시 박초와 마찬가지로 "5교양종을 해체하고 승려를 환속시켜 군사에 보충하고 사찰의 재산과 노비를 관청에 소속시키며 머리 깎는 자는 죽일 것"을 상소했다.

이러한 불교배척론을 더욱 높은 수준에서 심화시키고 집대성한 것은 성리학자이며 급진적 사대부세력의 중심인물인 정도전이었다. 그는 20항목에 걸쳐 불교를 철학적으로 비판한 〈불씨잡변佛氏雜辨〉을 저술했다.

그는 특히 불교의 생사윤회설과 인과응보설, 천당지옥설 등 기본적인 교리의 불합리함을 성리학으로써 논증하였다. 그러나 거기에는 불교에 대한 피상적인 이해에서 온 잘못된 논증도 포함되어 있다. 가령 그가 비판한 윤회설은 본래 불교에 있어서는 영혼불멸설과 거리가 먼 무아(영혼과 같은 실체는 없다), 무상無常(영원한 것은 아무것도 없다)의 가르침으로서, 윤회설은 고대인도의 생사관이 불교에 들어와 자리를 차지한 것이다.

정도전의 불교비판은 당시 재정지출의 반 이상을 차지할 정도로 왕실 기복적인 불교행사가 나라의 재정을 탕진하고 있던 상황에서 진보적인 견해였다. 그의 논리적인 불교배척론은 고려 지배계급의 지배이념이었던 불교를 몰락시키는 데 결정적인 역할을 했다. 당시 고려불교는 당대의 이름 있는 왕사 · 국사 · 선사들조차도 그의 불교 배척론에 효과적으로 대응하지 못하여 결국 고려 왕조는 멸망하고 불교 또한 조선시대에 배척당하는 수난을 겪게 되고 말았다.

DIGEST

48

BUDDHISM

조선의 처음이자 마지막 왕사

: 왕조창업에 관여한 격변기의 고승 무학 (1327~1405년)

조선을 건국한 이성계에게는 정도전이라는 걸출한 참모와 무학無學대사라는 스승이 있었다. 정도전은 불교배척론을 집대성시킨 신진사대부 세력의 중심인물이었고, 무학은 이성계와 청년시절부터 인연을 맺은 불교계의 대표적인 정책자문역이었다. 무학은 이성계의 등극 원년에 이미 왕사王師로 봉해질 정도로 태조와 밀접한 관계에 있었다.

배불숭유의 국가적 정책 속에서 조선을 개국한 태조의 절대적 신임을 받은 무학대사의 생애와 그 활동을 살펴보는 것은 조선불교를 이해하는 중요한 단서가 된다.

무학대사(1327~1405)는 지금의 경남 합천군 대방면에 속하는 삼기현三岐縣 출신으로 속성은 박朴씨요, 승명은 자초自超이며, 무학은 호다. 그는 1231년 몽골 침략 때 귀주성 전투의 명장 박서朴犀 장군의 5대손이었다.

〈고려사〉에 의하면, 고려가 몽골에 항복하자 박서는 관직을 버리고 전국을 유랑하다가 해인사에 이르러 몽골군의 퇴치와 국가의 태평을 기원하는 기도를 올리던 중 "자손대에 새 나라를 여는 열쇠를 잡으리라"하는 영험을 얻었다. 무학은 박서의 이 영험에 상응하는 자손이며, 박서 이래 무학에 이르기까지 그의 집안은 대대로 불경과 도참사상을 연마하였다고 한다.

〈함양 용추사 무학대사 진영〉, © 국가유산포탈. 무학은 조선왕조가 창업되는 변혁기를 산 진보적인 승려로서 조선의 처음이자 마지막 왕사였다.

무학의 부모는 무학을 임신하고 있던 중 왜구에게 끌려가다가 간신히 탈출하여 서산 안면도에 정착, 갈대로 삿갓을 만들어 팔며 겨우 연명하였다. 그나마 그곳 군수에게 진 빚을 갚지 못해 끌려가다가 학돌재란 고개에서 무학을 낳았다. 핏덩이 아기를 미처 거두지도 못한 채 버려두고 끌려갔다가 풀려나와 보니 학이 아기를 감싸주고 있었다. 그래서 이름을 무학舞鶴이라 지었는데, 출가한 뒤 무학無學으로 바꾸었다는 이야기다.

안면도(일명 간월도)에서 부친을 여읜 무학은 고향 삼기현으로 돌아와 유학을 공부했고, 18세부터 3년간 지리산에서 천문 · 지리 · 음양 · 도참술을 연구하였다. 그 뒤 21세경에 송광사 소지小止선사에게 출가했다.

그는 용문산 부도암, 진주 길상사를 거쳐 25세 때 묘향산 금강굴에서 깨달음을 얻어 오도송을 읊었다. 그러나 무학은 이에 만족하지 않고 원나라로 가서(26세, 1353), 지공指空과 나옹을 만났으며, 나옹의 인가와 부촉을 받아 그의 제자가 된 후 31세 되던 1358년(공민왕 7) 봄에 귀국했다. 그는 33세 되던 해 나옹과 함께 함주에 가서 이성계의 부친 이자춘李子春의 묘소를 정해주었다.

이성계와의 인연은 1384년(우왕 10) 무학이 안면 설봉산 아래 토굴에서 이성계의 '왕王자 꿈'의 해몽을 인연으로 더욱 친밀해졌다. 이때 이성계는 무학의 가르침대로 석왕사釋王寺를 창건하고 오백나한을 모시는 등의 불사를 단행했고, 또한 무학을 스승으로 섬겼다.

이태조의 창업에 큰 공헌을 세운 무학은 조선건국 원년(1393)에 왕사가 되었고 또한 '왕사대조계종사 선교도총섭전불심인 변지무애 부종수교 홍리보제도대선사王師大曹溪宗師禪教都摠攝傳佛心印辯智無碍扶宗樹教弘利普濟都大禪師'라는 길다란 이름의 존호를 받았다. 무학대사가 65세 때 일이다.

그는 한양 천도에 중요한 역할을 했다. 궁궐의 터를 잡았던 것이다. 그러나 불교를 근본적으로 반대하고 배척하는 정도전 등과 대립 · 갈등관계에 있었다. 심지어 궁궐 건설에 있어서도 사사건건 의견충돌을 빚었다. 그는 비록 태조의 변함없는 존경을 받았지만, 전국 사찰의 토지와 노비를 몰수하는 태종 때의 불교 대탄압을 지켜보아야만 하는 비운의 만년을 보내고 1405년(태종 5)에 입적했다.

무학의 사상은 도참 · 선 · 호국사상 등 세 가지로 요약해볼 수 있다.

첫째, 그의 도참사상은 고려의 국운을 예견하면서 부득이 만백성을 위하고 국토를 보전키 위해 새 왕조를 세울 수밖에 없음을 간파했고, 또한 조선의 도읍을 새로 정하는 등의 일에 크게 기여했다.

둘째, 그의 선사상은 지공 · 나옹과 마찬가지로 조사선祖師禪적인 성격을 가지며 또한 임제선臨濟禪만이 아닌 조동선풍曹洞禪風까지도 포함되어 있다고 볼 수 있다. 무학이 나옹의 상족제자임을 감안해볼 때 그 구체적 선풍과 사상은 나옹과 크게 다르지 않다고 생각된다.

셋째, 그의 호국사상은 새 왕조 건국의 산파역을 함으로써 조상 전래의 운명과 맞물려 그와 이성계를 잇는 호국 인연의 고리가 되고 있다. 이 점에서 그의 스승 나옹이 정적 · 소극적이었다면, 무학은 동적 · 적극적으로 활동했다.

무학은 격변기의 왕조 창업에 공헌하면서도 평소의 그는 "8만가지 행실 중에 영아행嬰兒行이 제일이라"할 정도로 천진하고 겸손한 자세를 잃지 않고 살았다. 이러한 명리를 초월한 자세는 후일 임진왜란 때 서산과 사명에게 계승되어 나라와 겨레를 병란으로부터 구하는 데 커다란 일조를 했다.

무학은 고려가 멸망하고 조선왕조가 창업되는 변혁기의 진보적인 승려였다. 그는 젊은 시절부터 변혁의 꿈을 품고 새 나라 건설에 적극 참여했다. 그러나 끝내는 성리학을 지배이념으로 하는 새나라의 권력 중심으로부터 밀려나고 말았다.

그는 조선의 처음이자 마지막 왕사였다.

DIGEST

49

BUDDHISM

태종의 불교탄압과 함허당 기화스님
: 척불에 맞선 조선초의 고승 함허 (1376~1433년)

태조 · 정종 때에는 비록 불교를 억제하기는 했지만 왕들의 개인적인 불교 신앙 때문에 소극적인 억제정책에 그쳤다. 그러나 태종 때에 와서는 불교에 대한 대대적인 탄압이 시작되었다.

조정은 불교 각 종파의 토지 · 재산 다툼과 사치 · 타락을 비난하며 전국의 70개 주요 사찰을 제외한 모든 절의 토지와 노비를 몰수했다. 1402년부터 시작된 사찰토지 몰수로 수만 결의 토지를 잃은 불교세력은 급속히 약화되었다. 국가에서 몰수한 사찰노비만 하더라도 10만 명에 이르는 엄청난 수였다.

태종은 개인적으로도 불교를 신봉하지 않았기 때문에 더욱 적극적으로 탄압했다. 그는 11개 종파를 7개 종파로 통폐합하고 각 종파의 사찰 수를 제한(모두 242개 사찰)하는 등 나머지 대부분의 사찰을 없앴으며, 왕사 · 국사제도를 폐지했다. 이제까지 왕실에서 관례로 행해졌던 기우제 불사 따위도 폐지하였다. 또한 도첩제를 강화하여 승려 수를 제한하고 도첩이 없는 승려는 모두 환속시켰다. 이러한 불교탄압에 불교계는 별다른 저항을 하지 못하고, 1406년에 승려 성민省敏 등이 신문고를 울려 지나친 탄압조치의 시정을 호소했지만 소용없었다.

이때 무학의 수제자 함허당 기화己和(1376~1433)는 〈현정론顯正論〉과 〈유석질의론儒釋質疑論〉을 지어 불교배척론에 대한 반론을 제기했다. 함허당은 당시의 격렬했던 배불론에 대하여 정면으로 그 부당성을 논증한 조선초 불교계의 위대한 거목이었다. 이처럼 척불에 맞선 그의 생애를 살펴봄으로써 불교탄압기의 조선불교에 대해서 알아보자.

함허의 법명은 기화己和요 호는 득통得通이며, 함허당涵虛堂은 그의 당호堂號이고 성은 유劉씨다.

그는 1376년(우왕 2) 11월 17일, 중원(지금의 충주)에서 태어났다. 성균관에서 공부할 때는 하루에 수천 어를 기억했고, 1396년(태조 5) 21세 때 친구의 죽음을 본 뒤 관악산 의상암義湘庵에서 출가했다. 이듬해 회암사에 가서 무학자초無學自超를 만나 법요를 들었으며 이 인연으로 무학의 제자가 되었다. 그 후 여러 곳으로 다니다가 다시 회암사에 주석하면서 용맹정진하여 크게 깨쳤다.

1406년(태종 6) 공덕산 대승사大乘寺로 가서 세 차례 반야강석을 베풀고, 개성 북쪽 천마산 관음굴 · 불희사佛禧寺 등에 있으면서 학인들을 가르쳤다. 1412년(태종 12) 평산 자모산 연봉사烟峰寺의 작은 방을 함허당이라고 이름하고 3년간 수행했다.

1420년(세종 2) 오대산 월정사에 머무르고 있을 때 세종이 그의 소문을 듣고는 청하여 대자어찰大慈御刹에 주석하게 해 4년 동안 물다가 사양하고 나왔다. 1431년(세종 13) 희양산 봉암사에 들어가서 절을 중수하고, 여기서 1433년(세종 15) 4월 1일 세수 58세, 법랍 37년으로 입적했다. 부도는 경기도 가평군 현등사에 있다.

그의 저술로는 〈원각경소〉 3권 1책과 〈금강경오가해 설의〉 2권 1책, 〈함허화상어록〉 등이 있는데, 특히 그가 쓴 〈현정론〉과 〈유석질의론〉은 배불론에 대하여 반론을 제기한 것으로 유명하다.

그는 불교가 유고 지배이념인 충효에 어긋나지 않는다고 강변했다. "불교는 결혼을 하지 않아 가업을 끊으므로 불효가 아니냐?"는 유가 쪽 비판에 대하여 그는, 석가불이 성도 후에 고향에 돌아가 아버지를 뵙고 부모를 제도했

〈가평 현등사 함허당 득통탑 및 석등〉, © 한국민족문화대백과사전. 무학의 수제자였던 기화는 조선의 불교배척론에 맞서 〈유석질의론〉으로 그 부당성을 파헤쳤다.

으니 입신양명의 효도가 아니냐고 했다. 또 "불교는 임금을 섬기지 않으니 불충이 아니냐?"는 비판에 대해서는 "불교는 아침저녁으로 임금과 나라를 위해 기도하고 있으니 충성이 아니냐?"고 되물었다. 그는 심지어 "불교의 삼신불三身佛은 주역의 무극 · 태극 · 음양 오행과 상통한다"고 주장했다.

이와 같은 타협적 유불 융합사상은 조선왕조시대 전반에 걸쳐 특히 관변 승려들에 의해 거듭 강조되어, 일부 지배층과 지식층의 동조를 얻어내는 한편, 권력의 안정과 질서를 바라는 지배층에 일정하게 봉사하게 된다.

그러나 함화당 기화의 사상은 어떤 면에서는 이전의 불교사상에 비하여 상당히 진보적이었다. 그는 "문자에 집착하면 분별만 보고 근원은 어둡게 되고, 문자를 버리면 근원만 보고 분별에 어둡게 된다. 그러므로 근원과 분별에 다 같이 어둡지 않아야 진리의 바다에 들어가게 된다"고 하여 선 · 교 통일적인 사상을 지향했다.

조선초의 배불론에 대해 불교의 이해를 제고하고 포교에 힘쓴 그의 〈현정론〉은 현존 간본으로 1526년(중종 21) 백계산 송천사松天寺의 간본 등이 있고, 〈유석질의론〉은 서봉사瑞鳳寺 · 불봉사佛峰寺 간본이 있다.

조선초 최대의 불교탄압
: 세종조의 불교종파 통폐합 (1424년)

조선의 요순堯舜이라고 불리었던 세종은 유교를 국교로 하여 집현전을 두어 학문을 진흥시키고, 〈고려사〉 〈훈의자치통감강목〉 〈훈민정음〉 등 엄선된 여러 저작을 편찬케 했다. 조선의 유교국가체제는 세종에 의해 확립되었다. 그러나 세종은 불교에 대해서는 태종을 이어 철저한 배불정책을 강행하였다.

그러한 세종의 훼불정책을 잠시 주춤거리게 하는 사건이 그의 즉위 초년에 일어났다. 즉, 그가 즉위하던 해(1419)와 그 2년 뒤에 승려들이 중국으로 가서 명의 황제에게 국내의 심한 불교박해 사정과 이에 대한 구원을 호소한 일이 있었다. 그때 명나라 성조成祖는 독실한 불교 신봉자였기 때문에 승려들의 호소가 다소 효력이 있었던 것이다.

세종은 이 사건으로 인하여 배불책을 늦추고 명의 환심을 사기 위하여 잠시 회유책을 쓰기도 하였다. 그러나 세종은 왕 자신을 위해 복을 비는 기복불사마저도 '비루한 일'이라 하여 폐지하고, 태종 때부터 시작한 사찰토지 몰수사업도 계속하였다.

1422년(세종 4), 매년 행해오던 도성 내의 경전을 독경하는 행사를 폐지시켰다. 매년 봄 · 가을에는 승도들에게 〈반야경〉을 독경하면서 시가를 행진하여 재앙을 소멸시켰던 행사였지만, 이는 고려 이래의 불교적 관습이라 하여 폐지시킨 것이다.

그러나 세종의 가장 결정적인 불교 억압조치는 불교 각 종파의 통폐합이었다. 1424년(세종 6) 봄에 대사헌 하연河演이 상소를 올려 사찰의 전답이 승려들의 수에 비해 너무 많다는 건의를 제출했다. 불교는 애초에 선종과 교종뿐이었는데 후세에 여러 종파로 분열되어 그에 따라 사찰이 난립하게 되었다고 주장하며, 태종 때 이미 통폐합하여 7개 종파에 지나지 않던 것을 다시 선 · 교 양종으로 통폐합했다. 즉, 조계종 · 천태종 · 총남종(총지종 및 남산종)을 선종으로 통합하고, 화엄종 · 자은종(법상종) · 중신종(중도종 및 신인종) · 시흥종(열반종)을 교종으로 통합하였다.

그리고 전국의 사찰 수도 더욱 제한하여 36군데만 남겨두어 선 · 교 양종에 배속시켰다. 또 선종 28개 사찰에는 밭 4,250결, 각 사찰 거주 승려는 1,970명으로 하였고, 교종 19개 사찰에는 밭 3,700결, 거주 승려 1,800명으로 한정했다.

태종 때 전국에 242개 사찰만이 남았던 것이 세종 때에는 격감하여 단지 사찰 36개, 밭 7,950결, 전체 승려 수 3,770명으로 대폭 감소하는 억불정책이 단행되었으니, 불교가 커다란 타격을 받았을 것은 자명한 사실이다.

그뿐 아니라, 고려 이래 승직을 관찰하던 관청인 승록사僧錄司를 폐지하는 한편, 서울 안의 흥천사興天寺를 교종의 도회소로 삼아서, 나이 많고 덕행이 높은 승려로 하여금 양종 각각의 제반사무를 관장하게 했다.

이처럼 태종과 세종 때에 이르러 11종이 7종으로 되고 다시 2종만으로 통폐합되었으며, 사원을 헐어 그 수를 줄이고 토지와 노비를 정리하여 대폭 축소시킨 것에는 정치적인 저의가 작용했다고 보지 않을 수 없다. 이것은 불교에 대한 단순한 탄압과 배척이 문제가 아니라, 여기에는 재정적인 이득을 노린 정치 · 경제적 목적 추구도 포함되어 있음을 충분히 알 수 있다.

즉, 종파를 통폐합하여 축소시킴으로써 사찰의 수를 많이 줄일 수가 있게 되고, 많은 사찰이 폐지됨으로써 거기에 따라 자연히 많은 토지와 노비를 국

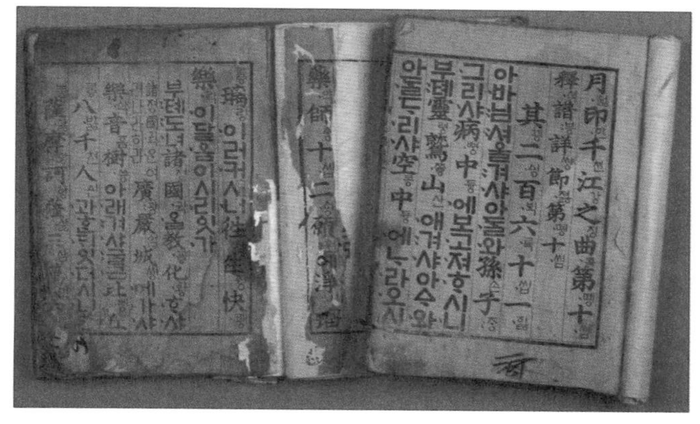
月印千江之曲第十
釋譜詳節第十

〈월인석보 권9, 10〉, © 한국민족문화대백과사전. 세조가 본인이 편역한 〈석보상절〉과 세종의 〈월인천강지곡〉을 합편하여 간행. 세종은 즉위 초반에는 강력한 억불정책을 폈으나 후기에는 오히려 불교에 경도되었다.

가의 재산으로 환수할 수 있었기 때문에, 국부와 통치목적의 성취를 위해 그 경제적 기반을 불교의 축소를 통해 달성했던 것이다.

1432년(세종 14)에는 나라의 큰 일이 있을 때 승려를 징발하여 종사하게 하는 방침을 세웠고 당장 그 이듬해 태평관을 짓는 일에 승려들을 동원하였다. 이러한 국가적 건축공사에 한달 동안 부역해야만 승려에게 도첩을 주었다. 그러나 세종은 승려들의 노동력을 이용했지만, 그 이후로는 승려들의 파계를 이유로 성내의 출입을 금지시키고, 연소자의 출가를 엄금했다.

그러나 세종은 태조가 창건한 원찰이었던 흥천사의 중수공사는 허락했다. 이때 세종의 친형이자 태종의 차남인 효령대군이 불교를 숭신하여 1433년(세종 15)에 한강에서 성대한 수륙제를 실시했다. 효령은 천태종 승려 행평行平에게 사사, 제자가 되어 노승에게 귀의하고, 승려들이 하는 모금운동에 참여하여 탑과 사찰의 건립이나 중수에 사용할 기부금을 모았다.

세종이 이를 묵과한 까닭에 불교가 다시 궁중으로 침투하여 궁녀들이 삭발하고 승려가 되기도 하였다. 이런 상황에 감화를 받은 세종은 점차 숭불의 왕으로 변신해갔다. 아마 친형인 효령대군의 영향이 적지않게 작용했을 것이다.

세종은 불교를 신봉하면서 소헌왕후의 명복을 빌기 위해 수양대군(뒤의 세조)으로 하여금 석가불의 일대기를 엮게 했다. 수양이 한글로 '석보상절'을 지어 바치자 그는 그것을 보고 '월인천강지곡'이라는 우리말 불교서사시를 지었다. 세종은 불경을 읽고 내불당內佛堂까지 세우는 등 만년에는 불교 보호 정책을 펴서 1443년(세종 25)에는 금지했던 사찰중창 및 수리를 허락하고, 왕의 임종 후에는 그 장례식까지 불교의식에 따라 시행했다.

태종과 세종의 불교 억제조치에도 불구하고 민간에서는 오랜 불교숭상의 유풍은 사라지지 않았다. 사대부들도 여전히 집안의 복을 위해 재를 올렸고, 민중들은 여전히 부처님 오신 날(사월 초파일)을 축제일로 맞이하였다. 조선시대 말까지 조정으로서도 민중의 초파일 연등을 막을 수 없었던 것이다.

DIGEST

51

BUDDHISM

역사 이래 최고의 천재 설잠비구
: 암흑시대를 밝힌 기결한 고승 김시습 (1435~1493년)

조선이 개국하면서 격렬해진 배불정책은 태종과 세종 때 철저히 시행되어 불교에 치명적인 타격을 가하였다. 그러나 세종이 만년에 호불의 경향을 띠게 되면서 불교는 다시 발전의 계기를 맞이하게 되었으며, 특히 세조의 적극적인 호불책으로 더욱 활발한 발전을 했다. 그러나 성종은 다시 배불책을 쓰게 되어 불교는 거듭 타격을 받게 되었다.

설잠雪岑은 매월당梅月堂 김시습金時習(1435~1493)의 승명인데, 그는 세종대로부터 성종대에 걸쳐서 승려생활을 했다. 그러나 김시습은 단순한 승려가 아니라 매우 다양한 면모를 보여준 조선조 최고의 아웃사이더였다.

율곡栗谷이 선조의 명을 받아 쓴 〈김시습본전〉에서 그를 '마음은 유자儒者이나 그 행적이 불가佛家였다'라고 한 '심유적불心儒蹟佛'이라는 단정이 그에 대한 평가의 한 전형이 되어 사람들은 김시습을 '승복을 걸친 유학자'쯤으로 생각하는 오해를 횡행케 했다.

김시습은 정치적으로는 세조의 왕위찬탈에 거역한 생육신의 한 사람이며, 문학상으로는 한문소설 〈금오신화〉를 쓴 한국소설의 비조이며, 운문으로는 15권의 시집에 2,214편의 시를 남긴 유명한 시인이었고, 또한 당대 한문학의

〈김시습 초상〉, © 한국민족문화대백과사전. 한문소설 〈금오신화〉를 비롯, 많은 불교서적을 쓴 김시습은 59세에 무량사에서 입적했다.

여러 장르, 즉 논論·찬贊·전傳·변辨·서序·명銘·기記 등에 걸친 전 146편의 문장을 남긴 탁월한 유학자였다. 또한 그는 이능화李能和의 〈조선도교사朝鮮道敎史〉에 의하면 선파仙派의 중요한 전수자로 열거되어 있을 뿐 아니라, 그의 도교관계 논문인 〈천형天形〉〈용호龍虎〉〈복기服氣〉〈수진修眞〉 등이 자세하게 소개되어 있는 것으로 보아 그는 도교의 중요한 인물로 부각되어 있다. 또한 그는 30여 편 다茶에 관한 시를 남기고, 무로마치 시대 일본승려와 교유함으로써 한일 양국의 다도사茶道史에 있어서도 중요인물로 손꼽히고 있다.

이뿐 아니라 율곡의 '심유적불'이란 김시습 평가의 한 전형으로 불교승려로서의 업적과 면모가 굴곡되었음은 이미 앞에서 말한 바 있는데, 참으로 그에게 있어서는 전 59년의 생애중 38년간 승려생활을 했으므로, '심유적불' 넉 자로 조선초의 뛰어난 사문沙門 한 사람을 유가에 영입한다는 것은 한갓 교묘한 언어적 변론에 지나지 않는다. 왜냐하면 그의 불교에 관한 주요저작들이 원숙한 40대에 이루어졌기 때문이다.

선禪에 관한 저술인 〈십현담요해十玄談要解〉가 41세에, 의상의 법성게法性偈에 선적인 주註를 단 〈일승법계도주병서一乘法界圖註幷序〉가 42세에 씌어졌다. 따라서 그는 젊은 날의 짤막한 유학자로서의 삶보다 승려로서의 삶이 더 길었을 뿐 아니라, 선리禪理를 깨달은 위대한 선승이자 학승으로서 벽불암흑기闢佛暗黑期에 많은 공적을 남긴 조선초기 불교사의 중요한 승려의 한 사람이었다. 이처럼 다양한 면모를 보여준 그의 생애를 간략하게 소묘해보자.

설잠 김시습의 자는 열경悅卿이요 호는 매월당梅月堂 또는 동봉東峰 · 청한자淸寒子라 하였으며 본관은 강릉이다. 그는 3세에 시를 짓고 5세에 중용과 대학을 통달하여 '오세五歲' 또는 신동이란 별명으로 불리었고, 또한 대궐에 불려가 다섯 살의 어린 나이에 그 능력을 인정받음으로써 세종과 재상 허주의 총애를 받는 영광을 누렸다. 그의 이러한 행적은 우리나라 역사 이래 정사 또는 문헌에 그 기록이 남은 자 중에서는 최고의 천재로 기록되어 있다. 설잠비구 김시습은 한국의 역사상 가장 조숙한 천재였던 것이다.

대개 뛰어난 사람의 행적을 서술할 때 그냥 어릴 때 수천 어를 외웠다든가 하는 등의 막연한 천재와 신동들은 역사인물의 전기에서 곧잘 대하지만, 공인된 기록에 3살 때 시를 짓고 5세에 중용과 대학을 통달하여 '태어나면서 아는 자'라는 칭호를 받은 자는 김시습 외에는 아무도 없었다. 그는 이렇듯 뛰어난 천품에 또한 이수전李秀甸과 김반金泮 같은 당시의 뛰어난 대학자들을 스승으로 모시고 공부하였으니 그의 학문이 얼마나 깊고 넓어졌을까는 충분히 짐작할 수 있다.

그는 21세 때인 1455년, 삼각산 중흥사重興寺에서 수양대군이 단종을 폐위하고 왕위에 올랐다는 세조정변의 소식을 듣고는 읽던 책을 불사르고 3일 동안 통곡한 후 곧장 설악산으로 들어가 승려가 되었다.

그는 그 후 관동 · 관서지방을 편력하면서 승경과 사암을 떠돌아다니며 시를 읊고 경치를 즐기며 불우한 자신의 초년을 회억하기도 했다. 그는 이어 호남과 영남을 방랑하다가 경주에서 깨달음을 성취한다. 이런 인연 때문이었는지 그는 37세 때까지 경주에 머물면서 한문소설 〈금오신화〉 다섯 편을 집필했고, 또한 그 동안 관동 · 관서 · 호남 · 영남 등지를 편력하면서 쓴 시들을 〈사유록四遊錄〉이라는 제목으로 정리하기도 하였다.

그는 37세 때 서울로 올라와 성동의 암자에 머물며 추강秋江 남효온南孝溫, 김굉필金宏弼 등과 교유하다가 47세 때 안씨를 아내로 맞이하여 잠시 환속하였다. 그러나 아내가 오래지 않아 죽자 그는 다시 출가하여 관동 쪽으로 길을 떠났다.

이후 일정한 곳에 정주하지 않고 떠돌다가 1493년 2월, 설잠은 59세를 일기로 홍산현(부여) 무량사에서 입적했다. 그의 유언에 따라 절 옆에 가매장하였다가 3년 후 빈실을 열었는데, 그의 안색은 마치 살아 있는 듯하였다. 그에게는 많은 시와 문장, 한문소설 〈금오신화〉를 비롯하여 불교관계 저술로는 〈화엄경석제〉 〈화엄법계도주〉 〈법화경별찬〉 〈십현담요해〉 〈조동오위요해〉 등이 있다. 설잠비구 김시습은 이처럼 불교계에도 여러 부면에 걸쳐 많은 저술을 남긴 탁월한 인물이었다.

DIGEST

52

BUDDHISM

서울 한복판에 절을 세우다
: 간경도감과 승과 실시 (1455~1468년)

세조는 정변을 일으켜 집권하는 과정에서 친족과 정적을 많이 살해한 데 대한 죄책감에서였던지 즉위하자 지금까지의 배불정책을 중지하고 불교를 숭봉했다. 그는 불교에 대한 신심이 두터워서 평소에 신미信眉 · 수미守眉 · 홍준弘濬(함허당 기화의 제자) · 학열學悅 · 학조學祖 등의 고승과 친교가 두터웠다.

일찍이 수양대군으로 있을 때 석가와 공자의 도에 대하여 그 우열을 언급하면서, "석씨釋氏(불교)의 도는 공자의 도보다 나을 뿐만 아니라 하늘과 땅과 같다"고 했을 만큼 세조는 불교를 잘 이해하였고 또 좋아했다.

1457년(세조 3)에 세자의 명복을 위해 왕은 손수 금강경을 베껴 썼다. 그리고 능엄경 · 법화경 등을 교정 · 간행하고, 홍준 · 신미(세조의 스승) 등으로 하여금 함허당 기화己和의 〈금강경오가해설의〉 등 불교 논저를 교정 · 간행하게 했다. 또 영가집永嘉集의 제본諸本을 대조 · 교정시키고 증도가證道歌의 주를 모아 한 책으로 인쇄 · 간행했으며, 법화경 · 능엄경 · 번역명의집飜譯明義集 등을 간행했다. 대선사 극인克仁과 문형文炯 등으로 하여금 법화경을 금金으로 쓰게 하고, 지장경 · 법망경 · 기신론 · 행원품 등을 묵서墨書케 하였으

〈서울 원각사지 십층석탑〉, © 한국민족문화대백과사전. 세조가 왕실 불교의 원찰로 세웠다는 원각사의 석탑. 서울 한가운데에 대규모의 왕실 원찰을 창진한 것은 조선의 지배 이념을 흔드는 대사건이었다.

며, 이 모든 경에 왕은 후기(발문)를 스스로 써서 덧붙였다. 그리고 수미 스님으로 하여금 전남 영암군 월출산 도갑사道岬寺를 중수케 하고 약사상을 안치했다.

1458년(세조 4)에는 혜각존자慧覺尊者 신미와 판선종사判禪宗師 수미, 선사 학열 등을 시켜 해인사 대장경 50부를 간행하여 각도의 명찰 대찰에 나누어 보관시켰다.

1459년(세조 5)에는 왕이 왕자 시절(세종 때)에 지었던 〈석보상절〉과 그것을 보고 세종이 부처님의 덕을 찬양하여 지은 〈월인천강지곡〉을 함본하여 〈월인석보月印釋譜〉라 하여 출간하였다. 그리고 같은 해에 불교음악인 〈영산회상곡靈山會上曲〉을 지었다. 〈악학궤범〉에 실려 있는 이 영산회상곡은 우리 아악의 대작이며, 한국음악사에서 큰 수확이 아닐 수 없다. 그리고 제작연대가 거의 같은 것으로 보여지는 연화대무蓮花臺舞는 성현의 〈용재총화〉에 의하면 신라 이후의 처용무에서 영향받은 것으로 되어 있으나, 이는 그대로 하나의 불교 가무극이자 훌륭한 예술성을 지닌 불교무용이라고 할 수 있을 것이다.

세조는 1461년에는 간경도감을 두어 능엄경 · 법화경 · 금강경 · 원각경 · 반야심경 등 주요경전을 우리말(훈민정음)로 번역하여 간행했다. 이때 간경도감에서 번역 · 간행된 경전은 거의 세조가 직접 중심이 되어 번역하고 구결口訣한 것으로서, 이 번역 · 간행사업은 당시의 고승 신미 · 수미 · 홍준 등 대신 윤사로尹師路 · 황수신黃守身 · 김수온金守溫 · 한계희韓繼禧 등 간경도감의 여러 관료 유학자들의 도움과 힘이 컸었다.

세종 때의 창제된 훈민정음으로 불경을 번역한 것은 역사적인 사실이 아닐 수 없다. 불경은 우리글로 번역하여 간행함으로써, 지난날 식자층인 전유물이던 불교경전이 대중화될 계기를 마련하였고, 이는 문화사적으로도 그 의의가 매우 크다고 평가되기 때문이다. 따라서 세조 때의 불경 번역 · 간행 사업은 단순히 왕실기복적인 불사로 평가할 수는 없다. 세조는 의식적으로 불경을 인쇄하여 널리 배포함으로써 불교의 포교와 불교학 발전에도 크게 기여한 것이다.

특히 〈석보상절〉 〈월인천강지곡〉 〈용비어천가〉 〈월인석보〉 등의 서적은 문학사적인 측면에서도 중요한 것들이며, 여기에 씌어진 한글은 어학사語學史 연구에도 중요한 자료로서 그 고판본은 서지학적으로도 큰 의미를 갖는다.

세조는 또한 고려 때의 풍속인 전경법轉經法을 부활시켰다. 이것은 대규모 독경행진 의식이었다.

> "선교 양종의 승려 수백 명이 불경을 외며 불상을 모신 가마 뒤를 따라 행진했다. 대궐에서 나오면 임금이 광화문에 나와 배웅하였다. 온종일 시가행진을 하면 가 관청의 관리들이 다투어 공양하였다"
>
> 성현, 〈용재총화〉

그는 또 세종 때 금지한 승려의 도성출입을 다시 허용하고, 관속들이 사찰을 무단 침범하는 것을 엄금하는 등 승려의 권익을 보장하였다. 법을 어긴 승려도 일단 사전에 왕의 허가를 받은 뒤 구금하게 하였고, 출가수속(세금을 바치고 도첩을 받는 일)도 관가에서 일부러 지연하거나 거부하지 못하게 하였다.

승려선발시험에 관한 법도 제정하여 〈경국대전〉에 명기하였다. 즉 승려가 되려면 본산에서 금강경 · 반야심경 · 진언다라니 능엄주를 시험보아 합격한 뒤 예조에 세금으로 베 30필을 바치도록 했다. 100필(서민은 150필)이나 바쳐야 했던 태조 때에 비해 출가수속을 훨씬 완화시킨 것이다.

세조는 세종의 친형인 효령대군의 독실한 불교신앙과 그에 따른 상서祥瑞를 내세우며 왕실불교의 원찰로 원각사를 세웠다.

지금의 파고다공원 자리인 서울 중심에 대규모의 왕실 원찰 원각사를 창건한 것은 조선왕조의 지배이념을 뒤흔들 수 있는 중대한 사건이었다. 조선이 개국되고 나서 고려 때 왕실 사찰이었던 흥복사를 없애고 그 터에 유교의 예악을 관장하는 악학도감樂學都監과 관습도감 · 예장도감禮葬都監을 들어앉혔는데, 이제 세조는 그것들을 다 헐어버리고 옛 절보다 훨씬 규모가 큰 원각사를 세운 것이다. 원각사는 청기와 8만 장을 덮었고, 13층 석탑을 세웠으며 구리 5만 근을 들여 큰 종을 설치하는 등 엄청난 비용과 노동력을 들였다. 1465년(세조 11), 원각사가 준공되자 승려 2만 명을 초대하여 대접하였고 왕이 직접 행차하여 효령대군이 번역한 원각경을 강설하는 법회와 낙성식을 열었다.

세조는 만년에 상원사 · 장안사 · 낙산사 · 건봉사 · 속리산 등 전국의 명산대찰을 순례하며 예배와 기도를 드렸다. 그에 얽힌 여러 가지 이야기는 그가 지난날의 정변에서 행하였던 잔학한 행위에 대하여 얼마나 죄책감에 시달렸던가를 보여준다.

그러나 세조는 어린 조카의 왕위를 찬탈한 왕이었음에도 불구하고 태조 이성계보다 오히려 불교발전에 더욱 커다란 공헌을 한 군주였다.

DIGEST

53

BUDDHISM

조선초 민중 속의 승려들
: 장원심·자비·탄선·해선의 복지사업 (1406~1437년경)

조선초의 불교탄압 속에서 승려 지도층은 권력자나 관료와 타협함으로써 불교의 명맥을 유지하고, 한편으로는 민중 속에서 민중과 고락을 나눈 승려들도 있었다. 세조에서 연산군이 집권하던 기간에 살았던 성현成俔의 〈용재총화〉에는 그러한 승려들의 이야기가 기록되어 있다.

〈용재총화〉와 〈태종실록〉에 등장하는 장원심長遠心이란 승려는 키가 크고 거처가 일정치 않았다. 그는 사람됨이 익살스럽고 사심과 욕심이 없었다. 그는 남에게 무엇을 받으며 남에게 수없이 나누어주고 재앙이 닥치면 제자들을 모아 부지런히 기도하였다. 1406년 가뭄 때 장원심이 흥천사에서 5일 동안 기우제를 지냈으며, 일부러 미친 척하고 굶주린 자에게 빌어 먹이며, 헐벗은 자에게 제 옷을 벗어 입히며, 병든 이를 힘써 구완하며, 장사지낼 사람 없는 시체를 장사지내며, 길 닦고 다리를 놓는 등 가지 않는 곳 없이 두루 다니면서 사람 돕는 일만 하므로 아이들에 이르기까지 그의 이름을 모르는 이가 없을 정도였다.

또 자비慈悲라는 승려가 있었다. 성질이 곧아 굽은 마디가 없어서 공경이나 재상이라도 모두 이름으로 불렀다. 남이 주는 것이면 귀중한 물건이라도 사양하지 않고 받았으며, 남이 달라고 하면 죄다 주어버렸다. 자기는 그저 다 부서진 것과 다 떨어진 옷만 걸쳤다.

날마다 거리를 돌아다니며 밥을 얻어먹었는데, 주면 먹고 안 주면 안 먹었다. 걸게 차린 음식이라 해서 좋다 하지 않고 거친 밥도 마다하지 않았다. 그는 다리와 길 · 우물을 수리하여 사람들에게 도움을 주며 살았다.

또 조선 건국 초에 활동했던 탄선坦宣도 장원심이나 자비처럼 민중의 복지를 위해 진력하였다. 〈세종실록〉에 따르면 그는 화엄종 승려로서, 도성을 쌓을 때 전염병이 돌자 성 쌓는 일꾼들을 돌보며 전염병을 두려워하지 않고 환자들을 치료하였다. 그러한 민중의료사업은 조정의 주목을 받게 되어, 조정에서는 1422년 축성 때 도성의 동쪽과 서쪽에 구료소(진료소)를 두고 탄선이 거느리는 승려 3백 명과 혜민국(국가의료기관) 소속 의원 60명을 배치하여 병자와 부상자를 치료했다.

또 세종 때 의료승인 천우天祐 · 을유乙乳 등은 선종의 승려들로서 온천치료를 통한 민중의료에 힘썼다. 그들은 1427년, 가난한 병자들을 위해 보寶(기금)을 만들어 병자들을 구제할 것을 조정에 청원하였다. 그리하여 온천치료사업을 예조에서 관할하게 되었는데, 일종의 온천치료기관인 묵사墨寺는 '한증승汗蒸僧'이라 불리는 이들 의료승들에 의해 운영되며 1445년까지 존속했다.

또 비슷한 시기에 활동했던 승려 해선海宣은 서울 민가의 초가지붕을 기와로 개량하는 복지활동을 벌였다.

그는 1406년(태종 6)에, 당시 새 도읍지인 서울의 민가 지붕들이 짚으로 덮여 있어 대외적으로 나라의 위신이 떨어지고 화재 위험도 있다고 지적하며 기와를 구워 공급하는 일을 자청했다.

그는 기와를 구워 팔아 10년 이내에 성안의 민가지붕을 모두 기와로 덮으리라 서원을 하고 조정에 기와를 구울 가마인 '별요別窯'를 설치할 것을 건의했다. 조정에서는 그의 건의를 받아들이고 그로 하여금 기와 굽는 일을 관장하게 하는 한편 각도에서 승려 장인匠人들을 뽑아 그 일을 하게 했다.

몇 년 안에 성안 민가의 과반수를 기와로 덮었지만, 계속된 흉년으로 경비를 대지 못하여 일시 중단하였다가 1416년, 다시 일을 벌였다. 1425년(세종 7)에는 굳이 조정에 의지하지 않고 해선이 스스로 모은 민간 곡식 1천 석을 밑천으로 호조로 하여금 '삼색지보三色之寶'라는 기금을 마련하게 하여 민가 지붕개량을 위한 기와굽기를 계속했다.

이렇게 복지사업의 계속성을 보장하는 현명한 방안을 내놓아 정부의 복지 정책을 관철시킨 그는 실로 조선 초기의 위대한 승려였다. 불교가 그토록 탄압받던 시기에 결코 숨거나 도피하지 않고 민중의 복지를 위해 스스로 나서서 조정에 복지정책을 제안하고 촉구하며 그 실천사업을 자청하여 20여 년이나 한결같이 실천한 해선이야말로 우리나라 불교사에 뚜렷이 기록해야 할 실천적 승려의 모범이다.

민중복지를 위한 그러한 승려들의 불굴의 노력은 세종 때의 활발한 복지 정책으로 결실을 맺게 된다. 그래서 1437년에는 전국 선·교 양종의 사원전 8,095결 가운데서 무려 1할인 810결을 떼내어 '별요'와 '활인원活人院', '귀후소歸厚所' 등 승려들이 관여하는 복지기관에 이속하여, 그 운영경비와 간사승幹事僧 생활비를 충당하게 할 정도였다.

DIGEST

54

BUDDHISM

성종·연산군·중종의 불교탄압

: 세 임금의 불교억압 정책 (1470~1544년)

성종이 불교를 배척한 것은 세조의 정변을 도왔던 공신들의 막강한 권력을 차단하기 위해서였다. 이들 훈구파들은 대개 불교를 신봉했는데, 성종은 이들의 세력을 억제하기 위해 사림파 선비들을 대거 등용하고 유교정치를 지향했던 것이다.

성종은 즉위 2년(1471) 6월에 서울 안의 염불소念佛所를 폐지하고 무당을 성밖으로 쫓아냈으며, 12월에는 간경도감을 폐지했다. 간경도감은 세조 7년(1461)에 설치된 이래 불경을 한글로 번역하는 사업을 하던 기구였는데, 10년 만에 성종이 폐지시킨 것이다.

1473년(성종 4) 8월에 왕은 양반의 부녀자가 여승이 되는 것을 금하였고 그 2년 뒤(1475)에는 도성 내외의 여승사찰 23개소를 헐어버리게 했다. 1477년(성종 8) 12월, 왕의 생일에 훈구파 신하들이 절에서 재를 올리며 왕의 복을 빌자, 성종은 "어찌 부처에게 아첨하여 복을 구한단 말이냐?"하며 그만두게 하였다. 그리고 이듬해 4월에는 김수온金守溫이 호불자好佛者라 하여 성균관 입참入參을 못하게 하였다.

1492년(성종 23), 성종은 승려에 대하여 발급하는 도첩을 아예 폐지함으로써 승려가 되는 것을 원천적으로 봉쇄했다. 도첩이 없는 승려 즉 무단출가한 승려는 색출하여 환속시켰다. 그리고 〈경국대전〉에 "군인의 수효가 넉넉하게 될 동안은 승려가 되는 것을 허락하지 않는다"라고 명기하였다. 따라서 승려 수가 격감하여 사찰이 텅텅 비게 될 형편이었다.

성종 때의 이러한 강력한 불교억압정책으로 인하여 사대부 양반들의 개인적인 불교신앙마저 극도로 위축되었으며, 불교식 장례 · 제사법도 양반사회에서는 점차 사라지고 오직 하층 민중들만 불교식 의례를 지킬 뿐이었다.

성종의 뒤를 이은 연산군(1495~1505)도 불교를 억압하였다.

그는 원각사를 기생들이 사는 기방妓坊으로 만들고 여승들을 관청의 노비로 만들어버렸다. 그리고 선종 본산 홍천사와 교종 본산 홍덕사 등 도성 안의 사찰을 모두 폐쇄하고 관청으로 만들었으며 사찰의 토지는 모두 관부官府에 몰수하였다.

연산군은 승과도 폐지하였다. 승과제도는 고려 광종 때 시작된 이래 고려시대는 물론 조선초까지도 줄곧 계속해왔으며, 태종과 성종의 척불 때에도 명맥을 유지해왔는데, 연산군이 마침내 승과를 폐지하기에 이른 것이다. 연산군의 이러한 일련의 불교억압정책은 그를 몰아낸 세력이 쓴 역사의 기록대로 단순히 '포악무도하고 음탕'해서라기보다는 성종의 배불정책을 계승하는 조치로 보인다.

중종(1506~1544)은 사화士禍로 거세되었던 사림파 유학자들을 적극 등용하여 도학정치를 실시함에 따라 불교는 더욱 억압받게 되었다.

1507년(중종 2), 정묘丁卯의 식년式年에 승시를 시행하지 않음으로써 승과는 그 이후 완전히 폐지되었다. 연산군의 폭정에 의하여 한때 중단되었던 승과는 이제 합법적으로 완전히 폐지되고 말았던 것이다. 이처럼 승과가 폐지됨으로써 선 · 교 양종의 종단마저도 그 존립이 무의미하게 되었다. 승과는 각 종파에서 응시하였으므로 승과가 양종 도회소都會所에 의해 구별이 가능했던 것인데, 이 두 가지가 폐지됨으로써 조선불교도 종파가 선명치 않은 무종파의 혼란한 현상으로 전락되고 말았다.

중종은 1510년(중동 5)에 각 도의 폐지한 사찰의 토지를 향교에 속하게 하고, 그 2년 뒤(1512)에는 흥천사와 흥덕사의 큰 종으로 총통을 만들게 하였으며 원각사를 헐어 그 재목을 연산군 때 집이 헐린 사람들에게 나누어주고, 경주의 동불을 부수어서 무기를 만들게 하였다.

1516년(중종 11)에는 〈경국대전〉에 있는 도승조度僧條를 지워서 빼어버리게 하였으며, 1518년(중종 13)에는 도성 남쪽의 여승 사찰을 철거시키고 불상을 헐게 했다. 중종 당시 이와 같은 폐불정책으로 불교는 극도로 쇠퇴하였는데도 오히려 절과 승려는 더욱 늘어났다. 승록사를 폐지하여 주지도 임명하지 않고 도첩제마저 폐지하여 승려가 되는 길을 막아버리자, 사람들은 아예 법을 무시하고 출가했던 것이다.

이렇게 도첩이 없는 승려들이 늘어나자 중종은 이들을 각종 토목공사에 동원하여 부려먹었다. 1535년(중종 30)에는 충청도 세미稅米 운반선의 안전을 위한 태안반도 운하공사에 연인원 3천 명을 동원했으며, 1537년(중종 32)에는 소원반도 운하공사에 연인원 5천 명을 동원했다.

도첩이 없는 승려들은 이러한 토목공사에 몇 달씩 부역해야만 승려 호패(승려신분증)을 주었다. 나중에는 호패가 없는 승려들은 강제 환속시키고, 호패가 있는 승려들도 언제나 국가 토목공사에 종사하도록 하였다. 연산군 때의 여승은 관청의 노비로 되고 중종 때의 남승은 국가의 무보수 노력동원의 노동자로 전락하게 된 것이다.

중종의 이러한 배불정책과 더불어 태종에 의하여 7종으로 된 종단이 세종에 의하여 2종으로 되어 위축되었는데, 중종에 의하여 그 2종마저 없어졌으니 역대의 배불주의 왕들 가운데서도 중종이 가장 심했다는 것을 알 수 있다.

조선불교를 중흥시킨 순교자
: 보우의 불교중흥 (1550~1565년)

성종 · 연산군 · 중종시대의 탄압을 거쳐 명종明宗(1546~1567) 때에 왕의 어머니로서 섭정을 한 문정왕후文定王后의 비호 아래 불교는 15년 동안 부흥하였다.

문정왕후(중종의 왕비)는 중종의 척불정책 속에서도 불교를 독실하게 신앙하여 승려의 권익을 옹호하려고 노력하였으나 여의치 못했다. 그러다 아들 명종이 12살로 왕위에 올라 섭정을 하게 되자 평소에 품었던 불교부흥의 뜻을 폈다.

왕후는 불교중흥의 대임을 맡을 고승을 물색하다가 설악산 백담사의 허응虛應 보우普雨를 등용했다. 보우대사가 문정왕후의 추천에 의하여 봉은사 주지가 된 것은 1548년(명종 3) 12월이었다. 1550년에는 선 · 교 양종을 다시 세우고, 그 이듬해에는 승과를 부활시켰다. 봉은사를 선종본사로 하고 봉선사奉先寺를 교종본사로 하여, 보우를 판선종사 도대선사判禪宗事都大禪師로서 봉은사 주지로 삼고, 수진守眞을 판교종사 도대사判教宗事都大師로서 봉선사 주지로 삼았다.

1552년(명종 7)에는 선 · 교 양종의 승과를 실시했다. 보우는 문무과 과거시험을 본떠 승과를 체계화시켜 1차시험(초시)으로 선과, 2차시험(회시)으로 강경講經(경전강의)과 제술製述(논술)을 보여 승려의 질을 높이고자 했다. 실제로 이 승과를 통해 휴정·유정 등 훗날 임진왜란 때에 구국활동을 하는 뛰어난 불교지도자를 발굴했다.

보우의 활약에 의해 불교가 중흥하자 유교 사림파 세력들은 보우를 요승·권승으로 탄핵하였고, 성균관 유생들은 보우의 처단을 상소하며 관을 비우고 시위하는 일종의 동맹휴학과 유사한 파업데모까지 벌였다.

보우가 성리학과 불교의 일치를 주장하는 유불융합론을 편 것도 이러한 불교배척론을 의식해서였을 것이다. 그는 "불교의 뜻은 천하 사람들도 하여금 본성의 덕을 자연히 알게 하여 임금과 어버이에게 충효를 다할 수 있게 하는 것"이라고 하며, 불교가 유교의 도리와 어긋나지 않음을 주장함으로써 지배계급과 이념적 타협을 모색하였다.

그는 또 선종과 교종의 공존과 일치를 꾀하였다. 얼음과 물처럼 선과 교는 하나라고 주장했다. "선은 부처의 마음이요 교는 부처의 말씀이다"(보우, 〈허응당집〉 하권)라는 말도 후대의 휴정이 쓰기 이전에 그가 이미 사용했다. 이러한 인식에서 그는 선과 교가 원만하게 융화되고 말과 침묵에 자유자재해야 한다고 주장했다.

그는 특히 "하늘은 곧 사람이요 사람이 곧 하늘이다"(보우 〈일정론一正論〉)라고 함으로써 하늘의 신성한 지위를 끌어내리고 인간의 지위를 끌어올렸다.

그러나 15년간의 불교부흥 노력도 보우를 비호하던 문정왕후가 불행히도 1565년(명종 20) 4월에 세상을 떠나자 좌절되고 말았다. 문정왕후를 둘러싼 훈구파 및 불교세력에 대한 사림파 유교 정치 세력의 격렬한 반격이 시작되었다. 이들은 때를 만난 듯이 보우를 죽이라고 전국에서 들고일어났다. 명종은 어머니가 존숭하던 보우를 죽이지는 않고 1565년 6월에 제주도로 귀양을 보냈다. 그러나 보우는 유배지에서 제주목사 변협邊協에 의하여 장살杖殺당한다.

보우대사(?~1565)의 호는 허응虛應 또는 나암懶庵이라고도 한다. 그의 출생

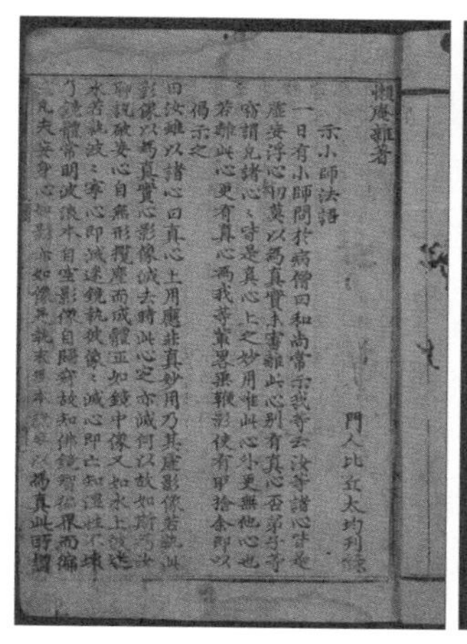

〈나암잡저〉(왼쪽), 〈허응당집〉(오른쪽), © 한국민족문화대백과사전. 보우의 저서들이다.

연월일에 대해서는 확실한 기록이 없지만, 대개 1509년(중종 4)으로 추정하고 있으며, 그가 죽은 해는 명종 20년(1565)이 확실하다. 또한 그의 출가연도에 대해서도 많은 이설이 있으나 15세쯤으로 추론되고 있다.

그는 일찍이 부모를 여의고 유교를 배운 후 15세쯤 출가했다. 그는 승려가 된 후 많은 불교경전을 섭렵하여 그의 이름은 젊었을 때부터 잘 알려져 있었다. 〈명종실록〉에 의하면 "승도의 으뜸가는 사람은 보우이다. 그가 처음에 금강산에서 수륙대재를 올리자 가깝고 먼 곳으로부터 사람들이 구름처럼 모여들었다"라고 기록되어 있다.

실록에 이 사실을 쓴 사신史臣은 보우가 교활하고 간교한 변설로 현혹하여 인기를 얻었고 그것을 통하여 한양의 권력자들과 친교를 맺게 된 것이라고 비방 · 왜곡하기 위하여 기록하였다. 하지만 이런 사실을 보더라도 그의 이름이 당시 백성과 승려들 사이에 얼마나 높았는가를 오히려 반증해주고 있다.

보우의 생애중 35세 이전에는 철저한 수행에 여념이 없었으며, 봉은사 주지가 된 이후 15년 동안은 불교중흥을 위하여 혼신의 노력을 다하다가 유배지에서 끝내 지방관리에게 살해됨으로써 불교 발전을 위해 목숨까지 바치고 순교하게 된 것이다.

당시의 유신들은 보우를 요승으로 몰아붙이고 〈동국승니록東國僧尼錄〉에서는 그를 간사한 승려라고 기록하였으며, 불교학자들 중에도 그가 권력과 결탁한 권승이라 하여 비판하고 있으나, 보우대사는 탄압의 암흑기에 불교를 되살리려 혼신의 노력을 다한 지략과 지식을 겸비한 일대 걸승이라고 해야 할 것이다.

보우는 화엄과 선에 정통한 학승으로서 학문도 뛰어났으며, 저서로는 〈허응당집虛應當集〉〈나암잡저〉〈수월도량공화불사여환빈주몽중문답水月道場空花佛事如幻賓主夢中問答〉〈권념요록勸念要錄〉 등이 있다.

DIGEST

56

BUDDHISM

영규와 처영의 의승군 항쟁

: 임란시 의승군의 항쟁 1 (1592~1597년)

일본은 1592년 4월 부산에 대병력을 상륙시킴으로써 조선에 대한 침략전쟁을 개시하였다. 왜군은 우리의 결사항전에도 불구하고 20일 만에 서울을 짓밟고 수많은 민중들을 학살하였다.

최초의 의승군은 공주 계룡산 갑사 청련암에서 참선하던 영규靈圭(?~1592)에 의해 조직되었다. 공주 출신인 그는 당시의 선종 지도자 휴정(서산대사)에게 배운 뒤 갑사로 돌아와 승려들을 지도하고 있었다. 그는 승려들에게 참선과 경전을 가르치는 한편 운동과 무술도 가르쳤다. 남달리 힘이 장사였던 그는 늘 밤에 숲속에서 무쇠 지팡이로 무술을 연마해왔다.

왜적이 쳐들어와 서울을 점령했다는 소식을 뒤늦게 들은 그는 사흘 동안 식음을 전폐하고 고뇌한 끝에 마침내 침략자로부터 나라와 민중을 지키겠다는 결단을 하였다. 그는 승려들에게 구국의 항쟁에 나설 것을 역설하며 의군을 조직하고 훈련시키는 한편, 곳곳에 격문을 돌려 많은 승려를 모았다.

천여 명에 이른 의승군은 영규의 지도하에 공주를 지키는 한편, 충청도 방어사 이옥이 이끄는 관군에 협력하여 왜적에게 빼긴 청주성 탈환전투에 나섰다. 청주성에 도사리고 있던 침략군에 대한 총공세에서 의승군은 선봉에

섰다. 이 전투에 조헌趙憲이 이끄는 의병이 합세했다. 마침내 성벽을 파괴하고 성안으로 들어가 치열한 전투 끝에 그들은 왜군을 물리치고 청주성을 되찾았다.

청주성을 탈환하는 데 영규가 이끄는 의승군이 결정적인 역할을 했음은 당시의 관료들도 다음과 같이 말하면서 분명하게 인정하였다.

> "영규의 호령이 엄하고 분명하여 '의승군'은 앞으로만 곧장 나아갈 뿐 물러섬이 없이 한마음으로 싸웠다. 이 군대가 아니었으면 청주의 왜적을 이길 수 없었을 것이다"
>
> 윤승훈

> "승려 영규가 분연히 의로운 마음을 내어 스스로 승려들을 모아 '청주성' 밑까지 진격, 맨앞에서 청주성으로 돌진해들어갔다. 그 호령이 질풍 같아서 아무도 감히 어기지 못했다. 호령을 할 때마다 천 명의 승군이 뛰어나가니 모든 군대가 그것을 믿고 두려움없이 싸웠다. 그 큰 공이 가상하지 않은가……"
>
> 비변사의 장계

의승군과 조헌의 의병은 다시 서울을 탈환하고자 북진하려 했으나, 왜적이 전라도 쪽으로 쳐들어가기 위해 금산에 대병력을 집결한 것을 알고는 곧 금산으로 진격했다. 금산의 왜적은 앞서 의병장 고경명(1533~1592)을 전사시킨 강력한 군대였다.

의승군과 의병들은 왜적과 용감하게 항전하였으나 중과부적으로 8백의 의승군 및 조헌의 7백 의병과 함께 영규 스님은 장렬하게 전사했다(1592. 8. 18).

이들의 결사항전으로 왜적은 금산에서 퇴각하였고 무주와 옥천에 있던 왜적들도 물러갔다. 그리하여 호서 · 호남지방은 완전히 왜병들로부터 안전하게 되었다. 영규스님은 금산의 종용사從容祠에 모셔졌고 사후에 종2품 동지중추부사라는 벼슬이 추증되었다. 그러나 금산에 조헌과 의병의 시신을 합장한 칠백의총과 순의비는 남아 있으나 의승군은 무덤도 비석도 없다.

〈금산 칠백의총〉, © 국가유산청. 형규의 승병과 조헌의 의병 700명이 금산의 왜군과 혈전을 벌인 끝에 전원 순국, 하나의 무덤에 묻혔다. 1940년 일제가 사우와 의총을 허물었으나 1952년 군민이 다시 일으켰다.

임란 2백 년 후 법도法徒 · 대인大仁 등이 영각影閣을 금산 남쪽의 진락산進樂山 기슭에 세우고 그의 영정을 봉안했는데, 나라에서 의선毅禪이라는 편액을 하사했다. 선조가 그의 유해를 계룡산 아래의 서산栖山(서평리)에 매장했으며, 그 곁을 충절비각을 세워 대사의 영정을 봉안하고 봄 · 가을로 제사지냈다.

처영處英은 임진왜란 때의 승병장으로서 호는 뇌묵雷墨이다. 어려서 금산사에서 출가하고 청허 휴정淸虛休靜의 제자가 되었다. 1592년 임진왜란 때 휴정의 격문을 받고 대흥사 · 금산사 · 백양사 · 화엄사 · 내장사 등 호남 승려 1천여 명을 모아 전라도순변사인 권율權慄과 함께 금산 배고지 전투에서 크게 전공을 세우고, 1593년 2월 권율의 군사를 따라 북상, 수원 독왕산성禿旺山城에서 왜적 우키타의 공격을 막아냈다. 그리고 권율과 함께 행주산성에서 7백 승병을 이끌고 적병 3만과 대전하여 2만 4천 명의 사상자를 내는 격전을 치르고 임진왜란 중 최대의 승리를 거두었다. 행주산성 전투에서 왜적들이 성책에 불을 지르고 뚫고 들어왔을 때 처영을 비롯한 승군들은 선봉에서 적을 무찔러 승리에 많은 기여를 했다. 이 전투에서 의승군이 세운 공을 조정에서도 크게 평가하여 처영에게 정3품 벼슬인 '절충장군'이라는 직함을 내렸다.

처영은 평양과 개성 전투에서도 큰 공을 세웠으며, 1594년(선조 27)에는 도원수 권율의 명으로 의령宜寧에서 군사를 이끌고 남원의 교룡산성蛟龍山城을 쌓았다. 1597년 적의 재침공(정유재란) 때에도 의승군을 이끌고 싸웠다.

처영은 임진왜란 때 일본의 침략에 항거하여 싸운 휴정 · 유정과 더불어 대표적인 애국승려였다. 나라에서 그의 공적을 기려 1794년(정조 18) 왕명으로 대흥사의 표충사表忠祠와 묘향산의 수충사酬忠祠에 휴정 · 유정과 함께 그의 진영을 봉안하였다.

그리고 처영의 제자 해안海眼도 1592년 왜적의 침략 때 영남에서 의승군을 모아 싸웠으며, 그 외 휴정의 제자로 왜적과 싸운 승장으로서는 경헌敬軒(1544~1633, 의승군의 좌영장), 인오印悟(1548~1623), 법견法堅(장성 입안산성을 쌓음), 태능太能(1562~1649), 소암昭岩(해인사 승군지휘, 대장경 수호) 등이 있었고, 각성覺性(1575~1660, 부휴의 제자, 소년 승려로 해전참가), 홍정弘靖(충청도 의승장), 성정性靖(충청도 의승장), 인준引俊(담양 의승장), 두인斗仁(남원 의승장) 등이 있다. 1605년 전공을 세운 이들에게 선무원종공신宣武原從功臣의 상을 내릴 때 34명의 승장이 들어 있는 것을 보더라도 당시 승군의 활약상을 짐작할 만하다.

구국의 승병대장 서산대사와 사명당
: 임란시 의승군의 항쟁 2 (1592~1604년)

1592년(선조 26), 선조는 도요토미 히데요시의 군사가 한반도를 침략하자 묘향산 보현사에 머물고 있던 서산대사 휴정休靜에게 호국의 군사를 일으켜 국난을 타개해줄 것을 간곡히 부탁했다. 그는 73세의 노령에도 불구하고 전국에 격문을 돌려 승병을 조직하고, 우선 묘향산의 승려들을 승군으로 편성하여 이끌고 임금이 피난해있던 의주로 달려갔다.

선조는 그를 '8도16종선교도총섭八道十六宗禪教都摠攝'으로 임명하고 승군을 총동원하여 통솔하게 하였다. 휴정이 전국 사찰에 격문을 돌리자, 승군 총사령부가 자리잡은 순안順安 법흥사法興寺에는 그의 제자 유정惟政(사명당)이 끄는 관동지방 승군을 비롯한 2천 5백여 승군이 집결했다.

휴정은 칠십 노구에도 불구하고 승군을 통솔하였다. 그는 부총섭 의엄義嚴(휴정의 제자)으로 하여금 무기와 군량을 마련하고 승군을 모집하게 하는 한편, 의승도대장 유정으로 하여금 실전을 지휘하게 하였다. 이여송이 이끄는 명나라 지원군이 오자 휴정과 유정이 이끄는 승군은 곧바로 평양성 탈환전투에 참가했다.

1593년 1월의 평양성 싸움에서 승군은 평양성 안의 민중들과 연계를 맺어

〈통도사 사명당 진영〉, © 국가유산포털

침략군을 섬멸하고 마침내 평양성을 되찾았다. 이로써 왜군의 북진 및 중국침략 계획을 결정적으로 좌절시켰다.

휴정은 전세가 유리해지자 사의를 표하고 묘향산으로 돌아갔다. 그는 전쟁이 끝나지 않았으므로 승군의 지휘를 유정에게 맡기고 뒷일을 훈시하였다.

훈정은 1604년(선조 37) 1월 23일 나이 85세, 법랍 70년으로 묘향산 원적암에서 입적했다. 제자는 1천여 명이 있었으며, 〈선가귀감禪家龜鑑〉을 비롯하여 10종의 저술이 있다.

휴정의 사상은 참선 우위의 입장에서 선과 교를 통합하고 선과 염불을 통합한 사상이었다. 그는 교종의 독경 일변도와 선종의 좌선 일변도의 수행방법을 비판하면서, 무념의 세계, 즉 해탈에 이르기 위해서는 불경도 읽고 참선도 해야 한다고 했다. 다시 말해 교와 선을 결합해야 한다는 것이다. 뿐만 아니라 유 · 불 · 도 3교의 근원은 하나라 하여 3교회통三敎會通을 주장했다. 그의 이러한 절충주의는 당시 유교지배체제 아래 유교를 숭봉하는 지배체제와의 대립을 피하고 불교의 명맥을 유지하기 위한 것이었다.

그러나 무엇보다도 중요한 것은 임란시의 의승활동 등 실천으로 보여준 현실참여 · 민중구제를 고령에도 불구하여 앞장서서 노력했다는 점에서 그 진면목을 엿볼 수 있다.

휴정의 생전에 그를 보좌하여 승군을 이끈 유정(1544~1610)은 휴정과 마찬가지로 명종 때의 승과 출신이었다. 그는 20대에 고경명 · 허균 · 임제 · 이달 등 진보적인 선비들과 교류하였으며 32세에 휴정을 찾아가 3년간 참선을 공부했다. 그는 휴정의 문하에서 법을 얻고 그의 제자가 되었으며, 그 후 금강산 · 팔공산 · 청량산 · 태백산 · 오대산 등지를 다니며 수행하다가 정여립鄭汝立 사건에 연루되어 강릉에서 투옥되었다가 무죄로 석방되었다.

금강산 유점에서 여름 안거 중 1592년 임진왜란이 일어나자 금강산의 여러 사찰에서 노략질하던 왜적들을 굴복시켜 승려들을 구하기도 했다. 이어 도총섭 휴정의 격문을 보고 그의 지휘 아래 들어가 승군대장으로서 실전을 지휘하였다. 1593년 왜장 고니시小西行長가 점령한 평양성 탈환에 큰 공을 세웠다. 이해 의승군을 이끌고 관군을 도와 서울 노원평과 우관동 전투에서 크게 전공을 세웠다. 선조는 선교양종판사직을 제수했으며, 전공을 치하해 당상관堂上官에 오르도록 했다. 숭유억불정책을 취하던 당시 상황에서는 파격적인 조치였다.

1594년 그가 거느린 의승군 정예부대 1천여 명이 왜장 가토加藤清正의 근거지인 울산 서생포를 포위하기도 했으며, 명나라의 유정劉綎과 의논하여 가토의 진중을 3차에 걸쳐서 당당히 드나들면서 적정을 탐지하고 화평회담도 성공시켰다. 왕이 그를 궐내로 불러 "지금 국세를 생각하여 환속한다면 백리百里의 책임을 맡기고 3군을 통솔하게 하겠다"고 했으나 사양하였다.

1595년 전쟁이 소강상태에 이르자 왕에게 상소문을 올려 국란 수습책을 개진하고, 가야산으로 들어가 후방의 팔공산 · 금오산 · 용기산龍起山 등에 산성을 쌓은 것을 비롯하여, 4천여 섬의 군량을 조달하고 1만 명분의 집기를 제공하는 등의 노력을 아끼지 않았다. 1597년 정유재란 때 울산 · 순천에서 전공을 세워 1602년 동지중추부사同知中樞府事에 올랐다.

1604년 휴정의 부음을 듣고 묘향산으로 가다가 왕의 부름을 받고 강화회담의 조선측 대표로 일본에 갔다. 그는 일본의 새 지도자 도쿠가와德川家康와 성공적인 강화조약을 맺고, 적의 포로로 끌려갔던 조선사람 1,500명을 데리고 돌아왔다.

귀국해서는 장문의 상소를 올려 민생과 국력문제를 건의하기도 했다. 왕은 그에게 가의대부嘉義大夫의 품계를 내리고 3대를 추증했다. 유정은 선조가 죽은 뒤 가야산 해인사에서 1610년 나이 67세, 법랍 54년으로 입적했다. 시호는 자통홍제존자慈通弘濟尊者, 탑호는 종봉鍾峰이다.

1618년(광해군 10), 문인들이 조정에 청하여 그의 출생지인 밀양 표충사에 사당을 세웠으며, 왕은 '표충表忠'이란 편액을 내렸다. 저술로는 〈사명당대사집〉 7권과 〈분충서난록奮忠紓難錄〉 등이 있다. 유정은 승군대장으로서 뛰어난 전공을 세웠고, 국내외의 강화회담에서 화평을 실현했을 뿐 아니라, 일본에서는 선물을 거절하고 우리 포로를 데려온 그의 자비, 그리고 임금이 내린 1품 관작도 사양하고 산으로 돌아간 그의 청정함은 당시는 물론 후세에도 높은 존경을 받았다.

DIGEST

58

BUDDHISM

민중 속의 성자
: 계율에 얽매이지 않은 민중승려 진묵 (1562~1633년)

사명당과 비슷한 시기에 전라도 지방에서 민중들과 더불어 거리낌없는 생활을 하면서 많은 일화를 남긴 민중승려로 진묵震默(1562~1633)이 있었다. 승명은 일옥一玉이고 진묵은 그의 호다. 그는 오늘날의 전북 김제군 만경면 대진리인 만경현의 불거촌佛居村에서 태어났다.

1568년(선조 1), 7세에 전주 서쪽의 봉서사鳳棲寺에서 출가하여 변산의 월명암月明庵, 전주의 원등암遠燈庵과 대원사大元寺 등에 있었으며, 참선과 독경으로 일생을 보냈다. 많은 전설을 남긴 그는 '석가모니 부처님의 작은 화신'이라고도 불리는 다음과 같은 이야기가 전해오고 있다.

사미(소년승) 시절에 조석으로 신중단에 향을 피우며 예배하는 일을 맡자 신장神將이 주지의 꿈에 나타나 "부처님을 호위하는 우리 신들이 어찌 감히 부처님께 예배를 받을 수 있겠는가? 어서 맡은 일을 바꾸어 우리가 편안히 지낼 수 있게 해달라"고 간청했다는 이야기, 임종에 임박하여 냇가를 거닐다가 물에 비친 그림자를 가리키며 시자에게 "너는 스님의 거짓 그림자만 알고 석가모니불의 참모습은 모르느냐?"고 했다는 이야기들은 그가 당시 사람들에게 살아 있는 부처로 존경받은 사실을 반영하고 있다.

진묵은 경전을 배울 때 한번 보기만 하면 다 외웠다고 한다. 그는 당시 유학자로 이름이 높던 사계沙溪 김장생金長生의 제자인 봉곡鳳谷 김동준金東準과 우의가 깊었다. 한번은 봉곡이 〈통감〉을 그에게 건네주고 시자로 하여금 뒤를 따라가게 했는데, 그가 길을 가면서 한 권씩 읽어보고는 이를 길에 던지는 것을 시자가 모두 주워 모았다. 절까지 가는 동안에 한 질을 모두 그렇게 했다. 후일에 봉곡이 그를 만나 책 던진 일을 물으니, "고기를 잡았으면 통발은 버리는 법"이라고 했다. 이에 봉곡은 그 〈통감〉을 한 권씩 꺼내어 내용을 물으니 한 자도 틀리지 않았다고 한다.

19세기의 실학 승려 초의 의순草衣意恂이 그에 관해 전해오는 민간 이야기를 수집하여 엮은 〈진묵조사유적고〉에 실린 일화 중에는 타락한 승려나 부패한 관리를 혼내준 이야기나 기성불교의 신성주의(가령, 신중 · 나한신앙)나 계율주의를 타파한 이야기가 있어, 그의 민중적인 면모를 엿볼 수 있게 한다.

초의는 〈진묵조사유적고〉의 서문에서, 민중과 함께한 그의 삶을 "성불 후 본래의 자리에 머물러 있지 않고 중생의 세상 속에 인연을 따라 나타나는" 부처나 유마거사의 삶에 빗대며 찬미했다. 심지어 '석가여래의 응신'이라고까지 찬양하였다. 그만큼 그는 민중의 고통스러운 삶의 현장 속에서 고통을 함께 나누며 살았고, 민중의 존경을 받았던 것 같다.

진묵 스님은 계율에 얽매이지 않아, 술을 즐겼으나 '곡차'라 하면 마시고 '술'이라 하면 마시지 않았다 하며, 시내에서 고기 잡는 아이들이 매운탕을 끓이는 것을 보고 "좋은 물고기들이 무고하게 가마솥에 삶기는 고통을 받는구나!"하자, 아이들이 장난치느라 먹으라고 권하자 가마솥째 들이마시고는 "죽인 자는 내가 아니지만 살리는 것은 내게 달렸다"는 말을 하자 시냇물에 물고기가 모두 퍼득퍼득 살아나와 아이들을 깨우쳤다는 이야기는 원효의 일화와 비슷하다. 계율을 뛰어넘어 민중과 함께 어울리며 그들을 깨우친 그의 독특한 교화방식을 보여준다.

심지어 어떤 경우에는 계율을 벗어나 민중의 요구에 응하기도 했다. 사냥꾼들이 허기져서 노루고기를 먹으려는데 소금이 없어서 먹지 못하고 있자, 멀리서 이를 알고 시자편에 소금을 보내주니 사냥꾼들이 감탄하여 "배고픈 사람을 살리는 부처님은 골마다 있다더니 바로 일옥(진묵)스님을 두고 말하는 게지!"라고 하였다.

그는 이러한 파격적인 행동 때문에 민중의 지지를 받은 반면에 당시의 승려들에겐 미움을 받고 배척받았다. 전주 대원사에 있을 때 그곳 승려들은 그가 밀기울을 물에 타 먹는 꼴도 보기 싫어서, 그것마저 먹지 못하게 밀기울을 더럽혀버렸다.

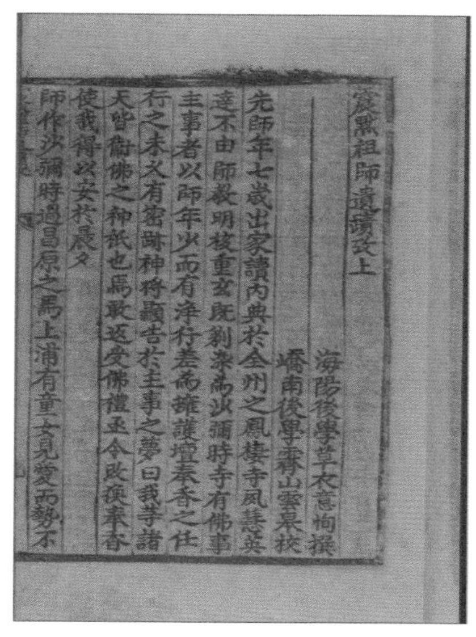

震默祖師遺蹟攷上

海陽後學草衣意恂撰
嶠南後學霽山雲皐校

先師年七歲出家讀內典於全州之鳳棲寺夙慧英
達不由師教明核重玄既剃染爲沙彌時寺有佛事
主事者以師年少而有淨行差爲擁護壇奉香之任
行之未久有密迹神將顯告於主事之夢曰我等諸
天皆衛佛之神祇也焉敢返受佛禮亟令改差奉香
使我得以安於晨夕
師作沙彌時過昌原之馬上浦有童女見愛而勢不

〈진묵조사유적고〉, © 한국민족문화대백과사전

또 그가 늙은 어머니를 자기가 사는 암자 부근 마을에 모셔두고 극진히 봉양하고, 어머니가 돌아가시자 손수 제문을 지어 애도의 정을 다했다는 이야기는, 제 한몸 편하자고 출가한 뒤 가족이건 뭐건 세상 모든 것을 외면하는 출세간주의자들과는 분명히 구분되는 그의 인간다운 삶을 보여준다. 슬픔으로 가득한 그의 제문은 저 신라 때 승려 월명의 〈제망매가〉와 함께 '인간'을 저버리지 않는 참된 민중불교의 절창이었다.

태중에 열 달 동안 배어주신 은혜
어떻게 갚으며
무릎에 삼 년 동안 기르신 정을 잊을 수 있을까
만년 위에 만년을 더 사시더라도
이 자식의 마음은 미흡할 텐데
백년도, 백년도 못 채우시니
어머니 수명이 왜 그리 짧으신지요
…상단(불공)이 끝나고 하단(불공)이 끝나 방마다 찾아봐도,
앞산도 첩첩하고 뒷산도 겹겹인데
넋은 어디로 돌아가셨는고?

오오, 서러워라.

그는 임종에 제자가 종승宗乘(법맥)을 가르쳐달라고 하자 "명리승名利僧이야 역시 휴정 노장을 따르겠지"하며 정맥의 계승을 운운하는 자들을 가리켜 명리를 추구하는 승려들이라고 비판했다. 진묵은 1633년 세수 72세로 입적했다. 봉서사에 그의 영정을 모신 영상각影像閣이 있고, 〈어록〉 판각이 있다. 초의가 편찬한 〈진묵조사유적고〉 1권이 전해오고 있다.

DIGEST

59

BUDDHISM

병자호란과 승군의 항쟁
: 각성과 명조의 의승군 (1627~1636년)

임진왜란 이후 조정은 승군을 제도화하여 산성축성과 수비, 궁궐 건축과 수리, 왕실 무덤 조성 따위의 부역에 승려를 강제동원했다. 인조는 평양성을 재건할 때 강원 · 황해도 승군 200명과 충청도 승군 200명을 동원하였는데, 승려들로 하여금 양식까지 스스로 부담하게 하는 등 철저하게 노동력을 수탈했다.

인조는 선종 지도자 벽암 각성碧岩覺性을 8도 도총섭에 임명하여 승군을 징발, 남한산성을 쌓게 하였다. 각성이 남한산성 수비대장인 초대 도총섭이었고, 그 제자 응준應俊과 처능處能이 2, 3대 도총섭이었다. 또 그 뒤를 이어 서봉瑞鳳이 4대 도총섭으로서 승군을 이끌고 남한산성을 수비하게 된다.

1627년, 후금이 침략했을 때, 유정 계통의 승려 명조明照는 8도 의승군 도대장으로서 의승군 4천 명을 이끌고 항쟁하였다. 1626년부터 청천강을 지키며 침략에 대비하던 그는 안주성의 군민들과 함께 결사적으로 항전했다. 이러한 투쟁은 청천강 이북 지역의 광범위한 의병투쟁을 고무시켜 후금 침략군을 물리치는 데 큰 역할을 했다. 이때의 전쟁을 정묘호란이라 한다.

1636년, 후금은 나라 이름을 '청淸'으로 고치고 조선에 대하여 신하로서의 복속을 요구하더니 이를 거부하자 마침내 침략해들어왔다. 적들이 서울에 육박하자 왕은 남한산성으로 피난했다. 그러나 남한산성도 곧 침략군에게 포위되고 말았다. 이러한 상황에서 승장 두청斗淸은 승군을 이끌고 결사항전하는 한편, 적의 포위망을 뚫고 후방과 연락을 취했다. 이때 각성 스님은 지리산 화엄사에 있다가 청나라의 침략 소식을 듣고 곧 삼남지방의 승려들에게 격문을 보냈다. 그는 '항마군降魔軍'이라는 이름의 의승군 수천 명을 이끌고 북으로 올라오다가 왕이 항복했다는 소식을 듣고 돌아갈 수밖에 없었다.

이때 명조 스님도 의승군을 통솔하여 안주성을 지키는 한편, 군량을 모아 우리 군대에 잘 공급하여 '가선대부 국일도대선사'의 직첩을 받기까지했다. 그러나 왕은 적에게 항복한 뒤 묘향산으로 들어가버렸다. 이때의 전쟁을 병자호란이라고 부르는데, 우리는 정묘 · 병자 두 전쟁에 의승군을 조직하여 항전하는 데 앞장을 선 각성과 명조 스님에 대해서 좀더 알아보자.

조선후기 승단에서 서산대사 휴정의 문파가 가장 강성했고 이에 비견되는 것이 부휴 선수浮休善修(1543~1615)문파이다.

이 부휴문파의 거두 벽암 각성(1574~1659)은 속성이 김해 김씨이며 1575년(선조 8) 12월 23일 보은에서 태어났다. 자는 징원澄圓이며 벽암은 호이다. 9세에 아버지를 여의고, 10세에 화산암華山庵의 설묵雪默에게 공부했으며, 1588년 14세에 스님이 되었다. 부휴를 만난 후 줄곧 그를 따라 속리산 · 덕유산 · 가야산 · 금강산 등을 유력했다. 1592년 임진왜란 때에는 사명당이 부휴를 천거하자 스승을 대신해 전장에 나아가 명나라 장수와 함께 왜적을 크게 무찔렀다.

그 후 봉은사 주지를 하기도 했으나 곧 물러났고, 1624년에는 앞에서 언급했듯이 팔도 도총섭으로 남한산성을 쌓았으며, 이 공으로 '보은천교원조국일도대선사報恩闡敎圓照國一都大禪師'라는 호를 받았다. 그는 병자호란 때 승병을 일으켰다가 그만둔 후, 송광사 · 해인사 · 백운사白雲寺 · 상선암上仙巖 · 보개산寶蓋山 · 묘향산 · 속리산 등으로 옮겨다니며 교화활동을 펴다가, 화엄사에서 1660년(현종 1) 1월 12일 나이 86세, 법랍 72년으로 입적했다. 그의 저술로는 〈선원집도중앙의〉 1권, 〈간화결의〉 1편, 〈석문상의초〉 1권 등이 있다.

〈남한산성, 전승문〉, © 국가유산포털. 청군을 맞아 마지막까지 항전했던 남한산성. 이때 승장 두청은 승군을 이끌고 적의 포위망을 뚫고 후방과 연락을 취했다.

주로 화두의 참구, 간화선의 현양 등을 논의하고 있다.

각성의 불교사적 공헌은 세 가지로 요약할 수 있다. 첫째는 서산 문하에 버금갈 정도로 그의 문하는 융성하였으며, 그것을 벽암문하의 팔파八派라고 한다. 둘째는 선과 교의 융합경향이다. 특히 선과 화엄학의 융합을 시도했다. 셋째, 승군의 이미지 고양에 크게 기여했다. 각성과 그의 제자들의 승군은 단순한 군사적 대응만이 아니라, 사회발전을 위한 보살행의 근원이었음을 인식할 필요가 있다.

허백 명조虛白明照(1593~1661)스님은 본관은 홍주洪州, 이름은 이희국李希國이었다. 통정대부 춘문春文의 아들로 탄생하여 1605년(선조 38) 13세에 출가하여 양육사養育師인 묘향산의 보영普英을 따르다가 사명당에게 구족계를 받았다. 그 뒤 교는 완허 원준玩虛圓俊에게 배우고, 선은 송월 응상松月應祥에게 배웠으며, 응상의 법을 이었다. 두류산의 무염無染에게 의심을 묻고 묘향산에 갔다가, 1627년의 정묘호란에 8도승병대장으로 전공을 세웠으며, 1636년의 병자호란 때도 승병장으로 많은 활약을 했다.

그 뒤 봉래산 · 방장산을 거쳐 구월산 패엽사貝葉寺에 머물렀으며, 학도들이 줄을 이었다. 또 묘향산 보현사의 대중들이 사각史閣의 터에 불영당佛影堂을 세우고 그를 초대했다. 거기서도 역시 많은 학승들을 교화하다가 1661년(현종 2) 9월 8일, 나이 69세, 법랍 57년으로 입적했다.

문하에는 송파 의흠松坡義欽 · 청파 각흠淸坡覺欽 등 많은 제자들이 있다. 저술에는 〈허백당시집〉 3권1책과 〈승가예의문僧家禮儀文〉 1권이 있다. 그의 시집은 1669년(현종 10) 묘향산 보현사 유진留鎭의 판본이 현존한다. 〈승가예의문〉은 벽암 각성의 〈석문상의초〉와 비슷한 내용으로 승가상례僧家喪禮가 편집되어 있다. 1670년(현종 11) 4월 계룡산 갑사 개간본과 1694년(숙종 20) 봄 담양 법운산 옥천사玉泉寺의 개간본 등이 전한다.

실패한 민중불교운동
: 승려 여환의 미륵혁명 운동 (1688년)

임진 · 병자 양대 전쟁은 조선사회에 심각한 동요를 불러왔다. 신분질서가 문란해지고 왕조체제의 모순이 여실하게 노출되었다. 전쟁 후 관리들은 가렴주구와 부정부패로 썩어가고 있었으며, 백성들은 양반지주의 토지침탈과 전후의 자연재해 및 기근과 전염병이 휩쓸어 굶주림과 질병, 신분적 질곡 속에서 참혹한 상황에 처해있었다.

사회적 모순이 팽배해지자 낡은 세상을 뒤엎고 새 세상을 연다는 미륵불의 출현을 고대하는 미륵신앙이 민중 속에 널리 파고들었다. 민중들은 미륵신앙을 민속이나 칠성 · 용신앙 · 무속 등 민간신앙과 결합시켰다. 미륵신앙과 무속의 결합은 함흥 무가巫歌 〈창세가〉나 안동 무가 〈바리데기〉에 '미륵님'이 나오는 것을 보더라도 알 수 있다.

이와 같이 민중과 고난을 함께하며 면면히 잠복해 내려온 미륵신앙은 이제 기층민중의 해방과 새로운 사회를 지향하는 민중불교 운동으로서 농민봉기와 더불어 역사의 전면에 나타나기 시작했다.

1688년(숙종 14), 황해 · 강원 · 경기도 일대 여러 촌락의 미륵신앙인들이 일제히 봉기하였다.

미륵신앙의 근본 경전인 〈미륵하생경〉의 내용을 그린 〈미륵하생경변사도〉. 각각 용화수 아래 미륵불이 중생을 설법하는 방법(왼쪽), 전륜성왕의 왕비(오른쪽).

그들은 "석가는 다하고 미륵이 나오며, 세상 또한 다른 세상이 된다"며 낡은 세상을 뒤집어 엎으려는 미륵혁명을 꾀하였다.

미륵신앙을 전파해온 승려 여환呂還과 그의 아내인 무당 원향元香, 풍수 황회黃繪, 무당 계화戒化, 아전 정원태鄭元泰 등은 "큰비가 내려 서울에 홍수가 나면 미륵이 출현한다"고 주장하며 농민들을 무장시키고 '도성입성'을 꾀하였다. 그러나 비가 오지 않자 타일을 기약하고 퇴각하였는데, 그만 발각되어 모두 처형당하고 말았다.

여환은 본래 강원도 통천通川의 승려였다. 그는 "칠성이 강림하여 3국三麯(누룩 세 덩이)를 주었는데 국麯과 국國은 음이 서로 같다. 또 수중노인과 미륵삼존이, 부처님을 받들면 나라를 전하겠다는 등의 계시를 했다"고 주장하며 황회 · 정원태와 함께 "석가가 다하고 미륵이 세상을 주장하게 된다"는 말을 부르짖으며 경기도와 황해도 일대를 돌아다녔다. 민중들에게 미륵의 새 세상이 열린다는 선전선동을 하고 다닌 것이다. 그들에게 석가의 시대인 현재는 양반이 민중을 착취하는 낡은 세상으로서 '끝장나야 할' 세상이었다. 여환은 마땅히 '와야 할' 세상으로서 미륵이 주장하는 새 세상을 예언했다.

여환은 또 천불산千佛山 선인仙人에게서 "이 세상은 오래 가지 못하리라. 이제부터 이어야 할 자가 있으리라. 용이 아들을 낳아 나라를 다스리라"는 계시를 받았다고 주장하며 황해도 무당 원향을 아내로 맞아 '용녀부인'이라고 불렀다. 이것은 여환의 미륵신앙이 용(미르)신앙 및 무속신앙과 결합한 것을 단적으로 보여준다. 무당들의 오구신 바리데기 설화를 담은 안동 무가 〈바리데기〉의 세계와도 비슷하다.

여환은 경기도 무당 계화 등 무속신앙 세력과도 연계를 갖고, 평소 서로 뜻이 통하던 풍수가 황회와 함께 질병치유를 구실로 하층민들 사이에 미륵신앙을 전파하여 그들을 결집했다. 그들은 장검을 준비하고 군장을 꾸려 도성에 잠입한 뒤, 큰비가 오기를 기다려 대궐로 쳐들어가려 했다. 그러나 거사일에 비가 오지 않자, 하늘을 우러러보며 "공부가 덜 되어 하늘이 아직 응하지 않는다"고 탄식하며 삼각산에서 기도한 뒤 해산해버렸다.

그들이 지향했던 목표는 발각된 뒤의 공초기록을 통해 단편적이나마 엿볼 수 있다.

> 미륵이 또한 말하기를, "지금은 승려가 부처를 공경하지 않고 속인이 부처를 공경한다. 너는 과연 이것을 아느냐? 이 같은 때에는 용이 아들을 낳아 나라를 주장하리라. 이제 세상이 기울어질 것이니, 조선만 그러는 게 아니고 열두 나라가 다 함락될 것이다. 이때에 도성에 입성할 것이니 군장을 꾸려놓고 기다려라"
>
> 여환의 주장

> "석가가 다하고 미륵이 세상을 주장하리니, 비록 양반이라도 미륵이 세상을 개혁했다는 말을 들으면 반드시 마음을 돌릴 것이다"
>
> 황회의 주장

이상의 기록에서 그들이 흉년으로 인한 굶주림과 신분적 질곡으로부터 해방되고자 하는 민중의 열망을 미륵신앙으로 수렴하여 미륵혁명을 꾀하고자 했음을 알 수 있다.

실제로 대장장이의 아들인 여환을 비롯하여 이 운동에 참여한 계층이 대부분 농민 · 천민 · 노비계층이었음을 보더라도 그들이 추구한 사회는 더욱 분명해진다. 미륵혁명의 선동에 따라 수많은 촌락민들이 서울로 쳐들어가기 위해 소를 팔아 장검을 사가지고 떠나는 통에 촌락이 모두 비게 될 정도로 이 운동은 민중의 열렬한 지지를 받았다.

그러나 혁명의 방법에 있어서 '큰비'를 기다리며 기도한다든지, 양주 관아를 습격하여 무기와 군량을 획득한 뒤 서울로 쳐들어갈 것을 주장한 정원태 등 일부 강경파를 배제하고, '구름과 비를 일으킨다'는 용녀부인 원향과 함께 입성하면 저절로 일이 이루어진다고 믿고 고작 10여 명만으로 서울에 잠입한 지도부이 미신적 태도가 바로 혁명을 좌절시킨 요인이었다. 이들은 지도부의 잘못으로 말미암아 제대로 싸워보지도 못하고 낡은 사회를 뒤집어엎으려는 혁명적 민중운동은 좌절하고 말았다.

DIGEST

61

BUDDHISM

조선 최대의 민중불교혁명
: 장길산과 민중불교혁명 (1697년)

조선의 17세기말은 변혁의 시대였다. 노비들은 지배계급의 가혹한 억압에 저항하였고 농민들도 관료양반들의 갖가지 착취와 기근에 견디다 못하여 투쟁에 나섰다. 이러한 투쟁과정에서 미륵신앙을 중심으로 하는 민중불교세력은 민중들과 결합하여 변혁운동에 적극 참여했다.

1697년(숙종 23), 그 전모가 드러난 민중불교 세력의 혁명모의 사건은, 금강산의 노승 운부雲浮가 지도하는 민중불교 세력이 전국의 승려 및 당시 활약하던 장길산張吉山 유격대와 연대하여 혁명을 일으키고 나아가 중국까지 정벌할 것을 꾀한 조선시대 최대의 혁명사건이었다.

> 지도자는 운부라는 승려인데 나이는 일흔이고 송나라 대 명신 왕조汪藻의 후예다. 명나라가 망한 뒤 중원에서 우리나라로 흘러들어와 머리를 깎고 금강산에 들어갔다. 그 사람은 위로는 천문에 통하였고 아래로는 지리를 잘 살피며 가운데로는 사람의 일을 잘 보아, 그 재주가 옛날의 제갈공명이나 유기劉基에 비해 떨어지지 않는다. 승려들에게 불경을 가르쳐 그중에서 뛰어난 자 옥여玉如·일여一如·묘정卯定·대성법주大聖法主 등 백여 명을 얻어 자기의 술법을 전하였다. 팔도의 승려들 및 장길산 부대와 결합하고, 또 이른바 진인眞人

정씨·최씨 두 사람을 얻어가지고 먼저 우리나라에 정씨를 임금으로 세우고, 그 뒤 중원을 쳐서 최씨를 황제로 세우려 했다.

〈李榮昌等推案〉, 「上變書」

백여 명에 이르는 이들 불교세력은 운부의 제자들로서 불경과 천문 · 지리 · 인사人事를 공부하여 사상적으로 통일되어 있었다. 그들은 일부지방의 봉기에 그치지 않고 전국적 봉기를 일으키기 위해 팔도의 승려들을 조직화하려 했다. 운부와 그에 동조한 승려 38명의 동향에 대하여 이들을 심문한 당시 당국의 조사문건에는 다음과 같이 기록하고 있다.

운부는 승려 묘정·일여·옥여·무변無邊·현성玄聖·일안一鴈·도강度江·월강越江·세일世一·도운道雲·도영道英·계탄戒坦·성주聖珠·명근命根·금벽金碧·실징實澄·능흡能洽·세운世雲·원정元井·헌일憲日·죽무竹茂·지평地平·천수天水·은상銀象·초룡草龍·직수直守·흑수黑水·희담希淡·황헌黃憲·장계藏季·운극雲極·한무漢茂·법징法澄·풍열風說·설제雪霽·신원新元·개혜開惠·자징字澄 등을 서울 주변과 각도의 여러 사찰에 보내서 1697년 3월 21일을 기해 승병을 일으켜 대궐로 쳐들어간다고 하였다.

〈이영창등추안〉, 「상변서」

그들은 또 이미 10여 년간 민중의 신망을 받으며 성공적으로 투쟁해오고 있는 장길산 무장세력과 연대하여 민중의 이익을 위해 투쟁하였다. 그들은 당시 민간에 유행하던 도참서 〈정감록〉에 따라 이씨 지배체제를 전복하고 정씨를 임금으로 세우겠다고 함으로써 민중을 선동하였다. 더 나아가 병자호란 때 우리 민족에게 굴욕을 안겨준 중국에 대한 정벌을 내세웠다. 여기에는 지배계급의 사대주의 굴욕외교에 대한 민중의 강한 반발과 우리나라를 침략했던 청나라에 대한 민족적 원한이 반영되어 있다.

운부와 가평 현등사의 일여와 일여의 제자 옥여, 간성 건봉사의 묘정, 금강산 백운사의 대성법주는 의형제를 맺고 거사계획을 짰다. 운부는 제자들을 각도에 보내 전국 승려들을 포섭하는 한편, 어려서부터 자기가 가르친 이영창을 서울로 잠입시켜 조정의 동정과 정세를 정탐하는 한편, 관상과 풍수를 이용하여 서얼들을 포섭하여 의형제를 맺는 의식을 행하였다.

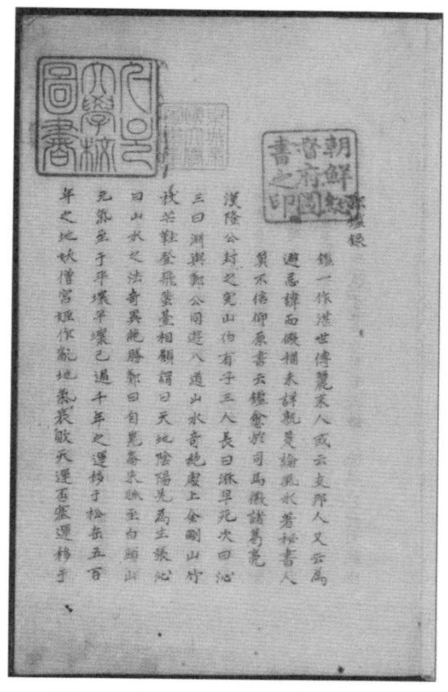

〈정감록〉, © 한국민족문화대백과사전. 조선시대 민간에 널리 유포되었던 도참서이다. 반왕조적이며 현실 부정적인 내용을 담고 있어서 조선시대 이래 금서에 속하여 민간에서 은밀히 전승되어 왔다.

이들은 실제 무장투쟁을 이끌 인재로 칼과 말타기에 능한 최헌경과 유찬, 강계 부사인 무인 신건 등을 포섭하였고, 서울 진격시에는 장길산 부대가 합류하기로 했다.

소설가 황석영의 〈장길산〉이라는 대하소설로 널리 알려진 장길산은 1687년경부터 구월산을 근거지로 삼고 황해도 · 함경도 · 강원도 · 평안도 · 경기도 등지를 왕래하며 관군에 대한 유격전을 펼치고 있었다. 장길산은 본래 광대 출신으로 곤두박질을 잘하고 용맹하여 날랬다. 조정에서 수차례 토벌대를 보냈지만 번번이 잡지 못하였다. 당시 임금 숙종은 10년이 넘도록 그를 잡지 못하고 있는 판에 그의 부대가 불온한 불교세력과 연합하여 서울로 진격하려 했다는 것을 알고 질겁을 하며 치를 떨었다.

운부와 장길산의 혁명모의는, 이영창을 남인의 첩자로 의심한 서얼들이 자신들의 안전을 위해 노론세력에 붙어 혁명세력을 배신 · 밀고함으로써 무위로 돌아가고 말았다. 서얼계층의 철저하지 못한 의식과 기회주의적인 태도로 좌절되고 만 것이다.

이 사건은 조선시대 최대의 민중불교혁명 모의사건이었다. 운부는 전국적인 승려들을 조직화하고 인삼을 팔아 군자금을 마련하며 장길산 부대와도 연대하는 등 치밀한 준비를 하고 부대편성과 전략수립까지 했다. 이들은 이

전의 여환 등 미륵신앙 무당세력과는 달리 상당히 조직적이고 치밀한 준비를 했으나, 거사 직전에 서울의 서얼들이 배신 · 밀고함으로써 역사가 바뀌고 한국불교사가 다시 씌어질 불교계의 혁명은 끝내 무산되고 말았다. 그러나 그들의 혁명은 좌절되었으나 장길산은 5천의 기병을 이끌고 만주 쪽으로 잠적한 사실에서 볼 수 있듯이 민중들의 투쟁의식과 희망은 결코 뿌리가 뽑힌 것은 아니었다.

DIGEST

62

BUDDHISM

'이씨가 망하고 정씨가 일어난다' : 영·정조의 민중불교 탄압 (1725~1800년)

영조와 정조시대는 왕권이 안정되고 생산력이 발전되었으며, 학문과 문화도 융성했다. 그러나 영조와 정조는 유교를 숭상하여 배불정책을 실시했다.

영조는 1747년(영조 23), 무당과 음사淫祀를, 그리고 그 2년 후에는 승려들의 도성출입을 금지했다. 또한 궁중 또는 지방관청에서 사찰에 대한 혹독한 재물 징수와 탈취가 심하게 강요되어 사찰은 더욱 황폐해졌으며, 승려들의 노역도 한층 더 심해졌다. 1770년(영조 46)에는 능묘 근처에 사찰을 창건하는 것을 금했다.

그러나 영조는 왕권에 협조적인 불교세력에 대해서는 상당한 관심과 배려를 기울였는데, 그 대표적인 것이 임진왜란 때 활약한 의승들에 대한 정책적인 배려를 들 수 있다.

영조는 임란 때 의승병들의 활동에 존경의 뜻을 표하여 휴정과 유정을 모신 밀양 표충사表忠祠의 공역을 면제해주고 잘 수호하게 했으며, 표충사를 주관하는 승려 새봉璽封을 선교도총섭으로 임명하기도 했다. 또 1772년에는 왕명으로 임진왜란 때 순절한 의승장 영규靈圭를 비롯하여 7백 의승의 사당을 세우고 제사를 지냈다.

영조를 뒤이어 임금이 된 정조도 배불정책을 계승했다. 정조는 즉위하던 해(1777)에 원당願堂을 금지시켰다. 원당이란 죽은 자의 위패를 모시고 명복을 빌고, 겸해서 원주의 장수와 행복을 기도하는 법당을 뜻한다. 이는 조선초기부터 궁전에서 시행해오던 풍습으로서, 이 원당을 자기의 사찰로 삼게 되면 관청의 혹독한 세금징수를 경감할 수 있다는 이점이 있었다. 이런 이유로 승려들은 앞다투어 원당을 세웠지만 정조는 그 폐단을 막기 위해 왕명을 내린 것이다.

그러나 전왕들에 비해 정조는 숭불의 마음이 돈독하여, 대둔사(지금의 대흥사) 승려 천묵天默 등이 휴정의 사당을 세우고 사당 이름을 내려주기를 청하자 왕명으로 '표충사'라는 이름을 내리고 예조의 관리를 보내 제사를 지내게 했다. 또 아버지 사도세자의 명복을 빌기 위해 수원에 용주사龍珠寺를 창건하여 보경寶鏡을 도총섭에 임명했다. 정조의 총애를 얻는 파격적인 은전을 입은 보경은 다시 8도도승통을 겸하게 되었다. 용주사에 모실 불상이 조성되자 승려 인악仁岳에게 명하여 부처님 복장발원문을 쓰게 했다.

함경남도 안변의 석왕사에는 이성계가 봉납한 오백나한이 있었는데 기원하면 반드시 영험이 있다고 전해졌다. 왕자가 없던 정조는 왕비와 함께 3년간이나 기원하여 왕자를 탄생하였기 때문에 석왕사에 전답을 하사하고 왕이 스스로 감사의 비를 세웠다. 때를 같이하여 왕은 전남 순천 선암사에서도 기도를 올렸다. 정조는 1792년(정조 16), 석왕사를 창건한 무학無學대사와 그의 스승인 나옹과 지공에게 법호를 추증하였다.

영 · 정조는 배불정책과 동시에 지난 시기에 비해 불교를 보호하기는 했으나, 그것은 어디까지나 왕실에 충성을 바쳤거나 호국불교 계열 또는 기본적인 왕실불교에 국한되어 있었다. 정권에 도전적이거나 체제질서를 혼란시킨다고 생각되는 불교세력에 대해서는 여전히 억압을 가하였다.

1728년(영조 4), 조정은 집권 노론세력에 항거하여 일어난 소론파 이인좌의 무장반란에 연루된 쌍계사 승려들을 처단했다. 이때 지리산 승려 대유大有는 승려출신 술사 송하宋賀와 함께 쌍계사와 연곡사를 거점으로 지리산의 산적 수천 명을 모으는 한편, 태백산 · 덕유산 · 변산 일대의 명화적들과 손잡고

〈하동 쌍계사 대웅전〉, © 국가유산포털. 영조 4년 쌍계사의 승려들은 이인좌의 반란에 가담했다가 실패, 정부에 의해 처단되는 등, 여러 차례 조정에 반기를 들었다.

이인좌의 반란에 가담하려 했다. 그는 이인좌의 반란을 이용하여 호남의 장악을 꾀하다가 반란이 좌절되자 지리산에서 종적을 감추었다.

1758년(영조 34)에는 황해도 농민들과 무당들이 '생불'로 존경하는 '요망한' 여인을 처형했다.

1763년에도 황해도의 미륵신앙자를 처형하였는데, 이러한 일들은 17세기 말에 이 지역에서 일어났다가 탄압받았던 미륵신앙이 사라지지 않고 민중 속에서 연면히 이어져왔음을 보여주고 있다.

1758년(정조 9)에는 함흥 · 삼수 · 갑산 · 회령 · 경원 등지의 절과 무당에 의탁한 거사들이 미륵의 새 세상을 목표로 무장봉기를 획책하다가 발각되었다. 순안 법흥사 출신 거사인 유한경의 전대에서 〈정감록〉과 '처단해야 할' 13명의 재상들 이름이 기록된 '수인록(원수명단)'이 발견된 것을 실마리로 전국적인 거사세력 검거선풍이 휘몰아쳤다. 그런 가운데 거사세력과 연계된 미륵신앙 조직이 발각되었다. 미륵교도가 지니고 있던 책자에서도 '이씨가 망하고 정씨가 일어난다'는 비결이 발견되었다.

이용범이 이끄는 갑산의 미륵교도들은 낡은 세상을 뒤엎고 새 세상이 열리라는 그들의 미륵신앙은 혁명적인 사상이었고, 이러한 일군의 미륵신앙을 당대의 지배세력이 방관할 리가 없었다.

이 사건의 주역인 거사 불교세력을 조정에서는 불온한 계층으로 단죄하였던 것이다.

한편 지리산 화개사, 칠불암을 거점으로 민중불교 비밀결사 '당취黨聚(후세에 '땡추 · 땡초'란 말의 근원이 됨)'가 활약했는데, 그들도 조정의 탄압을 면치 못했다. 그들은 정씨 진인眞人의 출현을 예언하며 민중을 선동했다. 그 당시 하동에서 일어났던 문양해의 반라모의에 '당취'로 보이는 쌍계사 승려 상화尙華 등이 연루되기도 했다.

DIGEST

63

BUDDHISM

19세기 불교계 최대의 석학
: 조선후기 선 논쟁 주도한 초의선사 (1786~1866년)

19세기 초중반을 대표하는 불교계 최대의 석학으로 초의 의순草衣意恂이 있다. 그는 해남 대둔사의 지도자 연담 유일蓮潭有一의 법손인 초의의 속성은 장張씨이며, 호는 초의 · 일지암一枝庵이고, 자는 중부中孚이며, 전남 나주군 삼향면에서 1786년(정조 10) 4월 5일 태어났다. 5살 때 강변에서 놀다가 급류에 휘말렸을 때 마침 인근 사찰의 어느 스님에 의해 구원되어 목숨을 건졌다.

그 스님이 출가할 것을 권유함에 따라 1801년(순조 1) 16세에 남평南平의 운흥사雲興寺로 들어가 벽봉 민성碧峰敏性 스님을 은사로 모시고 출가했다. 대둔사 완호 윤우玩虎倫佑에게 구족계를 받았다. 그 후 전남 화순에 있는 쌍봉사에서 토굴을 파고 참선에 전념했다. 24세 때 다시 대둔사로 돌아와 연담대사로부터 초의라는 법호를 받았다.

금담金潭에게서 선을 닦고, 윤우의 법을 이은 의순은 널리 선지식에게 공부하고, 또 삼학三學(三藏: 경 · 율 · 논)에도 뛰어난 바가 있으며 교와 선에 깨친 바가 큰 근세의 큰스님이었다.

정약용丁若鏞 · 김정희金正喜 · 홍석주洪奭周 · 신위申緯 등 당대의 명사들과

도 교유가 깊었고, 시문에도 뛰어나 이름을 날렸다. 봉은사에서 〈화엄경〉을 새길 때는 증사證師가 되었고, 달마산에서 무량회無量會가 열리자 그 강석을 주재하기도 했다.

한편 초의는 선운사의 백파白坡와 더불어 선에 관한 논쟁을 활발히 벌였다. 초의는 실학의 영향을 깊이 받아, 백파의 전통적 입장을 비판하며 선에 대한 새로운 해석을 했다. 이 논쟁에는 추사 김정희도 참여했는데, 그는 고증학적 관점에서 백파의 주장을 비판하였다. 이 논쟁은 본질적으로 실학의 영향을 받은 새로운 불교가 기존의 보수적인 선종불교에 반대하여 투쟁한 것이었다.

백파는 정조 · 철종 때에 전북 순창 구암사에서 선 · 화엄 · 계율 등을 설하여 명성이 높았던 당대의 선객이었다. 그는 철저한 계율수행과 정혜결사定慧結社운동을 통해, 쇠약한 조선불교계에 새로운 활력을 불어넣었다. 그러나 그는 〈선문수경禪文手鏡〉의 저술에서, 이른바 '임제삼구臨濟三句' 아래 선을 조사선 · 여래선 · 의리선의 세 가지로 구분하고 선가의 사상들을 상 · 중 · 하로 구분 · 정리하여 우열을 가림으로써 임제종 조사선 우위의 독단에 빠졌다.

백파의 이러한 견해에 대하여 초의는 〈사변만어四辨漫語〉의 저술을 통해 논박하였다. 특히 그는 선을 세 가지로 구분하는 백파의 태도에 대하여 잘못이라고 지적하고, 조사선은 곧 석가여래가 이심전심한 달마선이므로 여래선과 다른 것이 아니며, 여래선을 석가여래가 가르친 불경의 이치이므로 의리선과 다를 게 없다고 하였다. 따라서 굳이 의리선을 따로 내세울 필요가 없다고 주장하며 백파는 선을 잘못 이해하고 있다고 논박했다.

그는 선 · 교 13종이나 불경에도 백파와 같은 주장은 찾아볼 수 없다고 하면서 고증학적 입장에서도 비판을 가했다.

추사는 문헌고증학적 입장에서 백파의 경전 무시 태도에 대해 논리적으로 비판하였으며, 그가 중국 선종의 선문禪文을 무비판적으로 받아들인 데 대해 비판하였다.

41세 때 초의는 두륜산 대둔사의 뒤편에 일지암一枝庵을 짓고 이곳에서 홀로 참선하기를 40여 년간 전심전력했다. 그러나 초의는 교학에도 소홀하지 아니하였고 특별히 선에만 치우치지도 아니하여 선교겸수를 주장하였다.

어느 날 한 스님이 찾아와 묻기를 "스님은 선에만 전념하십니까?" 하니 초의는 대답하되, "근기가 약하면 선에만 전념하거나 교에만 전념하지만 이는 실로 둘 다 다름이 없는 것이니 내가 어찌 이것만을 고집하겠는가. 생각하건대 교에만 전념하는 자가 허물이 없을 수 없으며 선만을 고집하는 자 또한 모두 도를 얻는 것이 아니니라"고 대답하였다.

〈초의대선사 영정〉, © 한국민족문화대백과사전. 조선 후기의 대선사. 40여 년간 홀로 참선에 전념한 초의선사 의순은 선교겸수를 주장했으며 삼장에도 뛰어난 고승이었다.

초의는 추사 김정희가 제주도로 유배갔다는 말을 듣고 위안하러 갔었는데 풍랑이 매우 심했다. 그러나 그는 조금도 당황하지 않고 대담하게 대처했다. 또 신헌申櫶이 녹원으로 유배갔을 때도 몸소 위안하러 다녀온 바 있는데, 이러한 점을 보면 초의의 인품이 어떠했는가를 감히 짐작케 한다.

초의는 일지암에 주석하면서 다도茶道를 생활화하고 신라 때부터 내려온 우리나라의 다도가 꺼져갈 때 동다東茶의 훌륭함을 예찬하는 〈동다송東茶頌〉을 짓고 다도의 학술적 이론을 기록한 〈다신전茶神傳〉 등을 지어 다성茶聖·다신茶神의 칭호를 얻었다.

그는 당시 최고의 진보적 실학자 정약용의 영향을 받아 불교를 실학적으로 발전시켰는데, 그의 실학적 역사의식은, 진묵의 발자취를 추적한 〈진묵조사유적고〉나 고증학적 불교역사서인 〈대둔사지大芚寺志〉 편찬에서 확인할 수 있다. 그와 교분이 두터웠던 정약용은 〈대둔사지〉 편찬에 참여하여 감정鑑定을 맡았다.

초의는 추사가 71세로 죽자 세상의 무상을 느꼈던지, 73세 때 과천에 있는 영전에 조문하고 와서는 줄곧 일지암에 머물며 두문불출하다가 1866년(고종 3) 8월 2일에 입적했다. 대둔사 남쪽에 부도가 세워졌는데, 신관호申觀浩가 비문을 지었다.

초의로부터 사미계를 받은 자가 40여 명이고, 보살계를 받은 자는 70여 명이나 되며, 그의 대표적 제자로는 선기善機와 범운梵雲 등이 있다.

조선의 유마거사
: 유마에 비견된 재가불자 이침산 (1827~?년)

조선시대 후반기에 재가불자로서 뚜렷한 족적을 남긴 사람이 이침산李枕山(1827~?)이다. 그의 본명은 동환東煥, 호가 침산이며, 성은 이씨다.

그는 1827년(순조 27) 경북 상주에서 태어났다. 어렸을 때의 행적에 대해서는 별로 알려진 바가 없다. 그런데 특기할 점은 이침산에 관한 기록이 〈동사열전東師列傳〉에 나온다는 점이다. 〈동사열전〉은 조선후기의 범해梵海 스님이 편찬한 고승전기집이다. 〈해동고승전〉 이외에는 별다른 고승전기가 없는 한국 불교계로서는 매우 귀중한 자료 가운데 하나이다.

이 책에는 모두 199명(저자 범해 포함)의 인물이 수록되어 있다. 그 가운데 재가불자로는 김대성과 이침산 두 명뿐이다. 나머지는 모두 출가한 스님들이다. 따라서 스님들의 전기집에 재가불자인 이침산의 행적이 수록되어 있는 것은 파격적인 일이 아닐 수 없다. 이 점을 보더라도 이침산의 수행과 덕이 얼마나 높았는가 하는 것을 직접적으로 시사하는 일이다.

이침산은 통도사의 관허觀虛선사에게서 선법을 배웠다. 이어 금강산의 해명海溟대사로부터 대승보살계를 받았다. 이어서 전주 봉서사鳳棲寺에서 정진하였고, 옥주(전남 진도의 옛이름) 쌍계사에서도 오래 수련생활을 하였다. 훗날

〈양산 통도사 대웅전 및 금강계단〉, © 국가유산포털. 조선의 유마거사라고 하는 침산이 관허에게 선법을 배웠던 곳이다. 그는 백성의 애환 속에 보살행을 몸소 실천했던 위대한 유발승이었다.

흥국사의 만일회萬日會에 참석하여 승속의 모범이 되었다고 한다.

그는 불교에 대해 해박하였을 뿐 아니라 자비의 실천이 남달랐다고 한다. 궂은 일은 도맡아 처리하면서도 싫어하는 내색이 없고, 막힘없는 언변을 가졌으면서도 언제나 겸손하였다. 사람들은 모두 칭송하여 말하기를 "유마거사의 화현이라" 하였다는 것이다.

실제로 이침산은 〈유마경〉을 필사하여 범해 스님에게 보냈다는 기록도 있다. 또 〈진불지眞佛志〉라는 책의 서문을 지었다고도 하나 현존하지는 않는다. 언제 죽었는지는 분명하지 않으나 1900년대 초반 무렵으로 짐작된다.

중국의 재가불자로서는 방거사 · 부설거사 등이 유명하다. 이들은 출가한 승려들보다 신행이 더욱 뛰어났고 또 처자권속을 거느린 몸으로 오도悟道를 성취하기도 했다.

한국 최초의 불교 순교자 이차돈과 왕생극락한 효명孝命, 그리고 달달박박 등은 신라 때의 재가불자들이다. 고려초에는 이규보와 같은 뛰어난 인물들이 재가불교의 맥을 이었다. 조선시대에 와서는 외형적으로는 재가불교의 맥이 끊긴 것처럼 보여진다. 그러나 조선의 유생들 중 많은 사람이 불심을 지니고 있었다는 점을 감안해야 한다.

고려말 충신 정몽주는 독실한 불교신자였다. 조선시대의 율곡 또한 돈독한 불자였다. 그의 이기론理氣論 자체가 화엄의 세계관에서 비롯되었다는 것은 널리 알려진 사실이다. 심지어 율곡은 자택에서 대장경을 간행한 적이 있을 정도였다. 따라서 이와 같은 풍조를 빗대어서 당시의 유교사회에서는 '외유내석外儒內釋' 이라는 표현을 쓰기도 하였다. 겉으로만 유생입네 하고, 속으로는 불교만을 말하고 있다는 것이다.

재가불교 운동은 그 속성상 사자전승師資傳承의 법맥으로 이어질 수는 없다. 그러나 시대의 여건 속에서 나름대로 불교적 책무를 충실히 이행해왔음을 부인할 수는 없다. 따라서 이침산에 관한 기록이 비록 편린에 불과하다 할지라도 주요한 의미를 지닌다.

언젠가 이침산이 진도에서 공부할 때 범해 스님은 그의 덕을 찬탄하는 시를 보낸 적이 있다.

괴나리 봇짐 속에 다른 것은 없다
다만 한 권의 〈금강경〉뿐,
방공龐公의 선문답 곳곳에서 꽃피니
그대는 필시 유마거사의 화신일레라

위의 찬시에서 보는 대로 이침산은 당당한 선객이었음이 분명하다. 방공은 바로 방거사를 말한다. 그는 마조馬祖와의 선문답으로 일약 깨달음의 길로 들어선 유명한 중국의 거사다.

또 범해 스님이 이침산을 유마거사에 비유한 것도 이채롭다. 이것은 단순한 예찬의 의미라기보다는 그의 인품을 표현해주는 기사라고 생각된다. 이침산이 원융무애의 화현, 변재와 예지의 소유자라는 표현이다.

정책적으로 억압받고, 은둔과 자조로서 세월을 보내야 했던 조선불교는 이침산이라는 재가불자의 삶을 통해서 끈질긴 불교적 생명력을 유지해왔음을 목격할 수 있다. 특히 백성들의 애환 속에서 보살행을 실천한 이침산의 행적을 우리는 높이 평가해야 한다.

그는 쇠미한 조선후기 불교를 빛낸 위대한 유발승이었던 것이다.

DIGEST

65

BUDDHISM

승려 출신의 동학 남접의 대부
: 봉기 불길 댕긴 남접의 장로 서장옥 (1892~1894년경)

1840년 3월(헌종 6) 경기도 안성 땅 죽산부민竹山府民들이 민란을 일으킨 이래 조선 각지에서 끊임없이 민란이 일어나고 있었다. 1851년 10월에는 황해도민 채희재蔡喜載가 주동이 되어 민란이 일어났고, 1862년에는 진주 · 익산 · 개령 · 함평을 비롯, 충청 · 경상 · 전라 · 제주 · 함흥 · 광주廣州 · 남해 등지에서 민란이 일어나고, 이후에는 마적과 명화적明火賊 등의 발생이 급증하고 있었다.

동학은 이처럼 암울하고 혼란한 당시 민중들의 처절한 삶 속에 태동 · 발생했는데, 동학교조 최제우가 잡혀 죽은 뒤 동학은 크게 두 파로 갈라졌다. 하나는 최시형 계열이고 또 하나는 서장옥 계열이었다. 〈매천야록〉을 쓴 황현의 〈오하기문梧下記聞〉에 의하면 "처음 동학에서는 그 무리를 포布라고 불렀는데 법포法布와 서포徐布가 있었다. 법포는 최시형을 받드는데 법헌이라는 최시형의 호에서 이름을 따왔다. 서포는 서장옥을 받든다. 서장옥은 수원 사람으로 최시형과 함께 교조 최제우를 따라 배웠다. 최제우가 죽자 각기 도당을 세워 서로 전수하면서 이를 '포덕'이라 이름하였다. 이들은 '동학이 궐기할 때' 서포가 먼저 일어나고 법포가 뒤에 일어나기로 약속하였기 때문에

서포는 또 기포起布라 이름하고 법포는 또 좌포坐布라 불렀다. 전봉준이 주동하여 일어날 적에는 모두 서포였다"라고 기록하고 있다.

서장옥徐璋玉은 일명 인주仁周라고도 하며 호는 일해一海다. 승려 출신으로서 30여 년 불도를 닦다가 동학에 참여한 동학 남접의 장로요 대부였다.

그는 일찍부터 불교승려로서 오랜 수행을 하다가 동학에 참여한 것은 확실한 것으로 추정된다. 서장옥은 1884년 청주에서 살았으며, 이때 충청도 일대에서 한창 포덕에 열중하던 최시형을 황하일과 함께 찾아가 교단의 지도자로 두각을 나타냈다.

그는 1889년 가을 서울로 올라왔다가 관가에 잡히는 몸이 되었다. 이때 벌써 동학의 중요한 지도자로 관가에 포착되었던 것이다. 그는 온갖 닦달을 받은 끝에 금갑도로 유배되었다. 제2대 교조 최시형은 많은 돈을 들여 그를 풀어주게 하고, 밥 먹을 때마다 하늘에 고하는 의식을 하면서 그의 목숨을 빌었다. 그는 당시 동학교단에서 그처럼 소중한 인물이었기 때문이다.

그러나 서장옥은 유배에서 풀려나오자 서병학徐丙鶴과 함께 공주와 삼례 집회 등을 주도하면서 강경노선을 추구했고, 이에 따라 최시형 등 온건한 교단 지도부와 잦은 마찰을 빚었다. 이 과정에서 그는 황하일과 함께 독자적 행동노선을 추구하였다. 변혁 지향의 노선을 뚜렷이 하기에 이른 것이다. 그는 전라도의 손화중 · 김개남 · 김덕명 · 전봉준을 제자로 거느리고 새로이 '남접'이라는 세력을 구축했다.

1892년 11월 삼례집회도 바로 서장옥이 주동하여 열렸으며, 여기서 그들은 서울에 올라가 왕에게 직접 상소할 것을 결의하였다. 그들은 최시형의 미지근한 태도를 강력히 제압하여 끌어들이면서 모든 일을 주도해나갔다. 서장옥의 본의는 상소 자체에 있는 것이 아니라 상소를 계기로 민중을 조직화하여 혁명을 꾀하려는 데 있었다. 그는 이미 삼례집회를 통해 청원운동의 한계를 깨닫고 있었다. 더욱이 그는 삼례집회 이후 주동자로서 체포령이 떨어진 수배자였다. 그는 서병학과 함께 "교도들로 하여금 군복으로 갈아입게하고 관군과 협동하여 정부 간당을 소탕하고 조정을 개혁하기로" 결정하고 서울 복합상소에 임하였다.

〈정읍 황토현 전적 갑오동학혁명기념비〉, © 한국민족문화대백과사전. 서장옥은 일찍이 불교승려로서 30여 년 수행하다가 동학에 투신, 1894년 전봉준과 함께 창의하니, 호서남접 혹은 '서포'로 불렸다.

그는 1893년 2월의 서울 복합상소에 즈음하여 우선 외세에 반대하는 선전 선동을 활발히 벌였다. 동대문과 남대문 · 교회 · 선교사 집 등에 붙인 격문의 주된 공격대상은 미국교회와 일본상인이었다. "너희는 급히 너희 나라로 가라" "3월 7일까지 떠나지 않으면 토벌하겠다"고 휘갈긴 대자보는 미국인과 일본인을 두려움에 떨게 했고 서울의 민심을 뒤흔들어놓았다. 그러나 그들의 서울봉기 계획은 사전에 발각되고, 게다가 최시형 · 손병희 · 김연국 · 손천민 등 온건 지도부의 제재에 부딪혀 좌절되고 말았다.

1893년 2월 서울에서의 복합상소에 이어 열린 3월의 보은집회가 "왜놈들과 양놈들을 몰아내자"는 공식적인 반외세 기치가 드높이 올랐다. 보은에서 최시형을 중심으로 한 집회가 열리고 있을 때, 전라도 땅 금구현 원평(전북 김제군 금산면 원평리)에서도 대대적인 농민군 집회가 열리고 있었다. 이 집회를 주도한 인물이 서장옥을 비롯한 전봉준 · 김덕명 등이었다. 이들 원평집회 측은 보은집회의 귀추를 날카롭게 지켜보고 있었다. 이때 남접 쪽에서는 북접이 주최하는 보은 집회의 동정을 살피려고 긍엽亘葉이라는 승려를 파견하기까지 하였다. 갑오동학농민전쟁에는 서장옥뿐만 아니라 수많은 승려들도 참가하였다. 즉 원평의 남접 호남세력의 집회에 불갑사의 인원仁原, 선운사의 우엽愚葉, 백양사의 수연水演 등 호남지방 승려들이 참가했다.

1894년 3월 농민전쟁이 본격적으로 벌어지자 그해 6월께 서장옥은 관가에 잡히는 몸이 되었다. 그는 고문으로 거의 죽을 지경에까지 이른 몸으로 좌포도청에 옮겨 갇혔다가 석방된다. 감옥에서 고문으로 죽으면 문책이 따르므로 석방해준 듯하다.

그해 9월 장위영 영관 이두황 등이 변절한 동학 지도자 서병학을 앞세우고 경기도로 충청도로 동학농민군 토벌을 다닐 적에 받은 다음과 같은 정탐보고에도 그의 행보는 나타난다. "유학당을 표방하는 허문숙 · 서장옥 등 5~6만 명이 충주 용수포에 모여 있고 동학당 신재련 등 4~5만 명이 진천 광혜원에 모여 있는데 곧 접전에 들어갈 작정"이라는 것이다.

북접과 남접은 남접이 2차 봉기(1894. 9)를 일으킬 적에 어렵게 연합전선을 이룬다. 농민전쟁의 성격은 일본군 축출을 위한 전면적 대일항쟁으로 바뀌어 있었다. 북접이 논산 · 공주로 움직일 때 서장옥은 그들과 행동을 같이하는 대신 청주 병영의 공격에 나섰으나 병영은 함락되지 않았다. 동학농민전쟁이 끝난 직후에도 서장옥은 잡히지 않았다. 어디에서 무슨 일을 하였는지 잘 알려져 있지 않으나 1900년, 잡히는 몸이 되어 기록에 등장한다. 그는 동지 손사문과 함께 재판을 받고 교수형에 처해졌다.

수많은 남접의 지도자를 키워가며 철저한 반봉건 · 반외세 항쟁에 나섰던 승려 출신의 동학 지도자 서장옥은 이렇게 역사의 뒷길로 사라져갔다.

DIGEST

66

BUDDHISM

일본불교의 조선침략
: 침략의 선발대 일본불교 (1877~1909년)

일본은 임진왜란 때 조선정벌이 실패로 끝난 것을 뼈아프게 생각하면서 다시 조선반도를 병탐하기 위해 고심했다. 그들의 이러한 호전적이고 제국주의적인 침략정책은 사이고西郷隆盛 등의 '정한론征韓論'을 이론적인 배경으로 하고, 또한 대만정벌이 성공한 것에 힘입어 한국에도 구체적인 행동으로 옮겼다.

그들은 1875년 운양호 사건을 빌미삼아 1876년 조선과 병자수호조약을 체결하여 조선으로 하여금 부산 · 인천 · 원산 등의 세 항구를 개방케 했다. 이렇게 조선의 주요항구를 개방시킨 일본은 정치권과 일본 불교세력이 결탁하여 조선진출을 시도하였다. 강화도 조약이 체결된 바로 이듬해(1877)에 일본의 내무경內務卿 오구보大久保와 외무경 데라지마寺島宗則는 혼간 사本願寺 관장官長 겐뇨嚴如 에게 조선을 개교開教시킬 것을 종용 · 의뢰하였다.

그 결과 오타니 파大谷派 혼간 사 승려 오쿠무라 엔싱奥村圓心과 히라노平野惠粹는 관장의 명을 받고 1877년 10월 부산에 상륙해 8백 평의 땅과 건물 25간을 빌어서 1878년에 부산별원을 개원, 일본불교의 포교를 시작했다.

이때 부산에서 활약한 오쿠무라 엔싱은 임진왜란이 일어나기 7년 전(1585)

부산에 상륙하여 오타니 파 혼간 사 별원인 고덕사高德寺를 세우고 당시의 조선침략(임진란) 정탐에 공헌한 오쿠무라奧村淨信의 후손이었다.

오쿠무라 가문의 조상과 후손이 3백 년의 시차를 두긴 했으나, 조선침략의 선발대가 되어 부산에 일본사찰을 세운 것은 우리나라로서는 불행한 악연이었다. 이 혼간 사의 부산별원에 친일승려 제1호가 탄생했다. 경주출신의 조선승려 김철주는 부산별원에 드나들다가 진종眞宗 오타니 파의 교리를 믿게 되었고, 이어 그는 일본인으로 위장하여 1878년 11월 교토로 건너가 입도식을 하고 일본승적을 얻었다. 그러나 그는 그 이듬해에 병사함으로써 구체적인 친일활동을 남기지는 못하였다.

혼간 사의 부산별원에는 김철주에 이어 흔히 개화승으로 불려지는 이동인李東仁이 드나들기 시작했고, 또한 무불無不(1880. 6), 인전仁典(1880. 8), 묵암默庵(1881. 1) 등이 이곳에 와서 일본불교를 배웠다. 무불은 오쿠무라의 주선으로 도일하였고, 인전 역시 교토의 혼간 사 본사에서 일본승적을 얻은 두번째 조선승려가 되었으며, 유점사 출신의 묵암은 교토의 혼간사에서 5등 포교사 자격을 얻고 매월 식비까지 지급받았다.

그런데 오쿠무라가 부산별원에서 조선인을 일본에 동화시키며, 일본승려들을 데려다가 조선어를 학습시켜 조선정탐의 선행작업을 진행시키고 있을 때 일본정부의 협조를 추진한 사람은 오쿠무라의 여동생인 이오코五百子였다. 그녀는 우리나라에 들어오면서 의사 · 교사 · 취사부 등 많은 일인을 데리고 왔으며, 1898년 광주에 포교소를 세우고는 전라도 관찰사 윤웅렬尹雄烈과 상의하여 광주의 최간진崔幹鎭 · 최세팔崔世八 두 사람을 일본으로 보내 교토 등을 시찰하게 하였다. 그들은 2개월 동안 일본을 시찰하고 돌아와 일본의 문물과 혼간 사의 성대함을 선전하였다.

그러나 일본불교의 조선침투는 오타니 파 혼간 사만이 아니었다.

일본불교 일련종日蓮宗은 1881년에 와다나베渡邊日蓮가 부산에 묘각사의 전신인 일종회당日宗會堂을 차림으로써 조선포교가 시작되었다.

개교 이듬해인 1882년에는 원산에 정묘사, 인천에 묘각사가 들어섰다. 1886년에는 가토加藤文敎가 한성에 호국사를 세웠고, 이후 청일전쟁(1894) 때까지 진남포 · 군산 · 함흥 등지에 일련종 사찰을 개설하였다.

일본 정토종淨土宗은 노가미野上運海가 1893년에 부개교사副開敎使 2명을 데리고 조선에 들어와, 서울 명동에 종무소를 차림으로써 조선포교가 시작되었다. 이 교단은 개교감독의 자리가 시라이시白石堯海, 호리오堀尾貫務, 히로야스廣安眞隨에게로 승계되면서 착실하게 교세를 키워나갔다. 하지만 초기에는 1909년까지 황주에서 임도준 1명을 특급 열성신도로 포섭했을 뿐이었다. 임도준은 1916년 포교에 열을 올려 그해 10월까지 48명을, 이듬해 9월까지 1천 3백호 이상을 신도로 확보하였다.

정토종의 교세는 1920년말 현재 조선인 신도 5천 9백 명으로 조선 내의 일본불교 종파 중 1위를 기록했다.

일본불교의 조선침투는 조선의 안위와 독립을 위한다는 명분을 내걸고 있으나 이는 외면적 변명에 지나지 않는다. 이들의 침략적인 의도는 한성에 호국사를 세운 바 있는 일련종의 가토의 다음과 같은 말에서도 분명하게 엿보이고 있다.

> 대체 일·조·청 3국은 순연한 일대 독립국가로서 영원한 동양평화를 유지하며 안위존망, 그 운명을 같이하지 아니할 수 없는 것이어든, 항차 동일한 불교국 조선을 위해 포교한다는 것이 어찌 일본불교도의 보은적 의무가 아니겠는가. 정청군征淸軍의 목적으로 보나, 장래 일조간日朝間의 관계로 보나, 이것은 최대의 급무이다.
>
> 가토, 〈조선개교론〉

일본제국주의 불교인들은 그들 정부의 조선침략정책에 편승 · 동조하면서 침략의 선발대로서의 활동의 착실히 진행한 것이다. 일본은 서구열강이 식민지를 획득하는 전초전으로 기독교의 선교사들을 활용하였듯이 그들은 불교승려들을 이용하여 조선침략의 전초대로 삼은 것이다.

이와 같은 수법은 만주와 중국침략에도 불교와 신도를 역시 침략의 선발대로 활용하였다. 이런 의미에서 요즘의 천리교와 일련정종을 비롯한 일련

1876년 조선과 일본의 대표가 조일수호조규(강화도조약)에 서명하는 모습을 그린 그림이다. 청나라 복장을 입은 사람들이 북을 치거나 나팔을 불고 있는 것을 보면 일본의 상상도로 추정된다. 조약 체결 이듬해(1877년)부터 일본 불교의 조선 침략이 시작됐다.

의 일본종교의 침투를 종교활동만으로 바라보는 것은 단순하고도 위험한 시각이며, 그들의 지난날의 행적으로 볼 때 결코 방심해서는 안될 일이라고 보지 않을 수 없다.

DIGEST

67

BUDDHISM

개화승의 친일활동
: 최초의 일본유학생 이동인 (1878~1881년)

흔히 승려 이동인李東仁을 개화사상의 선두주자로서 선각자로 추켜세우는 것이 지금까지의 대체적인 경향이었다. 그러나 필자는 그를 일본의 조선침략 세력에 부화뇌동한 전형적인 친일인물로 평가한다.

왜냐하면 이동인이 개화문물을 처음 접하게 된 것은 일본정부의 침략밀명을 받고 부산에 처음 상륙한 일본불교에의 접근에 의해서 이루어진 것이다. 즉, 이동인은 1879년 3월에 오타니 파 혼간 사의 부산별원에 드나들면서 서구 여러 나라에 관한 사진과 〈만국사기〉, 성냥 등을 얻어서는 서울 봉원사에서 김옥균 · 서재필 · 유대치 · 오경석 등에게 개화문물을 보여줌으로써 개화파와 교류를 하였던 것이다.

이동인이 혼간 사 부산별원에 드나들었다는 것은 오쿠무라의 〈조선국포교일지〉에 의하면 1878년 6월 2일부터 2회, 12월 9일부터 4회에 걸쳐 드나들었다는 기록이 있는 것을 보더라도 그의 개화문물에 관한 접촉은 조선침략을 위한 전초기지였던 일본불교인 혼간 사 부산별원이었음이 확실하다.

이동인은 양산 통도사의 승려인데 오쿠무라와의 접촉으로 개화문물을 손에 넣은 다음에는 서울에 올라와, 봉원사에서 김옥균 · 서재필을 비롯한 개화파들과 교류하면서 김옥균이 여비로 준 금덩이 네 개를 오쿠무라에게 내보이면서 일본 도항을 부탁하였다. 이리하여 이동인은 오쿠무라와 마에다前田獻吉 영사의 주선으로 교토에 가서 그곳 혼간 사(본산)에 머물면서 일본어를 배웠다.

그리고 이듬해 4월에는 득도식을 가져 일본 진종眞宗의 승려가 되었고, 도쿄 아사쿠사 별원淺草別院에 기숙하면서 주지 스즈키의 각별한 보살핌을 받으면서 일본 외무성의 요인들을 비롯한 여러 일본명사들과 접촉하였다. 또한 그는 이때 수신사로 도일한 김홍집을 만나서 친교를 맺었다.

이동인은 동경에서 데라다寺田福壽의 소개를 받아 당시 외교가로 명망을 떨치던 후쿠자와福澤諭吉와 교류하기도 하고, 일본 · 중국의 유지들의 간친회로서 아시아 및 세계정세를 분석하고 구미제국에 대항한다는 명분 아래 제국주의의 마수를 뻗치려던 흥아회興亞會에 출석하는 등 조야의 정계 · 재계의 유력자들과 교유의 폭을 넓혔다. 그리고 많은 서적과 자료 등을 오쿠무라에게 부탁하여 김옥균 등에게 보내기도 하였다.

그러다가 1880년 8월에 이동인은 제2차 수신사로 와서 아사쿠사 관음사에 유숙하던 김홍집과 만나면서 조선정계에 두각을 나타낼 수 있는 계기가 되었다.

김홍집과의 면담 이후 급격히 그와 가까워진 이동인은 수신사 일행이 1880년 9월 16일 일본을 떠나 귀국하자 이들 일행과 함께 귀국, 9월 28일 귀경하였다. 귀국 직후 김옥균 등에게 서적 및 기타 자료를 건네주었다. 이동인이 귀국할 때 혼간 사에서는 이동인에게 쌀 2백 가마 값에 해당하는 일화 1천 엔을 주었다. 이 돈으로 이동인은 램프 · 석유 · 잡화 등을 들여와서 왕실 · 세도가와 친지들에게 선물했는데, 이것이 조선인에 의해 일제상품이 서울로 들어온 최초였다.

김홍집은 귀국 직후 왕비의 조카로서 보수파의 거두인 민영익에게 이동인을 소개하였다. 민영익은 이동인을 만나보고 그의 식견이 탁월함에 경탄하여 자기의 사랑방인 연당蓮堂에 거처를 정해주고 여러 차례 국왕에게 알현토록 주선하였다.

〈부산 본원사(혼간사) 부산별원〉, © 한국저작권위원회. 개화승 이동인이 활동했던 개화기 조선에 일본의 종교 침략이 본격화되었다.

이동인은 일본국정의 견문 · 분석은 물론 세계의 정세와 이에 대처할 조선 왕조의 방책을 상주하여 고종을 감복시킨데다가 김옥균 등의 강력한 조언에 힘입어 크게 중용되기에 이르렀다. 뿐만 아니라 국왕의 밀사로서 그해 10월에 재차 도일하였다. 이동인의 제2차 일본행은 조미수호통상조약교섭의 알선을 주일청국공사 하여장何如璋에게 의뢰하는 고종의 밀명을 수행하는 것이었다.

11월 19일 하여장 청국공사를 찾아가 고종의 밀명을 이행하였다. 한편 국내에서는 대원군과 그 당료들이 고종의 개방정책을 못마땅하게 생각하여 고종의 밀명으로 일본에 밀파된 이동인이 귀국하면 제거하기로 계책을 세우고 있었다. 이 정보를 접한 유대치가 급거 부산으로 달려갔다.

귀국한 이동인은 동래부에 체포되어 구금되었으나 유대치의 주선으로 7일 만에 석방되어 1881년 1월 초순에 상경하였다. 서울 도착 즉시 이동인은 국왕으로부터 별선군관에 임명되어 자유로이 왕궁을 출입, 고종과 대담하고 진언하기에 이르렀다. 통리기무아문의 참고관으로서 이동인은 1881년의 신사유람단을 일본에 보낼 때도 막후에서 활동하였으며, 총포 등의 무기와 군함을 구입하기 위해 일본과 비밀교섭도 벌였다. 이원회와 같이 이 일을 추진하던 이동인은 1881년 3월 15일(혹은 5월)경 갑자기 증발해버렸다. 당시 정치적인 이유로 반대파 누군가의 하수인에 의해 암살되어 그 흔적까지 깨끗이 치워진 것으로 사학계에서는 추정하고 있다.

이동인이 역사의 전면에 등장한 것은 1878년 6월, 통도사 승려로서 혼간사 부산별원에 나타남으로써 그 모습을 드러냈으나, 그는 격변하는 한말의 어지러운 정세 속에서 일본불교를 통해 개화문물과 개화사상을 도입하는 데 앞장섰다가 정적에 의해 일거에 제고되고 말았다. 1880년 10월 재차 도일하였을 때 아사노 도진 淺野東仁으로 창씨개명을 하고, 또한 그 전해에 일본 진종 眞宗 승려가 된 행적 등으로 미루어볼 때 그는 일본 불교가 획책한 조선침략의 그물에 걸려든 본격적인 친일 개화승이었다. 어떤 불교학자는 그가 오래 생존하였다면 한국의 개화에 크게 기여하고 불교근대화에도 새로운 장이 열렸을 것이라고 기대 섞인 전망을 했지만 오히려 필자의 견해는 그와 정반대다.

만약 그가 일찍 암살되지 않고 살아 있었다면 그는 일본이 조선을 강제로 병합하는 한일합병에도 일본 진종 오타니 파 소속 승려이자, 자발적으로 아사노 도진으로 창씨개명한 친일승려로서 일제 측에 서서 매국적인 행위를 하는 데 크게 한몫했을 것이다. 역사에 있어서 가정법이란 무의미한 노릇이지만, 만약 그가 장수하여 한일합방에 협조하였다면 그는 '개화승 이동인'이 아니라 '매국승려 이동인'이라는 치욕적인 역사의 비판을 모면하기 어려웠을 것이다.

DIGEST 68 BUDDHISM

친일불교의 한 계기
: 사노의 승려 도성출입해금 건의 (1895년)

1877년, 진종 오타니 파 혼간 사가 부산에 별원을 건립한 이래 조선에 진출 · 침투한 일본승려들은 조선인들을 유인 · 포섭 또는 개종시키기 위해 좌담 · 물질공여 · 교유 · 후대 등의 각종 수단을 사용했다. 한편으로는 척불숭유정책으로 저하된 조선승려들의 사회적 지위를 향상시키는 교묘한 고등술책까지 구사했다.

그들은 조선승려에게 있어 가장 치명적인 법령의 하나인 '승려의 도성출입금지'를 해제시키는 데 착안하여 이를 기화로 일본불교를 보다 용이하게 조선에 침투시키고자 시도했다. 이에 대한 당시의 사정을 고교형高橋亨은 그의 저서 〈이조불교〉에 다음과 같이 기록하고 있다.

> 좌야사佐野師는 경성에 머무른 지 얼마 되지 않아 조선불교는 이미 생기를 잃고 승려에게는 종승宗乘도 없으며 종지信旨의 신조信條도 없음을 간파하고, 방편만 잘 쓴다면 그들을 일본불교 종지에 개종시키고, 나아가서는 일련종을 가지고 조선불교계를 통일하는 것도 그다지 어려운 일이 아니라고 생각했다. 이에 사師는 조선승려를 위해 파천황破天荒의 은혜를 베풀어주고, 또 그렇게 함으로써 그들을

1908년 성벽을 헐기 전의 동대문. 승려들의 도성 출입이 금지되어 4대문 안으로 들어갈 수 없었으나, 일본승려 사노의 건의로 출입이 가능하게 되었다.

일련종으로 끌어들이는 계기를 만들고자 하였다. 그리하여 기재奇才 좌야사가 착안한 것은 실로 조선승려 입성해금문제 그것이었다.

조선승려의 입성해금문제는 일본불교가 조선 불교도들을 회유하기 위한 기발한 시도였다. 그리고 이 문제는 당시 조선불교계에서도 실로 중요하고 시급한 해결과제이기도 했는데, 불행하게도 일본승려의 손으로 이 문제가 해결된 것은 조선불교를 위해 유감스러운 일이 아닐 수 없었다.

일련종 승려 사노佐野前勵는 일본공사관의 적극적인 후원을 배경으로 총리대신 김홍집에게 조선승려의 입성해금에 관한 건백서를 올렸고, 김홍집은 고종에게 진언함으로써 고종 32년(1895) 3월 29일 "승니僧尼(남승과 여승)의 입성금지를 완화하라"는 명령을 내리기에 이르렀다.

임종국林鍾國에 의하면 '친일문학'은 1940년경에 움트기 시작했다고 하였으나, 불행하게도 '친일불교'는 한일합방 15년 전, 일본승려의 주도로 '조선승려의 도성출입금지'가 해제된 1895년부터 노골적인 친일행위가 시작되었다.

승려의 입성해금무제는 갑오경장(1896) 등 당시의 사회적 개혁 분위기로 본다면 일본승려의 활동이 아니었더라도 조만간 해결될 문제였다. 그러나 이 심대한 문제가 일본승려의 주선으로 조금 앞질러 이루어졌기 때문에 그 어떤 분야보다 먼저 조선불교계에 친일행위를 불러일으켰다. 그 대표적인 예로 우리는 상순尙順이란 법명을 쓰던 승려 최취허崔就墟의 친일행적을 들 수 있다.

1895년 4월, 승려의 입성금지가 해제된 직후 최취허는 사노에게 다음과 같은 감사장을 보냈다.

> 대일본의 대존사 각하
> 우리는 지극히 비천하여 서울에 들어가지 못하기를 지금까지 5백여 년이라, 항상 울적하였습니다. 다행히 교린이 이루어져 대존사각하께서 이 만리타국에 오시어 널리 자비의 은혜를 베푸시어, 본국의 승도로 하여금 5백 년래의 억울함을 쾌히 풀게 하였습니다.
> 이제부터는 왕경王京을 볼 수 있으니, 이는 실로 이 나라의 한 승려로서 감사하고 치하하는 바입니다. 이제 성에 들어가면서 감히 소승의 얕은 정성으로나마 배례하나이다.
> 을미(1895년 4월)

조선승려로서 수원 용주사에 있던 석상순(최취허)이 일본승려 사노에게 보낸 이 감사장은 '오백년 원굴寃屈'이 풀리게 된 것을 치하하는 내용으로 되어 있다.

조선승려의 입성해금으로 일본승려들에게 호의적인 감정을 가진 것은 최취허와 같은 승려만이 아니었다. 〈한국통사韓國痛史〉로 유명한 박은식朴殷植조차 일본 〈정토종개교지淨土宗開敎誌〉 서문에서 일본승려들의 공적을 다소나마 긍정하는 듯한 글을 쓴 것을 보면 당시의 상황을 어느 정도는 짐작할 수가 있다.

그런데 더욱 놀라운 것은 일제로부터 해방된 이후에도 불교사를 연구하는 지식인들 가운데도 일본승려의 건의로 1895년에 해제된 승려의 도성출입금지를 '한국불교사의 경사'라고 기록한 것을 보아야 하는 것은 참으로 착잡한 일이 아닐 수 없다.

DIGEST

69

BUDDHISM

한말, 사찰의 마지막 국가관리
: 사사 통일안과 관리서 (1899~1904년)

일본승려의 건의로 승려들의 도성출입금지를 해제한 후 오래지 않아 다시 입성금지령을 내렸다가 다시 해제하는 등 조정에서는 인색한 처사를 베풀었다. 그러나 뒤늦게나마 배불정책을 그치고 사찰의 국가적인 관리를 도모하였다.

1899년(광무 3)에는 전국 사사寺社통일안을 발의하여 동대문 밖(지금의 창신국교 터)에 원흥사元興寺를 창건하여 조선불교의 수사찰首寺刹로 정하고, 원흥사를 조선불교 총종무소總宗務所로 삼았으며, 전국 13도에 각각 하나씩 수사찰을 두어 각도의 사찰을 관장케 했다. 그리고 승직으로서 도섭리都薛里 1인과 내산섭리內山攝理 1인을 두었는데, 도섭리는 지금의 총무원장과 같은 직책으로서 전국 승려의 총대표자이며, 내산섭리는 서울 인근 사찰의 총감독이자 대표였다. 또 각 지방(道)별 수사에도 1인의 섭리를 두어 도내 사찰의 사무를 맡게 하였다.

이와 같은 사찰통일의 취지를 관철하고 나아가서 국가의 관리로 하기 위하여 1902년(광무 6)에는 궁내부 소속의 사사관리서를 설치하였다. 이에 관리서에서는 사사관리 현행총칙 36조를 반포하여 전국 사찰 및 승려에 관한 일체의 사무를 맡아보았다. 이리하여 관리서에서는 대법산大法山과 중법산中法山 제도를 실시하여 전국 사찰을 통할하였다. 대법산은 국내 최고 수사찰로서 원흥사로 삼고, 중법산은 도별 수사찰로서 16개 사찰을 지정했다. 사사관리 현행총칙 제6조에 규정된 각 도별 수사찰은 다음과 같은데, 그 위치의 표시가 재미있게 표현되어 있다.

경기좌도 봉은사 광주廣州
경기우도 봉선사 양주揚州
경기남도 용주사 수원
충청남도 마곡사 공주
충청북도 법주사 보은
전라남도 송광사 순천
전라북도 금산사 금구金溝(지금의 김제)
경상우도 해인사 합천
경상좌도 동화사 대구
경상남도 통도사 양산
강원남도 월정사 강릉
강원북도 유점사 고성
함경남도 석왕사 안변
함경북도 귀주사 함흥
평안도 보현사 영변
황해도 신광사 해주

그리고 제7조에는 종래의 총섭 등의 직책을 개정하여 국내 수사찰인 원흥사에는 좌교정左敎正 1인, 우교정 1인, 대선의大禪議 1인, 상강의上講議 1인, 이무理務 5인, 도섭리 1인, 감원監院 1인, 서기 2인, 지빈知賓(손님 접대역) 1인 등 모두 14명의 임원을 두었다. 각 도별 수사찰에는 도교정道敎正 · 부교정 · 선의 · 강의 · 섭리 · 감원 · 서기 · 지빈 등을 1인씩 모두 8명의 임원을 두었다.

그러나 이 관리서도 오래 가지 못하고 1904년(광무 8) 1월에 폐지되고 말았다. 같은 해 2월에 칙령 제 15호로써 사사寺社에 관한 사무는 내부 지방국의

〈남산 동본원사〉, © 서울역사아카이브. 일본 진종 불교 히가시혼간 사 경성 별원의 전경. 한말에 조직적인 불교계의 친일 움직임은 1906년 불교연구회의 등장으로 시작됐다.

주관으로 하였다.

사찰에 대한 국가관리가 이처럼 혼미를 거듭하고 있을 때 조선불교계 일각에서는 일본 정토종과 관련된 불미스러운 일이 일어났다. 그와 같은 일을 획책한 것은 홍월초洪月初(화계사)·이보담李寶潭(봉원사) 등이 중심이 되어 조직한 불교연구회(1906년 2월 창립)로서 초기에는 명진학교明進學校를 설립하는 등 불교계에 새 기운을 진작하려는 면도 있었으나 그보다는 친일성향이 농후했다. 이 단체의 성격이 어떤 것이었는가는, 창설 인가에 관한 청원서에서 종지宗旨를 일본 정토종의 종지를 그대로 모방하여 선포하고, 또한 일본 정토종 이노우에井上玄辰와 결탁한 것에서도 알 수가 있다.

후일 불교연구회는 원종圓宗으로 바뀌면서 더욱 노골적인 친일행적을 남기게 되는데, 이러한 친일분위기 속에서 일본으로 건너가 계를 받는 승려가 생기는가 하면, 조선 불교인들로 구성된 일본 시찰단이 여러 차례 일본으로 파견되기도 하였다.

DIGEST
70
BUDDHISM

통감부시절 조선사찰의 수난 : 일본 각 종파의 '조선사찰 관리청원' (1906년)

1905년 11월, 이토 히로부미伊藤博文가 내한하여 고종에게 조약안을 제시하고 수락을 강요하였다. 그 결과 강제로 체결된 것이 흔히 말하는 을사보호조약(한일신협약, 을사늑약)이었다. 이로써 대한제국은 외교권이 박탈되고 일본의 보호국으로 전락하여 통감정치를 실시하게 되었다. 이 굴욕적인 조약체결에 참여한 다섯 명의 친일파를 통칭 을사오적(이완용 · 박제순 · 권중현 · 이지용 · 이근택)이라 한다.

조약체결 이틀 후(1905. 11. 19) 의정부 참정 이상설李相卨은 조약폐기와 매국적신의 처단을 요구하는 상소를 올렸고, 그 다음날에는 장지연張志淵이 황성신문에 그 유명한 〈시일야방성대곡是日也放聲大哭〉을 발표하였다. 잇달아 전국의 유생들과 원임의정부 대신인 조병세趙秉世 · 민영환 등이 상소를 하고, 시종무관장 민영환과 조병세 · 전참판 이명재李命宰가 자결하였다. 그러나 일본은 조선의 신하와 민중들의 강력한 반발에도 불구하고 그해 12월말 이토가 초대통감으로 조선에 부임하여, 전국 각지에 경찰과 일본관리를 파견하여 조선을 무력과 행정력으로 장악하기 시작했다.

그런데 이러한 망국의 어지러운 혼란 속에 일본불교는 조선불교를 침략하

남산에 있던 통감부 건물. 조선총독부의 전신이다. 이토가 초대통감으로 부임한 후부터 일본불교는 조선불교에 대한 침략공작을 본격화했다.

기 위하여 조선사찰에 대한 일본불교 각 종파의 '관리청원管理請願'을 실시하였다.

관리청원이란 곧 일본 모 종파와의 연합 또는 그 말사가입을 의미하는 일본식 표현이다. 사찰에 따라선 일본 측의 말사가입 공작을 단호히 거부한 예도 있으나(통도사), 결과적으로 아래와 같이 여러 사찰이 그것을 받아들였다.

1. 통감부로부터 허가까지 얻은 사찰

김천 직지사, 철원 사신암四神庵, 박천博川 심원사深源寺, 과천果川 연주암

2. 청원은 했으나 허가를 얻지 못한 사찰

안주安州 대불사大佛寺, 영변 보현사, 영변 법흥사, 영동永同 영국사寧國寺, 고산高山 화암사花岩寺, 합천 해인사, 동소문 밖 화계사華溪寺, 진주 대원사大源寺, 용담龍潭 천황사天皇寺, 회양淮陽 장안사, 전주 학정사鶴井寺, 동소문 밖 봉국사奉國寺, 동래 범어사 구례 화엄사

당시 조선사찰의 '관리청원'은 일본 특유의 언어적 위장에 지나지 않는다. 그것은 바로 일본불교의 조선사찰 접수 또는 점령이란 표현이 더 정확한 편에 속할 것이다. 위에 기록한 사찰들은 오타니 파 혼간 사와 관련된 것만을 쓴 것이며, 따라서 일본불교의 다른 종파의 경우까지 모두 조사한 것은 아니

다. 그대로 믿을 수는 없어도 '합방 직후 1백여 조선사찰이 본파 혼간 사로 귀순하였다'는 기록까지 있는 것을 보면 조선승려와 일본 불교인들의 접근이 심상치 않았다는 것만은 짐작할 수가 있다.

그런데 일본불교 종파의 조선사찰에 대한 '관리청원'은 단순히 일본 불교인과 조선승려의 은밀한 결탁에 의한 것이 아니라, 1906년 2월에 설치된 일본 통감부의 부령府令에 의해 법적인 뒷받침을 받고 있었다. 통감부는 1906년 11월 부령 제 45호로 '종교의 선포에 관한 규칙'을 공포하였는데, 그 제4조에 다음과 같은 조선사원 보호병합 규칙을 명시하였다.

> 불교종파의 관리자 또는 포교자와 기타 일본신민으로서 한국 사원관리의 위촉에 응하려고 할 때는 필요한 서류를 첨부하여 그 사원 소재지의 소관 이사관을 경유하여 통감부의 인가를 얻어야 한다.

이 관리규칙이 발표되자 일본불교 각 종파는 앞다투어 조선사원의 관리를 통감부에 신청하였다. 이러한 결과로 앞에서 이미 열거했듯이 오타니 파 혼간 사도 직지사 등 4개 사찰의 관리인가를 얻었고, 그 외 안주 대불사 등 14개 사찰은 인가를 받지 못했다. 이같이 일본의 각 종파가 경쟁적으로 조선사찰의 획득에 혈안이 되어 있는 것을 목격한 일본 조동종曹洞宗 승려 다케다武田範之는 한탄하며 다음과 같이 말하였다

> …통감부가 한국 사원관리 규정을 발포한 후 일본의 각 종파는 조선사찰의 관리권 획득을 위하여 온갖 추태를 다 보이고 있다. 경성에 있는 내가 곰곰이 생각하여본다. 일본승려들이 조선의 장래를 염려하여 왔는가 아니면 조선사찰을 약탈하러 왔는가.

다케다가 '관리청원'을 핑계로 "일본승려가 조선사찰을 약탈하러 왔는가?" 하고 반문하였듯이, 일본종파의 조선사찰에 대한 관리청원은 침략과 점령이란 표현이 더 정확한 것임은 위에서 이미 말한 그대로다.

일본의 어용불교학자인 다카하시高橋亨는 조선사찰이 일본불교의 보호를 요청한 것은 첫째, 조선관민들의 착취와 억압을 면하기 위하여, 둘째, 의병들의 피해로부터 벗어나기 위하여, 셋째, 일본사찰의 별원 혹은 말사의 간판을 달아 일본군대의 보호를 받기 위하여서라고 〈이조불교〉에 쓰고 있으나, 일본제국주의자들의 하수인으로 일한 그의 말을 그대로 믿을 순 없으나 '일부' 지각없는 조선승려들이 일본승려와 부화뇌동하여 친일성향을 노출한 것도 사실인 듯하다.

DIGEST

71

BUDDHISM

합방전후 승려들의 항일투쟁

: 박순근·이운허 스님의 항일무장투쟁 (1908~1933년)

을사늑약(1905) 이후 통감정치하의 조선에서는 1907년 군대가 해산되자 일부 해산된 한국군이 봉기하고 전국 각지에서 의병이 대일항전을 개시하였다(정미의병). 1908년 1월에는 의병장 허위許蔿가 300명의 선발대를 이끌고 서울 동대문 밖 30리까지 진격했으나 일군에 패퇴당하는 등 전국이 의병활동으로 대일항쟁의식이 팽배하였다.

이 무렵(1908) 승려 박순근朴順根은 경기도 양주揚州에서 의병을 일으켜 항일투쟁을 하였다. 그는 1910년 8월 한일합방조약이 체결되자 제2의 이은찬李殷瓚을 표방하고 역시 경기도 양주군 상도면 지둔리에서 다시 의병을 일으켜 항일투쟁에 나섰다. 박순근은 이처럼 의병항쟁을 하였으나 해방 후 독립유공자로서 서훈도 되지 못하고 역사의 그늘 속에 묻혀버렸다.

한일합방 전후의 불교계 인물의 항일운동으로 이운허李耘虛를 빼놓을 수 없다.

1909년 이운허는 안희제安熙濟 · 이원식李元植 · 윤세복尹世復 · 남형우南亨祐 · 김동삼金東三 · 배천택裵天澤 등 80여 명의 동지들과 함께 신민회 계열의 국권회복을 위한 비밀 청년단체인 대동청년당大東青年黨을 조직하여 지하에서 독립운동을 했다.

이운허(1892~1980)의 이름은 이시열李時說이며, 이명이 이학수李學洙이고, 운허는 호이며 승명은 용하龍夏이다.

그는 평북 정주군 신안면 안흥리에서 1892년 2월 25일 태어났다.

7세부터 16세까지 한학을 수학했으며 1910년 10월 평양 대성중학에 입학하여 1912년 3월 수료했다. 1913년 1월부터 1914년 10월까지는 중국 봉천성 환인현 동창東昌학교 교사를 지냈다. 〈운허선사어문집〉에 의하면, 그는 1909년이 아니라 동창학교 교사시절인 1913년 6월에 환인현에서 비밀 독립운동단체인 대동청년단에 가입한 것으로 되어 있는데, 대체로 이 기록이 더 정확한 것으로 보인다. 왜냐하면 1909년은 대성중학 2학년에 재학중이었고 나이도 기껏해야 18세에 지나지 않았기 때문에, 교사시절인 1913년에 21세의 청년교사로서 청년단체에 가입했다는 쪽이 더 타당한 것으로 여겨진다.

이운허는 1915년 2월 봉천성 신빈현 홍묘자에 흥동興東학교를 설립하여 1918년 3월까지 이 학교에서 교포아동 교육에 전념했다. 또한 1918년 4월 봉천성 통화현 반라배에 배달학교를 설립하여 1919년 3월까지 역시 교포아동 교육에 힘썼다. 그 뒤 1919년 4월 봉천성 유하현 삼원보에서 서로군정서西路軍政署 기관지인 〈한족신보〉의 사장을 1920년 2월까지 맡았으며, 같은 달 봉천성 관전현 향로구에서 독립운동기관인 광한단光韓團을 조직했다. 광한단은 국내에 들어와서 군자금을 모집하고 일제 식민지 통치기관을 파괴하는 등 무쟁투쟁을 전개했다.

그는 김준경金俊京 · 백근성白根星 · 이신근李信根 등 모두 8명의 광한단 당원들과 국내에 들어와 군자금 모금을 하다가 위의 동지들 3명이 일경에 체포되자 다른 4명과 함께 피신하여 겨우 체포를 모면하였다. 그는 일경의 눈을 피하는 데 유리하며 또 평소에 관심이 많던 불교계에 투신하였다.

그는 이렇게 20대 초반에서 그 후반까지 교육과 독립운동에 열중하다가 일본경찰에 쫓기게 되자 타의반 자의반으로 불교에 몸을 던진 것이다. 그는 1921년 5월, 운허는 30세의 비교적 늦은 나이에 강원도 유점사에 들어가 경송 은천慶松銀千을 은사로 하여 출가하였다. 1924년 범어사 강원에서 사교四

教(능엄경 · 기신론 · 금강경 · 원각경을 배우는 과정)을 공부했다. 1926년 2월 청담清覃 스님과 함께 전국불교학인대회를 서울 안암동 개운사에서 개최하여 학인동맹을 조직했다. 그 후 그는 다시 만주로 건너가 승려의 몸으로 젊은 날 못다한 독립운동에 재차 투신했다.

1929년 3월, 만주의 3대 독립군 단체인 정의부正義府 · 참의부參議府 · 신민부新民府가 통합하여 국민부國民府를 조직할 때 이에 간부로 참가했으며, 국민부의 정치조직으로 1931년에 조선혁명당이 조직되자 그 중앙집행위원 겸 교육부장을 맡아 봉천성 통화현 반라배에서 보성학교 교장을 지냈다(1929. 7~1932. 2). 또한 조선혁명당의 군사조직인 조선혁명군의 간부로서도 활동했으며 일제가 만주를 침략한 1932년 2월에는 조선혁명군이 양세봉梁世奉의 지휘 하에 만주인 의용군 이춘윤李春潤 등과 합작해 한중연합군을 편성하여 작전한 3월의 신빈新賓전투에 참전하였다.

국가보훈처에서 편찬한 〈독립유공자공훈록〉 제1권 197쪽에는 이운허가 "1933년 8월에는 조선혁명군이 일본군 대부대와 만나 대혈전을 벌인 동창대東昌臺 전투에 참전하여 싸우다가 전사했다"고 기록하고 있다. 그러나 '전사했다'는 이 기록은 완전한 오류다. 왜냐하면 동창대 전투에 참가한 것은 사실이나, 그는 당시 전사하지 않고 귀국하여 1936년 경기도 봉선사에 불교강원을 설립하여 강사에 취임했던 것이다. 독립유공자로서 훈장을 받은 분들의 공훈을 기록한 국가보훈처의 〈독립유공자 공훈록〉에 어떻게 이런 엄청난 오류가 범해지고 있는지 그 까닭을 모르겠다.

어쨌든 그는 1936년의 봉선사 강원의 강사에 취임한 이래 동학사 강원, 해인사 강원, 봉산사 주지를 역임하면서 해방될 때까지 승려로서 학인교육과 수행에만 전념하였다. 해방 후에는 광동중학교 교장(1946~1950), 광동학원 이사장(59~65), 동국역경원 원장(1964) 등을 역임했다. 1961년에는 국내 최초로 〈불교사전〉을 편찬하였고 한글대장경 간행에도 기여했으며, 1963년에는 독립운동에 종사한 공로로 대통령표창을 받는 등 교육과 불교학 발전에 많은 업적을 남기고 1980년 11월 18일 세수 89세, 법랍 59년으로 입적했다. 제자로는 봉선사 주지인 월운月雲과 동국대 총장을 역임한 지관智冠 스님이 있다.

저서로는 〈한글금강경〉〈조계종요강〉〈수능엄경주해〉 등 20여 권이 있다. 운허 스님은 세간 · 출세간에 걸쳐 조국독립운동에 몸바쳐 투쟁하였으며 승려와 교육자로서 남긴 업적 또한 뛰어났다.

DIGEST

72

BUDDHISM

불교계의 이완용, 친일승려 이회광
: 조선불교와 일본불교의 합병 (1910년)

28세의 나이에 보운 긍엽寶雲亘葉선사의 법맥을 상속받은 뒤 강당을 개설하고 독자적으로 설법을 시작하였을 때 양서(황해도와 평안도)와 삼남三南(충청 · 경상 · 전라도)의 학인들이 풀덤불을 헤치며 모여들었다는 이회광李晦光(1862~1933) 스님.

강원도 양양군 강선촌 출신으로 성은 이씨, 19세에 설악산 신흥사로 출가하여 정함定含의 제자가 되었다. 법명은 사선師璿 · 유선有璿.

그는 범해梵海가 편찬한 〈동사열전東師列傳〉에 기록된 조선왕조 마지막 불교계의 대강백大講伯이었다. 그러나 그는 그처럼 뛰어난 학덕과 명성을 보전하지 못하고 한갓 권승權僧이 되어 조선불교를 일본불교에 부속시키려는 친일의 길을 걸어 불교계의 이완용이라는 오명을 남기고 말았다.

이회광이 이른바 종단을 팔고 조상을 바꾼 '매종역조賣宗易祖'를 행하였다 하여 비난의 원인이 된 조선의 원종圓宗과 일본 조동종曹洞宗과의 연합을 획책한 것은 1910년 8월의 강제적인 한일합방조약의 먹물도 채 마르기 전인 그해 10월 6일이었다.

이회광의 매종역조의 망동은 원종이 성립되면서부터 비롯한다. 화계사 승려 홍월초洪月初와 봉원사의 이보담李寶潭이 조직한 불교연구회는 일본 정토종과의 친일행위로 말썽이 나자 1908년 6월 원종으로 바꾸고 종정으로는 당시 학인들 사이에 명망이 높던 이회광이 추대되었다.

당시 원종에는 일진회 회장이자 친일 거두인 이용구李容九의 추천으로 일본 조동종의 승려 다케다武田範之를 고문으로 앉혔다.

다케다는 일제가 조선을 병합했듯이 조선불교를 일본불교에 병합시키려고 공작을 꾸몄다. 그러던 차에 1910년 8월에 한일합방이 이루어지자 조동종과의 연합을 적극 추진했다. 그리하여 이회광은 다케다와 함께 그해 10월에 일본으로 건너가 조선불교 원종과 일본불교 조동종과의 연합을 1910년 10월 6일에 조인했다. 이는 한일합병 조인이 있은 지 꼭 45일 만이었다. 나라가 강제적으로 병합이 된 지 45일 만에 유구한 역사를 자랑하는 조선불교마저 이론에 병합되고 말았던 것이다.

일본 조동종 종무대표자 홍진설상弘津設上과 이회광이 조인한 조약은 전문 7개조였다. 이 조약문을 읽어보면 제2항부터 제5항까지가 일본 조동종 위주의 불평등한 내용으로 되어 있다.

조약을 체결하고 귀국한 이회광은 13도의 중요한 대사찰을 방문하여 연합을 찬성하는 날인을 받고자 했으나 조약 전문을 읽어본 조선승려들은 '조선불교를 일본 조동종에 개종 내시 매종한 행위'라면서 이회광을 강력하게 규탄하였다. 이회광의 매종역조의 망동에 반대하여 일어선 조선승려는 전남 백양사의 학승 박한영朴漢永, 화엄사의 강사 진진응陳震應, 범어사의 한용운 · 오성월吳惺月 등을 필두로 하여 맹렬하게 반대하였다.

일본 조동종에서는 조약체결 때의 약속대로 원종이 총독부의 인가를 받도록 노력했으나 총독부에서는 1911년 6월에 사찰령을 반포하면서 원종의 설립을 인정치 않았다.

이회광은 이런 망동에도 불구하고 사찰령 반포 후 친일성향을 인정받아서 인지 30본사의 하나인 법보사찰 해인사의 제1세 주지로 1911년 12월 4일 인가를 받았다. 그리고 그는 초대 30본산 주지회의원의 원장이 되었다. 그러나 제3대 주지회의원 원장으로 있을 때 용주사 주지 강대련姜大蓮(1875~1942)의

〈교토 니시혼간지〉, © 663highland. 일본 교토의 오타니 파 혼간사. 일본 불교는 조선불교를 합병하기 위해 공작, 나라가 망한지 45일 만에 조선불교를 합병하고 말았다.

도전을 받아 종권싸움에서 이회광은 패배하고 말았다.

이회광은 1917년 4월 김구하金九河 등 9인의 주요 조선승려의 한 사람으로 일본시찰을 가서 당시의 일본총리 데라우치寺內正毅에게 그림족자를 선물하였다. 데라우치는 1910년 5월에 제3대 조선통감으로 부임하여 한일합방을 성사시키고 초대 조선총독을 역임하면서 무단통치를 시행한 조선 공적 제1호에 해당하는 인물이었다.

이회광은 뿐만 아니라 1919년 11월 일본 임제종과 조선불교의 합병을 추진하였다. 이 망동 역시 일본에 유학중인 조선승려들과 강대련을 비롯한 조선승려들의 강력한 항의로 무산되었다.

그의 이러한 친일망동이 연달아 계속되자 1923년 10월 해인사 대중승려들은 총독부에 주지 이회광의 사임을 요구하는 탄원서를 제출했다. 결국 해인사 주지직에서 쫓겨난 이회광은 역시 본산 주지직이 박탈된 곽법경郭法鏡과 손잡고 또 다른 친일음모를 꾸몄다.

이회광과 함께 조선불교의 종권장악을 꾀한 곽법경은 1926년 5월 일본에 건너가 일본내각에 맹렬히 로비를 하였다. 그런데 이들이 작성한 건백서 내용은 당시의 조선불교의 모든 기관을 파괴하는 동시에 새로이 경성에 조선불교 총본산을 건설하고 그 본산 법당 안에는 석가여래와 명치 일본왕과 고종 태황제를 한 자리에 안치하여 정교일치로 일 · 선융화를 철저히 실천하겠다는, 불교의 본지를 망각한 기괴하고도 전적으로 친일적인 내용이었다. 그러나 이 사실이 국내 신문에 보도되자 이들의 음모는 백일하에 폭로되어 마침내 이회광 일파의 친일음모는 와해되었다.

내 · 외전內外典을 두루 섭렵하고 '물푸레나무 꽃의 향내를 맡았으며 매화나무 열매가 익었음을 보았다'고 〈동사열전〉의 저자가 극찬한 조선조 마지막 불교 대강백 이회광은 일본 조동종와 임제종과의 연합 및 친일단체 불교진흥회의 조직, 데라우치에게 족자를 선물하며, 곽법경과의 친일음모 등으로 반민족적이고 조선불교의 전통에 먹칠을 하는 수차례의 친일망동으로 이 땅의 불교계에 몇 차례 흙탕물을 일으키고는 1933년 한강 가의 견성선원에서 세수 72세, 법랍 53년의 생애를 씁쓸하게 마감함으로써 역사의 어둠 속에 묻혀버렸다.

DIGEST

73

BUDDHISM

총독부, 조선불교를 장악
: 총독부의 '사찰령' 반포 (1911년)

1910년 8월, 한일합방으로 나라를 잃은 이 땅의 불교는 다음해(1911년) 6월 3일 일제의 법률로 '사찰령寺刹令'이 반포됨으로써 구조적으로 식민통치의 예속을 받게 되었다. 사찰령은 전문 7개조로 구성되어 있으며 일제는 같은 해 7월 8일 사찰령 시행규칙 8조를 제정 · 공포하여 그해 9월 1일부터 시행하였다.

총독부는 사찰령과 그 시행규칙을 공포 · 시행하면서 '조선사찰의 퇴폐를 방지하고 조선불교의 종교적 부활'을 위한다고 그 취지를 밝혔다. 그러나 사찰령을 자세히 살펴보면, 이 법이 조선불교를 얼마나 치밀하게 얽어매 총독부에 예속시킨 악랄한 법인가를 알 수 있다.

조선불교도 신앙행위를 하는 종교단체임이 분명한데, 사찰에 속하는 재산관리와 법요집행의 책임을 지고 사찰을 대표하는 주지는 당연히 불교계가 자체적으로 선출하는 것이 마땅할 것이다. 그리고 본래 조선사찰은 산중공의山中公義에 의해 소속 승려들에 의해 주지가 선출되어 왔음에도 불구하고 이런 전통과 자율성을 무시하고, 시행규칙 제2조에서 '본산(본사)의 주지는 조선총독에게, 30본산(1924년에 화엄사가 추가되어 31본사가 됨) 이외의 사찰 주

경복궁 앞마당의 총독부 건물. 1916년 6월에 기공하여 10년 만인 1926년에 완공된 이 건물은 일제의 악랄한 식민지통치를 상징하는 것이다.

지는 지방장관(도지사)에게 신청하여 인가를 얻어야 한다'고 규정하였다. 이렇게 되어 사찰의 주지선거는 단지 요식행위일 뿐 주지 임명의 전권이 총독과 도지사에게 달려 있었다.

이런 제도적 장치 속에서 본말사 주지들은 자발적으로 마치 경쟁이라도 하듯이 친일행위를 하였다. 여러 연구자들이 지적했듯이 일제하의 거물 친일 승려들은 거의 본사 주지들 가운데서 나왔다는 사실만을 보더라도 사찰령을 통한 총독부의 조선불교 장악의 의도가 명백하게 드러났던 것이다.

그리고 사찰령 제5조에서 '사찰에 속한 모든 토지 · 삼림 · 건물 · 불상 · 석물 · 고문서 · 고서화 기타의 귀중품은 총독의 허가를 얻지 아니하면 이를 처분할 수 없음'이라고 규정하였으므로, 목적 사업을 위하여 토지나 삼림을 처분해야 할 사례가 자주 발생하는 주지들은 더욱더 총독과 일제관료들의 비위를 맞출 수밖에 없었던 것이다.

그런데 더욱 악랄한 것은 사찰령 제3조였다. 이미 주지 임명권(제4조)과 재산처분권(제5조)으로 본말사의 주지를 꼭두각시로 만든 데에 이어 사찰령 제3조에서는 한국불교의 정신적 영역에 친일적인 요소를 강요했다.

사찰령 제3조에서, '사찰의 본말사 관계, 승규법식 그 이외의 필요한 사법寺法은 각 본사에서 이를 규정하고 조선총독부의 허가를 얻을 것'이라 규정하였다. 이에 따라 전국 31본사에서 거의 똑같이 제정한 사법 제41조와 제

42조에 조선사찰에서 시행하는 불교의식에 일제의 경축일과 일본식 의례를 강제로 제정, 실시케 하였다.

사법 제41조에서, '본사에서 거행하는 법식을 나누어 항례식恒例式과 수시식隨時式의 2종으로 함'이라 정하고, 제42조에 항례식 날짜를 다음과 같이 명시하였다.

> 사방배四方拜 1월 1일, 기원절紀元節 2월 2일, 천장절天長節 11월 3일, 신상제新嘗祭 11월 23일.
> 이상은 축리법식일祝釐法式日이라 함.
>
> 원시제元始祭 1월 3일, 효명孝明 천황제 1월 30일, 춘계황령제春季皇靈祭 춘분일, 신무神茂 천황제 4월 3일, 추계황령제 추분일, 신상제神嘗祭 10월 17일.
> 이상은 보은법식일報恩法式日이라 함.

이상과 같이 일본의 경축일과 역대 천황 제일을 조선사찰의 법식에 강제로 규정하여 시행케 했다. 또 총독부에서는 1917년 6월 11일 본말사법 제47조를 개정하여 다음 사항을 추가했다.

즉, 본말사법 제47조 축리법식일에 천장절축일天長節祝日(10. 31)을 추가했으며, 보은법식일에는 명치천황 삼대법회로 강탄회降誕會(11. 3), 등극회登極會(2. 13), 등하회登遐會(7. 30) 등 세 가지를 추가하였다. 그런데 정작 조선사찰에서 행해야 할 불교 본연의 의식은 축리 · 보은법식일 다음에 명기토록 하였다.

우리는 이러한 점을 보더라도 일제가 사찰령을 시행한 것은 '조선불교를 발전시키기 위해서였다'고 한 것은 한갓 핑계에 지나지 않음을 명백하게 알 수 있는 것이다. 다만 그들은 조선불교를 이용하여 일본정신을 주입시키고, 효명 · 신무 · 명치 등의 일본천황을 존중케 하여 조선인을 황민화시키는 도구로 활용하고자 하는 것이 그들의 속셈이었다.

또한 사법 제70조에서는 '천황폐하 성수만세의 존폐를 본존 앞에 봉인하여 매일 축찬을 함'이라고 규정하였다. 조선승려는 매일 예불할 때마다 본존불 앞에 봉안된 일왕의 무병을 기원하는 존패 앞에서 일왕을 위해 축원해야 한다는 강제규정인 것이다. 이에 대해 최근 〈한국불교사〉를 쓴 일본불교학자 가마타 시게오鎌田茂雄도 그의 저서에서 이러한 일은 '한국불교가 허용할 수 없는 폭력'이라고 기록하였다.

일제의 조선불교에 대한 정책은 그들의 통치기간 내내 강압과 억지, 철저한 황민화 시책과 유·무형의 온갖 압제와 수탈로 시종했다. 그들은 오직 조선불교의 전통을 최대한 황폐화시켜 일본화하려고 노렸했으며, 다만 조선불교를 이용해 조선인들의 정신을 순량화順良化·일본화시키는 데에만 관심의 초점이 있었을 뿐이다.

DIGEST

74

BUDDHISM

불교부흥과 국권회복은 '교육'뿐
: 근대불교의 교육사업 (1906년 이후)

한국 교육사상 불교계가 기여한 공은 참으로 크다. 불교계는 삼국시대 '사寺' 또는 '사社'를 건립하여 인재를 양성함으로써 민족 교육발전에 큰 구실을 해왔다.

개항(1876) 이후 불교계는 제국주의 열강의 침투와 더불어 그들의 선진문물 전래에 직면하여 큰 시련을 겪게 되면서 전통적인 사원 교육제도를 근대적으로 여러 차례 개편하고, 또 다양한 교육기관을 설치 운영, 명실공히 민족교육의 선도적 역할을 하여 한국 근대화에 공헌하였다.

19세기 후반 개화기의 불교교육체제는 조선 후기의 선교겸학禪教兼學의 제도를 그대로 답습하고 있었다. 따라서 각 사찰에서는 강원과 선원을 비롯하여 율원律院·염불원念佛院 등의 교육기관이 설치되어 있었다.

강원은 삼국시대 이래 경전을 가르치던 교육기관이었으며, 선원은 불교의 진리를 참선을 통해서 체득케 하는 곳이며, 율원은 불교의 계율을 전문으로 가르치는 곳이고, 염불원은 불교의식을 배우는 교육기관이었다.

강원의 학제는 ①사미과 ②사집과 ③사교과 ④대교과大教科의 4단계 과정으로 되어 있으며 이밖에 수의과隨意科가 설치되고 있었다. 이는 유교교육체제의 ①서당 ②향교(지방) 또는 사부학당(서울) ③성균관의 3단계 과정과 흡사하여 주목된다.

그런데 최초의 근대식 불교 고등교육기관은 불교연구회에서 1906년에 설립한 명진학교였다. 수업연한은 2년이었으며, 정원은 각 학년 35명(총 70명)이고 보조과는 20명이었다. 입학자격은 대교과를 수료한 자로 하였고, 부속기관으로 명진측량강습소를 개설하기도 하였다. 교사는 원흥사를 사용하였으며, 교과목 중 70%이상이 근대학문의 기초과목인 역사 · 지리 · 산수 · 이과(물리 · 화학) · 법제 · 경제대요 등이었고 나머지는 불교학이었으며, 보조과는 오직 측량과 일어 2과목만 이수하도록 하였다. 명진학교는 교육기능 이외에 불교계가 당면한 중요문제(사찰토지 확보 등) 해결에 큰 구실을 하였다. 이 학교는 전문학교로 발전시킬 수도 있었으나 교계의 대립과 경영진의 무능으로 1910년에 겨우 불교사범학교로 개편한 데서 끝나고 말았다.

명진학교 출신으로서는 한용운 · 강대련姜大蓮 · 이종욱 · 권상로 등이 뛰어났으며, 이들 중 한용운을 제외하고는 후일 모두 친일승려로 전락하였다. 이처럼 명진학교를 시발로 구한말 불교계는 전국에 근대적 학교를 다투어 설립하였다.

1906년에만도 수원 용주사에서 명화학교를, 고성 건봉사에서는 봉명학교를, 양산 통도사에서는 명신학교를, 합천 해인사에서는 명립학교를, 안변 석왕사에서는 석왕학교를, 동래 범어사에서는 명정학교를, 순천 선암사에서는 승선학교를, 해남 대흥사에서는 대흥학교를 각각 설립하였다.

1907년에는 전주 위봉사가 봉시학교를, 경북의 김룡사 · 대승사 등 6개 사찰이 연합하여 경흥학교를 설립하였으며, 1909년에는 화엄사 · 천은사 등 4개 사찰이 신명학교를, 승주의 송광사가 보명학교를, 산청의 대원사가 강명학교를 설립하였다. 1910년에도 합천 해인사가 해명학교를 세운 것을 비롯하여 보명학교(쌍계사) · 김룡학교(김룡사) · 화산강숙(장단의 화장사) · 광명학교(동화사) · 광성의숙(백양사) 등을 설립하였다.

한일합방 후 불교계에서는 명진학교를 일본의 전문학교 학제를 참고하여 인가신청을 했으나 불교사범으로 인가하였고, 이 학교는 1914년에 불교고등

〈화성 용주사 대웅보전 및 부속건물〉, © 한국민족문화대백과사전. 용주사에서 세운 명화학교를 비롯, 각 사찰에서 불교교육기관을 세워 인재양성에 주력했다.

강숙으로 격하되었다. 이에 불교계에서는 1915년에 중앙에는 전문학교 정도인 중앙학림, 그리고 지방에는 보통학교와 중학 정도인 지방학림을 설치함으로써 보통학교-지방학림-중앙학림에 이르는 3단계적인 근대적 제도, 곧 학림체제를 확립하고, 중앙학림에는 재래식 교육기관인 전문강원의 사교과 출신을 예과에 입학케 하여 교육체제를 일원화하였다.

이 학림체로서 전국 사찰 약 9백여 개를 기반으로 중앙학림 1개, 지방학림(1928년에 고등보통학교로 개편) 10개, 보통학교 15개와 전문강원 47개, 이밖에 선원 72개를 갖추게 되었다.

1921년에 중앙교무원에서 동광東光학교(고등보통학교)를 설립 · 운영하였고 1922년에는 중앙총무원이 천도교로부터 보성普成고등학교를 인수하여 경영했는데, 1925년 동광은 보성에 합쳐져 운영되었다.

1928년 3월 중앙학림은 불교전수학교로 인가되었고 1930년에는 승격운동이 벌어져 마침내 중앙불교전문학교로 발전하게 되었다. 1930년 4월 7일 정식으로 발족한 중앙불교전문학교의 수업연한은 3년이며, 초대 학장에는 송종헌이, 2대에는 박한영, 그리고 3대에는 김경주가 취임하였다. 교수로는 김영수 · 강전준웅 · 김두헌 · 권상로 등 10여 명, 강사에는 김태흡(대은 스님) · 박윤진 · 이능화 · 최남선 등 50여 명이 임용되고 있었다.

1940년 5월 이 학교는 교명을 혜화전문학교로 변경하고 흥아과興亞科가

신설되어 불교과와 아울러 2개과 3학급에 150명씩을 정원으로 하였다. 이어서 중일전쟁 · 태평양전쟁을 수행하기 위해 일제가 조선인들의 황국신민화에 박차를 가하는 시책의 일환으로 교장에 일본인 어용 불교학자 고교형高校亨이 취임함으로써 조선인 교원 · 강사의 대부분이 강제적 타의로 사임하였다. 교수 박한영 · 김영수 · 권상로 · 김임석 · 김경주 · 박충진 등과, 강사 강유문 · 이병훈 · 조명기 등도 일제의 강압으로 물러났다. 1941년 4월에 2대 교장에 와타나베渡邊信治가 취임하고 1944년에는 학병제가 실시되어 학생들을 전장으로 끌고 가더니, 마침내 1944년 5월 일제는 혜화전문학교를 강제로 폐쇄하였다.

광복과 더불어 혜화전문학교는 다시 문을 열어 1946년 동국대학교로 승격되고 지금에 이르기까지 불교교육의 산실로 많은 공헌을 해오고 있다.

DIGEST
75
BUDDHISM

명치천황 영전에 축문 읽은 김구하
: 조선불교 일본시찰단의 친일행각 (1917년)

식민통치가 피지배 민족의 지도적인 인물을 종주국에 유학이나 시찰을 시키는 일은 제1차 세계대전 후 두드러진 사례인데, 일제 총독부 당국도 대내 선전의 한 방책으로 관공리 · 교원 · 유림 · 지주 · 종교인 등에게 일본시찰이나 여행을 시키는 것을 장려했다.

총독부는 조선불교계에 대해서 '일본불교의 우월성'을 심어주고 '독립자존'의 민족의식을 희석시키기 위해 불교시찰단의 일본파견을 꾀하였다.

일제 당국은 이미 합방 전(1907)에 이능화 등 30명을 데려다가 3개월 동안 관청 · 학교 · 공장 · 명소 등을 관람시킨 것을 비롯해서, 1909년에는 승려 홍월초 · 김동선金東宣 등 60여 명을, 1917년에 통도사 주지 김구하金九河 등 본산주지 9명을, 그리고 1925년과 1928년에도 승려들에게 일본시찰을 시켰다.

이 가운데 우선 1917년 8월, 김구하 일행의 일본시찰과 이들의 친일행적을 살펴보자. 1917년 4월 통도사 주지 김구하는 제3대 30본산 연합사무소 위원장으로 선출되었을 때 총독 하세가와長谷川好道로부터 3백 원을 정무총감 야마가타山縣로부터 100원을 희사받아 일본시찰에 나섰다.

이 시찰단은 김구하(통도사 주지), 이회광(해인사 주지), 강대련(용주사 주지),

나청호(봉은사 주지), 김용곡金龍谷(범어사), 이지영李贊永(전등사의 1급말사 화장사 주지), 김상숙金相淑(신륵사 주지), 권상로(〈조선불교총보〉 기자) 등 9인으로 조직되었으며, 이들을 안내한 사람은 총독부 학무국 촉탁 가등관각이었다. 이들은 친일 거두 이완용과 이윤용을 비롯한 많은 사람들의 환송을 받으며 25일 동안의 일본시찰에 나섰다. 이들은 일본 현지에서 융숭한 대접을 받았는데, 그 일정을 자세하게 거론할 수는 없고 단지 그들이 저지른 친일행적 몇 가지만 중점적으로 열거하고자 한다.

이들은 9월 4일 일본 총리관저에 초대받는 특별환대를 받았다. 당시의 총리는 데라우치였는데, 그는 제3대 조선통감과 초대 조선총독의 임무를 마치고 정치적으로 승승장구하여 1917년에는 총리 대신으로 재직하고 있었다. 조선을 무단통치한 공로를 인정받았기 때문일 것이었다.

총리관저에 초대된 조선승려 시찰단은 그 영광과 은혜에 보답하기 위하여 30본산 연합사무소 위원장이자 통도사 주지인 김구하가 150원이나 하는 은제 향로를, 그리고 친일강백이자 해인사 주지인 이회광이 그림족자를 데라우치에게 선물로 바쳤다. 데라우치는 이들을 총리관저의 식당으로 데려가 다과 등으로 향응을 베풀었는데, 〈조선불교총보〉의 표현을 빌리자면 '아름답고 아름다운 담화'를 나누었다고 한다.

그 다음날(1917. 9. 5) 시찰단의 대표 김구하는 총리 사저로 가서 데라우치의 부인을 문병하였다. 9월 12일, 대정천황大正天皇이 일광산日光山에 와서 피서하고 궁궐로 돌아가는 길에 조선불교시찰단 일행은 오전 11시경 우에노역上野駅에 나가 문부성의 지도로 일본황족과 귀족의 다음 자리에 서서 천황의 얼굴을 지척의 자리에서 봉영奉迎하는 영광(?)을 입기도 하였다.

김구하는 심지어 동경을 떠날 때도 총리관저에 가서 떠나는 것을 고하였고, 9월 15일에는 일본 신도神道의 근원지인 이세신궁伊勢神宮에서 배례를 드리고 그 제사祭舍에서는 제축祭祝을 받들어 올리기도 하였다. 또 9월 16일에는 경도京都에 있는 명치천황의 묘를 참배하고 '천황의 권속들인 우리들'이라는 문장으로 시작하는 축문을 김구하가 봉독하였다. 이어 그들은 소헌태후능昭憲太后陵에 가서도 참배를 하였다. 9월 17일에는 임진왜란을 일으킨 풍

〈양산 통도사 영산전 정측면〉, © 한국민족문화대백과사전. 당시 통도사 주지 김구하는 총독부 돈으로 여러 차례 일본시찰에 나서는 등 친일행위에 앞섰다.

신수길의 묘소를 참배하였다. 이들의 일본시찰 일정 가운데 두드러진 친일행위에 해당하는 부분만을 간추린 것이 이상과 같다.

이들 외의 1928년 3월 임석진 · 송종헌 등 31본산의 주요 주지와 소임을 가진 조선승려 22인이 역시 총독부의 후원으로 22일 동안 일본을 여행했다.

1935년 10월에는 경북 5본산(동화사 · 은해사 · 고운사 · 김룡사 · 기림사)의 주요 승려 11명이, 그리고 1936년 9월에는 경북불교회의 주최로 역시 경북 5본산의 승려 13명, 또 1938년에는 강원도 3본산(건봉사 · 유점사 · 월정사) 승려 7명이 1인당 180원씩의 여비를 도청으로부터 보조받아 일본을 여행하였다. 1939년 4월에도 강원도에서는 1인당 170원씩의 여비를 도청으로부터 보조받아 10명의 승려가 일본을 다녀왔다. 이렇게 관비로 일본을 시찰한 여행단은 귀국 후 '보고연설회'를 열 의무가 있었는데, 당시의 어용잡지 〈조선〉에는 이 보고회 기사가 자주 실렸다. 불교계도 예외가 아니었다. 불교계의 일본시찰 '보고연설회'는 〈불교시보〉에 단 1회만 기사화되어 있다.

1939년 4월 강원도청의 여비보조로 일본을 다녀온 조선승려는 모두 10명이었는데, 일본시찰 보고강연회에 동원된 스님은 정야운鄭野雲 · 김달진金達鎭 · 문연우文蓮宇 · 전준열全俊烈 · 김남호金楠湖 · 김서하金西河 등 6명으로, 이들은 각기 2회에서 7회까지 강연을 하였다. 정야운은 주로 '일본불교시찰에 관한 소감'을, 〈당시唐詩〉의 발간으로 유명한 얼마 전에 작고한 시인 김달진은 대개 불교사상과 당시 유행하던 '심전心田개발운동'을 중심으로 강연을 하였으며, 다른 스님은 중일전쟁에 관련된 시국강연을 하였다.

김구하 · 임석진 · 김달진 등의 이름있는 조선승려들이 일본을 시찰하면서 총독부나 도청으로부터 여비보조를 받았고, 또 그들은 시찰중이나 귀국 후 자진해서 친일행위를 함으로써 반민족적인 친일승려로 전락하는 경우가 대부분이었다.

DIGEST
76
BUDDHISM

제주도 승려들의 무장봉기
: 승려 주도로 이루어진 제주의 첫 항일투쟁 (1918년)

한일합방 후 제주도 내의 첫 항일운동은 승려들에 의해 주도되었다. 그것도 3 · 1운동 전 1918년(무오년)에 치밀한 계획에 의한 거사였다.

'무오년 법정사法井寺 항일무장봉기'는 1918년 10월 5일 제주도 서귀포시 도순동에 위치한 법정사에서 여러 승려와 신도 및 주민들이 주동이 돼 중문 경찰주재소와 일본인 관리와 상인들을 습격했다. 이 무장투쟁을 주도한 방동화房東華 스님은 1887년 서귀포시 중문동 대포리 출신으로 다른 13명의 스님들을 규합해 거사를 계획하였다. 방동화 스님은 김연일 스님 등 경주 기림사에서 같이 공부한 도반들과 함께 일제에 의한 강제합병에 분노를 느끼고 항일운동을 결의했다.

방동화 · 김연일 · 강창규 스님 등 16명의 스님들은 그들의 연고지인 제주도에 들어와 제주시 관음사 인근 산천단山川壇에서 항일 비밀결사를 조직하였다. 이들은 본래 관음사를 거사 근거지로 삼으려 했으나 보안유지가 어렵게 되자 산간벽지에 자리잡은 서귀포시 중문동 법정사로 들어가 항일거사 성취를 위한 백일기도에 들어갔다.

일제 고등경찰이 낌새를 알아차리고 감시에 나섬에 따라 낮에는 산속에 숨어 있다가 밤에는 법정사에서 기도를 올리며, 주민들을 포섭하는 숨바꼭질이 계속됐다. 드디어 백일기도가 끝나는 날인 1918년 10월 5일 새벽 4시, 법정사에는 4백여 명의 인근 주민이 운집했다.

무오년 법정사 항일봉기를 주도한 방동화 스님

스님 16명을 비롯한 40여 명의 지도부가 앞장선 가운데 봉기행렬은 중문주재소를 향했고, 단시간에 주재소를 접수한 후 13명의 구금자를 석방했다. 이 과정에서 일제경찰 3명이 포박당했고, 일경의 총에 맞아 스님 1명이 부상했다(총상을 입은 스님은 후에 옥사했다고 함).

격분한 주민들이 포박된 일경을 죽이려 했으나 불교적 자비정신과 사후 주민들에 대한 보복을 우려하여 만류했다.

성난 봉기행렬은 이어 도보로 3시간 정도 걸리는 서귀포지서로 향했다. 시위대의 일부는 중문주재소에서 탈취한 무기로 무장까지 하고 있었다. 그러나 비상연락을 받고 출동한 일제 기마경찰대와 서귀포 전방 1.5km부근의 서호동에서 격돌하게 되었다. 잘 훈련된 무장한 일경과 맞선다는 것은 역부족이라고 판단한 스님들의 지휘에 의해 거사행렬은 두 패로 나뉘어 일부는 산, 일부는 바다를 향해 도피했다.

현장에서 행동대장이었던 김연일 스님 등 다수가 체포되었으며, 주모자 방동화 스님은 나뭇배에 매달린 채 바닷물 속에 40여 일간 은신생활을 하였다. 밤에는 신도 백인화 보살이 몰래 와 식사와 정보를 제공했지만, 결국 백인화 보살도 서귀포주재서에 체포돼 모진 고민을 당하였다.

더 이상 도피생활이 어렵다고 판단한 방동화 스님은 독실한 불교신자인 일경을 통해 자수하여 소요보안법 위반으로 6년의 징역을 선고받았다. 이외에도 행동대장이었던 김연일 스님이 징역 10년 등 관련자 30명이 실형을 선고받고, 나머지 15명이 벌금형을 선고받는 등 모두 46명이 형사처벌을 받았다.

당시 주모자였던 방동화 스님에 대해 가깝게 지냈던 혜관스님은 "동화스님은 체격이 좋고 남의 호감을 살 정도로 책임감이 있었으며 학식이 뛰어나 주민들로부터 존경을 받았다"고 하였다.

만기 출소 후 일본순사들의 미행이 계속되자 방동화 스님은 육지로 건너가, 39세 되던 해인 1925년 범어사에서 박만하朴萬下 스님에게 구족계를 받고 금강산에서 수행하다가 1929년 다시 제주도로 돌아왔다. 이후 관음사 중건, 원만사 창건 등 불사에 힘쓰다가 해방 직후 초대 제주교무원장을 역임하고(3대까지) 1970년 12월 28일, 세수 84세, 법랍 57세로 자신이 창건한 중문 광명사에서 입적했다.

한편 이 사건 관련자 40여 명 중 94년 6월 현재 독립유공자로 포상을 받은 분은 양남구 · 김연일(〈독립유공자공훈록〉 미기재) 등 2명에 불과하다. 그러나 94년 2월에 정부문서 기록보존소 부산지소에서 해방 전 광주지방법원 제주지청 검사분국의 제주지역 독립 운동관련 자료 속에서 '무오년 법정사 항일무장투쟁'에 관련된 사람들의 수형 인명부와 고등경찰요사 등을 발견함으로써 승려 주도로 이루어진 제주의 첫 항일무장봉기에 대해서 밝혀지게 되었다. 현재 제주보훈지청에서는 방동화 스님 등 13명의 관련자에 대해 독립유공자 포상신청을 하였으며, 또 〈제주도 독립운동사〉 발간을 추진하고 있다.

유족들은 '법정사복원'과 '기념비건립' 등을 통해 항일독립운동의 산 교육장으로 활용해줄 것을 당국에 건의하고 있다. 그러나 현재 법정사 터엔 당시의 참상을 말해주듯 제단과 주춧돌 기단석만이 덩그러니 남아 있고, 부근에는 한 비구니 스님이 기도를 위해 지은 초라한 법당만이 있어 1918년 당시의 민족혼을 일깨운 항일봉기의 흔적은 아무 데도 남아 있지 않다.

DIGEST

77

BUDDHISM

승려들, 독립만세 외치다

: 불교계의 3·1독립운동 (1919년)

1919년 3월 1일 한국민족운동의 분수령을 이룬 3 · 1독립운동의 준비계획과 전개과정에서 불교계가 천도교 · 기독교계와 더불어 중요한 역할을 담당하였음은 이미 알려져 있는 바와 같다.

3 · 1독립운동에서 불교계를 대표했던 승려는 한용운 · 백용성임은 익히 알려져 있는 사실이다. 특히 한용운이 3 · 1운동 전면에 나서 활발하게 활동하며 이를 주도한 일은 널리 알려진 그대로이다. 한용운은 불교계 민족지도자 구성에서 박한영朴漢永 · 진진응陳震應 · 도진호都鎭浩 · 오성월吳性月 등을 비롯하여 여러 불교계 영도자들과 교섭하였으나, 선승이라는 신분과 멀리 산간에 있음으로해서 교통과 연락의 지연 등으로 연락이 손쉬운 서울 종로 3가 대각사에 있던 백용성에게만 서명을 받아, 결국 3 · 1독립운동 민족대표로는 한용운과 백용성 두 사람만 불교계 대표로 참여하게 된 것이다.

3 · 1독립선언서는 최남선이 기초하고 한용운 · 최인崔麟 등이 간여하였다는 것이 상식인데, 한용운은 원문을 약간 수정하고 새로이 공약 3장을 추가하였다. 이렇게 작성 · 인쇄된 3 · 1독립선언서는 천도교 · 기독교 · 불교 측으로 나누어 배포키로 했는데, 불교 측은 한용운이 주재하던 불교잡지 〈유심

唯心〉의 사옥으로 쓰고 있던 종로 계동의 그의 자택으로 학생들을 긴급하게 소집하였다.

1919년 2월 28일 밤 10시 이곳에 모인 학생들은 불교중앙학림(혜화전문, 동국대학교의 전신)의 학생 신상완申尙琓 · 백성욱白性郁 · 김상헌金祥憲 · 정병헌鄭秉憲 · 김대용金大鎔 · 오택언吳澤彦 · 김봉신金奉信 · 김법린金法麟 등과 중앙학교(중앙고등학교의 전신)의 학생 박민오朴玟悟 등이었다.

이들은 독립선언서 3만 매 중 불교 측에 배당된 1만 매를 가지고 서울 북쪽에 해당하는 동북부 일대에 나머지는 지방 각 사찰에 배포키로 하였다. 서울을 담당한 학생들은 3월 1일 새벽 3시에 시내 사찰과 포교당에 독립선언서를 배포하여 사찰 인근 주민들이 3 · 1 만세시위운동에 참가하도록 권장하였다. 이리하여 3월 1일 1만여 명에 달하는 승려와 불교신도들은 중앙학림 학생들과 함께 파고다공원에서 독립선언서 낭독식을 하고 기독교 청년회관(YMCA 회관), 종로경찰서, 종각, 남대문, 한국은행, 대한문, 서대문, 미국과 프랑스 영사관이 있는 정동 거리를 거쳐 대한독립만세를 부르면서 독립시위운동을 벌여 나갔다.

한편 지방을 담당한 불교중앙학림 학생들은 3월 1일 서울 시대의 만세시위에 참가한 뒤 그날 밤 각 지방으로 향하였다. 그리하여 범어사 · 해인사 · 통도사 · 동화사 등을 중심으로 만세시위운동이 전개되었는데, 그중에서도 범어사를 중심으로 동래 일원에서 일어난 시위운동이 가장 규모가 컸다. 범어사로 파견된 김법린 · 김상헌 등은 3월 4일 유석관과 상의한 후, 범어사 내의 명정학교 학생 30여 명으로 결사를 조직하였다. 이들은 3월 7일, 동래 장날을 활용하여 장꾼들과 함께 만세시위를 하고 경찰서를 습격하다가 일본 헌병의 출동으로 일단 해산하였다.

3월 18일에는 범어사를 중심으로 만세시위를 일으켰으나 헌병 20여 명이 출동하여 시위학생들을 연행하였다. 체포 · 연행된 100여 명의 시위자들은 부산지방법원에서 33명이 재판에 회부되었는데, 박재삼과 김영식 등 2명은 집행유예가 되고, 허영호許永鎬 · 차상명車相明 등 31명은 1년 이상의 징역형을 언도받아 옥고를 치렀다.

통도사에는 이 사찰 출신인 오택언吳澤彦이 중앙학림의 대표로 3월 4일 통도사에 도착하여 스님들과 의논한 후 통도사 앞의 신평시장에서 만세시위를 계획하던 중 일경에게 체포되어 2년형을 언도받아 옥고를 치렀다. 그러나 그 후 통도사의 승려들은 오택언의 체포에도 불구하고 예정대로 3월 13일 양산시장에서 만세시위를 하였다.

3 · 1만세 시위운동 때 광화문 기념비각 앞에 모여든 수많은 시민들이 시위군중에 호응하는 광경. 당시 불교중앙학림의 학생들이 독립선언서 30만 매 중 1만 매를 맡아 서울 · 지방 각 사찰에 배포했다.

해인사에서는 중앙학림의 김봉신 등에 의하여 해인사의 지방학림 학생들과 연계하여 조직적으로 추진되었다. 3월 31일 오전 11시 해인사 홍하문 밖에서 이곳의 지방민들과 더불어 약 150여 명이 3 · 1 독립선언식을 거행하고 만세시위를 전개하였다. 해인사에서는 새로 선언서 1만 매를 인쇄하여 시위대를 3대로 나누어 대구까지 왕래하면서 시위운동을 전개하였다.

경북에서는 중앙학림의 김대용이 동화사를 중심으로 승려 수십 명과 함께 대구 시내로 들어가 군중을 모아 대대적인 만세시위를 벌였다.

그 외 충남 마곡사에서는 우경조禹敬祚 스님이 공주에서, 그리고 황해도 신광사 일대의 사찰, 함남 석왕사 일대의 사찰, 경남 밀양의 표충사 일대의 사찰, 경북 청암사 일대의 사찰, 전남 화엄사 일대의 사찰 등에서도 대규모 만세시위운동을 하였다. 그중에서도 주목되는 것은 경기도 양주군에 있는 봉선사奉先寺의 승려 이순재李淳載 · 김성숙金星淑 · 강완수姜完洙 등인데, 그들은 3 · 1독립운동이 일어나자 승려의 몸으로 시위운동에 참가하였다가, 3월 29일에는 '조선독립임시사무소'이름의 전단 200매를 만들어 인근 마을에 살포하는 적극적인 독립운동을 하였다.

김성숙은 4월 2일 양주군 광천시장에서 군중을 이끌고 시위운동을 벌이다가 체포되어 경성지방법원에서 징역 1년 2개월의 실형을 선고받았다.

김성숙은 복역 후 중국 북경에 유학하면서 본격적으로 독립운동에 투신하였는데, 님 웨일즈의 〈아리랑〉에 김충창金忠昌이라는 이름으로 등장하기도 하였다. 3 · 1독립운동에 이처럼 불교계 승려들도 승복을 걸친 채 전국 각지에서 맹렬한 만세시위운동에 참가하여 민족자존의 독립운동에 크게 공헌하였다.

DIGEST
78
BUDDHISM

정남용·송세호 스님의 항일투쟁
: 대동단과 청년외교단의 불교계 인물 (1919~1921년경)

3 · 1독립운동 이후 국내에는 여러 독립운동단체들이 결성되어 활발하게 독립운동을 전개해나갔다. 이 시기에 조직된 단체로는 조선민족대동단朝鮮民族大同團(이하 대동단이라 약칭)을 비롯하여 대한민국청년외교단(이하 청년외교단이라 약칭) · 대한독립애국단 · 대한민국애국부인회 등이 중요한 항일운동단체들이었다. 이 단체의 구성원 가운데는 불교계 승려들도 활약하였는데 여기서는 그 대표적인 인물로 정남용과 송세호 스님의 항일투쟁을 중점적으로 살펴보고자 한다.

정남용鄭南用(1896~1921)은 강원도 고성高城 사람으로서 1911년 고성 건봉사의 승려로 있다가, 1914년 이후 서울로 올라와 휘문의숙과 불교중앙학림에서 수업을 쌓았다.

정남용은 3 · 1독립운동 직후 전협全協 · 최익환崔益煥 등이 주도 · 조직한 대동단에 가입 · 활동했다. 대동단은 1919녀 3월 중순 독립달성을 위해 조선민족 대단결을 표방하고 서울에서 결성된 독립운동단체로서, 사회 각층의 인사들을 단원으로 포섭하여 전국적인 조직을 계획하고 주로 독립정신을 고취하는 선전활동을 전개했다.

정남용은 1919년 5월 23일 최익환이 일본경찰에 체포된 이후 그 후임으로 선전활동을 주관하면서 대동단에서 발행하는 '선언서'와 '임시규칙' 등 각종 문서의 인쇄 및 배포의 책임을 맡았다.

당시 대동단은 사회 각층 중 진신縉紳 · 유림儒林 · 상공商工 · 청년 등 4개 단을 중심으로 단원 포섭에 나섰는데, 그 가운데 청년단의 조직을 정남용이 주관했다. 정남용은 중앙학림 시절부터 친교를 맺었던 월정사 출신의 승려 송세호宋世浩, 그리고 나창헌羅昌憲 등을 가입시키는 등 조직확대에도 많은 힘을 쏟았다.

한편 대동단은 앞서 최익환 등의 피체로 조직의 일부가 노출되었고, 또 기관지 〈대동신보〉 등의 발행을 통해 세상에 알려지는 것과 함께 대동단에 대한 일경의 포위망도 그만큼 압축되고 있었다.

이 같은 상황에서 전협 · 정남용 등 대동단의 주도 인사들은 대동단 본부를 상해로 이전할 것을 계획하였고, 그 제1단계로 총재 김가진金嘉鎭을 1919년 10월 10일에 먼저 상해로 망명케 했다. 이어 의친왕義親王을 대동단의 수령으로 추대하고 상해망명을 추진했다.

그리하여 그해 11월 9일 정남용은 이을규李乙奎와 함께 의친왕을 수행하여 서울을 출발해서 만주 안동安東까지 갔으나, 이 사실을 탐지한 일경의 추격을 받아 11월 11일 만주 안동역에서 체포되고 말았다. 이로 인하여 대동단 본부의 상해 이전계획이 무산됨은 물론, 대동단의 조직도 파괴당하고 말았다. 이 일로 정남용은 경성지방법원에서 징역 5년형을 언도받고, 서대문 형무소에서 옥고를 치르던 중 잔악한 고문의 여독으로 1921년 4월 18일 옥중에서 순국하였다. 정부에서는 고인의 공훈을 기리어 1963년에 건국훈장 독립장을 추서하였다.

송세호宋世浩(1893~1970)는 1919년 3 · 1독립운동 후 한성임시정부 수립에 참여하였다. 그해 4월 13일 한성임시정부의정원 강원도 대표의원에 선출되어 의정활동을 하는 한편, 임정 재무부 재무위원에 임명되었다.

송세호는 경북 선산善山 사람으로 오대산 월정사의 스님이었다. 그는 1919년 5월에는 조용주趙鏞周 · 연병호延秉昊 등과 대한민국 청년외교단을 조직하여 동지규합, 자금확보, 임시정부 지원 등의 알을 수행하였으며, 그는 상해지부장에 선출되어 활동하였다. 또한 그는 중앙학림시절 친교를 맺었던 정남용의 권유로 대동단에 가입하여 의친왕의 망명계획에 적극 참가했다.

고종의 다섯번째 아들인 이친왕 이강. 정남용 · 송세호 스님 등이 이강을 상해 임시 정부로 탈출시켜 독립운동의 구심점으로 삼으려 했으나, 만주 안동에서 일경에 체포됨으로써 실패하고 말았다.

1919년 11월 송세호는 선발대로 정남용과 함께 의친왕을 수행하여 평양으로 출발하였는데, 의친왕의 행방불명을 보고받은 일경이 총동원되어 기차 등을 수색한 결과 만주 안동에서 일행을 체포하였다. 이에 송세호도 정남용과 함께 체포되어 1920년 6월 29일 경성지방법원에서 징역 3년형을 받고 옥고를 치르다가, 옥중에서 병을 얻어 1922년 12월에 병보석으로 가출옥하였다.

그는 출옥 후에도 한용운과 함께 불교를 통한 자주독립정신의 고취에 전념하다가, 1926년 6월에 서울 낙원동에서 다시 일경에 체포되었다가 석방되기도 하였다.

송세호는 1919년 11월 일경에 체포되기 전인 그해 10월에는 전필순全弼淳 및 같은 오대산 월정사 승려인 이종욱李鐘郁 등과 함께 상해 임정의 국내 거점인 연통본부聯通本部의 설치에 참여하였으며, 또한 대한민국청년외교단에도 참여하였다.

그러나 그는 일경의 요시찰로 국내에서의 활동이 어렵게 되자 1931년 6월 상해로 건너가 연초공장을 경영하여 사업이 크게 성공하여 상해임시정부에 군자금을 제공하였다고 한다. 광복 후 그는 귀국하지 못하고 상해에 잔류하였다가 고국 땅을 밟지도 못하고 그곳에서 타계하였다.

정부에서는 그의 공을 기리기 위해서 1963년에 독립유공자로서 대통령표창을 수여했다.

지금까지 살펴보았듯이 정남용은 건봉사 승려로서 대동단 활동에 적극 참여하여 항일투쟁을 하다가 서대문형무소에서 옥사하였고, 송세호는 월정사 승려로서 대동단 · 외교청년단 · 임정의 연통부에서 활발하게 활동하다가 옥고를 치르고 상해로 망명하여 마침내 해방된 조국 땅도 밟지 못하고 이역에서 목숨을 거두고 말았다.

정남용 · 송세호 두 승려의 항일투쟁은 우리나라가 존재하는 한 그 숭고한 민족혼이 이 땅에 길이 빛날 것이다.

DIGEST
79
BUDDHISM

민족주의 항일투쟁의 표상
: 만해 한용운의 생애와 독립투쟁 (1879~1944년)

만해卍海 한용운韓龍雲(1879. 7. 12~1944. 5. 8)은 3 · 1독립운동 당시 민족대표 33인의 한 분으로서 끝까지 변절하지 않은 항일투사이자 〈님의 침묵〉을 쓴 시인으로, 한국 사람이라면 누구나 그 이름을 알고 있는 항일투쟁의 표상이다.

한용운은 충남 홍성군 결성면 성곡리에서 한응준韓應俊과 온양 방方씨 사이의 둘째아들로 1879년 7월 12일(음)에 태어났다. 그는 여섯 살 때부터 향리에서 한학을 공부하였고 아홉 살 무렵에는 〈서상기西廂記〉 〈통감通鑑〉 〈서경書痙〉 〈기삼백주基三百註〉 등을 읽는 조숙함을 보였다. 당시의 풍속이 그러했듯이 그도 14살에 천안 전全씨와 혼인하였고, 18세에는 향리에서 아이들을 가르치다가 출가하여 백담사 등지를 편력하였다. 26세에 잠시 고향에 들렀다가 다음해에 다시 백담사로 가서 김연곡金演谷 스님으로부터 득도하고, 그곳에서 이학암李鶴庵 스님께 〈기신론起信論〉 〈능엄경〉 〈원각경〉 등을 배웠다.

1907년 29세 때 강원도 건봉사에서 처음 선禪 수업을 하였고, 그 다음 해에는 강원도 유점사에서 서월화徐月華 스님께 〈화엄경〉을 배웠다. 그해 4월 일본으로 건너가 조동종 스님들과 교류하고 유학 중이던 최인 등과 교우하고 10월에 귀국하였다. 그리고 같은 해 12월 10일, 서울 경성명진측량강습소를 개설하고 소장에 취임하였다.

31세 이후에는 강원도 표훈사, 경기도 장단군 화산강숙華山講塾서 불교강사로 있었으며 한일합방 되던 그해에 백담사에서 〈조선불교유신론〉을 집필하였다. 그리고는 조선불교 원종圓宗의 종정宗正인 이회광이 일본 조동종과 맺은 연합조약에 박한영 · 진진응 · 김종래 스님 등과 함께 반대성토를 하여 이회광의 친일망동을 그치게 했다. 이때 원종에 대항하기 위하여 임제종을 범어사에 설립하여 서무부장 · 관장에 취임하였다. 그 후 그는 중국에 건너가 독립군 군관학교를 방문하기도 하고 만주 · 시베리아 등지를 유랑하다가 귀국하여 통도사에서 〈불교대전〉을 편찬하였으며, 1918년에는 계동에서 불교 월간지 〈유심唯心〉을 발행하였다.

1919년 1월경 최인 등 천도교인과 3 · 1운동을 계획해 유림과 불교계 인사들을 포섭하였으며, 3월 1일에는 익히 알려진 대로 태화관에서 민족대표의 독립선언식을 주도한 후 일경에게 체포되어 서대문형무소에 수감되었다. 그는 형무소에서 일본인 검사의 심문에 대한 답변으로 〈조선독립에 대한 감상〉을 작성하였다. 이 글은 그의 독립운동에 대한 경륜이 논리정연하게 논술되어 있어서 한용운의 강한 민족주의적 독립의식을 읽을 수 있다. 1920년 경성복심(고등)법원에서 소위 보안법과 출판법 위반혐의로 3년형을 선고받고 복역하다가 1921년 12월에 가출옥 형식으로 석방되었다.

출옥 후에도 한용운은 계속 조국의 독립을 위하여 노력하였는데, 그 구체적인 활동을 살펴보면 다양하게 일했음을 알 수 있다.

석방 이듬해(1922) 봄에는 대장경 국역간행을 위해 법보회를 조직하고, 같은 해 11월에는 민립대학기성준비회에 참여하여 중앙집행위원과 상무위원에 피선되었고 또한 조선물산장려운동을 적극적으로 전개하였으며, 1924년에는 조선불교청년회 회장에 취임하였다. 1926년에는 시집 〈님의 침묵〉을 발간하여 우리 시사에 한 획을 긋기도 한 그는 6 · 10만세사건에 앞서 일경에게 임시 검속되어 구속되었다.

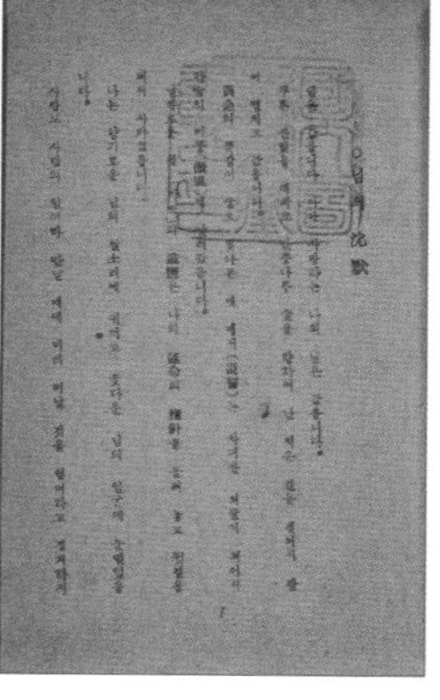

〈님의 침묵〉, © 한국민족문화대백과사전. 만해는 불교대표로 법정에 서서 누구보다 강경하고 논리정연하게 조선 자주 독립의 당위성을 설파했다.

1927년에는 신간회에 참여하여 중앙집행위원으로 경성지회장京城支會長을 겸임했다. 1929년 12월에는 허헌 · 조병옥 등과 광주학생사건을 민중적으로 증폭하기 위해 민중대회를 계획하였으며, 1930년에는 김법린 · 최범술 등이 조직한 비밀결사 만당卍黨의 영수로 추대되었다.

53세(1931)에는 불교 월간지 〈불교〉를 인수하여 사장으로 취임하여 계속 발간하였으며, 같은 해 9월에는 윤치호 · 신흥우 등과 나병구제연구회를 조직하여, 여수 · 부산 · 대구 등지에 간이수용소 설치를 결의하였다.

그는 1932년 12월에 그 전해 안심사에 보관되어 오던 한글경판 원판을 발견하여 보각 인쇄 · 간행하였으며 55세(1933)에 유숙원과 재혼하고 성북동에 심우장을 지었다.

1936년, 그는 민족주의 사학자 단재 신채호의 묘비 건립에 참여하였으며 또한 정인보 · 안재홍 등과 경성부 평동 태서관에서 다산 정약용 서세백념기념회를 개최하였다.

59세 되던 1937년 3월에는 재정란으로 휴간된 〈불교〉지를 속간하였으며, 같은 해 3월 3일에는 일송 김동삼이 옥사하자 유해를 인수하여 심우장으로 모시고 5일장을 지냈다.

1939년 음력 7월 12일, 박광 · 이원혁 · 장도환 · 김관호 등이 청량사에서 회갑연을 마련하였으며, 사흘 뒤 다솔사에서 최범술 스님 등 후학들이 마련한 회갑연에 참석하고 기념식수를 하였다.

1940년에는 일제가 조선인들을 대상으로 실시한 일본식 창씨개명에 반대운동을 전개하였다. 또한 1943년에는 조선인 학병출정에 대해 반대운동을 하였고, 해방 전년인 1944년 6월 29일 심우장에서 입적하여 불교관례에 따라 다비식(화장)을 하고 망우리 공동묘지에 안장되었다.

66년에 걸친 한용운의 생애는 한말의 풍운 속에서 불교의 대중화와 항일독립투쟁으로 일관하였으며, 많은 민족주의자들이 중일전쟁과 태평양전쟁의 전시체제에 변절과 친일행위로 돌아섰음에도 그는 추호의 흔들림도 없이 창씨개명과 학병반대운동 등을 전개하면서 우리 민족의 청청한 정신을 끝까지 고수하다가 해방도 보지 못한 채 타계하고 말았다.

3·1운동 후의 불교계 항일투쟁
: 승려들의 3·1운동 후 독립운동 (1919년 이후)

3 · 1운동 직후 국내외에서는 본격적인 독립운동이 전개되었다. 불교계에서도 활발하게 여러 독립운동 단체에서 조직적이고 지속적인 일제와의 항쟁에 동참하였다.

3 · 1독립운동 직후 상해에서 수립된 대한민국 임시정부에서는 1919년 4월 11일 손정도孫貞道 등의 제의에 따라 각 지방 대표회를 개최하고 임시의정원을 조직하였다. 이 의정원에 불교계 대표로서 월정사 승려였던 송세호宋世浩가 강원도 대표로 선출되었다. 상해에서 임정이 수립되었다는 소식이 전해지자 3 · 1운동에 적극 활동한 김법린 · 백성운 · 신상완 · 김대용 등은 상해로 건너가 임시정부 요인들과 불교계의 민족운동에 대한 문제를 논의하고, 신상완 · 김대용은 귀국하여 독립운동자금 및 불교비밀결사 조직 등 본격적인 활동에 착수하였다.

또한 같은 해 4월 국내에서 한성임시정부가 조직되었을 때 박한영 · 이종욱 스님 등이 불교계를 대표하여 13도 대표로 참여하였으며, 같은 해 5월경에는 승려 김상호 등이 28인 독립선언서 사건에 관련되어 일경에게 체포되었다.

1919년 9월에는 조선민족대동단의 의친왕 망명사건에 승려 정남용과 송세호가 연루되어, 두 사람은 만주 안동에서 일경에게 체포되어 정남용은 감옥에서 옥사하였고 송세호는 병보석으로 가출옥했다.

3 · 1운동 후 불교계 항일민족운동은 다방면으로 전개되었지만 그 가운데 1919년 11월 15일 상해에서 불교계 대표 12인의 이름으로 발표된 '대한승려연합회 독립선언서'는 크게 주목된다.

이 선언서는 불교계가 정재淨財를 모아 독립운동자금으로 임시정부에 전달하려고 상해에 갔을 때 그곳에서 발표한 것으로, 1960년대 프랑스 파리에서 그 원본이 발견되었는데, 한국어 · 한문 · 영어의 3개 국어로 인쇄되어 있었다. 표지에 홍재하와 인창환의 서명이 보이는데, 이는 당시 대한민국 임시정부에서 파리 강화회의에 파견되어 외교활동을 펴고 있던 김규식의 수행원이 인창환이라는 점으로 미루어보아 상해주재 외교사절과 파리의 외교무대 양쪽으로 전달되었던 것으로 보인다.

이 선언서의 내용은 첫머리에 "우리들 7천인 한국승려는 2천만 동포와 세계만국에 대하여 우리들 한국에 대한 일본의 통치를 절대 배척하며 대한민국의 독립을 주창함을 선언하노라"고 전제한 다음, 일제의 침략과 폭정을 규탄하는 불교승려들의 피맺힌 각오와 절규가 담겨져 있다. 이 선언서는 불교인의 적극적이고 과격한 직접투쟁의 독립의지가 면면히 흐르고 있다는 점에서 다른 독립선언서와 비교해볼 때 우리의 주목을 끄는 것이다.

이 선언서의 말미에는 작성에 참여한 12명의 불교지도자들의 이름이 열거되어 있는데, 모두 가명 내지 별명을 사용하고 있어 이들의 실제 이름을 확인하기 어렵다. 그러나 당시 불교계의 지도급 승려로서 범어사 주지 오성월吳惺月, 통도사 주지 김구하金九河 등의 이름이 들어 있다. 이와 같은 '대한승려연합회 독립선언서'의 발표를 보더라도 3 · 1운동 직후의 불교계 독립운동은 적극적이었음을 알 수 있어 항일민족운동사에서 불교계가 중요한 위상을 차지했다는 것을 인식할 수 있다.

그리하여 3 · 1운동 이후 불교계의 항일투쟁은 활기를 띠어, 1919년 6월에는 범어사 승려 김법린 등이 대한민국 임시정부의 요청으로 1884~1910년까

양자강 하구 남안에 자리한 국제도시 상해는 3·1운동 후 한국의 많은 망명지사들이 모여들어 임시정부를 세우고 독립의 뜨거운 열정을 태우던 곳이었다.

지의 일제의 침략을 중심으로 한 자료를 수집·정리하고 이를 등사하여 임시정부에 전달하였다. 이어 김법린·김대용 등은 중국 안동현에서 독립운동 기관지 〈혁신공보革新公報〉를 발행하여 이를 국내에 반입하였다.

1920년 3월에는 일제가 임정대표를 일본 도쿄로 초청하여 한국독립문제에 대한 강연을 하게 하였을 때, 대표 여운형呂運亨의 수행원으로 승려 신상완申尙玩이 선발되어 동행하였다.

3·1운동 후 한성임시정부에 관여하였던 월정사 승려 송세호와 이종욱李鍾郁은 상해임정의 국내 특파원으로서 대한민국청년외교단과 조선민족대동단의 단원으로도 활동하였다.

1920년 5월 6일 일제 관헌은 이른바 '불령승려不逞僧侶(항일승려)'를 검거하고 불교계의 항일독립운동의 내막을 조사하였다. 일제 관헌의 비밀문서 '항일운동의 승려 백성욱 등 검거의 상황보고의 건에 따르면 "상해 임정에 투신한 승려 이종욱·백성욱 등과 함께 조선불교도를 대표하여 독립운동에 활동한 바 있고, 승려 신상완은 최근 비밀리에 내선來鮮하여 전도全道의 승려를 규합하여 의용승군이라는 비밀결사를 형성하고, 또한 독립운동 자금의 모집 및 유력한 승려를 상해에 빼돌리려고 계획한 사실을 탐지하여 이를 체포하고 공범자와 함께 형사소추에 부친 사건"이 있었다.

이 사건으로 체포된 승려는 신상완申尙玩(30세, 용주사), 김상헌金祥憲(28세, 범어사), 김태흡金太洽(30세, 석왕사) 등 3명이었고, 체포되지는 않았으나 공범으로 함께 형사소추된 승려는 이석윤李錫允(23세, 안성 청룡사), 백초월白初月(42세, 경남 함양 영원사), 이종욱李鍾郁(38세, 월정사), 백성욱白性郁(26세, 고양 봉국사), 김봉신金奉信(26세, 해인사), 김법윤金法允(22세, 범어사), 박민오朴玟悟(24세, 통도사), 김대용金大鎔(22세, 의성 고운사), 강대려姜大呂(30세) 등 9명이었는데, 이들은 대개 상해의 프랑스 조계에 있었으므로 체포를 면하였다.

여기서 주목되는 점은 '의용승군'인데, 이는 승려로 조직된 비밀결사적 독립군의 조직이다. 이의 용승군의 조직을 보더라도 3·1운동 후 불교계의 항일투쟁은 적극적이었음을 알 수 있다. 그러나 일제 당국은 이러한 불교계의 움직임을 탐지하고 적발해냄으로써 스님들의 항일운동은 사전에 저지되고 말았다.

DIGEST

81

BUDDHISM

선의 진작이 곧 구국이요 불교중흥
: 선학원 창건 (1921년)

일제는 1911년 사찰령을 반포하여 본사와 암자의 주지까지 총독부에서 그 인사권을 행사하였으며 사찰의 재산과 불교행사까지 규제하였다. 이렇듯 일제의 식민통치가 모든 사암과 승려들을 사찰령과 사법寺法을 통하여 낱낱이 사찰함으로써 우리의 불교까지 억압하여 한국불교의 본래 전통을 제대로 살릴 수 없는 형편에 이르렀다.

이런 상황에서 한국의 선禪을 중흥시킨 경허鏡虛선사로부터 인가를 받은 덕숭산의 송만공宋滿空, 금정산金井山의 백용성, 범어사의 오성월과 김석두金石頭 · 김남천金南天 등 모두 11명의 선승들이 뜻을 모아, 우리나라의 선을 중흥시키며 또한 그것이 바로 민족의 혼을 되살리는 길임을 확신하고 이들은 서울 안국동에 '조선불교선학원본부'를 창건하였다.

1921년 10월, 선학원은 왕궁의 상궁尙宮들을 중심으로 한 신도들의 시주금과 범어사의 지원으로 경성부 안국동 40번지에 당시의 대표적인 선승들인 만공 · 백용성 · 김적음 스님 등이 창건하였다. 창건 당시의 건물은 두 개의 큰 방이 딸린 법당과 요사 2동의 비교적 큰 건물로 이루어졌다.

〈선학원약사禪學院略史〉에 의하면 선학원의 시원은 조선불교 임제종臨濟宗

〈공주 마곡사 대선사 경허당 성우〉, © 한국민족문화대백과사전. 한국의 선을 중흥시킨 경허 스님. 근대한국의 선이 그를 통해 진작되었다는 점에서 '한국의 마조馬祖'로 평가된다

으로부터 출발하고 있다. 우리 한국불교사에서 임제종이 세워진 것은 한일합방 되던 그해 10월에 조선불교 원종圓宗의 종정 이회광이 일본 조동종과의 합병을 저지하기 위해서였다. 이회광의 종단을 팔고 조상을 바꾸는 '매종역조賣宗易祖'의 친일행위를 강력히 규탄하면서 애국승려들은 '조선불교 임제종'을 표방하고 조선불교가 일본불교에 병합되는 것을 강력히 반대하였던 것이다. 이때 임제종을 세운 애국승려들을 통칭 남당南黨이라 부르고, 친일원종 무리들을 북당이라 불렀다. 이렇듯 남당의 스님들이 거세게 저항하자 총독부에서는 일본의 조동종과 관련된 이 파동을 좌시하지 않고 원종과 임제종을 모두 거부하고는 '사찰령'을 반포하여 조선불교는 '선 · 교양종'이라고 결론을 내렸다.

원종과 임제종의 대립이 첨예화하고 있을 때 남당의 본부인 임제종 사무소가 '조선임제종 중앙포교원'이라는 명칭으로 서울 사동寺洞(지금의 인사동)에 설립되었다. 사동의 임제종 사무소는 당시 범어사 주지로 있던 오성월 스님이 추일담秋一淡을 시켜 사동에 48간짜리 가옥을 매입하여 '조선임제종 중앙포교소'라는 간판을 걸고 개원식을 거행한 것이다. 이 개원식에서 한용운 스님은 임제종의 종지를 설명하고, 백용성 스님은 설법을 했으며, 〈조선불교통사〉를 쓴 이능화 거사는 축사를 했다.

그러나 임제종 중앙포교원은 개원한 지 꼭 한달 만인 1912년 6월 26일 총독부의 명령으로 그 간판을 내리고, 임제종이라는 종명宗名의 사용을 금지당했다. 이후 임제종 설립에 관여했던 한용운 · 백용성 · 박한영 · 오성월 · 송만공 · 김난천 등 여러 선승들은 10여 년 동안 우리의 선풍을 진작시키고 민족의 전통을 지켜나갈 방법을 암중모색하다가 1919년 3 · 1운동 후에 그 뜻을 모아 마침내 안국동에 선학원을 창건한 것이다.

선학원이 창건된 그 이듬해인 1922년 12월, 대개가 친일승려들로 구성된 31본산 주지들이 각황사覺皇寺(서울 수송동에 있었음)에 모여 재단법인 조선불교 중앙교무원을 설립하였다.

이에 선학원에서도 보존등기를 하기 위하여 출자금을 모금하였다. 장차 재단법인을 설립하려면 그에 상응하는 자산이 있어야 했기 때문이다. 그리하여 1922년 11월 선학원은 범어사에 신탁등기를 하고 재단법인 설립을 준비하였다. 그러나 총독부에서는 선학원의 선풍진작과 반일 저항운동의 요람구실을 하는 것을 강력히 탄압하면서 '선학원'이라는 명칭조차 몹시 싫어하여 재단법인 인가를 쉽사리 내주지 않았다.

본래 선학원이라는 이름 자체가 일제의 사찰령과 사법寺法의 규제를 벗어나기 위해 일부러 '사寺' 자와 '암庵' 자를 피하여 지은 명칭이었기 때문이다. 따라서 식민당국의 규제를 벗어나 조선불교의 전통을 고수하고 있는 선학원을 일제가 고운 시선으로 바라볼 턱이 없었던 것이다. 그리하여 우여곡절 끝에 '재단법인 조선불교 선리참구원'이라는 이름으로 1934년 12월에야 겨우 법인 인간를 받았다. 법인설립을 준비한 지 자그마치 12년 만에 성취한 어려운 일이었다. 비록 법인 인가서의 명칭은 '선리참구원'이란 생소한 이름으로 바뀌었지만 사람들은 여전히 선학원으로 불렀다. 이때 선리참구원, 아니 선학원의 임원은 이사장 송만공, 부이사장 방한암方漢岩, 상임이사 김적음金寂音, 오성월, 김남천, 감사 윤서호尹西湖, 이탄옹李炭翁 스님 등이었다.

이 선학원은 일제시대에는 총독부가 조선불교를 타락시키기 위하여 친일승려와 대처승들을 본 · 말사의 주지로 임명할 때도 전국 선원과 선승들의 구심점이 되어 한국불교의 전통을 고수하고 선수행을 굳건히 실천함으로써 민족혼을 지키는 데 커다란 역할을 하였다. 그리고 선학원에서 발생한 〈선원禪苑〉(1930. 10~1935. 10. 통권 4권)은 일제시대 우리나라 선을 발전시키는 데 크나큰 몫을 하였으며, 당시 선의 현황을 살피는 데도 중요한 문헌자료가 되고 있다.

해방 후 선학원은 불교정화의 산실이었을 뿐 아니라 많은 분원(1984년 현재 210개)과 포교원(2백 개소)을 거느리고, 한국의 근세 불교사의 산파역으로서 그 맡은 바 역할을 다함으로써 어둡고 고통스러웠던 일제시대를 지나 현대 한국불교의 한 초석으로서 굳건하게 자리하고 있다.

DIGEST

82

BUDDHISM

옥사한 열혈 항일승려
: 비타협적 독립투사 백초월 (1878~1944년)

3 · 1독립운동을 분수령으로 하여 1920년대에 들어서면 항일민족독립운동은 두 가지 흐름으로 대별된다. 첫째는 이른바 민족개량주의를 내건 소극적인 민족운동이 그것이며, 두번째는 비타협적 저항주의를 표방하는 적극적 항일운동이 있었다. 이렇게 두 가지 흐름으로 나누어진 것은 국내의 항일민족운동이 일제의 혹독한 탄압을 받았기 때문이었다.

불교계의 독립운동 역시 이 두 가지 흐름 중 교육과 수행 · 포교를 부르짖는 부류는 전자의 경향이었고, 상해 임정이나 무장투쟁세력과 연계된 불교계 항일운동은 후자의 경향을 대표하였다.

이중에서 비타협적 민족주의 항일운동을 대표하는 인물 가운데 한 사람이 백초월 스님이다.

백초월白初月(1878~1944)은 한용운 · 백용성 스님보다 일반인들에게 잘 알려져 있지 않으나, 만해와 백용성 못지않은 격렬한 항일투쟁을 전개한 승려 독립운동가였다.

3 · 1운동 직후인 그해 4월 백초월 스님은 불교중앙학림을 근거로 하여 한국민단본부韓國民團本部라는 비밀항일단체를 조직하여 그 단장이 되어 항일

출판물을 간행할 자금을 모집하였다. 그해 7월, 그는 같은 승려인 이도흔李道昕 · 김재운金在雲 · 박윤朴允 · 하용하河龍河 · 이인월李印月 등과 함께 〈혁신공보〉를 발행하여 상해 임시정부 및 길림성吉林省 독립군에게 1천 부를 발송하여 독립사상의 고취에 힘썼다.

백초월은 1878년 2월 17일 경남 진주군 정촌면에서 백낙규의 둘째 아들로 태어났다.

14세 때인 1892년 지리산 영원사靈源寺 주지 이남파李南坡에게 출가한 초월은 경전을 배우고 선禪을 닦았으며, 1916년 명진明進학교 교장을 지냈다.

그는 승려의 신분임에도 불구하고, 항상 국권회복을 기원하며 그때가 오기를 기다리고 있었다.

1919년 독립만세 시위가 일어나자 항일투쟁에 적극 뛰어들어 맹활약을 하였다. 1919년 8월 전남 천은사泉隱寺 주지인 하용하河龍河로부터 군자금 200원을 받고, 같은 해 10월 7일에 화엄사 총무 이인월李印月 등으로부터 다시 군자금 300원을 모금했으며, 국내의 애국청년들을 선발해 만주 길림성에 있는 독립군에 11명을, 그리고 상해의 임정에 6명을 보냈다. 그는 이들에게 여비를 주어 군자금을 전달토록 하는 한편, 민단부원인 정병헌 · 신상완 · 백성욱을 시켜 미국정부에 15억 달러의 차관을 요구하였다. 인천 · 부산 · 원산 등 3개 항구의 관세를 담보로 제공할 테니 상해 임시정부의 경비를 지원해 달라는 조건이었다.

1919년 건국기념일(개천절)인 음력 10월 3일, 보성학교 학생이 중심이 되어 서울시내의 각 학교 학생들이 참가한 시위계획 때, 선언서를 통해 이강李堈 · 김가진金嘉鎭 · 나창헌羅昌憲 등과 함께 민족대표로 추대되기도 했다. 이때 백초월과 학생들은 종로 삼청동에 태극기와 단군기념이라는 깃발을 내걸고, 대한민국 임시정부 성립에 관한 축하문과 선언서 및 포고문 등을 인쇄하여 배포하였다.

이 무렵 상해 임시정부를 지원할 목적으로 신상완申尙玩이 주도 · 조직한 승려결사인 의용승군에도 관계하여 지원금을 제공했으며, 또 상해 임시정부의 명의로 채권을 발행할 것을 계획하다가 1919년 12월 체포되어 일본경찰의 가혹한 고문으로 인하여 반 미친 상태의 폐인이 되어 서울 마포의 어느 포교당에서 지내기도 하였다.

그 후 1920년 2월 25일 일본 유학생이 주도한 3 · 1독립운동 1주년 기념행사에 제자 이중각李重珏을 통하여 관여하다가 1920년 3월 9일 도쿄에서 잡혀 서울로 이송되어 경성지방법원 검사국에 송치되었다. 그는 동경에서 잡지 〈신조선新朝鮮〉의 주간 이달李達과 함께 일본제국의회에 독립청원서와 시위운동계획을 세웠다가 일본 유학생동지 7명과 함께 체포된 것이다.

그는 이때도 역시 일본경찰에게 모진 고문을 당하여 건강이 악화된 뒤부터 미치광이로 행세하여 활동하다가 여러 차례 경찰서 유치장에 갇히기도 했다. 그때마다 정신이상자로 석방되었으나, 죽은 거북이 한 마리를 방안에 놓고 그와 대화하는 시늉을 하는 등 기인으로서의 생활이 계속되었다. 그러나 그의 독립의지는 더욱 불타올랐다. 그런 가운데 친일승려를 규탄하며 독립의 의지를 강하게 나타냈고, 종교의 통일을 위하여 일심교一心敎를 제창하기도 했다.

1939년 그가 거처하던 마포포교소의 신도가 만주로 탈출하던 중 봉천행 화물차에다 '대한독립만세'라고 낙서한 사건에 연루되어 일본경찰에 체포되었다가 석방된 후, 다시 1941년 임시정부와의 연락과 독립운동자금 조달혐의로 체포되어 3년형을 선고받고 마포형무소 · 대전형무소를 거쳐 청주형무소에서 옥고를 치르다가 민족해방을 1년 앞둔 1944년 6월에 청주감옥에서 옥사하였다. 유해는 청주 금선동 형무소 공동묘지에 묻혔다가 6 · 25전쟁 중 망실되었다.

1986년 건국포장이, 1990년 애국장이 추서되었다.

백초월 스님의 본명이 인영寅榮이며, 아명은 도수道洙, 법명은 동조東照이고, 초월은 구국龜國과 함께 그의 호다. 최승崔勝 · 의수義洙 · 인산寅山 등의 이명이 있다.

그는 승려라는 수행자의 신분으로서 생애를 항일독립투쟁으로 일관하였기 때문에, 독립운동을 하기 위하여 승려가 되었다고 할 정도로 조국광복을 위해 일제와 투쟁하다가 옥중에서 순국한 열혈 독립투사였다.

DIGEST

83

BUDDHISM

사찰령 폐지를 요구한 유신회
: 일제하 불교청년회의 개혁운동
(1920~1938년)

3·1독립운동으로 민족적 자각의식이 강력해진 불교계의 청년승려들은 1921년 12월 20일 불교청년회관에서 조선불교 유신회를 창립하여, '재정통일·불교계 인사공평·사법寺法 철폐' 등의 강령을 제정하는 한편 당시의 주지제도 혁신과 사찰령의 철폐를 주장하였다.

조선불교 유신회의 젊은 승려들이 주지제도의 개혁을 주장한 것은 총독과 도지사로부터 임명된 본사 및 말사 주지들이 독단적으로 전횡을 일삼았기 때문이다. 그리고 이러한 주지들의 무도한 전횡은 총독부가 사찰령을 제정하여 그 법을 바탕으로 조선의 모든 주지승려들을 친일승려로 내몰고 있다는 판단 때문이었다.

일제하 우리 불교계의 청년운동은 한용운으로부터 비롯한다. 한용운을 중심으로 한 개혁지향적인 승려들은 1914년 8월 21일 기왕의 조선불교회를 불교동맹으로 개편하였으나, 총독부에서는 그해 9월에 강제로 이 단체를 해산하였다. 선불교회의 회장인 한용운은 1910년 〈조선불교유신론〉을 탈고하였고, 이를 간행하던(1913) 시기를 전후하여(1909~1914) 〈불교교육 불교한문독본〉과 〈불교대전佛教大典〉(1914, 국반판 800면, 범어사)를 간행하여 승려의 교육과 포교, 그리고 불교혁신운동을 하고 있었던 것이다.

한용운의 이러한 불교개혁운동이 청년회운동과 맞물려 나름대로의 소기의 성과를 이룬 것은 1916년 불교중앙학림이 설립된 뒤였다. 1916년 이전에는 조직적인 불교청년회 운동을 일으킬 만한 기반이 없었던 것이다. 불교중앙학림에 재학중인 승려학생들은 그해 7월에 조선불교청년회를 발기하였고, 1918년에는 평양불교청년회(간사장 尹性逸)가 창립되었다. 이렇게 조직된 조선불교청년회 회원들인 불교중앙학림의 학생들은 1919년 3·1독립운동의 전위대 역할을 톡톡히 하였을 뿐만 아니라, 만세운동에 참가하여 다수의 학생들이 투옥되기도 하였다.

중앙학림의 학생으로 한용운의 지시를 받고 3·1독립운동에 참가한 승려로서 신상완·백성욱·박민오 등은 서울에서, 정병헌은 전라도 지방에서, 김대용은 경북 방면(주로 동화사)에서, 오택언은 통도사에서, 김법린과 김상헌은 동래 범어사에서, 김봉신은 합천 해인사에서 각각 활약했다. 그리고 충청·강원·함경·평안·경기의 각 방면에는 역시 불교중앙학림의 학생들이 선발·파견되어 항일만세운동을 벌였다.

그리하여 범어사에서는 차상명車相明 등 31명이 체포되어 6개월에서 1년 반 동안 옥고를 치렀고, 해인사 만세시위로는 기상섭奇尙燮·임치수林致洙 등이 체포·구금되었다.

3·1운동 이후 국내에서는 함흥에서 해동불교청년회(회장 李範大)가 창립되었고(1920. 2), 국외에서는 만주 안동현과 일본에서 청년회가 설립되었다. 즉, 만주 안동현에서는 불교청년단(단장 박민호)이 조직되었고, 일본 도쿄에서는 조선불교유학생학우회가 1920년 4월 11일 창립되었다. 일본에 유학중인 조선승려들이 결성한 이 학우회는 동양대학에서 개최한 제2회 총회에서 재일본조선 불교청년회로 개편하기로 결의하였다. 이 단체의 이사는 동양대학 철학과에 재학중인 김경주金敬注(1896~?)와 신태호辛泰浩였으며, 이 재일조선 불교청년회에서는 1921년 6월부터 귀국하여 전국 각지에서 순회강연을 하다가 김경주와 이영재(일본대학 재학)은 진주에서 불온사상을 선전한다는 혐의로 대구경찰서에 구금되었다. 이때 김경주는 징역 6월형을 언도받았는데,

중일 전쟁의 발단이 된 노구교(위), 노구교 근처에 배치된 중국군(아래). 중일전쟁 발발 이후 우리나라 불교청년회는 친일의 길을 걷게 되어 그 허울만 남았을 뿐이었다.

사상강연으로 징역형을 받은 최초의 사건이었다.

유학생 학우회로 출발한 일본의 조선불교청년회는 이회광 일파의 조선불교와 일본 임제종과의 합병음모를 저지하는 데 커다란 역할을 하였고(1920. 7), 〈금강저〉라는 불교잡지를 창간(1924. 5. 1)하여 제26호(1943. 1. 25)까지 발행하였으며, 회원들은 귀국 후 조선불교계의 중추적 역할을 담당하였다. 이 단체는 후일 조선불교총동맹 동경동맹(1931. 5. 23) 등으로 명칭을 바꾸면서 일본에 유학하는 조선 청년승려들의 구심점 역할을 하였다. 일본 유학생 출신의 조선승려들은 귀국한 후 교단의 주요직책과 청년회의 주요임원으로 활동하였다.

한편 청년승려들의 반일 및 반주지 활동에 위협을 느낀 전국의 본사주지들은 1922년 1월 관권을 빌려 조선불교유신회를 압박하였다. 그러자 불교유신회 회원들을 각황사에서 총회를 개최하여 대응책을 논의하였고, 같은 해

(1922) 3월 26일에는 유신회 소속 청년승려 100여 명이 각황사에서 '주지성토강연회'를 개최한 후 대표적인 악덕 친일승려로서 31본사 가운데서도 대표적 본사 중의 하나인 수원 용주사의 주지 강대련姜大蓮(창씨명 渭原螢)을 징벌했다. '조선불교계의 대악마 강대련 명고축출'이라는 깃발을 들고 그의 등에 북을 지워 두드리면서 서울시내의 남대문 · 종로네거리 · 동대문 등지로 행진했던 것이다. 이 사건으로 불교유신회의 김상호金尙昊 · 정맹일鄭孟逸 · 강신창姜信昌 등 16명이 체포되어 이들 중 4명은 징역 6개월(혹은 4개월)에 집행유예 3년의 판결을 받았다.

이어 그해 4월 21일에는 조선불교유신회 회원 2,200명이 연명날인하여 '사찰령 폐지와 통일기관설치' 등을 요구하는 건백서를 사이토齋藤實 총독에게 제출하였다.

이 불교청년계의 개혁운동은 마침내 30본산 주지회의를 조선불교총회로 개칭하고, 일부 친일주지들의 반대와 퇴장 속에서 1922년 1월 9일 중앙기관으로 총무원을 결성하였다.

총무원 측은 영남의 10본사의 중심이 된 세력이고, 나중에 총무원에 대항하기 위하여 설립된 중앙교무원 측은 용주사 주지 강대련을 중심으로 한 보수적인 친일 본사주지들의 중앙교무원이 대립하는 과정에서 강대련은 '명고축출'이라는 굴욕을 당하였고, 김상호 등의 청년승려들은 경찰에 구속되는 상황을 빚어낸 것이다.

조선불교 유신회는 1923년에 접어들어서도 두 번(1월과 5월)에 걸쳐 사찰령폐지를 총독부에 건의하였다. 이처럼 청년승려들이 기존체제에 대해 끊임없이 개혁운동을 전개하자 보수적인 친일 본사 주지들은 중앙교무원을 설치하고, 불교청년회의 온상인 중앙학림을 3년간 휴교시켜버렸다. 그리고 총독부에서 청년승려들의 자주적인 개혁운동을 곱게 보아주지 않음으로써 불교유신회가 주축이 된 총무원 측 본사는 차츰 그 세력이 약화되어 나중에는 통도사 · 범어사 · 석왕사 등 세 군데의 본사만 남게 되었다. 반면 당국의 비호아래 설립된 중앙교무원은 1922년 12월에 총독부로부터 정식인가를 받았다. 총무원과 교무원은 각황사 안에 사무소를 두고 사사건건 대립과 충돌을

야기했다. 양측은 언쟁과 몸싸움 · 육박전을 연출하고, 서로 상대의 간판을 떼었다 붙였다 하면서 충돌하다가 마침내 서로 상대의 간판을 도끼로 깨뜨려 법정에까지 사건이 비화되었다. 심지어 양측은 공판일에 재판소 뜰에서 격투를 하고 고소가 잇따랐다. 그러나 양측의 소모적인 대립은 1924년 4월 통도 · 범어 · 석왕사 3본산이 중앙교무원에 흡수됨으로써 좌절되고 말았다.

일제하의 불교청년운동은 3 · 1운동의 민족적 자각으로 조선불교청년회 · 불교유신회 등이 태동되어 당당히 정 · 교 분립을 주창하며 사찰령의 철폐를 요구하고, 불교의 중앙행정기관을 각성시켜 불합리한 법규를 정정하며 산간에 은둔한 불교를 사회적 · 대중적 불교로 건설하기에 전력하여 적지않은 공적을 거두었으나, 이들이 설립한 총무원이 교무원에 흡수 · 통합됨으로써 불교개혁운동은 성취되지 못하고 말았다.

불교유신회를 주축으로 하는 청년승려들의 개혁이 실패한 것은 친일 본산주지와 일제 관권의 야합 때문이었다. 1924년의 총무원 이후 불교청년과 젊은 승려들이 다시 불교청년회를 조직하고(1925. 1. 2), 혹은 조선불교청년총동맹(1931. 3. 22. 창립, 중앙집행위원장 김상호)와 동경동맹(1931. 5. 23. 집행위원장 김법린) 등이 조직되어 〈불청운동佛青運動〉(1931년 창간)이란 기관지를 10호까지 발행하곤 하였으나 1920년대 전반기와 같은 개혁운동을 전개하지는 못하였다.

그리하여 1938년 10월 22일 휴회상태에 있던 조선불교청년총동맹과 경성동맹이 부활하지만, 이들은 중일전쟁을 수행하는 일제의 침략전쟁에 협조하는 '총후銃後(후방) 보국의 건 · 방공防共 부서의 신설' 따위나 토론하면서 한갓 친일어용단체로 전락하고 말았다. 이때 부활한 조선불교청년총동맹의 집행위원장은 박성희朴成熙가 선출되었고 사회는 허영호許永鎬가 보았으나, 이 청년단체는 오래지 않아 국민총력조선연맹 등의 전시체제에 흡수되어버렸다.

따라서 1930년대 중반 이후, 특히 중일전쟁이 발발된 이후부터 일제가 패망하는 10년 동안은 우리나라 불교계에 청년회는 존속하지 않았다고 보아도 거의 무방할 것이다.

일제하의 불교청년회는 3 · 1독립운동과 만당결성 등 민족의식을 일깨우고 독립정신을 고취하는 데 커다란 기여를 했다. 그러나 1938년 10월에 재편성된 청년동맹은 일제의 어용단체로 변질됨으로써 우리나라 불교청년운동에 오점을 남기고 말았다.

DIGEST

84

BUDDHISM

항일비밀결사 만당

: 일제하 불교계의 항일운동 (1930~1938년)

1930년은 그 전해의 광주학생운동이 파급되어 개성의 4개교 학생들이 대시위운동을 벌리는 등 학생운동이 전국에 파급되었다. 그해 5월 변호사 이인李仁의 광주학생운동사건 변론이 불온하다하여 그는 6개월간 정직당하였다.

이 무렵 불교계에서도 현실을 보다 깊이 인식하고 암울한 시대 상황을 타개해나가고자 항일비밀결사 만당卍黨이 조직되었다. 이 단체는 1930년 5월경 범어사 출신 승려로서 3·1독립운동에 참여했다가 잠시 상해 임시정부에 관여한 후 프랑스에 가서 1926년 파리대학 철학과를 졸업하고 귀국한 김법린金法麟(1899~1964)과 동경의학전문학교를 졸업한 해인사 출신의 이용조李龍祚(1900~?), 불교계 청년운동의 선봉장 김상호金尙昊(범어사 승려), 일본 진언종眞言宗의 풍산豊山대학을 졸업하고 1919년 5월에 귀국한 조학유曺學乳(?~1932 해인사 재적승) 등이 부처님 앞에 맹세하고 결사를 한 후, 조은택·박창두·강재호·허영호·최봉수·차상명·정상진·장도환·박영희·박윤진·강유문·박근섭·한성훈·김해윤·서원출·정맹일·이강길 등이 결합하여 비밀리에 창당한 조직체였다.

당명을 만당卍黨이라 하고 한용운을 당수로 추대하였으나 직접적인 연관이 없는 것으로 했다. 이는 당원들이 대개 한용운의 후배이자 동지였기 때문에, 불교계뿐만 아니라 민족의 지도자인 그에게 누를 끼치지 않기 위한 배려에서 취해진 방책이었다. 그러나 한용운은 만당을 크게 성원했다. 당원들은 중앙불교전문학교나 일본유학을 한 승려들이 대부분이었다. 만당은 일본의 식민지정책을 배척하였고, 우선 정교분리를 주장하여 총독정치의 악폐를 척결하려고 노력하였다. 만당의 강령은 다음과 같다.

1. 정교의 분립
2. 불교의 대중화
3. 불타정신의 구현

그러나 이것은 표면상의 구호에 불과하고 이면에는 민족의 자주독립이 그 주된 목표였다. 이는 만당의 선언문에 잘 나타나 있다.

만당선언문

보라. 3천년 법성法城이 허물어져가는 꼴을! 들으라. 2천만의 동포가 헐떡이는 소리를! 우리는 참을 수 없는 의분에서 감연히 일어섰다. 이 법성을 지키기 위하여, 이 민족을 구하기 위하여! 향자向者는 동지요, 배자背者는 마권魔眷이다. 단결과 박멸이 있을 뿐이다. 우리는 안으로 교정을 확립하고 밖으로 대중불교를 건설하기 위하여 신명을 다하고 과감히 전진할 것을 선언한다.

만당이 결성된 후 김법린은 일본 고마자와駒澤 대학에서 불교를 연구하였으며, 1931년경에는 동경에서 조선청년동맹을 조직하였는데, 이때 일본 다이쇼大正 대학 불교학과에 다니던 최범술崔凡述(1904~1979)도 만당의 당원이 되었다.

최범술 스님이 1933년 3월초 다이쇼 대학을 졸업할 무렵, 서울에서 그를 조선불교청년총동맹 중앙집행위원장으로 선임하고는 그에게 빨리 서울로 오라는 전보와 서신을 보냈다. 그는 곧장 귀국해 청년동맹의 총수 노릇을 하

〈사천 다솔사〉, © 한국민족문화대백과사전. 최범술 스님이 김법린 · 김범부 등과 함께 다솔사에서 은밀히 독립운동을 하다가 일경에 의해 구금되었다. 그의 부도가 봉안되어 있다.

는 한편, 모든 지도는 만해 한용운에게 받았다. 동맹의 핵심체는 만당 당원들이었다. 청년동맹의 회원과 만당 당원의 핵심인물은 대부분 겹쳤는데, 초대 중앙집행위원장은 김상호金尙昊, 2대 위원장에 허영호許永鎬, 3대가 최범술이었다.

최범술 스님은 그의 회고록 〈청춘은 아름다워라〉에서 만당에 대해 이렇게 말하였다

> 만卍 당원들은 '정교분립' '대중불교의 확장'을 부르짖었다. 교단 내에서는 친일파를 축출하고 대외적으로 불교에 대한 일제총독부의 정치적 세력을 배제하자는 것이 '정교분립'을 내세우는 우리들의 의도였다.

만당은 1933년경 최범술 스님의 제의로 해산한 뒤, 그들은 조선불교청년총동맹이란 공식조직을 통해 활동하다가 1938년 재정비된 만당 당원들이 검거되기 시작했다. 1938년 8월 김법린 · 장도환 · 박근섭朴根燮(쌍계사 승려) 등이 진주경찰서에, 10월에 김범부金凡父 · 노기용盧企容 등이 경기도 경찰부에 체포 · 구금되었다.

그 당시 최범술이 주지로 있던 경남 사천군 다솔사에서는 중앙교단에서 실직한 김법린(당시 불교사 주필)과 불교전문학교 학감에서 파면된 허영호 ·

한보순, 소설가 김동리와 동방사상의 1인자로 불리던 김동리의 실형 김범부 등과 그들의 모든 가족, 만해 한용운의 생활도 책임지고 있었다.

이런 상황 속에서 1942년 초 다솔사에 일본경찰 28명이 들이닥쳐 이대천과 최범술 · 김범부 등이 경남 도경찰부에 수감되었다. 김범부는 3개월 후 풀려났다가 1주일도 못되어 합천경찰서에 다시 피검되었다.

그리고 사천경찰서 서장으로 있던 죽포竹浦라는 일경이 합천경찰서장으로 전임되어 해인사 주지 변설호와 서로 모의하여 만당의 '근거를 이룬' 최범술의 스승 임환경林幻鏡, 해인사 전 주지 이고경李古鏡 등 16명과 김범부까지 합쳐 17명을 투옥했다. 이 사건으로 이고경 스님은 옥사하고 해방 후 변설호는 당시 함께 투옥되었던 고경스님의 제자 민동선閔東宣의 칼에 찔려 부상당하는 인과를 겪었다. 그리고 최범술의 제자이자 김범부의 맏아들인 김지홍金趾弘과 김태명金泰明, 그리고 최범술의 조카 항형도 일본 도쿄에서 만당에 연루돼 검거되어 대전형무소에서 복역하다가 1945년 2월 8일 옥사했다.

1930년대 초에 결성된 항일비밀결사 만당은 국내 항일운동이 어렵던 1930년대에 치열한 민족혼으로 일제에 항거하다가 중일전쟁(1937. 7. 7) 이후 일본경찰에 23명이나 체포 · 구금되어 2명이 옥사하는 등 모진 고초를 겪었다. 따라서 만당은 1930년대와 일제말기에 우리나라 불교계가 이룩한 항일투쟁으로서 위대한 업적이 아닐 수 없다.

DIGEST

85

BUDDHISM

조선민족의 동화정책, 심전개발운동
: 조선인의 일본화와 순량화 (1935~1937년)

한일합방 직후(1910. 9) 식민지 교육정책 수립의 실무자였던 외본번길畏本繁吉은 "조선민족을 과연 동화할 수 있느냐 없느냐를 논구하고, 아울러 그것에 관련된 조선민족 교화의 방침에 대하여 사견을 진술한 것"이라는 이른바 〈교화 의견서〉를 비밀문서로 제출하였다.

그는 이 문서에서 일본민족의 충성심과 천황과의 관계를 서술하고, 이어 동화의 의의에 대하여 "가장 엄정한 의의에 있어서 조선민족의 동화同化라는 것은 그들로 하여금 일본민족의 충군애국의 정신을 체득시키는 것을 이르는 것"이라고 정의하고 있다.

조선민족의 동화, 즉 일본화와 순량화順良化에 바탕을 둔 심전心田개발운동은 제 6대 조선총독 우가키宇垣一成가 조선을 통치할 때인 1935년부터 본격적으로 추진되었다.

총독부 학무국의 4차에 걸친 간담회 끝에 마련돼 1936년 1월 30일자로 각 도지사에게 발송된 이마이다今井田 정무총감의 심전개발운동에 관한 통첩의 요지는 대략 다음과 같다.

1. (일본의) 국체관념國體觀念을 명징明徵할 것
2. 경신숭조敬神崇祖의 사상 및 신앙심을 함양할 것
3. 보은·감사·자립의 정신을 양성할 것

심전개발운동의 3대 원칙인 이 세 가지에 대해서 간략하게 그 의미를 살펴보자.

첫번째 조항의 국체란 "대일본제국은 만세일계의 천황이 황조의 신칙을 받들어 영원히 통치하신다. 이것이 우리 만고불역萬古不易의 국체이다"라고 1937년 문부성이 〈국체의 본의〉에서 서술했듯이, 군국일본의 신성불가침의 천황제 이데올로기를 조선인에게 주입시켜 일본인화시키려는 것이 바로 '국체관념 명징'이었다.

심전개발운동의 두번째 원칙인 '경신숭조의 사상'은 일본민족의 천황에 대한 충성심의 뿌리는 조상숭배에 있다면서, 이러한 일본적인 조상숭배와 천황에 대한 충성심을 조선인들에게 주입하고자 두번째 원칙으로 삼은 것이다.

세번째 원칙의 '보은과 감사'는 식민통치자인 일본제국주의자들에게 조선인들이 항상 '은혜를 갚고 고마움을 나타내라'는 억지 논리였다.

당시 조선불교계 인사들은 불교식 용어인 '심전心田'이란 어휘의 마술과 총독부의 불교 우대책에 현혹되어 악랄한 정치적 저의를 바탕에 깐 일제의 '심전개발운동'에 적극 호응하였다.

1918년에 최초로 일본 조동曹洞대학을 마치고 귀국하고 1936년 당시 중앙교무원 상무이사인 김정해金晶海는 〈불교시보〉 제7호(1936. 2. 1)에 〈심전개발의 3대원칙에 취하야〉라는 친일 시사문을 발표하여 이 운동에 능동적으로 불교계가 협조하는 역할을 하였다.

조선불교 중앙교무원에서는 이보다 앞서 1935년 7월 28일에 본산주지 5명이 모여 심전개발운동을 촉진하는 발기회를 열었다. 참가자는 용주사 주지 강대련姜大蓮, 봉은사 주지 강성인姜城仁, 범어사 주지 오이산吳梨山, 화엄사 주지 정병헌鄭秉憲, 월정사 주지 이종욱李鍾郁이었다. 이들 본사주지 5명은

'조선불교심전개발사업촉진회'를 결성하는 한편, 이 사업에 전국의 조선승려들이 적극협조하라는 공문을 31본사에 발송하였다.

그리하여 31본사 주지들은 1935년 8월말 회의를 개최해 학무국장의 심전개발사업에 관한 연설을 들었고, 또 총독의 초대로 총독관저에 가서 역시 심전개발사업에 대한 총독의 훈시를 들었다. 이렇게 하여 전 조선의 사찰에는 심전개발운동이 요원의 불길처럼 번져나갔다. 불교 측에서는 경성방송국의 심전개발 강화講話 프로그램에 이지광李智光(건봉사 승려), 박성권朴聖權(각황사 포교사), 김경주金敬注, 박윤진朴允進(佛專강사), 김태흡金泰洽(대은스님, 불전강사 〈불교시보 발행인〉), 권상로(불전교수) 등이 1935년 4월 7일부터 9월 17일까지 16회에 걸쳐 심전개발에 관한 방송을 행하였다.

각 지방에서도 심전개발운동에 적극 동참하였는데 그 대표적 사례 몇 가지를 살펴보면 다음과 같다.

경북의 대본산의 하나인 김룡사金龍寺에서는 1935년 8월 중순 김동호金東鎬 스님을 초청하여 김천 · 상주 · 함창 · 예천 · 영주 등지에서 심전개발 순회강연을 실시했다.

불찰 대본산 통도사 진주포교당에서는 진주군청의 후원하에 같은 해 8월 8일부터 8월 27일까지 5회에 걸쳐 박만선朴萬善 스님이 진주군 각 지역을 순회하며 심전개발 강연을 했다.

전북 김제군 각사 불교연합회에서는 경성(일제시대의 서울)의 곽법경郭法鏡 스님을 초청하여 9월 28일부터 10월 31일까지 6회에 걸쳐 금산사 · 문수사, 김제군 봉남면 · 백산면, 흥복사 등지에서 심전개발 순회강연을 실시했다.

경기도 대본산 봉은사에서는 당시 유일한 불교신문인 〈불교시보〉의 발행인이자 봉은사의 상임포교사인 대은大隱 스님 김태흡과 일본유학을 한 불교전문학교 강사인 박윤진 등 두 명을 동원하여 11월 17일까지 11회에 걸쳐 경기도 광주공립보통학교, 산성리山城里 북부농촌진흥회관 등지에서 심전개발 순회강연을 했다.

충청북도에서는 11월 26일 도청회의실에서 경성 묘심사妙心寺 주지인 일본승려 화산華山 스님의 심전개발에 관한 강연회를 개최했는데, 도청간부와 직원들이 경청하였다.

이상의 예는 그 일부분에 불과하고, 함경 · 평안 · 강원 · 영 · 호남 등 조선 전국에는 심전개발운동이 1937년 7월초 중일전쟁이 시작될 때까지 각처에서 경쟁적으로 실시되었다. 이렇듯 조선 각지에서 심전개발운동이 열기를 띠며 진행되자 총독부 학무국에서는 1936년 5월에 해설서 〈심전의 개발〉을 출판하였고, 학무국 안에 심전개발 운동자협회를 발족하기도 하였다.

유독 조선에서만 열풍처럼 일어난 심전개발운동은 중일전쟁이 시작되면서 전시체제의 흡수되어 자취를 감추었다. 그런데 1935년부터 1937년 7월 사이 조선반도에 실시된 일제의 심전개발운동은 대규모 대륙침략전쟁을 앞둔 일제가 그 사전 정지작업으로 조선인들을 일본인으로 동화시키고 순량화시켜 조선을 전쟁의 병참기지화하는 것을 물론, 조선을 영구히 일본의 식민지로 삼으려는 음흉한 저의에서 추진한 대표적 동화정책이었다. 그런데 조선승려들은 〈아함경〉에 나오는 '심전'이란 불교식 용어에 현혹된 친일승려들이 이 운동에 적극 협력함으로써 일제의 식민통치에 부화뇌동하는 단견을 노출하였고, 또 이러한 부일협력은 중일전쟁 · 태평양전쟁 기간의 적극적인 친일행위로 이어졌다.

DIGEST 86 BUDDHISM

미나미 총독을 꾸짖은 만공선사

: 일제강점기의 대표적 한국선승 만공 (1871~1946년)

1937년 3월 11일 오전 11시 조선총독부 회의실에서 조선 8도 도지사와 조선불교 31본사의 주지들이 모두 모인 가운데 미나미南次郎(1936. 8~1942. 6 조선총독 재임) 총독의 주재로 회의가 열렸다. 미나미 총독은 육군대장으로서 육군대신을 역임한 후 1936년 8월 26일 제7대 조선총독으로 부임하여, 우리나라 사람에게 창씨개명과 일본어 상용 등 악랄한 방법의 민족문화 말살에 광분하는 무단정치를 6년 동안이나 강행한 군인으로, 2차세계대전에서 패망한 후에는 일급전범이 된 자였다.

그날 만공 스님은 공주 마곡사의 주지로 31본사 주지회의에 참석하였다. 회의는 미나미 총독의 간교한 훈시로 시작되었다.

"에, 이 자리에 참석한 조선불교 31본사 주지 여러분, 먼길에 오시느라 수고가 많으셨습니다. 여러분도 잘 알다시피 조선불교는 조선시대에 배척받고 괄시받아서 승려들이 도성출입조차 할 수가 없었습니다. 그러나 우리 일본의 도움으로 승려들의 도성출입이 허용되었으니 조선불교의 발전을 위해서 우리 일본어 얼마나 고마운 일을 했는지 여러분도 잘 알 것입니다. 솔직히 말해서 조선불교는 비록 그 역사가 깊다고 하지만, 부패하고 쇠약해져서 별

〈공주 마곡사 대광보전〉, © 한국민족문화대백과사전. 만공이 주지로 있던 마곡사다. 백범 김구가 일본군인을 죽였을 때, 몸을 숨기느라 한동안 승려로 있었던 절이기도 하다.

로 볼 것이 없어졌습니다. 따라서 조선불교가 제대로 발전하려면 일본불교와 조선불교가 하나로 되어서 진흥책을 수립하는 것이 좋다고 생각합니다. 아울러 초대총독이었던 데라우치寺內正毅 총독이 사찰령을 선포하고 여러분들에게 은혜를 베푼 것에 대해서 아주 잘한 일이라고 칭송해 마지않는 바인데, 여러 주지스님들은 어떻게들 생각합니까?"

미나미 총독이 이렇게 좌중에게 묻자 일부 친일주지들이 아부를 하며 나섰다.

"사찰령을 선포한 것은 정말 잘한 일이었습니다"

"데라우치 초대 총독의 은혜가 정말 막중합니다"

바로 그때 만공 스님이 자리를 박차고 일어섰다

"청정이 본연커늘 어찌하여 산하대지가 나왔는가!"

회의장이 떠나갈 듯 큰 소리로 말한 후에 만공 스님은 말을 이었다.

"31본사 주지들 가운데 데라우치 초대 총독이 한 짓을 칭찬하는 사람들이 있으나 다들 제정신 차리고 내 말을 잘 들어야 할 것이오. 부처님이 이르시기를 청정 비구 하나를 파계시켜도 무간지옥에 떨어진다고 하셨거늘, 조선승려 7천 명을 파계시킨 데라우치 전임총독은 과연 지금 어디에 가 있겠는가? 무간아비지옥에서 한량없는 고통을 받고 있다는 것을 어찌 모르는가?"

만공 스님의 이 발언으로 회의장이 웅성거리고 발언을 취소하라는 일본관료의 소리에 그는 주장자로 바닥을 치면서 이렇게 힐난했다.

"이 마곡사 주지 송만공은 내가 한 말을 절대로 취소할 수 없다. 그리고 조금 전에 온갖 교언영색으로 데라우치 총독을 칭송한 조선승려들은 잘 들어야 할 것이다. 지금 데라우치는 무간아비지옥에 떨어져 한량없는 지옥고를 받고 있으니, 데라우치의 은혜를 갚고 싶은 자는 하루빨리 성불해서 데라우치를 지옥에서 건져내기부터 해야 할 것이다. 그러므로 조선총독부는 조선불교를 진정으로 진흥시키고자 한다면 결코 총독부가 조선불교를 간섭해서는 안될 것이다"

만공 스님은 한일합방 뒤 사찰령과 사법寺法이 시행되어 일본승려의 파계경향에 따라 조선승려들의 취처 · 육식 등의 파계승과 대처승이 주류를 이루는 상황에 대해서 미나미 총독에게 호통을 친 것이다.

이에 대해 만해 한용운 스님도 만공선사가 미나미 총독을 힐난한 것을 통쾌하게 여겼다. 그럼 이렇듯 31본사 주지들의 총독부 회의에서 조선승려의 자긍심을 심어주고 왜색불교의 악영향과 사찰령의 폐해에 대해 서슬 시퍼런 일본인 총독에게 대갈일성을 한 만공선사는 어떤 분인가?

만공은 스님의 호이고, 법명은 월면月面이며, 세속 이름은 도암道岩이요, 본관은 여산 송씨였다. 그는 전북 태인의 상일리에서 1871년에 태어났다. 1884년 14세에 서산 천장사天藏寺에서 태허성원泰虛性圓을 은사, 경허 성우鏡虛性牛를 계사로 사미계를 받고 득도했다.

만공 스님은 경허선사로부터 선의 진수를 배우고 오랫동안 그를 시봉했으며, 온양의 봉곡사鳳谷寺, 서산 도비산島飛山 부석사浮石寺, 동래 범어사 계명암鷄鳴庵 등에서 선 수행을 하였다. 계명암에서 경허선사와 함께 지내다가 그와 헤어져 통도사의 백운암에 잠시 머물렀는데, 여기서 새벽 종소리를 듣고 깨달음을 얻었다. 그 후 천장사에 다시 왔으며, 1904년 경허선사가 천장사에 왔을 때 경허로부터 법을 이어받았다.

만공 스님은 덕숭산에 초암을 짓고 이를 금선대金仙臺라 이름하고 수년 동안 정진하던 중, 전국의 납자(선승)들이 실법하기를 간곡히 청하자 사양하다가 마지못해 응했다. 이후부터는 수덕사修德寺 · 정혜사定慧寺 · 견성암見性庵을 중창하고 선풍을 떨치다가 금강산 유점사의 마하연에서 3년을 보내고, 다시 덕숭산으로 돌아와 간월도에 간월암을 짓기도 했다.

1934년 12월에 선학원이 재단법인으로 인가되자 재단법인 조선불교선리참구원의 이사장으로 취임하여 우리나라 선의 발전에 크게 기여하였다. 말년에는 덕숭산 중턱에 전월사轉月寺를 짓고 머물다가 1946년 10월 20일 세수 76세, 법랍 62년으로 입적했다. 덕숭산에 사리탑이 세워져 있다.

만공선사가 충남의 대본산 마곡사의 주지로 재직하던 1935년부터 1938년 사이는 우가키 총독의 심전개발운동과 미나미 총독의 황민화정책이 시행되던 시기로서, 그는 미나미 총독에게 조선승려의 파계경향이 데라우치 총독과 사찰령 때문이라고 비판한 것은 민족불교의 자긍심 되살린 쾌거로 높이 평가되어야 할 것이다.

DIGEST
87
BUDDHISM

중일전쟁기의 불교계 친일행적 : 일본군 송영과 황군위문사 파견 (1937~1938년)

중일전쟁이 일어나자 조선불교 중앙교무원은 전 조선 사찰에서 1937년 8월 1일 오전 5시를 기해 일제히 국위선양 무운장구기원제를 봉행하여 일제의 중국 침략전쟁이 성공하기를 빌었다. 그리고 중앙교무원에서는 조선군사후원연맹에 재무이사 황금봉黃金峰(건봉사 재적승)과 서무부원 한성훈韓性勳(은해사 재적승)을 보내 총후진영銃後陳營의 정비, 즉 후방의 임전체제 확립에 적극 협력하였다.

또 불교계에서는 중앙교무원의 주최로 시국강연회를 개최하였다. 즉 1937년 8월 5일에는 개운사에서 대일본제국 무운장구기원법요와 박성권·김경주·김영수의 친일 시국강연회를 개최했다. 이어 다음날에는 부민관에서 권상로와 김태흡(대은 스님) 두 친일학승들의 열변으로 2천 3백여 청중들에게 친일 감명을 주었으며, 이어 중일전쟁 선전영화가 상영되었다. 이 친일행사는 월정사 주지이자 31본사 주지대표인 이종욱李鍾郁의 주도로 행해진 것이었다.

전쟁 시작 1개월째 1937년 8월 8일 이종욱과 송광사 주지이자 총본산 건설위원인 기산綺山 스님 임석진林錫珍, 재무이사 황금봉 등 조선 불교계의 주요 간부승려들은 중국 화북지역(北支)에 출정하는 일본군 부대의 환송을 나갔다.

이날 이후 조선불교 중앙교무원에서는 거의 매일이다시피 중일전쟁에 출정하는 일본군 파견부대의 송영을 나갔다. 중앙교무원에서는 교무원 간부와 선학원 및 유점사 경성포교당(대표 스님 朴大輪, 후일 태고종의 초대종정 역임)과 공동으로 중국에 출정하는 일본군을 송영하였다.

중앙교무원에서는 이와 같은 출동부대송영과 아울러 중일전쟁에 나간 일본군인과 그 가족들을 위한 위문금을 경성시내 사 · 암과 포교소에서 모금하여 일본군에 갖다바쳤다. 그해 8월 20일 오후 6시에는 용산역에 도착하는 출정장병 유골 영접차 이종욱 · 황금봉 · 한성훈 · 권상로 · 최응산 · 이태준李泰俊(안양암 주지) · 이상열 등의 조선승려들이 조기를 들고 용산역 구내에 출영하였다가 유골 행열과 함께 계행사階行社에 가서 일본군 영전에 독경 · 분향했다.

중일전쟁이 일어난 지 1개월 13일, 전쟁터로 출정하는 일본군을 송영하기 시작한 지 열 이틀 만에 전사자의 유골을 영접하고 이들의 영전에 조선불교 주요 간부승려들이 향을 사루고 염불을 했던 것이다.

1937년 8월 31일 현재 조선불교 중앙교무원이 집계한 각 본사별 시국대처 보고 일람표에 의하면, 각 본사에서는 7월 25일 8월 1일에 국위선양 무운장구기원법요를 대개 거행했는데, 참석인원은 모두 3천 명에 달하였다. 시국강연을 실시한 곳은 위봉사威鳳寺(8. 7), 은해사(7. 25), 성불사(7. 20) 등이었으며, 국방헌금은 누계 598원 60전이었으며, 위문금은 합계 751원 24전이었고, 위령제를 지낸 본사는 성불사(8. 19), 영명사永明寺(8. 22), 법흥사法興寺, 그리고 사리원의 고산사高山寺 등이었다.

일제시대에는 중국을 지나支那라고 불렀는데, 중앙교무원에서는 이동석李東碩 · 박윤진朴允進 · 최영환崔英煥 등 세 스님을 북지황군위문사北支皇軍慰問使로 선정했다. 이들과 함께 중국 화북지방의 일본군을 위문하기 위해 음악가 3인을 동행하였는데, 이화여자전문학교의 강사이자 조선문예협회의 간부인 친일음악가 이종태李鍾泰와 체신국 음악부의 문학준文學準, 보리도루 레코드

〈용산정거장〉, © 서울역사아카이브. 중일전쟁이 터지자 조선불교 중앙교무원에서는 매일같이 용산역에 나가 출정군 송영과 전사자 유골 영접을 해야만 했다.

회사 전속가수 윤건영尹鍵榮이 위문단 일행으로 북중국에 가기로 결정되었다. 그리고 이 위문단 일행의 안내는 총독부의 직원인 일본인 신보神寶長久가 맡았다.

위문단 일행은 피복 · 방한구두 · 모자 · 약품 · 악기 등의 물품을 준비하고 종군면허증과 완장을 용산의 일본군 제20사단에서 교부받았다. 그리고 종로경찰서에서 위문단의 여행증명원을 받았으며, 위문사 3인과 악사 3명 등은 교무원의 서무이자 김상호金尙昊와 함께 이틀 동안 경기도청 · 경성부 · 종로경찰서 · 제20사단사령부 시내 각 신문사 등을 방문하여 북지황군위문 출발 인사를 한 뒤, 1937년 12월 22일 오후 3시에 경성역발 봉천행 기차로 2백여 명의 대대적인 환영을 받으며 북지황군위문의 장도에 올랐다.

단장은 이동석이었고 회계는 최영환이 맡았으며, 박윤진은 서무를 담당했고 이종태 · 문학준 · 윤건영은 음악 담당이었으며, 총독부 관리 신보는 교섭역이었다.

이들은 신안주新安州 · 천진天津 · 태원太原 등지에서 일본군 위문행사를 하고, 이듬해인 1938년 1월 18일, 29일 동안의 위문여행을 마치고 경성에 도착하여 역시 많은 사람들의 환영을 받았다. 도착 즉시 위문단 일행은 조선신궁에 참배하고 총독부 정무총감 이하관계 각 국과장을 배알한 뒤, 제20사단사령부와 각 신문사, 경성방송국, 종로경찰서를 방문하여 귀국인사를 하고 밤에는 조선관朝鮮館에서 경성의 친일유지 36인들이 베푸는 환영연에 참석하였다.

위문단의 단장을 맡은 이동석은 와세다 대학 독문학과를 졸업한 뒤 선암사仙岩寺 감무監務의 소임과 함께 재단법인 조선불교 중앙교무원의 이사로 재직하고 있었던 엘리트 승려였다.

이동석은 북지황군위문단 단장과 다음해에 교무원의 상임 서무이사로 약간의 친일행적을 남기고는 이종욱 측과의 종권싸움에 패하여 중앙교계를 떠났다.

북지황군위문단의 회계를 맡았던 최영환은 당시 잠시 사용했던 이름이고 대부분은 최범술崔凡述(1904~1979) 스님으로 알려져 있는데, 그는 사천 다솔사 재적승으로서 10년 동안 일본에서 고학으로 1926년에 입정立正대학을 졸업하고 이어서 대정大正대학 불교학과를 1933년 3월에 졸업했다. 1919년의 3 · 1독립운동 때에는 영남지역에서 독립선언서를 배포하다가 일경에 잡혀 고통을 받았으며, 일본에서는 박렬朴烈의 일본천황 암살계획에 참여했다가 29일씩 피검당하기를 3년 동안이나 했다. 그는 일찍이 일본유학 시절부터 만당卍黨의 당원으로 활약하였고, 1933년 귀국 후에는 조선불교청년총동맹의 중앙집행위원장과 명성학교 교장 등으로 활동하였다.

이처럼 열렬한 항일투쟁을 한 최범술 스님이 1937년 12월 중국에 출정한 일본군위문사로 1개월 동안이나 일본군을 위문했다는 것은 그의 항일이력에 한 점의 오점을 남긴 일이 아닐 수 없다. 그러나 후일 대동아전쟁 기간인 1942년 일경에 붙잡혀 옥고를 치른 그의 행적으로 볼 때, 1937년 중일전쟁 발발 후 중국에 출정한 일본군을 위문한 것은 항일행적을 숨기기 위한 방편이었던 것으로 보여진다.

북지황군위문단의 서무를 담당했던 박윤진은 경기도 고양군 신도면 흥국사의 재적승려로서 중앙불교전문학교 제1회 졸업생이며(1931. 4), 일본 대정大正대학 유학을 마친 후 귀국해 경기도 대본산 봉은사의 순회포교사, 중앙불전 전임강사, 〈불교시보〉의 직원으로서 그 역시 만당의 당원이기도 했다.

중앙교무원에서 추진한 중국출정 일본군 위문행사에 이동석 · 최범술 · 박윤진 등의 조선승려들이 위문사로 다녀온 것은 비록 이들이 직접 일본군을 위문한 당사자로서 그들의 친일행위인 것도 분명하지만, 그보다는 당시 조선불교 중앙교무원의 실질적인 대표였던 이종욱과 재무이사 황금봉, 서무이사 김상호 등이 연대해 저지른 친일행위로 보아야 옳을 것이다.

어쨌든 이 북지황군위문단에 참여함으로써 최범술 스님과 같은 항일승려가 친일행적 한 가지를 그의 이력서에 기록하게 된 것은 유감스러운 일이 아닐 수 없다.

DIGEST

88

BUDDHISM

이채로운 친일행각, 탁발보군

: 탁발로 모은 돈을 국방헌금으로 (1939~1941년)

일제는 중일전쟁을 치르면서 식민지 조선인들에게 시국인식을 시켜 전쟁물자를 공출共出이란 미명으로 수탈하고, 제국주의 일본에게 충성을 바치게 하려고 끊임없이 '보국강조주간' 따위를 설정하여 조선인들을 끝없이 괴롭혔다. 총독부에서는 1938년 한 해에만도 4월, 10월, 12월 등 세 차례에 걸쳐 보국강조주간 · 총후후원강화주간 · 총후보국강조주간을 설정했던 것이다.

이러한 '보국'을 강조하는 특별기간이 되면 전 조선의 사찰에서는 승려와 신도들이 일층 총후후원과 보국에 대한 인식을 더욱 깊게 하고, 사찰에서는 전사한 일본군을 위하여 위령묵도를 하며, 상이군인의 쾌유와 출정군인의 무운장구를 기원하는 법요식을 조선 전 사찰마다 거행했다. 또 이러한 일본군을 위한 기원제와 함께 국방헌금과 위문금을 모금하여 일제 당국에 바쳤는데, 급기야는 탁발을 하여 모은 돈을 일본군에게 바치는 탁발보국托鉢報國까지 행해지게 되었다.

중일전쟁기에 조선불교계에서 행해진 가장 이채로운 친일행각의 하나가 바로 탁발보국이었다. 탁발은 본래 불교 전래의 독특한 전통의 하나였다.

탁발은 고타마 붓다(석가모니 부처님)가 음식을 집집마다 돌아다니며 바루

〈황해황주 성불사 전경〉, © 국립중앙박물관. 희한한 친일행각이랄 수 있는 탁발보국은 성불사 주지직 연임을 노린 이보담으로부터 비롯되었다.

에 얻어 식사를 하고 수행에만 전념하는 것에서 유래하였는데, 우리나라에선 어느 땐가부터 음식 외에 쌀 등의 곡식이나 금전도 받았다. 이 탁발은 승려의 음식과 옷을 해결하는 일만이 아니라 사찰중건 등의 불사 때에도 곧잘 활용되었는데, 나라를 빼앗기자 한국불교 고유의 이 탁발이 친일을 하는 데까지 악용되는 우스꽝스럽고 한심한 지경에까지 이른 것이다. 속칭 탁발보국으로 불린 이 기이한 친일행적은 1939년초 황해도의 본산 성불사成佛寺에서 시작된 이래 1941년 6월에까지 3년 동안 전후 다섯 차례나 실행되었다. 이제 그 실례를 하나하나 직접 목격해보자.

1.성불사의 탁발보국

이은상의 노래 〈성불사의 밤〉으로 한국인들 누구에게나 기억되고 있는 황해도의 대본산 성불사에서는 본말사 주지와 소속 승려들이 1939년의 신년을 맞이하여, 부처님 앞에 전몰장병영령을 위하여 천도식을 엄숙히 거행하며 일본군의 무운장구 기원식을 3일간 특별히 봉행하였다. 그리곤 각 사찰의 주지와 대중승려를 동원시켜 탁발보국대를 조직해 관내를 순회탁발하여 모금한 돈을 국방기재비國防器材費로 관내 주재소 · 경찰서 · 신문사지국에 의뢰, 헌납하였다. 본사 성불사 관내의 각 사찰이 탁발로 모금한 국방헌금의 총액은 179원 92전이었다.

본사 관내 모든 본말사의 승려가 참여해 조선에서 최초로 탁발보국을 실시할 당시 성불사의 주지는 이보담李寶潭이었다. 이보담은 1906년 친일성향의 불교연구회를 화계사 주지 홍월초洪月初와 함께 조직하여 일본 정토종 이노우에井上玄辰의 영향을 받아 일본 정토종을 표방하고, 또한 일본 정토종의 '정토종교회장淨土宗校會章'이란 배지를 회원들에게 달게 하는 등의 친일행위로 말썽을 일으킨 친일승려였다. 그 후 이보담은 1918년 2월 20일에 총독의 인가를 얻어 황해도의 대본산 성불사의 주지로 취임한 이래 탁발보국이란 기이한 친일행각을 벌인데다 또 1941년에는 기무라 호단木村寶潭이라고 창씨개명을 하면서까지 총독부에 친일충성을 바쳐, 1945년 광복될 때까지 무려 27년 동안 성불사 주지를 계속 연임하는 진기록을 세우기도 했다.

2. 흥남 포교당의 탁발 국방헌금

1939년 7월 7일, 함경남도 흥남 포교당에서는 중일전쟁 제2주년 기념행사를 거행하고 이날부터 11일까지 5일 동안 구룡리九龍里와 운중리雲中里 두 동네에서 탁발하여 31원 35전을 모금, 흥남경찰서에 국방헌금으로 바쳤다.

3. 부산 사원연합호의 탁발보국대

부산사업연합회에서는 총후(후방)의 갸륵한 정성을 만분의 일이라도 갚기 위하여 회원 일동이 총출동해 탁발보국대를 조직하였다.

이들은 '탁발보국대'라는 글씨를 흰 헝겊에 써서 각자 어깨띠로 두르고, 모두 가사장삼을 걸친 차림에 짚신과 백색양말을 일제히 신고는 1939년 11월 2일부터 4일까지 3일 동안 동서 양부대로 나누어 가가호호 방문해 탁발한 결과, 모두 67원 15전을 모금하여 부산군사후원연맹에 헌납하여 일제 당국자들도 감격케 하였다.

4. 직지사의 탁발보국

경북 김천군 직지사에서는 1940년 11월 25일부터 12월 16일까지 황기皇紀(일본천황제 연호) 2천 6백년 기념법회를 열고 불전佛前기도를 하는 동시에 주지 금산봉률金山奉律을 비롯하여 소속 승려 13명이 탁발보국을 하여 현금 2백 원을 모금, 국방헌금으로 일제당국에 바쳤다.

5. 김인허 스님의 탁발보국

함북 경원군 월명사月明師에 거주하는 김인허金印虛 스님은 중일전쟁 시국에 대하여 느낀 바가 있어서 탁발보국을 결심하고, 여러 달 동안 탁발을 하여 60원을 모아서 30원은 경원경찰서에 국방기재금으로 헌납하고, 10원은 월명사에서 황문구운장구 전몰영령의 위령제 헌공비용으로 사용하고, 10원은 당시 유일한 불교신문인 〈불교시보〉의 찬조금으로 송금하였으며, 또 10원을 일본군위문금으로 헌납하여 지역인사들 사이 칭송이 자자하였다.

불교계의 탁발보국은 황해도의 본사인 성불사 주지직의 연임을 노린 친일 승려 이보담이 처음 실시함으로써 다른 지역 승려들에게도 파급되었다. 따라서 탁발보국은 불교 전래의 전통적 수행방법이 친일에 악용된 사례에 속한다. 그러나 탁발보국이 위의 사례에서 알 수 있듯이 조선 전체 1천 3백 개 사찰 가운데 극히 일부분에서만 행해진 것을 볼 때, 이는 친일성향이 강한 불교계 일각의 친일행각에 지나지 않음을 알 수 있다.

불교계의 창씨개명
: 일제의 황민화정책 (1941년)

일제는 중일전쟁이 점점 치열해지자 조선의 인적 자원을 노동력과 직접 전력으로 투입하지 않고서는 침략전쟁을 수행할 수 없는 상태까지 내몰리고 있었다. 그것도 단순한 '인적 자원'이 아니라, 황민화皇民化된 '인적 자원' 아니고서는 안되었다. 이는 일본학자 미야다宮田節子가 〈내선일체內鮮一體의 구조〉라는 논문에서 노골적으로 말했듯이, '총구를 어디로 돌릴 줄 모르는 조선인을 전장에 내몰 수는 없다'는 것이다. 즉 조선인에 대한 '인적 자원'의 필요성이 절실히 요청될수록 조선인의 황민화는 더욱 촉진되지 않으면 안되었다.

일제는 조선인의 황민화를 위해 궁성요배 · 신사참배 · 일본어 상용을 강요했고, 내선일체의 마지막 요체로서 그들은 조선인들에게 창씨개명을 실시했다. 적령기에 달한 조선의 청년들을 일제가 일으킨 침략전쟁의 싸움터로 내모는 징병제 실시의 선결시책이 바로 창씨개명이었다. 창씨개명은 전쟁터에 나간 조선청년들의 총구가 반란에 가담하는 것을 방지하기 위한 간교한 일제의 시책이었다.

일제는 1939년 11월 20일 조선민사령을 개정하여 1940년 2월 11일부터

8월 11일까지 6개월 동안 창씨개명을 실시했다(후일 기한이 연장되어 2년 동안 실시됨).

이에 따라 조선불교계에서도 창씨개명이 실시된 그해 2월, 기관지 〈신불교〉 제21집에 '씨氏제도 창설 문답'을 게재하여 승려와 신도의 창씨개명에 대하여 자세한 안내를 했다.

1940년 6월 17일 조선불교 총본산 건설사무소에서는 31본사 주지대표로 당시 실질적인 종권을 장악하고 있던 이종욱李鍾郁 등 5명의 주요승려가 출석하여 '창씨개명 여행勵行에 관한 협의회'를 개최하였다.

이들은 승려는 말할 것도 없고 일반신도까지 기한 내에 전원 창씨개명을 완료시킨다는 원칙을 협의한 후, 그 실행에 편의를 제공키 위해 중앙포교소 등 6개소에 무료 창씨상담소를 설치도록 결의했다. 이 결의에 따라 지금의 조계사 자리인 경성부 수송정 44번지의 총본사와, 유점사 경성포교당 · 건봉사포교당 · 창신정의 안양암 · 선학원 · 범어사 포교당 등 여섯 군데에 창씨개명에 관한 무료상담소를 설치하여 일제의 창씨개명에 적극 협조하였다.

불교계에서는 본사 주지들이 창씨개명에 앞장섰는데 그 명단이 처음 발표된 것은 〈신불교〉 제24집이었다. 여기엔 본사주지 13명의 창씨개명과 친절하게 일본식 발음까지 표기 · 게재했다.

이 명단에 의하면 봉은사 주지 강성인姜性仁은 하나다 요시기치로, 봉선사 주지 신윤영申允泳은 히라노 모도다로, 강화도 전등사 주지 김정섭金正燮은 가네시로 마사사와로, 대구 팔공산 동화사 주지 윤상범尹相範은 이토 아이노리로, 경북 월성군 기림사 주지 김경림金擎林은 후루하라 빈기치로, 해인사 주지 변설호卞雪醐는 호시시다 에이지로, 황해도 성불사 주지 이보담李寶潭은 기무라 호단으로, 평양 영명사永明寺와 법흥사法興寺 두 사찰의 주지를 겸직하고 있던 정창윤鄭昌允은 오야마 마사요시로 묘향산 보현사 주지 김법룡金法龍은 가카와 호류로, 강원도 건봉사 주지 김재홍金在弘은 가네미쓰 치카미로, 금강산 유점사 주시 김청암金青庵은 가네가와 세이앙으로, 31본사 주지대표이자 월정사 주지인 이종욱은 히로다 쇼이쿠로, 함경남도 안변 석왕사釋王寺 주지 김한송金漢松은 가네야마 간쇼로 각각 창씨개명을 하였다.

일제가 우리 민족혼 말살정책으로 강요한 것에는 창씨개명 외에도 신사참배 · 동방요배 등 악랄한 것이 많았다. 사진은 신사참배를 하는 광경.

이어서 나머지 31본사 주지들은 모조리 모범적으로 창씨개명을 실행했다. 본의는 아니었겠지만, 27년 동안 오대산에 은거한 전설적인 선승 방한암方漢岩 선사도 야마가와 쥬켄으로 창씨개명을 하였다. 그는 1941년 4월에 인가된 조선불교 조계종의 초대종정으로 취임하면서 조선 이름이 아닌 야마가와 쥬켄이란 일본식 이름으로 대중 앞에 모습을 드러낸 것이다. 그리고 조계종의 종무총장으로 명실상부하게 종권을 장악한 이종욱은 중일전쟁 당시 일본 고노에近衛 내각의 외무대신 히로다廣田弘毅의 성을 그대로 취해 히로다 쇼이쿠로 창씨하여 여러 창씨 가운데 순일본식으로 성을 바꾼 나쁜 선례를 보여주었다.

필자가 당시 조선승려의 창씨개명을 조사한 바에 의하면 창씨개명과 본명(한글이름)을 모두 알 수 있는 승려는 259명이었고, 본명은 알 수 없으나 창씨개명만 밝혀진 승려는 무려 3천 1백 명이나 되었다. 따라서 조사 가능한 창씨개명을 한 조선승려는 모두 3,359명에 달했는데, 이는 전체 승려 6천 6백 명(1940년 통계)의 과반수를 넘은 숫자였다. 당시 조선인들의 창씨개명 상황은 1941년 말에 전체인구의 81.5%에 이르렀는데, 불교계의 창씨개명 통계가 없어 정확한 숫자는 알 수 없지만 대략 일반인들과 비슷한 80% 내외였던 것으로 추정된다.

일제가 강제적으로 실시한 창씨개명이 곧장 친일과 연결되는 것은 아니지만, 능동적으로 창씨개명한 승려들은 대개가 적극적인 친일승려인 경우가 태반이었고, 소극적으로 어쩔 수 없이 창씨개명에 응하지 않을 수 없었던 다수의 승려들은 창씨개명만으로 친일파였다고 비판할 순 없다. 그러나 이 글의 서두에서 보았듯이 창씨개명에 앞장선 조선불교 조계종의 종무총장 이종욱과 재무부장 박원찬朴圓讚, 서무부장 김법룡金法龍, 교무부장 임석진林錫珍 등의 스님들은 그들의 적극적 친일행위에 대해 겸허하게 참회해야 마땅할 것이다.

일제가 '천황의 일시동인一視同仁' 따위의 낯 간지러운 수사적 깃발을 흔들어대면서 내선일체의 마지막 방책으로 실시한 창씨개명은 우리 민족의 자긍심과 정신적 기반을 결정적으로 훼손시키는데 커다란 역할을 하였다. 그런데 이러한 일제의 창씨개명에 불교계의 일부 극렬한 친일승려들이 선두에 나서서 조선승려와 신도들의 창씨개명을 독촉한 것은 한국불교사에 있어서도 고통스러운 역사적 상처로 기록될 것이 분명하다.

DIGEST

90

BUDDHISM

친일불교의 절정, 대동아전쟁기

: 불교계의 군용기와 금속류 헌납 (1942~1944년)

광활한 중국대륙에서 중일전쟁이 끝없는 수렁처럼 장기전으로 치닫고 있을 때, 일본군은 1941년 12월초 하와이 진주만을 기습함으로써 대동아전쟁(태평양전쟁)을 시작하여 미국과 영국을 상대로 전쟁을 벌였다. 이렇게 전쟁 상황이 급박하게 돌아가자 조선불교계에서는 친일 31본사 주지들로 구성된 종회에서 결의한 대로 1942년 1월 31일 군용폭격기 1대를 일본군부에 헌납하였다. 군용기를 헌납하는 이유로 조선불교 조계종의 친일승려들은 "조선불교 조계종도들은 현하 우리나라가 초비상 시국을 맞아 황은皇恩에 보답하고 아울러 황군장병에게 감사를 표하기 위한 적성赤誠의 일단으로 군용기를 헌납한다"는 것이었다.

군용기 헌납기금은 5만 3천원이나 되는 거금이었는데 각 본말사별로 할당 · 징수하였다. 그리하여 승려들은 1인당 최저 1원 이상 10원까지, 사무寺務직원 및 부속기관 직원은 월 봉급의 1할 이상을, 신도는 1인당 10전 이상을, 그리고 이상의 의무헌금으로도 각 사찰별 할당금이 모자랄 경우는 사찰경비에서 보조하기로 하였다.

이렇게 조선의 승려들과 신도들이 모금한 군용폭격기 1대의 헌납금 5만

조선불교 조계종 종무원에서 전국 사찰과 승려의 헌금 5만 3천 원을 거둬들여 일본군부에 헌납했다. 포격기 1대 대금으로 '조선불교호'라 이름 붙였다.

3천 원에 대한 헌납식을 1942년 1월 31일 거행하였다. 특별히 일본군의 배려로 '조선불교호'로 명명된 구칠식九七式 전투기 1대를 용산의 조선군사령부에서 조계종 종무총장 히로다 쇼이구(이종욱) 외에 2명의 조선승려들이 참석한 가운데 엄숙하게 헌납식을 거행했다. 그리고 이 '조선불교호' 헌납운동은 조선불교도들의 헌신적인 노력으로 목표액을 초과하여 남은 돈 5백여 원은 별도로 국방헌금으로 바쳤다.

이어서 조계종 총본사의 재무부장이자 통도사 주지를 겸하고 있던 박원찬(창씨명 新井圓讚)의 주도 아래 통도사에서도 독자적으로 비행기 1대의 대금을 헌납하여 '통도사호'로 이름지어졌다.

또한 총본산의 서무부장이자 평안도의 대본산인 묘향산 보현사의 주지를 겸직하고 있던 김법룡(창씨명 香川法龍)은 총독부에 친일충성을 바치기 위해 보현사 단독으로 무려 8만 원이나 되는 거액을 비행기 헌납금으로 일제에게 바쳤다.

김법룡은 휘하 말사주지들을 선동하여 1944년 4월 18일 본사 보현사의 대표로 신원信原 평북도지사를 방문, 해군기 1대의 기금으로 거액 8만 원을 헌금했다. 그리하여 기명이 '보현사호'로 명명되어 일제관료와 평북도민들을 감격(?)케 하는 과잉 친일행각을 벌인 것이다. 1차로 '조선불교호'를 헌납할 때는 전 조선의 불교도들이 헌금하여 겨우 군용폭격기 1대의 대금인 5만 3천 원을 일본군부에 헌납했는데, 김법룡이 보현본말사 단독으로 8만 원이나 되는 거액을 일본군에게 헌납했다는 것은 대단히 열성적인 친일이 아닐 수 없었다.

김법룡과 박원찬 등의 이러한 파격적인 친일충성에 자극을 받은 종무총장 이종욱은 다시 비행기 1대의 헌납을 결심하고 총독부로부터 기부금 모금허가를 얻었다. 그리하여 조선불교 조계종 총본산에서 이종욱의 주도로 모금한 제2차 비행기대금은 1944년 7월 29일 오후 2시 일본의 '해군기념일'에 종무총장 이종욱, 서무부장 김법룡, 재무부장 박원찬, 교무부장 임석진 등이 경성 주재 해군무관부를 방문하여 모금액 8만 원을 해군기 1대의 대금으로 헌납하였다.

그리고 경남 각 사찰의 승려와 신도가 연합하여 비행기 1대를 또 헌납하였다. 이로써 조선불교계에서는 대동아 전쟁(태평양전쟁)기간 동안 모두 비행기 5대를 일본군에 헌납하였는데, 비행기 1대 값으로 헌납한 8만 원은 당시 쌀 4천 5백 가마니 값에 해당하는 어마어마한 거금이었다.

일제는 대동아전쟁으로 군수물자, 특히 무기를 제조하는 금속류가 부족하자 일본은 말할 것도 없이 식민지 조선에서도 금속류를 강압적으로 수탈하기 시작하였다. 불교계의 금속류 헌납도 역시 친일승려들이 종회에서 결의하여 자진해 바치는 형태를 취했는데, 그것이 바로 1942년 3월 25일 태고사(현 조계사)에서 의결된 '국방자재헌납결의안'이었다.

이런 절차를 거쳐 본격화된 조선불교계의 동철 헌납운동의 가장 큰 피해대상은 사찰의 범종과 각종 불구였다. 예불시각을 알리고 또한 겸하여 종을 울림으로 해서 지옥의 중생들을 제도한다는 서원이 담긴 조선의 유서깊은 범종들이 일본군에게 강제로 헌납되어 인명을 살상하는 무기로 바뀌어진 것은 일제의 만행이 야기한 비극적 아이러니가 아닐 수 없었다. 통계는 후술하기로 하고 우선 범종헌납의 몇 가지 사례를 직접 목격해보자.

1943년 6월 25일 경성부 봉원정 봉원사에서는 연전에 이 절의 신도인 김성기金星基가 일본에서 3천여 원을 지불하고 사서 시주한 3천 5백근의 범종을 해군무관부에 헌납케 되어, 대중 백여 명이 집합하여 당일에 범종헌납봉고 법요식을 근수謹修하고 반출 · 헌납하였다.

같은 해 6월 5일, 함북 청진부 나남 생구정 석왕사 나남포교당에서는 남녀 신도가 집합하여 범종 1좌一座, 중종中鍾 및 진유기眞鍮器 30점을 나남 사단 사령부를 통하여 해군에 헌납하였다.

또 사명당의 사당이 있는 밀양 표충사에서는 범종을 포함하여 귀중품까지도 일본군부에 헌납했는데, 〈불교시보〉의 보도에 의하면 무려 637점(162관 1,075근)에 달하였다고 한다. 즉 표충사에서는 전시 인식을 철저히 하기 위하여 금속품 회수운동을 강화하자 주지 금산행홍金山幸弘 화상의 주창하에 당사의 금속품을 수집해 당국에 헌납하였는데, 역사가 깊은 표충서원表忠書院 향사제기享祀祭器 66점 전부를 위시해 범종 · 불구 기타 귀중품이 다수였다. 그리하여 표충사 공유분 255점(117관 9백근), 승려 23인의 개인물품 382점(45관 175근) 등의 막대한 금속류를 일본 군부에 헌납하였던 것이다.

조선불교 조계종의 기관지 〈신불교〉 제50집(1943. 7. 1)의 〈사보종경寺寶鐘磬의 헌납〉이란 글의 말미에 경기 일대의 범종과 금속류 헌납에 대하여 다음과 같이 기록하고 있다.

> 범종은 안양암이 500근, 봉은사가 489근, 태고사가 15,600근, 수종사水鐘寺가 300근, 사자암이 39관짜리를, 그리고 금고金鼓는 화계사가 200관, 동통銅樋은 삼막사三幕寺가 180근, 백련사白蓮社(봉은사 말사)가 300근짜리를 헌납했다. 진유眞鍮를 헌납한 사찰은 43개소, 포교당은 11군데였다. 이를 합산하면 범종이 13개, 3,067관이요, 유기량鍮器量이 1,133점에 12,000관이었으며 현금이 366원이었다.

한편 1943년 5월 24일, 오후 2시에는 범종 및 진유금속헌납 앙고법요식이 조선불교의 총본산 태고사 대웅전에서 거행되었다. 먼저 총본산 종무원에서 경과보고를 하였고, 수납자로는 창무創戍 조선군 보도부장(육군대신 대리)과 후지厚地 육군대좌가 왔으며, 내빈으로는 총독부의 학무국장과 국민총력연맹의 일인간부 등이 참석했다. 헌납자로는 종무총장 이종욱 외 봉은사 본말사 42개 사찰주지 및 경성부내 11개 포교당의 포교사와 신도 36명이 참여했다. 헌납법요식이 끝난 뒤 물품을 군용 화물자동차 3대에 싣고 헌납자를 대표하여 승려 6인이 분승하여 태고사를 출발해 안국정安國町, 총독부, 광화문통, 종로통, 종로3정목丁目, 약초정若草町, 황금정, 남대문통을 거쳐 용산조선

군사령부에 도착했다.

이날 헌납법요식에서는 창무 조선군 보도부장이 일본 육군대신을 대리하여 이종욱에게 감사장을 수여했다. 일본인들은 3백년 이전의 동철銅鐵과 금속류(불상 · 불구 · 놋그릇 등)는 임진왜란 때 강탈해 가져갔고, 그 이후의 것은 대동아전쟁의 군수물자공출이란 명목으로 조선사찰의 유서 깊은 범종과 각종 금속류를 모조리 수탈하여 침략전쟁의 무기로 바꾸었다. 이러한 일제의 약탈행위는 마땅히 전후에 정당한 배상이 되어야 하겠지만 아직껏 일본이 이에 대한 어떤 조치를 했다는 사실을 들은 적이 없다.

DIGEST 91 BUDDHISM

총독부와 친일승려의 합작품
: 조선불교 조계종 출범 (1941년)

일제하의 조선불교계가 총본산 설립에 착수한 것은 1937년 2월, 총본산건설위원회를 구성하면서부터였고, 총본산의 대웅전으로 사용할 태고사太古寺(지금의 조계사)가 준공된 것은 1938년 10월 25일이었다. 그리하여 총독부 학무국장 염원鹽原이 31본사 주지 대표 이종욱을 불러 총독부의 내인가를 통보한 것은 1940년 5월 6일이었다.

이에 따라 '조선불교 총본산설립위원회'가 설치된 것은 그해 11월말이었다. 염원 학무국장은 1940년 11월 28일에 개최된 31본사 주지회의 석상에서 '사법寺法 등에 대해서도 헛되이 위론詭論하는 자가 있으나 총본사 사법과 같은 것은 조선불교를 충분히 참작하는 동시에 신시대에 적응하도록 총독부에서 신중히 심의 고구한 후 이를 인가한 것'이라면서 총독부를 신뢰하고 헛되이 총본사 설립에 의념을 갖지 말라고 훈시했다.

이 훈시를 자세히 살펴보면 당시 불교계의 총본사 건설은 총독부 불교조차 식민통치의 일환이며, 이는 또한 조선불교를 통합하고 순화시켜 자기들의 말을 잘 듣는 충량한 손발, 즉 친일파를 만들기 위한 것이 그 목적임을 여실히 알 수 있다. 왜냐하면 1940년 11월말 결정된 '조선불교 총본사설립위원

〈조계사〉, © 한국민족문화대백과사전. 한국불교 조계종 종무원이 있는 서울 수송동의 조계사. 1941년 4월 총독부의 정식인가를 받고 조선불교 조계종이 출범했다.

회'의 인적 구성을 보면 이는 명백히 총독부와 친일승려들의 야합임을 알 수 있다. 즉 '총본사설립위원회'의 회장은 총독부의 학무국장이었고, 부회장은 두 사람으로 1명은 총독부 학무국 사회교육과장인 계광순桂光淳이며, 다른 1명은 불교계 친일 거두인 이종욱이었다.

그리고 위원들은 친일성향의 31본사 주지 전원이었으며 고문은 각도 내무부장 13명이었고, 실무를 맡은 간사들은 총독부 학무국 사회교육과 촉탁인 일제관료들 세 사람이었다. 또한 총본사설립위원회는 그 사무소를 조선불교 중앙교무원이 아니라 총독부 학무국 사회교육과 안에 두었다. 따라서 인적 구성과 사무실의 설치장소 등을 살펴볼 때, 1941년 봄에 출발한 조선불교 조계종은 일제의 의도적인 어용단체이자 친일종단이 될 것임은 자명한 사실이었다.

마침내 1941년 4월 23일, 조선불교 조계종 총본사 태고사법太古寺法이 총독부에 의해 정식 인가됨으로 조선불교 조계종이 출범하였다.

조선불교 조계종의 초대 종정으로 방한암方漢庵 선사가 선출되고, 총본사의 종무가 개시되자 총본사 태고사에서는 1941년 7월 7일 중일전쟁 제4주년 기념일에는 전 조선 1,326개 사찰과 343개 포교소에서 일제히 엄숙한 기념법회를 봉행하라는 종정의 통첩을 전국 본말사에 발송했다.

총본사인 태고사가 출범하자 총독부 학무국장 진기는 "총본사 태고사는 전 조선 1,325개 사찰 및 6,600여 승려를 통합하여 신시대의 국가적 요청에 응하고, 심전개발에 향하야 돌진하라"는 군국일본의 식민통치자적인 내용의 축사를 했다.

한편 총본사에서는 종정에 이어 종무고문과 종무총장, 부장 등의 간부와 직원들이 구성되었다. 송만공 스님을 제외하고는 거의 친일승려들로 채워진 조선불교 조계종의 초대 임원과 직원들의 명단은 다음과 같다.

종무고문: 김경산金擎山·김구하金九河·강대련姜大蓮·송만공宋滿空·송만암宋蔓庵·장석상張石霜

종무총장: 히로다 쇼이쿠廣田鍾郁(=李鍾郁)

서무부장: 김법룡金法龍(창씨명 香川法龍, 묘향한 보현사 주지)

교무부장: 임석진林錫珍(창씨명 林原吉, 송광사 주지)

재무부장: 박원찬朴圓讚(창씨명 新井圓讚, 통도사 주지)

종정 사서司書: 허영호許永鎬(창씨명 德光允, 德光翼 중앙교무원 상임이사, 범어사 재적승)

서기: 김낙순金洛淳(창씨명 金田洛淳), 대곡정평大谷政平(본명미상), 김택수金澤修

촉탁: 박원서朴元緖, 홍정식洪庭植

고문이란 단지 의례적인 원로 예우에 지나지 않는 것이고 종정 역시 상징적인 존재에 지나지 않았으나, 종무총장은 오늘날의 총무원장에 해당하며 실질적인 종권宗權을 행사하는 요직이었는데, 이 자리에는 월정사 주지이자 31본사 주지대표로서 총본사 설립과정에서 이미 종권을 장악한 불교계의 친일 거두 이종욱이 히로다 쇼이쿠란 창씨명으로 그 자리를 차지했다.

이렇게 진용의 구성이 끝나자 종무총장 이종욱과 교무부장 임석진, 재무부장 박원찬 등은 기관지 〈신불교〉 제31집에 일제히 취임사를 발표하고 정식 집무에 들어갔다. 이들의 취임사가 발표된 〈신불교〉 제31집의 서두는 조선불교 조계종 총본사 태고사의 출발에 따른 종정 · 종무총장 및 각 부장과 종정사서 허영호 등의 사진과 함께, 조선불교 조계종의 '재출발! 조선불교의 재출발!', '신체제! 조선불교의 신체제!'란 자축의 권두언이 게재되었다.

그럼 여기서 이들이 말하는 '재출발'과 '신체제'의 의미는 무엇인가?

그것은 이들이 권두언에서 말했듯이 '국가의 최고 의사에 순응케 하는 것'이었고, 불타의 이상은 그 다음이었다. 따라서 이들이 부르짖는 재출발은 침략전쟁을 수행하는 '군국일본의 의사에 순응하는' '친일불교로서의 재출발'이며, 일제의 결전체제에 적극 협력하는 것이 이들이 외친 신체제인데, 그것은 바로 '총후보국체제로서의 신체제'였던 것이다.

이를 방증하는 것으로는 그들이 감격해 외쳤던 재출발과 신체제를 이끈 핵심 주동자가 당시 불교계의 최고 친일 거두였던 이종욱이었고, 주요간부인 김법룡 · 임석진 · 박원찬 · 허영호 등도 이때 가장 활발하게 친일활동을 한 친일승려들이었기 때문이다.

그럼 일제가 조선불교 조계종을 인가한 배경을 살펴보자.

일제가 조선불교를 어용화하기 위해 계획을 세운 것은 1920년에 제3대 총독 사이토齋藤實가 성안한 〈종교적 사회운동〉에서 명백하게 목격하 수 있다. 사이토의 '종교적 사회운동'에는 조선불교의 어용화에 대해 '일본인과 조선인의 제휴로 불교적 사회운동을 일으키기로'하고 그 구체적인 방법으로서 다음 여섯 가지를 들었다.

> ① 사찰령을 고쳐 서울에 전국 30본산을 통할하는 총본산을 두고 중앙집권화를 꾀한다.
> ② 총본산의 관장管長(종정)에는 '친일주의자로 채운다.'
> ③ 불교진흥촉진단체를 만들어 '총본산의 옹호기관 노릇을 시킨다.'
> ④ 진흥촉진단체는 본부를 서울에 두고 '회장을 거사 중 친일주의자인 덕망 높은 사람'으로 채운다.
> ⑤ 이 단체의 사업을 일반인민의 교화, 죄인의 감화, 자선사업, 기타로 한다.
> ⑥ 총본산 · 각 본사 · 불교단체에 상담역으로 인격 있는 내지인(일본인)을 둔다.

조선불교 조계종 총본산의 설치는 제3대 총독 사이토가 획책한 조선의 독립운동을 저지하는 위의 대책 중에서 ① · ②가 오랜 심사숙고 끝에 마침내 21년이 지나서야 성취된 것이다.

즉, 조선의 불교사찰 태반이 깊은 산속에 흩어져 들어앉아 있기 때문에 좀처럼 중앙집권화시킬 수 없으므로, 불교의 사회화 · 대중화라는 명목으로 새로 외곽단체로서 '진흥촉진단체'를 만들고, 회장은 친일파를 기용하여 이를 통해서 분열을 일게 해서 차츰 중앙집권화시키면서 어용화한다는 것이다. 이러한 취지에서 만들어진 것이 친일승려 이회광이 주도하여 만든 '불교진흥회'이며, 그리고 그 후신으로 친일 거두 이완용 · 조중응 등이 조직한 것이 '불교옹호회'(1917)이고, 또 1930년 5월에 결성된 '오대산 적멸보궁찬앙회'(회장 박영효) 등인데 이들 '진흥촉진단체'들은 위의 사이토 문서의 ③ · ④항의 실천이었던 것이다.

따라서 불교진흥회 등의 '진흥촉진단체'와 조선불교 조계종이란 총본산의 성립은 제국주의자 일본인들의 심사원려의 결과로 마침내 어용화된 중앙집권화의 실현에 지나지 않았던 것이다. 그런데 불교계의 친일 거두 이종욱과 그의 아류 김법룡 · 임석진 · 박원찬 · 허영호 등이 조선불교 조계종이 1941년에 출범한 것을 '재출발'이니 '신체제'니 하고 호들갑을 떤 것은 호랑이굴에 스스로 기어들어간 토끼의 허세와 같은 친일승려들의 미망에 불과했다.

따라서 이때 만들어진 조선불교 조계종은 해방 후 마땅히 재검증되어야 하고, 명칭도 역시 재검토하는 등의 역사적 재평가 작업이 이루어져야 한다. 그러나 광복 반세기에 접어든 이 시점에 이르도록 별다른 검증도 없이 조계종이란 명칭을 답습하여 아무런 역사적 평가작업도 실천하지 않는 것은 명백한 친일불교의 미청산이요, 민족종교로서의 자존과 존엄성을 회복하지 못한 맹목적인 행위이다.

DIGEST

92

BUDDHISM

불교계 친일 거두들과 일본 유학승의 부일 이력 (1918~1945년)

일제하 불교계의 친일 거두로 첫 번째 손꼽아야 할 승려는 일제시대 31본사 중의 하나인 오대산 월정사 주지를 다섯 번이나 중임하였고(1930~1945), 1937년 31본사 주지대표가 된 후 그해 7월 7일 중일전쟁이 시작되면서 본격적인 친일행위를 한 지암화상智庵和尙 이종욱(1884~1969, 창씨명 廣田鍾郁)을 들어야 한다.

이종욱은 3 · 1운동이 일어난 1919년 한성임시정부와 같은 해 4월에 조직된 상해임시정부 등에 관여하면서 독립운동을 하였다. 그러나 1926년 중앙교무원의 직원과 이듬해에 월정사의 감무監務가 되어 거액의 사채로 월정사가 폐사 위기에 처하자, 이 문제를 처리하였고 그 수완이 인정되어 월정사의 주지가 되면서 친일로 전향했다.

그는 1937년 일제와 야합하여 불교계에 중앙통제기관을 설립하면서 종권을 장악하였고, 또한 그에 비례하여 총독부를 뻔질나게 드나들며 교계 최고의 친일 거두가 되었다. 그는 중일전쟁이 발발하자 전 조선의 사찰과 포교당에서 '국위선양 무운장구 기원제'를 지내도록 하였으며, 국방헌금과 위문금을 거두어 일제당국에 바쳤다.

〈조선신궁〉, © 서울역사아카이브. 친일승려 이종욱은 일본군의 무운장구 기원제에 참석하고자 조선신궁과 경성신사에 출입하는 등 친일행각에 앞장섰다.

이종욱은 중일전쟁 직후 2개월(1973. 7~9) 동안 무려 15회나 총독부를 방문하였고, 또한 친일단체인 국민총력조선연맹의 문화위원이 되어 전쟁채권을 팔았으며, 조선임전보국단의 상무이사를 지냈다. 그는 교무원의 이사를 대동하고 일본군대의 송영을 하였고, 일본군의 무운장구 기원제에 참석고자 조선신궁과 경성신사에 다녀오기도 했다.

그는 전쟁시국을 위한 강연회를 개최하고 〈불교시보〉에 4편, 〈신불교〉에 7편 등 모두 11편의 친일시사문을 발표하였으며, 승려와 신도들로부터 5만 3천 원을 각출해 조선군(일본군)사령부에 1942년 1월 31일 전투기 대금으로, 1944년 7월 29일에는 8만 원을 해군기 1대의 대금으로 헌납하였다. 박한용 민족문제연구소 연구실장은 "1930년대 후반 교사 평균 월급이 60원가량이고, 쌀 한 가마니가 20원이었던 점을 감안하면 이들이 얼마나 큰 돈을 헌납했는지 알 수 있다"고 하였다. 또한 그는 일제의 학병과 징병제 실시에 앞장서서 청년 승려들을 전쟁터로 내몰았다.

해방이 되자 이종욱은 즉각(1945. 8. 17) 총무원 3부장과 함께 종무총장직에서 사퇴하였다. 1945년 9월 22일~23일에 열린 전국승려대회에서 이종욱은 '친일 승려 제1호'로 지목돼 '승권僧權 정지 3년'의 중징계를 받았다. 그러나 그는 승권 정지 기간임에도 불구하고 1947년 1월 강원도 교구원장으로 취임하였으며 반탁세력과 연계, 자신의 친일 경력을 위장하였다. 또한 1950년 5월에는 2대 국회의원 선거에 출마하여 강원도 평창에서 당선되었으며, 이어 동국대 재단이사장(1951) 제4대 조계종 중앙총무원장(1952. 7)에 취임하였다.

선항일 후친일의 대표적인 변절 친일파 이종욱은 1977년 대한민국 독립유공자로서 '건국훈장 독립장'(3등급)을 받았고 1978년에는 서울 동작동 국립묘지의 '애국지사묘 제 77호'로 안장되었지만, 1930년대 이후의 친일행적으로 1993년 국가보훈처가 재심再審 대상자로 발표한 8명 속에 포함됐다. 그 결과 이종욱은 2011년 건국훈장 독립장의 서훈이 치탈(취소)되었고, 동작동 국립묘지의 애국지사묘 제77호도 퇴출되었다. 이종욱의 후손들은 '친일행적은 독립운동을 위한 위장'이라며 이의를 제기했지만 보훈처는 받아들이지 않았고, 행정소송에서도 패소했다.

1918년 7월에는 한일합방 후 불교계 최초의 유학생이 학업을 마치고 귀국했다. 이지광李贊光(건봉사) · 이혼성李混惺(장안사) · 김정해金晶海(용주사) 세 승려는 도쿄 조동종曹洞宗 대학을 졸업하고 귀국하자 곧 총독부에 들어가 총독부의 내무부장 · 학무부장 등의 일제관료들을 방문하여 졸업 귀국인사를 했으며, 이들 세 승려는 조선불교계에 중용되었다.

이지광은 중앙학림의 교원으로, 이혼성은 〈조선불교총보〉의 주필로, 김정해는 용주사 법무法務의 소임을 맡았으며 후일 이지광은 대구 포교사를 거쳐 만주 봉천 관음사의 포교사로 재직하다가 1938년에 입적하였다. 김정해는 전등사 주지(1925)를 거쳐 중앙교무원 상무이사인 서무이사(1936)를 역임했으며, 상무이사로 재직중인 1936년 2월에 일제가 조선인들을 일본인화 · 순량화시키는 심전개발운동에 대하여 〈불교시보〉 제7호에 〈심전개발의 3대원칙에 취就하야〉란 친일시사문을 발표하였다. 이혼성은 조선불교 평의원총회에서 이사(1926)와 의장(1928)으로 선출돼 활동하다가, 총독부에 의해 강원도 대본산 유점사의 주지로 임명되어 친일의 길을 걸었다.

이 세 승려를 시발로 하여 일제시대에는 많은 승려들이 공비公費 또는 사비 내지 고학으로 일본유학을 했는데, 대략 6백여 명으로 그 숫자가 추산된다.

일본유학을 한 조선승려로서 불교언론에 종사하며 친일행적을 남긴 인물로는 허영호許永鎬 · 김삼도金三道 · 장도환張道煥 · 김태흡金泰洽 4명을 들 수 있다. 그중에서도 흔히 일반인에게 대은스님으로 널리 알려져 있는 김태흡(창씨명 金山泰洽)은 일본유학 후 귀국하여 불교전문학교 강사와 봉은사의 순회포교사로서 '심전개발운동'의 단골 연사가 되어 강원도 · 경기도 등 전국 각지를 돌아다니며 수많은 친일강연을 하였다. 그는 또한 〈불교시보〉를 친일 일색으로 편집 · 발행하여 총독부의 전시 총동원체제에 적극 협력한 결과 조선 제일의 친일승려로서 명성을 드날렸다.

그 외 일본유학승 출신으로 친일행적을 남긴 승려로서는 동국대 교수로 재직한 김동화金東華(1902~1980, 창씨명 金河東華) · 이부열李富烈(화엄사, 대정대학) · 한성훈韓性勳(은해사, 구택대학) 등이 있다.

친일과 항일의 역사적 갈래를 볼 때 식민종주국에 유학한 승려들이 대개 친일파의 길을 걸었다는 것은 많은 점을 시사해주고 있다.

DIGEST

93

BUDDHISM

광복과 6·25전쟁 기간의 불교계 (1945~1953년)

1945년 8월 15일, 일본이 연합군에게 무조건 항복하자 그 이틀 뒤인 8월 17일 조선불교 조계종의 종무총장 이종욱과 교무부장 임석진, 서무부장 김법룡, 재무부장 박원찬 등의 간부들이 총사직했다.

이어서 조선불교혁신준비대회가 결성되고, 8월 20일에는 김법린 · 최범술 · 유엽柳葉 스님 등 건국청년당원 40여 명이 조선불교 조계종 총본사 태고사太古寺(지금의 조계사) 종무원 종무총장 이종욱을 방문하여 종단운영권을 인수하고 전국승려대회 준비위원회를 설립하였다.

이로써 이 나라 각계각층의 모든 기구에서와 마찬가지로 불교계에서도 일본 제국주의자들의 식민통치에 협력했던 친일승려들의 퇴진과 일본이 한국불교를 얽어매는 데 악용했던 악법의 폐지문제가 대두했다. 한편 해방 직후 해외에 나가 있던 우리 동포들이 귀국하자 이들 전재戰災동포들을 위해 봉은사 본말사가 중심이 되어 구호활동을 전개했다. 그리고 종단운영권을 인수한 조선불교혁신준비대회 측은 연합군이 설치한 조선군정청(미군정청) 사회교육과와 우리나라에 설립되어 있는 각종 일본 사원의 위양을 교섭했다.

김법린 · 최범술이 주축을 이룬 종단인수자들은 그해 9월 22~23일에 전국

승려대회를 개최하여, 사찰령 · 태고사법 · 31본말사법의 폐지, 조선불교 교헌제정, 조선불교 중앙총무원 조직, 각도 교무원 설치, 교구제(13교구) 실시 등을 결의하였다.

이 교헌은 1946년 5월 박한영 교정 명의로 "조선불교의 불타의 자각각행自覺覺行과 원효성사元曉聖師의 대승행원大乘行願과 보조국사의 정혜겸수에 의하여 직지인심直指人心 견성선불見性成佛을 위주로 한다"는 교지와 함께 선포되었다.

일제는 1944년 9월 30일, 전시 교육비상조치에 의한다면서 불교계의 유일한 전문교육기관인 혜화전문학교를 강제로 폐교하였는데, 해방되자 즉각 혜화전문학교를 복교하기로 하고 교장에 허영호(납북)을 선출하였다. 혜화전문학교는 그해 11월 30일에 다시 개교하였으며 교장을 학장으로 바꾸었다.

같은 해 11월에는 각 도 승려대회를 개최하여 각 도별 교무원을 조직하였으며, 그해 연말에는 해동역경원海東譯經院 기성회를 개최하여 원칙院則을 제정했다.

한편 북한에서는 1945년 12월 26일에 조선불교도연맹 중앙위원회를 창립하고 이듬해에 평양부 경상리 1번지 영명사 · 부벽루 부근에 조선불교 총무원(북조선)을 개원하였다. 총무원장에 원보산元寶山을 선출했으나 곧 사임하여, 후임에 이대련을 선정했지만 역시 취임하지 않아 후임에 김세율을 선정했다.

또 그해 12월 28일에는 불교의 유신과 재건을 위하여 활동하던 봉은사 주지 일초日初 홍태욱洪泰旭이 보수파에게 피살되는 불상사가 일어났다. 이 사건으로 김태흡 · 김기중 · 김석우 등이 구속되어 1946년 8월 21일 서울지방법원에서 각각 징역 8년을 언도받았다.

이 사건에서 보듯이 해방 후 불교계에는 변혁을 주장하는 세력과 보수 · 친일파 승려들간의 갈등이 극심했다. 불교계의 친일 거두 이종욱이 해방되던 해 9월 22~23일의 전국승려대회에서 부일협의로 3년간 승권정지처분을 받았으며, 1946년 7월 8일에는 전 해인사 주지 변설호가 일제 때 일경과 밀모하여 해인사 홍제암의 사명당 비석을 파괴하고 이고경 · 임환경 스님 등을

〈新生(신생)〉(왼쪽), © 한국민족문화대백과사전, 〈불교〉(오른쪽), © 한국민족문화대백과사전. 1946년, 장도환이 불교지 〈신생〉과 〈불교〉를 제호를 바꾸어 잇달아 간행했으나 정기적인 간행을 못하였고, 결국 발행이 계속 되지 못하고 중단되었다.

옥사 내지 옥고를 치르게 한 혐의로 승권을 박탈당하는 징계를 당하였다. 하지만 이종욱은 승권정지 기간에 강원도 교무원장을 지내고 1950년에 국회의원, 1951년에 총무원장을 역임하는 등 친일승려들이 해방 후에도 득세함으로써 해방 공간의 불교계 친일파 척결은 실패하고 말았다.

1946년 3월부터 불교계는 육영사업에 힘을 기울여 몇 개의 중등학교를 설립하고, 9월에 전국 사찰들이 토지를 혜화전문학교에 증자하여 동국대학으로 승격시켰다. 그리고 장도환이 불교지 〈신생新生〉과 〈불교〉를 제호를 바꾸어 잇달아 간행했으나 정기적인 간행을 못하였고, 그나마 발행이 계속되지 못하고 중단되었다.

1946년에는 불교는 혁신하기 위한 여러 불교단체가 잇달아 생겨났다. 그 해 4월에는 이종익李法雲과 이불화李佛化 등 진보적 청년승려 및 일반지식층의 청년 남녀들이 묘법사(서울 중구 필동 소재 일본사찰)에서 조선불교혁신회를, 5월에는 곽서순 · 장상봉 · 박봉석 · 김용담 · 이재열 등이 선학원에서 혁명불교도연맹(위원장 박봉석)을 조직하여 ①승니(비구와 비구니)와 교도 구별 ②사찰토지는 국가사업에 제공 ③불건전한 포교단 숙청 ④승니는 생업에 근로 ⑤석가불만 본존으로 신봉 ⑥간소 · 엄숙한 새 의식실시 등을 주장했다.

같은 해 6월에는 김경봉 · 강석주 · 김용담 · 이대의 · 박봉석 · 유성갑 · 김해진 · 장상봉 등이 불교혁신동맹을 결성했다. 조선불교혁신회에서는 그해

10월에 중앙종회 31본산 제 폐지, 도별 교구제 실시, 교도제 실시, 사찰재산 통일, 교단사업 일원화 등을 건의하였고, 같은 해 11월 20일에는 백석기 · 박봉석 · 유성갑 · 이부열 등이 조직한 불교청년당에서는 제3회 정기총회를 개최하여 부당수에 천두원을 선임했다.

그리고 여성불자들도 김보심 등 30여 명이 불교여성동맹을 조직했다. 이처럼 여러 단체가 난립한 가운데 불교계는 김법린 · 최범술 등을 중심으로 한 중앙총무원과 송만공 등을 축으로 하는 선학원 그룹으로 양분되어 있었다.

그리하여 1947년 4월 김경봉 · 강석주 · 박봉석 · 이재병 · 백석기 등이 선학원에 모여 중앙총무원 교무부장 유엽의 공금 50만 원 횡령사건을 규탄하였고, 유엽은 종로서에 구금되었다. 그러나 불교혁신총동맹 간부들이 무고로 검거당하였다가 이틀 뒤 풀려났다.

이처럼 혹심한 대립과 갈등 속에서 선학원 측은 같은 해 5월 13일 전국불교도대회를 개최하여 중앙총무원을 중앙기구로서 부인하고, 선학원에 조선불교 총본원을 설립하여 교정(지금의 종정)에 장석상(범주사 주지 역임) 스님을, 총본원장에 송종헌(백양사 주지)스님을 선출하고, 총무원 측에 태고사를 인도할 것을 요구했다. 이 과정에서 불교혁신총동맹을 발전적으로 해체하고 전국불교도총연맹을 결성하였다.

그러나 그해 11월 김해진 · 장상봉 등이 좌경화되고, 우익의 김경봉 · 정두석 · 이재열 · 이종익 등의 탈퇴로 전국불교도연맹이 와해되었다. 따라서 선학원 측의 조선불교 총본원도 저절로 흐지부지되었다.

1948년 2월 29일, 태고사 측 총무원의 박한영 교정이 입적함에 따라 일제시대에 종정이던 방한암方漢岩 선사가 새 교정으로 추대되었다.

미소공동위원회에서는 정책수립에 참조하기 위해서 각 단체로부터 갖가지 설문에 대한 답을 받았다. 그런데 토지개혁정책에 대한 답신에서 이종익을 선두로 한 불교청년당 등에서는 우익적 견지에서 '유상몰수 유상분배'를 주장한 반면, 불교도총연맹의 김해진 · 장상봉 등은 좌익적 견지에서 '무상몰수 무상분배'를 주장하였다.

1948년 4월 19일, 평양에서 개최된 전조선 제정당 · 사회단체 대표자 연석회의에 김구 일행과 함께 전국불교도총연맹의 대표자 연석회의에 김구 일행과 함께 전국불교도총연맹의 장상봉과 불교청년당의 김해진 · 이부열 등이 참가했다가 이들은 북한에 영주했다. 1950년 6 · 25전쟁이 일어나자 인민군을 따라 남하한 김해진은 총무원을 장악했으나 9 · 28 서울수복과 동시에 그는 물러갔다.

6 · 25전쟁 중에 허영호(동국대 학장) · 유성갑 · 정준모(동대교수) · 백석기 · 양외득 · 박봉석(혁명불교도동맹 위원장, 국화여자전문학교 교장) · 박윤진(총무원 사회부장) · 최말도 · 천하룡 · 장도환(《新生》 발행인) · 김재봉 · 김상렬 등의 불교계 인사들이 납북되고, 수많은 사찰과 국보급 불교문화재가 파괴되고 불타는 전란을 겪었다.

DIGEST

94

BUDDHISM

해방 후 북한의 불교계
: 전조선 제정당 사회단체 연석회의와 6·25 전쟁기의 불교계

북한땅에서 불교는 공산주의 사회가 성립된 이래 침체 또는 폐쇄의 길을 걸었다. 그러나 그들이 의도했든 그렇지 않든간에 불교의 자취는 아직도 적지않게 남아 있다. 공산주의 사상의 종교관은 마르크스 레닌의 종교관에 기인하는데, 그들은 종교를 아편으로 간주하였다. 북한에서도 종교와 불교는 다음과 같이 이해하고 있다.

> 종교는 일종의 미신이다. 예수를 믿든지 불교를 믿든지 그것은 다 미신을 믿는 것이다.
>
> 〈김일성저작선집〉 제1권 137쪽

> 종교는 역사적으로 지배계급의 수중에 장악되어 인민들을 기만하며 착취·억압하는 도구로 이용되었다. 불교는 기원전 6세기 인도의 석가가 조작해낸 것으로, 역대 통치자들이 인민을 억압·착취하는 사상적 도구의 하나로 이용되었다.
>
> 북한 〈력사사전〉

이렇듯 북한에서는 종교를 일종의 미신이라 간주하고 기원하여 억압 · 착취하는 도구로 이용하였으며 불교 자체를 석가가 조작한 것으로 보는 등, 정권수립 초기부터 바로 이러한 종교관과 불교관에 의하여 불교를 배척하기 시작하였다.

1945년 12월 25일, 북조선민주주의 통일전선하에 북조선불교도 총연맹을 설립하였으나 그것은 명목뿐이었고 실제로는 불교를 탄압하였다. 북한은 1946년 3월 5일부터 토지개혁을 실시할 때 종교단체가 소유한 토지 15,195정보를 무상몰수하였고, 특히 사찰토지가 5정보 이상인 경우 모두 몰수하여 농민에게 분배하였다. 더욱이 일하지 않는 자는 먹지도 말라고 하여 승려를 노동현장에 부역시켜 승려들을 사찰에 머무르지 못하게 하고 탁발을 금지시키는 등 북한불교를 폐허화시켰다.

전조선 제정당 사회단체 대표자 연석회의와 불교계

1945년 8 · 15 종전과 더불어 일본 제국주의는 우리 국토에서 퇴각했으나 미 · 소 양군이 북위 38도선을 경계로 남북으로 진주하여 국토가 분단되고 민족이 이념과 사상적으로 분열되었다. 우리나라 통일정부 수립 문제가 모스크바 3상회의, 1 · 2차 미소공동위원회를 거쳐 1948년 2월 26일 UN소총회에서 남한에서 총선거를 하는 단선 단정안이 가결되었다. 이에 대해 김구가 남한 단독정부 수립을 결사 반대하며 통일 조국을 건설하자는 성명을 발표하였고, 북한의 김원봉과 김일성이 남북협상을 촉구하는 서한을 보냈다.

1948년 4월 19일부터는 26일까지 평양에서 남북 대표자 회의가 개최되었다. 이 회의에는 북한에서 3개 정당 12개 사회단체가, 남한에서 13개 정당과 28개 사회단체가 참가하였다. 여기에 불교 단체는 북한에서 북조선불교련합회(회장 김세율), 남한에서 전국불교도총연맹(위원장 김용담)과 불교청년당(위원당 백석기) 등 3개였다.

이 회의 기간에 불교혁신 세력으로 활동한 장상봉(북조선불교도총연맹 초대 부위원장, 상무위원), 김용담, 김해진, 곽서순, 이부열, 김만기, 한보국(한용운의 아들) 등 남측 승려들이 월북하였다. 이때 남한 불교계의 불교청년당 대표,

〈남북협상(삼팔선을 넘는 김구)〉, © 한국학중앙연구원. 남북협상을 위해 북으로 가던 도중 삼팔선 표지 앞, 왼쪽부터 순서대로 김구의 비서 선우진, 김구, 김구의 아들 김신이다.

전국불교도총연맹대표(김용담) 등 10여 명의 승려가 북한에 잔류하였고, 남하했던 승려 일부가 재차 월북하기도 하였다.

연석회의 후 4자 회담(남북협상)을 열었는데, 남한 대표는 김구, 김규석이, 북한 대표는 김일성, 김두봉이 참가하였다. 또 같은 해 6월 29일 평양에서 '남북조선 제정당 사회 단체 지도자 협의회'를, 8월 24일부터 25일까지 해주에서 '남조선 인민 대표자 회의'를 개최하였다. 이 당시 56명의 혁신 승려가 6 · 25 이전에 월북하였다.

강석주의 증언에 의하면 김용담은 북에 체류하다가 1950년 6월 26에 북한 인민군과 함께 서울에 귀환하였다고 하며, 이외윤의 증언에 의하면 김구를 따른 장상봉과 김해진은 월북하였다 돌아왔다고 한다.

해방 후 고령의 북한 불교 인사들은 대부분 자연스럽게 퇴진하고 북측 승려와 월북 승려들로 구성된 조불련을 중심으로 북한 불교계의 새로운 재편이 이루어졌다.

6 · 25 한국전쟁시 사회주의 승려들의 활동

1950년 6월 25일 북한군의 남침으로 3년간의 피비린내 나는 전쟁을 겪었다. 북한에서는 1950년 6월 26일을 기해 김일성의 전쟁 동참 권유 방송에 따라 불교신앙협회, 불교청년사, 여성불교도회 등 불교 단체들이 1950년 7월 15일 평양에서 연합회의를 개최했고 인민군에 1,300명이 입대했다. (정태혁, 〈북한의 종교〉, 서울: 국토통일원조사연구실, 1979. 9. 29)

그리고 묘향산 보현사와 강원도 석왕사 등 북한 지역 사찰과 신도들은 당시 성금과 각종 위문품을 인민군에 보내고 파괴된 도로와 교량, 철도 복구에 참여했다.

인민군은 1950년 6월 28일 서울로 진주하였고, 그들은 곧장 서울 서대문 형무소를 점거해 좌익 활동 혐의로 구속되어 있던 승려들을 석방한다. 석방된 이들은 1948년 남북연석회의 무렵 월북해 북한에서 활동해 온 불교청년당 소속의 김해진, 김만기, 백운정, 이승운, 조명기, 조복순 등이 전쟁 발발 초기에 서울로 내려오자 곧바로 힘을 합쳐 조선불교 중앙총무원이 있던 태고사(현 조계사)를 접수해 본거지로 삼았다.

이들은 그해 7월 초 태고사에서 '남조선불교도연맹'을 창립하여 위원장에 만해스님의 상좌 김용담 스님을 선출하고 강령과 규약을 정하였다. 남측의 불교 중앙총무원은 1951년 1월 부산시 중구 신창동 대각사로 이전하여 활동을 재개하였다.

남조선불교도연맹은 남측 불교 신도들을 대상으로 한 사회주의 사상과 교양 및 전쟁 지원 활동을 하였으며, '독보회讀報會'라는 별도 조직을 만들어 태고사에서 사회주의 사상과 불교도들의 역할에 대한 토론회를 매일 개최하고 북측을 찬양하는 노래 등을 학습하는 선전 활동을 전개하였다.

당시의 독보회는 서울 지역의 기업소와 불자들로부터 지원받은 재봉틀을 태고사로 모아 전선에 나간 인민군에게 전해질 군복을 만들고 수선하는 군수 공장의 기능을 담당하였다.

1950년 9월 15일을 기해 국제연합(UN)군이 인천에 상륙해 전세가 뒤바뀌자 태고사 옆의 중동중학교는 야전병원으로 사용되고 태고사도 병원의 부속 건물로 활용되었다.

6 · 25전쟁 중에 북측 승려들은 서울에서 90여 일간 상주하면서 인민군을

지원하는 군수 기능과 북측을 찬양하는 선전 활동을 전개하였다. 또한 전투가 벌어진 전국의 많은 도심 사찰 등에서도 태고사와 비슷한 상황이 전개되었는데 여기에 많은 승려와 불자들이 강제 동원되는 등 큰 피해를 입었다. 6·25 한국전쟁은 1953년 7월 27일 판문점에서 정전협정을 체결하면서 3년여 간의 동족 상쟁이 끝났다.

현대 북한의 종교와 불교
: 해방과 6·25 이후 북한의 불교 사찰 복원 (1953년~현재)

오늘날 북한 사회에서는 카를 마르크스의 언급처럼 정치적 종교의 출현이라고 할 수 있는 주체사상이 하나의 종교 교리와 같은 위력으로 존재하고 있다.

해방과 6 · 25 한국전쟁으로 피폐해진 당시 북한 주민들에게는 전쟁의 상흔 복구와 사회적 안정이 절대적으로 필요한 상황이어서 기존 종교의 필요성을 거의 체감하지 못하였다. 이때 북한에 등장한 주체사상은 1974년부터 '김일성주의'로 명칭이 바뀌면서 북한 사회를 총체적으로 지배하는 이데올로기로 자리하였다.

주체사상은 신흥종교처럼 북한이라는 대집단의 구조를 김일성 일가와 노동당으로 단일화하는 종교의 절대적 도그마와 같은 역할을 하였고, 북한에서는 종교가 사회주의 체제하의 국가지배형 종교로 전환되었다. 즉 주체사상 이외의 다른 이념이나 사상의 태동이 불가능한 사회가 됨으로써 기존 종교는 급격히 붕괴되었다.

특히 북한 불교는 6 · 25전쟁을 겪으면서 급격하게 쇠락하였다. 미군들은 전쟁 초기에 금강산 지구의 유점사, 정안사, 신계사, 정양사, 표훈사를 비롯

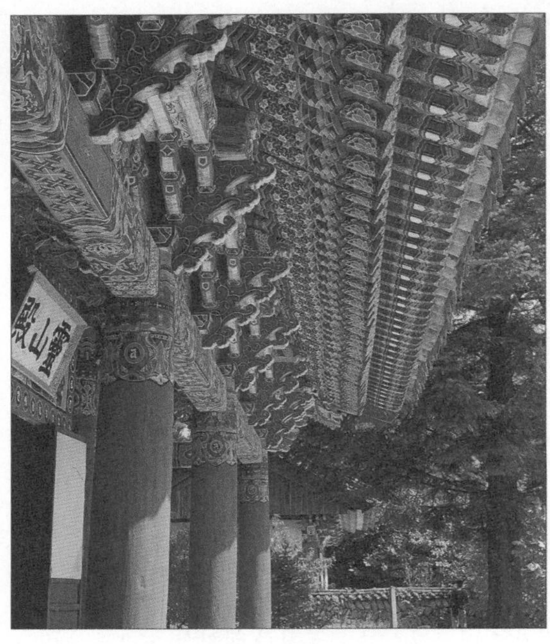

〈묘향산 보현사 영산전〉, © 한국학중앙연구원. 묘향산 보현사는 31본산의 하나였으며 웅혼, 순란한 아름다움을 지닌 사찰이었으나 지금 북한에서는 단지 '역사박물관'으로 존재가치를 인정받고 있을 뿐이다.

한 사찰 건물들, 암자들 백수십 채, 그곳에 보존되어 있던 대부분의 유물들을 파괴하였으며 금강산에서 제일 큰 사찰이던 유점사를 30여 차례에 걸쳐 폭격을 하고, 신계사를 하루 아침에 폐허로 만들었다.

1949년 북한 정부에 의해 건립되었던 '금강산 특수 박물관'(신계사에 설치)에 보관되어 있던 금강산의 귀중한 문화 유물 수천 점도 이때 모두 불타고 파괴되어 없어졌다. 이 밖에도 3년간의 전쟁으로 명산대찰로 소문났던 묘향산의 보현사, 평양 금수산의 영명사 등 사찰들의 절대 다수와 불교문화 유적들의 상당수가 파괴 · 소각되었으며, 도량에서 수도하던 수많은 승려와 신도들이 무고하게 희생되었다.[1]

이후 보현사는 김일성 주석이 전후에 묘향산을 여러 차례 방문하여 원상태로 복구하도록 지시하였고, 국가 차원에서 복구 인력과 자재 · 장비 · 시공 등을 제공하여 보현사 대웅전은 1976년, 만세루는 1979년, 다른 건물들과 탑

1 〈주체의 나라〉(1), 〈우리나라(북한) 불교〉, 평양출판사, 1989, p.123

들도 복구되었다고 한다.

신법타申法陀 스님은 1989년부터 수차례 방북하여 '세계의 명산이요 불교 성지'인 금강산의 사찰들을 복원하자고 북한 측에 건의하였다. 법타 스님의 적극적인 활동으로 1998년 9월 금강산의 신계사 복원을 위한 협약서를 체결하여 우여곡절 끝에 2004년 4월 6일 '금강산 신계사 복원불사 착공식'을 봉행하였고, 복원 공사 3년 6개월만인 2007년 10월 13일 '금강산 신계사 복원 남북공동 준공식'을 봉행하였다. 복원된 신계사는 북한의 국보문화유물 제95호로 지정되었다.[2]

또한 법타 스님은 평불협(평화통일불교협회) 회장으로서 16세기 화재로 전소된 개성 영통사 복원 현장에 당장 필요한 자재를 지원하였고, 천태종 총무원장 전운덕 스님과 간부들을 만나 영통사 복원 참여를 설득함으로써 2년간 16회에 걸쳐 복원 불사 마무리에 필요한 기와 40만 6천여 장, 단청 재료, 조경용 나무, 새 도로 건설용 포크레인 등 40여 억원에 해당하는 불사 지원을 하였다.

해방 직후 기록상으로 북한의 사찰은 1,793개였으나 오늘날 현존 사찰은 68개소로, 6·25 전쟁 과정에서 일부 남아있는 것과 전소된 것을 '국보 유적지'로 정하여 복원한 것이 대부분이다.

해방 이전 1,600여 명에 달하던 북한 승려는 현재 300여 명이 등록되어 있다. 초기에는 해방 이전부터 승려 생활을 해 온 노장 스님들이 대부분이었으나, 2000년 대에 들어오면서 김일성종합대학 종교학과 등을 통해 양성된 30~40대 소장 승려들이 묘향산 보현사, 금강산 표훈사, 평양 광법사, 개성 영통사 등을 중심으로 활동하고 있다.

승려 교육기관으로는 1965년 양강도 삼수갑산의 중흥사에 설립한 불학원에서 학인 30명을 3년 코스로 승려 교육을 하였는데, 1990년대 초기에 평양 광법사로 불학원을 옮겼다고 한다.

북한 사찰에서는 매달 정기법회나 일요법회는 없으며, 주로 부처님 오신

2 중화 법타 〈북한불교백서〉 조계종출판사. 2020. P.305~313

날, 성도절, 열반절 등 법회가 1988년 5월부터 정기적으로 봉행되고 있음이 북한 언론을 통해 알려져 있다. 또한 북한 불교 신도는 현재 공식적으로는 1만 명이라고 하며 부처님 오신 날 사찰에 오는 숫자 등을 합쳐 10만 명까지 말한다. 북한의 불교 문화재는 국보 19점과 보물 28점, 사적 3점 등 총 50점을 지정해 관리하고 있다.

DIGEST

96

BUDDHISM

비구니 교단의 형성과 전개
: 인도·중국

인도 비구니 교단

붓다(佛陀, 기원전 563~483년)가 로히니 강물의 사용을 놓고 서로 대립하던 석가국과 콜리국을 화해시키기 위해 석가국에 갔을 때, 이모 대애도 고타미가 출가할 수 있도록 해달라고 요청하였다. 이에 I.B.호너(Horner)는 대애도 고타미의 출가와 비구니 교단 형성 시기를 붓다 성도 후 약 5년 뒤로 산정하고 있다. 그러나 일부 학자들은 일반적으로 붓다 성도 후 20년경이라고 추정한다.

인도 비구니 교단이 형성될 당시 자이나교의 백의파(白衣派: Śvetāmbara)에 여성 수행자가 상당수 있었고, 또한 부처님의 이모인 대애도 고타미의 출가와 자이나교의 창시자 마하비라 고모의 출가 과정이 유사하다는 점도 주목할 만하다.

비구니가 지켜야 할 여덟 가지 중요한 법칙, 즉 '팔경계'의 제1조가 자이나교의 여성 수행자에서도 동일하게 발견된다고 한다. 모한 위자야라트나는 붓다가 비구니 교단 구성을 허락할 때 처음에 주저한 이유를 사회적 문제에 대한 민감하고 유연한 붓다의 성격과 여성의 안전성, 외도의 비난, 외호 집단의 부족 등을 고려한데서 찾아야 한다고 주장한다.

붓다는 여성이 출가하여 교단을 구성하면 정법 유지가 1천 년에서 오백 년으로 줄어들 것이라고, 정법 소멸의 위험성을 언급하였다고 한다. 그런데 붓다가 궁극적으로 비구니 교단 설립을 허락한 이유는 ①여성들의 열망, ②붓다의 숙고된 의지 반영, ③붓다의 여성들에 대한 깨달음의 고취, ④팔경계로 교단 보호 등을 충분히 고려한 후에 허락하였다고 한다.

붓다의 이모 대애도 고타미가 최초로 비구니가 되고 이어 붓다의 전처 야소다라가 출가하였으며 또 석가족 여성 500명이 출가하였다. 비구니 교단이 성립된 후 붓다는 약 25년 간 비구니 교단을 지도하였다. 이 기간에 아라한과를 증득한 뛰어난 비구니들도 많이 배출되었다. 부파불교 당시 아쇼카왕 통치 때의 비문에 공주 상가밋따(Saṅghamittā)가 출가하여 비구니가 된 사실이 기록되어 있는 것을 볼 때 당시 비구니 교단이 크게 발전해서 황금기를 맞이했음을 알 수 있다.

대승불교 시대에는 중요하게 거론되고 있는 것 가운데 하나가 불탑 신앙이다. 불탑 공양의 보시자 명단에는 불탑을 조성하는 데에 비구는 물론 상당수의 비구니도 보시하였음이 기록되어 있다. 대표적인 예가 마우리아 왕조의 산치 명문銘文 내용인데, 명단에는 보시자의 법명이 분명하게 거론된 비구니의 수가 비구보다도 2명 많은 83명으로 기록되어 있다고 하며 이외에도 대승경전인 〈반야경〉에는 비구 외에 비구니 오백 명과 우바새 우바이, 보살의 모임 대중이 언급되고 있다.

또한 〈화엄경〉「입법계품」에 따르면 선재 동자가 만난 이는 54명이며, 이 중에 여성 선지식은 약 40%인 21명으로 비구니, 우바이, 여신, 천녀, 동녀, 유녀 등이다. 이 가운데 비구니로 이름이 거론된 이는 사자빈신 비구니인데, 십회향의 넷째 단계(정진바라밀)에 머무는 선지식이다. 빈신 비구니는 온갖 지혜를 성취하는 해탈을 얻어 지혜의 광명문에 들어가서 모든 법을 내는 삼매왕을 얻었다.

인도에서 비구니 승단은 최소한 10~11세기까지, 스리랑카에서는 1017년 남인도 타밀계 촐라인의 침입 시기까지 존재했으며, 인도가 힌두교 사회로 변화해 가면서 불교가 멸망하였고 인도 비구니 교단도 소멸하였다.

중국 비구니 교단

중국의 최초 비구니는 크게 두 종류로 구분된다. 하나는 출가하였지만 구족계를 받지 않는 아반阿潘과 문헌에 나타난 최초의 비구니인 동진의 정검淨檢니(尼: 비구니)가 그 둘이다. 아반은 한나라 명제(明帝, 재위 A.D. 58~75) 때에 출가하여 중국에서 최초의 니승으로 기록되었다.

보창의 〈비구니전〉(517년 찬술)에 의하면 정검니는 비구니 10계를 받은 후 승평 원년(357) 2월 8일 낙양에 외국 승려 담마갈다를 청해 계단을 세워 정검니 등 네 명이 큰스님에게서 구족계를 받았다고 한다.[1]

중국에서 스리랑카 비구니를 초청하여, 433년 스리랑카의 철살라鐵薩羅 등 11명의 비구니가 왔다. 이 스리랑카 비구니들이 3백 명의 여성들에게 구족계를 주었고, 이로써 중국에 비구니 교단이 형성될 수 있었다.

〈비구니전〉에 의하면 비구니 교단은 남북조 시대에 성립, 발전되었으며 비구니를 위한 사찰이 건립되고 승관이 설치되었다고 한다. 비구니는 채식을 하며 수행, 금식, 계행, 경전 강독, 고행 등을 실천하였고, 왕, 황후, 귀족, 서민 등을 널리 교화하여 불교 홍포에 기여하였다. 또한 비구니 사원은 폐비가 된 왕후나 왕비 그리고 공주 등의 은둔소가 되기도 하였다.

당 시대에 들어 비구니 교단은 국가의 통제를 받았지만 출가자가 급속도로 늘어나 비구니 교단은 비구 교단과 더불어 중흥의 길을 맞이하였고, 송대에 이르러서는 많은 비구니 선 수행자들이 등장하여 선의 쇠퇴기인 원대 이후까지 선법을 전하였다. 중국 불교의 황금기라고 할 수 있는 당 · 송 시대의 비구니들은 조정의 귀족들을 비롯하여 사회 각 계층에 불교를 전하였으며, 대중들의 존경을 받았다.

원이 중국을 평정한 이후 명대를 지나 청의 건륭까지 약 450년간은 선의 쇠퇴기였다. 선의 쇠퇴로 뛰어난 비구니가 배출되는 일도 드물었다. 명대의

1 〈비구니전〉권1, 「대정장」 50, p.934

비구니는 철저한 계행과 고생하는 모습, 그리고 신이神異로써 사회에 봉사하는 모습이 주로 소개되고 있다. 입멸할 때는 대부분 임종계를 남겼으며, 신이적인 면에서 자신의 입멸을 예언하거나 극락왕생을 증명하고 좌화坐化, 또는 염불하면서 임종하는 모습이 묘사되었다. 그러나 청조는 유교 국가 체제를 유지하는 한편, 명조의 불교 통제 정책을 계승하였다. 특히 건륭제는 출가 연령을 규정하여 남자는 고아와 16세 미만인 자, 여자는 40세 미만인 자의 출가를 금지하였다.

중국 근대 불교 비구니의 진정한 흥기는 중화민국(1912~1949) 성립 이후다. 1920년대 초에 한구漢口에서 정신회正信會가 설립되었으며, 길림 부여현에서는 불모회를 조직하였다. 이어 여자염불회를 부설했으며, 또 여덕원을 설립하였다. 이후 매년 대량의 여자연사(女子蓮社: 정토 염불 수행 단체), 거사림, 염불당 등의 조직이 전국 각지에 나타났다.

현대 중국의 비구니 교단은 중국과 대만으로 구분하여 이해할 수 있다. 중국에서는 1980년 이후 비구니 사원이나 암자가 복원되기 시작하여 산서성의 오대산에 5개 비구니 사찰에 오백여 명의 비구니가 살고 있고, 광주의 무주암에 사십여 명의 비구니들이 안거하고 있으며, 1983년에 비구니 전문 교육기관 사천니중불학원四川尼衆佛學院이 설립되었다. 아미산 복호사에서는 백여 명의 비구니가 정토신앙을 수행하고 있다. 하지만 현재 중국 비구니 승가는 여성이 출가하려면 부모 허락, 직장인의 경우 상사의 허락, 정부 승인 등을 받아야 한다. 또한 농촌 태생의 저학력 출가자가 많아 비구니의 사회적 위상이 낮고, 젊은 비구니를 지도할 수 있는 비구니 스승이 거의 없다는 문제점이 있다.

대만은 1965년에 인순 대사와 증엄대사가 "비구니들은 팔경법에 얽매일 필요가 없다"라고 공식 발표한 이후 비구니 교단이 크게 발전하여 1980년 기준으로 승려 중 80%가 비구니라고 한다. 1967년 성운 스님이 건립한 불광산사는 2천여 명의 스님이 구족계를 수지하였으며, 불학원에서 교육받은 학인들이 전세계에서 불교의 이념을 교육하고 있다. 불광산사의 비구와 비구니의 비율이 6:12로 비구니 수가 월등히 많지만 남녀 차별은 없다고 한다.

DIGEST

97

BUDDHISM

한국 비구니 교단
: 삼국시대부터 현대까지

삼국시대 비구니 교단의 성립

우리나라에 불교가 전래되었던 삼국시대의 비구니들은 주로 개인의 수행과 불사, 그리고 대중교화활동에 힘썼다. 고구려는 비구니 교단의 유무를 확정하기는 어렵지만, 백제는 위덕왕 24년(577) 11월, 일본에 율사 승과 함께 비구니를 파견하였다는 기록으로 보아 백제에 이미 비구니 교단이 구성되었을 것이 분명하다.

사료에 처음 나타난 한국 여성의 출가자는 신라에 불교를 전한 아도阿道화상을 은거시킨 모례(또는 모록)의 누이 사씨인데, 사씨는 오빠와 함께 아도화상에게 귀의해 여승이 되어 삼천에 절을 짓고 거주하니, 이를 영흥사라 하였다고 전한다(《삼국유사》권3). 문무왕(661~681) 13년에는 김유신이 79세로 죽자, 태종 대왕의 셋째 딸이었던 그의 처 지소 부인이 머리를 깎고 갈의를 입으며 비구니가 되었고, 진흥왕(재위, 540~631)이 말년에 머리를 깎고 스스로 법운이라 부르며 한평생을 마치자 왕비도 그를 본받아 승려가 되어 영흥사에 살았다고도 전한다.

또한 851년(신라 문성왕 13년)에 계림부에서 금성태수 김융의 딸로 태어난

〈청룡사지 靑龍寺誌〉에 청룡사 초대 주지였던 혜원慧園 비구니는 18세에 결혼했으나 20세 때 남편이 금강산에 간 뒤 소식이 없자 친정으로 돌아갔다. 하지만 아버지 김융이 궁예를 도왔다는 이유로 죽게 되자 875년 25세에 태백세 세달사世達寺로 피신하였고, 그곳에서 허담화상에게 출가하였다. 후에 왕건이 태조 5년(922)에 청룡사를 창건하고 혜원스님에게 제1세 주지를 맡겼으며, 스님은 청룡사에서 16년 동안 주석하고 938년 세수 88세, 법랍 64세에 입적하였다.

고려시대 비구니 교단

고려시대 비구니로 공식적으로 출가를 허락받고, 활동한 자취가 뚜렷한 여성으로는 고려말 김변의 처 허씨(1255~1324)가 있다. 그녀는 61세 때인 충숙왕(1314~1330) 2년에 출가했는데 법명은 성효였으며, 10년간 승려로 활동했다. 허씨는 남편의 사후 14년 뒤 출가했는데, 이유는 4남3녀의 어린 자녀가 있었기 때문이다.

고려시대의 비구니는 때로는 출가를 제한받기도 했으나 불교가 대중화되면서 활동이 활발해져 왕실의 존경도 받았다. 국가에서는 여러 번에 걸쳐 비구니들에게 음식을 대접하는 반승飯僧의 행사를 열거나(〈고려사〉권33) 비구니 수천 명에게 포목을 하사하기도 했다(〈고려사〉권132). 이처럼 비구니들이 반승 등 국가의 대우를 받았던 것은 비구니들의 수행과 교화 활동이 활발했기 때문이다.

고려시대 대부분의 비구니들은 염불과 독경으로 망인을 위해 기도하거나 본인의 생천이나 극락왕생을 기약했으며 출가 후 오로지 화두를 들고 깨달음을 구하는 것에 전념했다. 선 수행에 힘쓴 비구니에는 진감후비 즉 최충헌의 부인 왕도인이 있으며, 참선 수행에 힘쓴 비구니들 가운데는 나옹 혜근(1320~1376) 선사의 제자들도 있다. 이처럼 고려 후기 선사들의 비구니 수행에 대한 긍정적 태도와 지도에 힘입어 비구니들이 참선 수행에 몰두할 수 있었다.

조선시대 비구니 교단

조선시대 여성의 출가는 제약이 심하였다. 〈세종실록〉에 의하면 남성은 유역자나 독자인 경우만 출가에서 제외되었는데, 여성은 처녀와 역이 있는 여자, 그리고 남편이 있거나 남편이 죽고 삼년상을 마치지 않은 여자도 제외되었다. 결국 여성은 수절이 필요한 미망인만 출가가 가능한 것이다.

그러나 조선시대의 불교는 여성종교라고 할 정도로 왕실이나 일반 부녀자들의 귀의 대상이었다. 조선초부터 왕실을 중심으로 비구니 교단이 형성되어 왕실의 안녕을 기원하거나 왕실 사건 등으로 어려움에 처한 여인들의 귀의처로, 혹은 양반집 여인들의 실행 장소로 궐내에 있는 원당('내불당' 혹은 '내원당')을 마련하게 되었다. 내불당은 왕실이나 왕실과 밀접한 관계를 가진 여인들이 귀의하였으므로 왕실 비구니원이라고 하였다.

하지만 조선시대 유교인들은 지속적으로 폐불을 주장하며 비구니 사원과 내불당(정업원)을 없애려고 했다. 이리하여 세종 30년(1448) 정업원 철폐를 결정했으나, 세조(재위, 1455~1468) 시대에 다시 복구하여 비구니들을 정업원에 모여 살게 하였다.

1660년에는 현종이 사비寺婢의 출가 사건을 계기로 양민이 승니가 되는 것을 금했으며 위반한 경우에는 환속시켰고, 이어 도성 안 비구니 사찰인 인수원, 자수원이 철폐되었다. 연산군(1495~1505) 대에 이르러 도성에서 정업원을 없애고, 중종 대에는 유교 서원으로 만들었으며, 인조(1623~1649) 때 니승의 입성을 금하여 도성에서 비구니의 모습이 사라졌다. 그 후 임진왜란으로

〈정업원 터 비각〉, ⓒ 국가유산청. 정업원은 여승방(女僧房)으로 원래 창덕궁에서 그리 멀지 않은 도성안에 있는 것인데, 성 밖에 있었다는 전설에 따라 이곳에 비를 세우고 비각도 짓게 되었다.

정업원은 거의 파괴되어 선조 40년(1607)에는 여승들이 그 터에 초가집을 짓고 거처하였고, 정업원은 명맥만 유지하다가 현종 2년(1661)에 철폐되었다.

조선조에 행해진 승려의 도성출입금지는 대표적인 억불정책이었으며, 이 정책은 1451년 문종 때 처음 시행된 이후 19세기말까지 지속적으로 유지되었는데 비구니 역시 도성출입이 금지되었다.

근 · 현대 비구니 교단

근 · 현대의 비구니사는 해주 스님의 시대 구분에 따라 근대 불교시대(1876~1945)와 현대 불교시대(1945~1985)로 나누며, 현대를 교단 정화 개혁 참여기(1945~1962), 자주적 단합과 발전기(1962~1985)로 구분하고 있다. 그중 1950년대 이후 비구니들은 불교 교단 정화에 중추적인 역할을 하였으며, 또 가람을 중창하거나 신축하여 비구니 사원을 확대해 나갔다.

광복 전의 근대기에 비구니만의 전문 강원은 1940년대 초 수옥 스님이 상주 남장사 관음선원 조실 혜봉 보명慧峯普明(1874~1956) 스님의 요청을 받고 강주로 취임하면서 관음강원을 개설한 것이 그 효시이다. 관음강원에서는 11명의 학인을 배출했으나 1944년 일제의 정신대 징집을 피하기 위해 문을 닫고 말았다.

금룡 스님은 1958년 종단이 공인한 운문사 비구니 강원의 탄생과 함께 비구니가 니승을 가르치는 최초의 강사가 되었으며 후학 광우 스님에게 강맥을 전승했다. 그것은 최초의 비구니 강맥 전승이었다.

정화 후에는 비구니들이 사찰의 주지로 많이 임명되었는데, 1955년에 수옥 스님은 내원사의 주지로, 법일 스님은 지리산 대원사 주지로, 인홍스님은 1957년에 경상남도 소재 석남사 주지로 임명되었으며 이상의 비구니 사찰들은 모두 강원으로 발전하였다.

1950년대 이후 비구니 교단의 발전상은 비구니 승가대학인 '강원'을 들 수 있다. 현재 동학사 승가대학, 봉녕사 승가대학, 삼선 승가대학, 운문사 승가대학, 청암사 승가대학 등 6개가 있고 강원에서 수학하고 있는 학인 수는 비구니 408명, 사미니 482명이며, 전국 사찰에서 비구니가 주지 소임을 맡아

사원 경영에 종사하거나 64개 복지 기관 등에서 사회봉사활동에 기여하는 등 종단 종무행정에 참여하는 비구니도 있다.

한국 비구니 선원은 1916년 1월 덕숭산 수덕사에 견성암 선원이 개설된 이래 지금까지 30~40여 개의 비구니 전문 선원이 개설되어 있으며, 1999년 5월 21일 개원된 비구니 전문 율원인 봉녕사 금강 율원은 2001년 2월 4명의 첫 졸업생을 배출한 이래 2010년 1월 제8회 졸업생까지 총 31명을 배출했다. 이후 2007년 4월 18일에는 청암사 율원, 2008년 4월 4일에는 운문사 보현 율원을 개원했으며 각각 11명, 8명의 졸업생을 배출했다.

한국 비구니들은 대만이나 일본과 달리 비구 승단에서 독립된 단체로 비구니의 문제는 자체에서 자주적으로 해결하고 있다. 한국 비구니 교단이 화합 승가임을 상징하는 '전국비구니회'가 활발하게 활동하고 있는데, 이러한 조직은 세계 어느 불교 국가에도 없다.

DIGEST

98

BUDDHISM

불교계의 정화운동
(1952~1970년)

해방이 되었으나 우리 불교계는 일제시대의 왜색불교와 친일불교가 청산되지 못하였다. 그 첫번째 원인은 미군정이 집권하는 과정에서 일제의 법령인 사찰령 따위가 철폐되지 않았기 때문이었다. 군정은 1945년 11월 2일 구법령의 존속을 규정하였고, 조선불교 중앙총무원은 수차에 걸쳐 사찰령과 그 시행규칙, 포교규칙, 사원규칙 등의 폐지를 권유했다. 그러나 군정청 문교부장은 각 도지사에게 사찰재산 처분의 경우에는 일제시대의 사찰령에 의거해 소정의 허가를 받도록 관하 각 사찰을 지도 · 감독하라고 지시하였다.

광복된 지 2년이 지나도 이처럼 일제의 불교 관계법령이 철폐되지 않자 불교혁신총동맹은 1947년 4월, 전국불교단체총연합회(선학원 · 불교청년당 · 혁명불교도동맹 · 불교여성총동맹 · 불교혁신회 · 선우부인회 등 참가)를 개최하여 사찰령 철폐 · 교단재건 대책 등을 토의하였다.

왜색불교와 친일불교가 청산되지 못한 두번째 원인은 이승만이 집권하는 과정에서 친일파를 집권기반으로 영입하였고, 불교 역시 이러한 정치적 친일파 득세에 영향받아 친일승려들이 대거 득세하였기 때문이다.

왜색불교가 본격적으로 한국불교의 전통을 흐린 것은 일제총독부가

1911년 반포한 '사찰령'으로 친일승려를 양산하는 구조적 체제에 기인한다. 백용성白龍城 스님은 조선불교의 전통을 지키고자 1926년 2차(3월, 9월)에 걸쳐 총독부와 일본 내무성에 조선 승려의 대처 · 식육금지 건백서를 제출하였는데, 이 건의는 묵살되었고 오히려 총독부는 그해 10월에 조선 승려의 결혼을 공인함으로써 한국불교의 전통을 파괴하는 데 급급했다.

선승들은 1931년 3월 14일과 1935년 3월 13일에 조선불교 전국수좌대회를 개최하여 청정도량 몇 곳을 선 수행승에게 할양할 것을 요구하였으나 거절되었다. 또한 이들은 한국 불교의 일본화에 대응하고 선 수행을 이어 나가기 위해 1921~1923년 선학원을 창건했는데, 이 절은 일제 사찰령의 지배를 받지 않기 위해 '사寺'자와 '암庵'자를 피해 '원院'이라 이름 지어 선객들을 통솔했다.

해방 후, 앞에서 언급한 불교혁신총동맹이 추구한 불교혁신의 주안점은 대처승과 사찰토지 문제였다. 대처승은 교단의 중심부에서 배제하고 사찰토지는 토지개혁이 곧 시행될 것이므로 소작인에게 분배하자는 것이 혁신 계열을 주장이었다. 이러한 주장은 양측의 인식 차이로 소기의 성과를 거두지 못했고, 오히려 교단이 분열되었다. 따라서 해방공간에서의 불교혁신을 불교정화운동의 기점으로 볼 수 없다.

불교학자 김광식은 1952년 봄 수좌였던 이대의李大義(1901~1978)가 수좌들의 수행 환경을 개선해 달라는 건의서를 당시 교정(종정)이었던 송만암에게 제출한 것을 불교정화운동의 기점으로 삼을 수 있다고 하였다. (김광식, 「한국현대불교와 정화운동」, 〈한국 현대불교사 연구〉, 불교시대사, 2006. P.156).

종정 송만암은 이대의의 건의서 내용을 수용하여 교단 집행부에 그 해결책을 강구하도록 하였다. 그래서 통도사 · 불국사에서 회의가 열려 18개 사찰을 비구 수행 사찰로 양도할 것을 정하였지만 사찰 양도는 이행되지 않았다. 이에 1953년 가을, 선학원에서는 다수의 수좌들이 모임을 갖고 비구 수행 사찰 문제의 해결을 모색하였다. 이런 와중에 1954년 5월, 대통령 이승만의 불교정화 유시가 내려져 교단정화를 갈망하던 수좌들의 열망에 점화를 하였다.

〈대한민국정부 수립 선포식, 중앙청〉, ⓒ 한국학중앙연구원. 대한민국정부 수립 기념축전에서의 이승만 대통령 정화유시 발표로 불교계의 정화운동이 본격화되었다.

이 대통령의 정화 유시를 발단으로 대처승 측은 1954년 6월 28일 중앙교무회를 열어 수도승단修道僧團과 교화승단教化僧團으로 나누는 방향으로 종헌을 개정하고, 9월 29일에는 대처승 측 중앙종회를 태고사에서 개최하고 비구승에게 종권과 사찰을 내주기로 결의했다. 한편 비구승 측은 6월 24일 선학원에서 재경 비구승회를 소집하고 정금오鄭金烏를 위원장으로 하는 교단정화추진위원회를 구성하였다. 8월 24일, 비구승 측은 전국비구승 대표자대회를 소집 · 개최하고, 비구만이 한국의 전통승려이고 대처승은 승려가 아님을 공포했다. 그리고 대처승 측에게 종권을 넘겨줄 것을 요구했다.

1954년 10월 10일, 비구 · 대처승간의 정화회의는 결렬되었다. 지금까지 정화운동의 취지에 찬동하였던 대처승 측의 송만암 종정이 10월 15일 갑자기 정화원칙은 찬성하지만 방법론에는 반대한다는 성명을 발표하였다. 하동산 · 이청담 등이 이종익 · 이불화 등의 이론을 앞세우고 조계종 보조종조론普照宗組論을 내세운 반면, 송만암은 권상로의 이론을 앞세워 태고종조론太古宗組論을 주장하여 양측이 팽팽히 맞섰다.

11월 5일, 비구승들은 태고사를 강점하고 조계종의 이름을 따서 조계사라고 간판을 고쳐 걸고, 대처승 측은 다시 조계사란 간판을 떼어내고 태고사라고 쓴 간판을 갈아붙이기를 반복하면서, 양측의 힘겨루기가 계속되었다. 11월 23일, 대처승 측은 태고사에서 종회와 중진 연석회의를 열고, 종권과 사찰을 독신승에게 내주고 환속할 것을 결의하나, 그 인수자를 대처승 측 독신승인 임석진林錫珍으로 정하였다. 이에 대처승들에게 속았다고 생각한 비구승들이 대처승 측이 급조한 독신승에게 종단을 맡기는 것은 부당하다고 외치면서 대처승 측과 충돌하고, 그 결과로 대처승 측은 총무원 서류 일체를 가지고 도피해버렸다.

그 후 양측은 직접 대화 또는 문교부와 내무부의 중재하에 대화를 가졌으나 성과를 보지 못하고, 상호 고발과 소송의 법정투쟁을 시작하였다. 이 지리하고 소모적인 분열과 대립양상은 쿠데타로 집권한 군사정권에게 '불교재산관리법'을 제정토록 하는 빌미를 제공하고, 끝내는 대처승 측이 1970년 1월 '한국불교태고종'이라는 이름으로 창종하면서 비구 · 대처승 간의 법적인 싸움은 끝났지만 여태도 사찰쟁탈전은 계속되고 있다.

이 대통령이 승려가 대처하는 것은 왜식이므로 대처승은 사찰에서 물러가라고 할 때부터(1954) 정화가 대체적으로 끝난 때까지(1970) 비구 측과 대처승 측의 세력판도는 아주 급격하게 바뀌었다. 처음에는 비구승 대 대처승의 비율이 약 6백 대 7천이었다. 사찰점유율은 1백 대 9백이었으나 1962년까지는 3백 대 7백, 1964년에는 4백 대 6백, 1970년에는 9백 대 50이 되어버렸다.

정화운동은 긍정적인 영향뿐만 아니라 부정적인 영향도 미쳤다. 긍정적인 것으로는 ①독신승의 전통 회복 ②승려들의 타락과 부패를 척결했다는 것을 들 수 있고, 부정적인 것으로는 ①승단의 자율적인 정화가 아니라 외세인 관권에 의지하여 정화운동을 폄으로써 교단이 관권의 영향을 많이 받는 결과를 초래했고, ②승려들의 자질 저하 ③교단의 타성적인 내분, 이 세 가지로 요약할 수 있다.

DIGEST 99 BUDDHISM

대한불교 조계종의 성립과 발전
(1962년 4월~현재)

대한불교 조계종은 근대불교 최초로 당국에서 공인한 종단인 조선불교 조계종(1941. 4)의 맥을 이어받아 성립된 비구 · 대처승의 통합종단이다. 그런데 조선불교 조계종은 일제의 사찰령 구도하에서 설립되었고, 인가한 당국도 당시 조선을 식민지배하고 있던 총독부였기 때문에 조선불교 조계종이 일제의 통치정책의 일환으로 만들어져 친일성향을 가졌다는 것은 부인할 수 없는 역사적 사실이다.

총본사 태고사(지금의 조계사) 건설 역시 조선 사찰과 조선불교 신도들이 합심하여 만들었지만 일제 총독부가 이를 적극 추진한 것은 조선불교를 어용화 · 일본화시키려는 저의를 갖고 있었다. 조선 사찰들을 식민통치에 용이하게 활용 · 수탈하고자 친일승려들을 앞장 세워 총본사 태고사의 설립을 적극적으로 추진하고 인가하였던 것이다. 따라서 당시 총본사 건립 후 조선불교 조계종의 출범은 '사찰령 극복과 개선'을 도모할 여지가 전혀 없었고, '불교 자주화' 역시 난망했다. 즉 '종단 건설'을 성취한 것은 맞지만 '친일 종단'이라는 비판을 감수할 수밖에 없을 것이며 대한불교 조계종이 조선불교 조계종의 맥을 이어받았다고 할 때 계승한 것은 선종을 상징적으로 표방하는 '조계종'이란 종단명만을 취한 것이지, 일제하의 친일불교 요소까지 포용한 것은 아니다.

대한불교 조계종은 1962년 4월 11일 역사적인 통합종단으로서 성립 · 출범하였다. 1952년 수좌 이대의 스님이 수좌들의 수행 환경을 개선해달라는 건의서를 종정에게 제출해 통도사 · 불국사 회의에서 18개 사찰을 비구 수행사찰로 넘겨주기로 하였지만 사찰 양도는 무산되었다. 이에 1953년 수좌들이 선학원에 모여 그 해결책을 모색하는 와중에 1954년 5월 이승만 대통령의 불교정화 유시로 혁명적인 정화운동이 전개되었다.

1955년 8월 전국승려대회를 기점으로 교단은 수좌 중심의 종단으로 재편되었다. 하지만 교단은 수행승 중심의 종단에서 이탈한 대처승 측의 드센 반발, 비협조, 사법부로 문제를 끌고 간 수많은 소송 등으로 인하여 종무 집행에 숱한 좌절과 모순을 겪었다.

또한 이승만 대통령의 퇴진을 가져온 4 · 19혁명(1960) 이후, 비구 · 대처승 간의 분쟁은 더욱 노골화되었다. 이어 5 · 16군사쿠데타(1961)가 일어나 군부정권은 사회 분규의 일소 차원에서 불교계의 재정비 · 재편을 강행하였다. 그리하여 불교재건위원회(1962. 1), 재건비상총회(1962. 2)에 의해 종헌을 새롭게 제정하였다(종헌 선포, 1962. 3. 25). 이런 일련의 과정을 거쳐 대한불교 조계종이 출범한 것이다.

종정은 이효봉, 총무원장은 임석진이 선출되고 총무원 간부들도 비구 · 대처승 양측을 안배하여 선출하였으며, 1962년 4월 13일 새 종단 집행부가 이전 집행부로부터 종단의 사무를 인수, 인계하였다. 통합종단의 초대 종정으로 선출된 이효봉은 해방공간교단이 설립한 해인사 가야총림의 조실이었다. 이는 결과적으로 총림수행의 책임자가 통합종단의 종정이 되었음은 곧 해방공간시의 한국불교 전통이 자연스럽게 계승되었음을 의미한다. 이후 대한불교 조계종은 어려운 가운데서도 점차 발전하고 있었는데 조계종 총무원장 서의현徐義玄이 부당한 3선 연임을 기도함으로써 1994년 3 · 4월에 격렬한 조계종 사태가 벌어졌다.

1994년 3월 23일 동국대 석림동문회 · 선우도량 · 중앙승가대학 동문회 ·

동국대 석림회 · 실천불교 전국승가회 · 전국 승가대학 학인연합 · 중앙승가대 학생회 등 승가 8개 단체가 연대해 종단개혁을 위해 범승가종단개혁추진회(이하 '범종추')를 구성하여 3월 26일부터 구종법회를 실시하였다. 범종추의 1994년 3월 29일과 4월 13일의 두 번에 걸친 총무원 청사 진입 시도와 이를 막으려는 서의현 측, 이 양측의 격렬한 집단 난투극, 그리고 그때마다 서의현 측의 경찰력 투입 등 우여곡절 끝에 잘못된 공권력이 물러나자 범종추가 총무원을 접수하여 개혁회의를 출범시켰다. 3선 연임을 획책한 총무원장 서의현은 공권력이 철수해 범종추가 총무원에 진입하자 4월 13일 새벽 봉익동 대각사에서 전격 사퇴성명을 발표하고 잠적했다. 범종추는 개혁회의를 출범시켜 과도기의 총무원장으로 탄성 스님을 선출하고 조계종 사태를 야기한 서의현 스님을 체탈도첩하였다.

1994년 4월 범종추의 개혁회의 이후 대한불교 조계종은 오늘날까지 불교 본연의 수행에 정진하며 비교적 순조로이 종무에 충실하고 있다.

DIGEST 100 BUDDHISM

현대 한국불교 종단
(1945년~현재)

조선왕조가 승유억불정책을 시행한 것은 만인이 아는 사실이다. 그런데 세종 6년(1424)에 예조禮曹의 건의로 조계 · 천태 · 총남종摠南宗을 합하여 선종으로 하고, 화엄 · 자은慈恩 · 중신中神 · 시흥종始興宗을 합하여 교종으로 한 이래, 1908년 3월 전국승려대표자가 원종圓宗이란 종명을 정할 때까지 우리나라 불교는 종명도 없이 '조선불교 선교양종'이란 기묘한 이름으로 불리고 있었다.

원종의 종정 이회광李晦光이 일본 조동종과의 연합을 획책하자 박한영 · 한용운 등의 스님들이 이에 대항하기 위해 임제종臨濟宗을 표방하였으나 원종과 임제종은 일제의 사찰령 반포로 타의에 의해 소멸되었다. 그 후 일제강점시대인 1941년에 태고사법太古寺法이 인가됨으로써 '조선불교 조계종'이란 종명이 확정되었다.

해방 후 이 명칭을 그대로 답습하다가 '대한불교 조계종'으로 개칭한 것은 1954년 6월 20일 제13회 조선불교 정기중앙교무회의 때 제 4차 조선불교 교헌을 개정하면서부터였다. 해방된 지 무려 9년 만에 일제시대 때 총독부와 친일승려들이 야합해 만든 종명 중 '조선'만 '대한'으로 바꾼 것이다. 이것만 보더라도 일제 식민지시대에 침윤된 왜색불교 · 친일불교의 잔재를 청산하는 것이 얼마나 힘든가를 짐작할 수 있을 것이다. 겨우 서두의 두 글자만 고친 우리 불교계는 정화운동이란 명목의 분규에 휩싸여 비구 · 대처승 사이에 종권과 사찰을 둘러싼 쟁탈이 끊일 사이가 없었다.

볼썽 사나운 이 분규가 일단락된 것은 1970년 대처승 측이 '한국불교 태고종'으로 분종하면서 겨우 종권 다툼이 멎었으나 일부 사찰의 쟁탈전은 40년이 경과한 지금도 완결되지 못하고 있다. 길고도 지루한 오랜 분규 끝에 한국 전래의 전통을 고수하는 독신승들은 대한불교 조계종으로 정착되고 대처승들은 한국불교 태고종이란 이름으로 분가했다.

이와는 별도로 해방 후 독자적인 수행과 포교로 기반을 마련한 사람들이 일승불교현정회, 무을교戊乙敎, 대한정토불교, 법화도량 무량사, 영산법화사, 김제의 용화사, 성북동 원구사, 경북 달성군의 참회원, 대한불교 참회당 교도회, 구인사 등을 설치했고, 이들은 후일 각각 대한불교 관음종, 대한불교 미륵종, 대한불교 미타종, 대한불교 법화종, 대한불교 영산법화종, 대한불교 용화종, 대한불교 진각종, 대한불교 진언종, 대한불교 천태종 등을 창종했다.

우리나라 불교종단 중 가장 오래된 것은 조계종이고 그 외 종단들을 창종연대별로 살펴보면 다음과 같다. 해방 후 결성된 종단은 진각종과 한국불교법화종이고, 50년대에는 진언종 1개 종단만 창종되었고, 1960년대에는 대한불교법화종, 대한불교영산법화종, 대한불교원효종, 대한불교용화종, 대한불교미륵종, 대한불교정토종, 천화불교, 대한불교천태종, 대한불교불입종, 대한불교일승종, 대한불교화엄종, 대한불교총화종 등 12개 종단이 창종되었다.

1970년대에는 한국불교태고종, 대한불교법상종, 대한불교보문종, 대한불교총지종 등 4개 종단이 창종되었다.

이상 20개 종단 중 한국불교종단협의회에 18개 종단이 가입했고, 1980년대 전반기에 대한불교원융종, 대한불교미타종이 창종되었고, 나머지 25개 종단은 1988년 후 최근에까지 이르러 우후죽순처럼 생겨나 창종 러시를 이루었다.

이들 1988년 이후 창종된 25개 불교종단은 기존의 태고종 · 법화종 · 일승종 · 법상종 · 용화종 등에서 분종된 경우가 태반이었고, 어떤 종단(진언불교 지송종이 대표적임)은 1개 혹은 3개 사찰만으로 새로운 종단을 표방하거나, 생긴 지 얼마 안된 신생종단 중에는 이미 소멸된 종단도 있고, 또 소속 사암과 승려들이 이합집산을 거듭하는 경우도 있어, 창종의 진정한 이유를 의심스럽게 여기게 하는 모습을 보이기도 했다.

조계종의 내분은 정화운동의 후유증으로 그 심각함을 불자들이 이미 경험한 바이나, 신생종단 가운데서도 몇몇 건실한 종단을 제외하고는 분규를 겪고 있는 경우가 많다. 현재 100여 개를 육박하는 불교종단은 앞으로 얼만큼 더 늘어날 조짐이 엿보인다. 왜냐하면 한국불교교화원과 같은 사단법인 또는 여타 불교 조직체 가운데는 종단을 표방하지 않았을 뿐 실제로는 종단과 똑같이 사찰과 승려를 가입시키고 있는 경우가 있기 때문이다.

88년 불교재산관리법의 폐지 이후 분종과 창종이 러시를 이루어 이를 우려하는 불자들도 있고 비록 일시적 혼란을 겪긴 하겠지만 이와 같은 분종과 창종은 신생종단들이 수행과 포교에 있어 내적인 충실을 도모하고 발전의 강력한 의지를 실현한다면 한국불교는 새로운 도약과 중흥을 이룩하는 계기로도 작용할 것이란 전망도 유력하다.

:: 한국불교종단협의회 회원종단주소록 ::

연번	종단협	종단명	직위	법명	주소
1	회장	대한불교조계종	총무원장	진우	서울특별시 종로구 우정국로 55 한국불교역사문화기념관
2	수석부회장	대한불교천태종	총무원장	덕수	충청북도 단양군 영춘면 구인사길 73 총본산 구인사
3	차석부회장	대한불교진각종	통리원장	도진	서울특별시 성북구 화랑로13길 17 진각문화전승원
4	부회장	대한불교관음종	총무원장	법명	서울특별시 종로구 종로63가길 31 (낙산묘각사)
5	부회장	한국불교태고종	총무원장	상진	서울특별시 종로구 율곡로1길 31 한국불교전통문화전승관
6	부회장	불교총지종	통리원장	우인	서울특별시 강남구 도곡로25길 35 (불교총지종 통리원)
7	부회장	대한불교대각종	총무원장	만청	충청남도 부여군 내산면 성충로미암길 128 (미암사)
8	사무총장	(사)대한불교원융종	총무원장	진호	서울특별시 구로구 가마산로 180-6 (원융사)
9	상임이사	대한불교보문종	총무원장	인구	서울특별시 성북구 보문사길 20 (보문사)
10	상임이사	(재)대한불교원효종	총무원장	향운	울산광역시 울주군 두서면 선필로 122 (목련암)
11	상임이사	대한불교총화종	총무원장	혜각	충청북도 영동군 양강면 양정죽촌로 454-86 (실상사)
12	상임이사	한국불교여래종	총무원장	명안	충청북도 옥천군 동이면 우산로1길 28-1 (대약사사)
13	상임이사	대한불교화엄종	총무원장	화응	서울특별시 종로구 종로5길 32-5 화엄종 서울사무소 인천광역시 남동구 풀무로 48 화엄종 총무원
14	이사	(재)대한불교일붕선교종	총무원장	혜일	서울특별시 종로구 세검정로6길 76-9 (일붕선원)
15	이사	대한불교삼론종	총무원장	해불	경상남도 합천군 쌍책면 상신2길 85-14 (대원사-총무원장스님 주석)
16	이사	대한불교대승종	총무원장	일봉	경상남도 남해군 상주면 남해대로796번길 62-12 (천지암)
17	이사	대한불교용화종	총무원장	법광	전라남도 광양시 봉강면 성불로 1150-183 (성불사)
18	이사	한국불교미륵종	총무원장	고봉	경상남도 김해시 진례면 평지길 307
19	이사	(사)대승불교본원종	총무원장	만혁	서울특별시 종로구 평창40길 67(연화정사)
20	이사	보국불교염불종	총무원장	원광	대전광역시 대덕구 대청로490번길 74-16 염불종 총무원
21	이사	(사)대한불교조동종	총무원장	덕우	서울특별시 노원구 덕릉로145길 103 (도선사)
22	이사	(사)대한불교법상종	총무원장	해월	경기도 안성시 삼죽면 텃골길 105 법상종 총무원
23	이사	(재)한국불교법륜종	총무원장	보성	충청남도 논산시 계백로 1037 법륜종 총무원
24	이사	대한불교정토종	총무원장	혜선	대전광역시 유성구 동서대로735번길 24-9 (신흥사)
25	이사	대한불교진언종	총무원장	혜천	충청북도 괴산군 연풍면 온티중리2길 3 (천용지사)
26	이사	대한불교법연종	총무원장	조연	부산광역시 금정구 부곡로 50 연정사 부산본원
27	이사	대한불교미타종	총무원장 代	월공	서울특별시 중랑구 중랑천로 117번지 정광빌딩 202호 미타종 총무원
28	이사	대한불교일승종	총무원장	지윤	경기도 구리시 경춘로16번길 14-6 (삼봉사)
29	이사	대한불교법화종	총무원장	관효	대전광역시 동구 계족로 392번길 17 3층 법화종 총무원
30	이사	한국대중불교불이종	총무원장	도원	경기도 용인시 처인구 이동읍 어진로 842 (통도사)